# COURS
# D'ESTHÉTIQUE

# OUVRAGES DE JOUFFROY

*Qui se vendent à la même Librairie.*

---

**COURS DE DROIT NATUREL**, professé à la Faculté des lettres de Paris. Deuxième édition. 2 volumes in-8°. Prix, brochés . . . . 15 fr.

**ŒUVRES COMPLÈTES DE THOMAS REID**, chef de l'école écossaise, publiées par Jouffroy, avec des fragments de M. Royer-Collard, et une introduction de l'éditeur. 6 volumes in-8°. Prix, brochés. 21 fr.

---

Imprimerie de J. BELIN-LEPRIEUR fils, rue de la Monnaie, 11.

# COURS
# D'ESTHÉTIQUE

## Par JOUFFROY

SUIVI

DE LA THÈSE DU MÊME AUTEUR SUR LE SENTIMENT DU BEAU
ET DE DEUX FRAGMENTS INÉDITS

et précédé d'une Préface

Par M. Ph. DAMIRON

PARIS

LIBRAIRIE DE L. HACHETTE

RUE PIERRE-SARRAZIN, 12

1845

# PRÉFACE DE L'ÉDITEUR.

Je donne aujourd'hui au public le *Cours d'Esthétique* de M. Jouffroy ; je devrais peut-être, en le lui donnant, ne pas lui parler d'autre chose, et laisser au passé ce qui appartient au passé. Mais j'avoue qu'il me serait dur de ne pas dire au moins quelques mots d'une autre publication, qu'on n'a sans doute pas oubliée, et dont j'ai gardé pour mon compte un triste et profond souvenir ; il s'agit du *Mémoire sur l'organisation des sciences philosophiques*. Qu'on ne craigne pas toutefois que je veuille réveiller des débats dans lesquels, moins que jamais, il ne me convient de voir mon nom mêlé ; je veux seulement présenter quelques observations fort modérées, qui me sont certes bien permises, après les injustes attaques dont j'ai été l'objet.

M. Jouffroy avait laissé en mourant un assez grand nombre de manuscrits ; je fus chargé par sa veuve du soin d'examiner s'il y avait lieu de publier ceux de ces manuscrits qui se rapportaient à la philosophie. Je n'avais point recherché ni en aucune façon provoqué ce témoignage de confiance ; mais je l'acceptai quand il me fut offert, comme un legs qui m'était transmis au nom de celui qui n'était plus, et sur lequel, quelles qu'en pussent être les charges, je n'avais pas à délibérer.

C'était un devoir qui m'était imposé, mais c'était aussi un droit qui m'était conféré. Ce droit était plein et entier; tel en effet il me vint des mains de madame Jouffroy, qui ne doutait pas en me le donnant qu'elle n'interprétât et ne suivît bien les intentions de son mari; et, je ne crains pas de l'affirmer, tel je l'eusse reçu de M. Jouffroy lui-même, s'il eût pu en disposer, et s'il est vrai que l'amitié qui régna entre nous fut pour moi un titre certain à sa parfaite confiance, et pour lui un motif de me choisir comme son représentant dans celui de ses intérêts que je pouvais le mieux entendre.

J'ai fait de ce droit l'usage le plus discret et le plus modéré; j'ai usé et non abusé; j'ai tâché de ne m'exposer à aucun juste reproche; je crois y être parvenu. Aussi, quand aux cris de scandale dont après quelque temps fut assaillie la publication que je viens de rappeler, un instant troublé de tant de bruit et d'éclat, je me retirai en moi-même, pour me demander dans ma conscience, comme juré et comme ami, si je n'avais pas bien agi selon les vœux les plus vrais, et les desseins les plus constants de celui que je représentais, je ne tardai pas à me calmer, et triste encore mais tranquille, je restai avec la certitude de n'avoir été que son sincère et judicieux interprète.

J'ai peine à supposer que personne en ait jugé autrement, pour peu du moins que par ignorance, légèreté ou passion, on n'ait pas méconnu et mal apprécié ma conduite; et la preuve, c'est que, quand à la suite de l'éclat qui fut fait et qui certes n'était pas destiné à prévenir pour moi les esprits, on vint à comparer le texte publié par moi, avec celui qui le fut par d'autres, ceux même qui étaient le moins favorablement disposés, reconnurent que ce que j'avais modifié dans quelques rares passages, n'importait sérieusement ni à la beauté de la forme, ni à la vérité du fonds.

Avec moins de prévention on m'eût rendu plus de justice, on eût pensé qu'uni de cœur comme je l'étais avec M. Jouffroy, et chargé de veiller pour lui à la publication de ses écrits, je m'étais avant d'y toucher bien pénétré de son esprit, et réglé convenablement sur ses plus intimes sentiments. On a parlé de son amitié et on en a rappelé les marques; on s'en est même servi comme d'une arme; pour moi je n'ai rien à en dire, si ce n'est que jusqu'à la fin elle m'a constamment placé si près de sa conscience, que je n'hésite pas à affirmer, que sans les avoir reçues explicites et expresses, j'ai connu et compris ses dernières volontés, et que dans les soins que j'ai pris je n'ai fait que m'y conformer.

Pourquoi donc en secret d'abord, et puis publiquement et avec éclat, s'est-on tant réjoui de me voir tombé dans ce qu'on regardait comme une faute de ma part? pourquoi en a-t-on recherché, je dirai presque épié, saisi, communiqué ou accepté avec tant d'empressement les preuves et les indices? Pourquoi quand on les a tenus, s'est-on tant récrié, et a-t-on si mal estimé, soit en elle-même, soit dans ses motifs, une action que cependant, avec un peu d'équité, il eût été si facile de mieux apprécier? C'est qu'il y avait là autre chose que de la sagesse et de la justice; c'est qu'il y avait la passion, l'esprit de secte et de système, l'inimitié de parti, tout ce qui d'ordinaire dispose mal à bien juger du vrai. Si je n'eusse eu affaire qu'à des sages, ils eussent vu ce que j'avais fait, pourquoi et comment je l'avais fait; ils eussent reconnu que j'avais agi librement, loyalement, en ami de M. Jouffroy, comme il l'eût fait lui-même, et uniquement par respect pour les personnes et pour les choses, et au lieu de me blâmer ils m'auraient approuvé, et surtout ils ne m'auraient pas imputé une conduite et des sentiments qui ne furent jamais les miens. Mais j'avais contre moi des adversaires passionnés qui, quelle que fût leur diversité de but et de tendance, devaient s'accorder pour attaquer la manière dont j'avais publié le Mémoire de M. Jouffroy, et n'épargner à cet égard ni les fausses suppositions, ni les injurieuses accusations.

Ainsi, d'abord, il convenait à un des esprits les moins difficiles en matière de preuve et d'interprétation, de faire de M. Jouffroy, en vue d'une autre personne, qu'il prétendait attaquer dans son disciple comme dans sa doctrine, une âme ébranlée sans retour, et n'ayant de philosophie que pour se retirer et finir dans un douloureux scepticisme. Pour cela, il lui fallait voir, dans le Mémoire dont il s'agit, le commencement sans la fin, la préparation sans la conclusion, la partie historique sans la partie dogmatique; il lui fallait également représenter cet écrit, comme la dernière pensée, et en quelque sorte le testament philosophique de l'auteur, et oublier en même temps ce qui cependant était bien marqué dans l'*Avertissement*, qu'il avait été composé à plus de dix ans de date (1), qu'il n'était pas achevé, et qu'il lui manquait par conséquent cette révision scrupuleuse et cette critique dernière, qui seules permettent de dire qu'un livre est fait et prêt pour le public; enfin, il lui fallait aussi ne pas le considérer dans ses rapports avec les autres productions de M. Jouffroy, ultérieurement publiées, et certainement destinées à en expliquer, et, s'il y avait lieu, à en corriger les idées; c'était l'intérêt de son hypothèse : il y sacrifia par passion l'exacte connaissance des faits, la juste estime des choses, la modération et la bienveillance. Il convenait ensuite à ceux qui, quoique dans un autre camp, montraient pour le moment tant d'empressement à accueillir ses hasardeuses inductions, de préjuger au lieu d'examiner, d'accuser au lieu de vérifier. Pour eux, que devais-je être? Ils eurent pour le dire plus d'un terme injurieux, mais je les repousse tous hautement parce que je n'ai rien fait qui les ait mérités, et que, loin d'avoir méconnu, trahi ou altéré les vrais sentiments de M. Jouffroy, j'en ai seulement, en les adou-

(1) J'ai besoin d'insister sur ce point, parce que, malgré la déclaration de l'auteur, malgré ce que j'en ai dit dans ma *préface* et ce que d'autres en ont dit ailleurs après moi, il a été répété, et presque accrédité, que cet ouvrage avait été écrit par M. Jouffroy en dernier lieu et comme à son lit de mort; tandis que, au contraire, il est certain que c'était une composition de plus de dix ans de date, ainsi que je viens de le rappeler, et qui avait été laissée inachevée par l'auteur, et que certainement, s'il l'eût fait paraitre, il eût modifiée dans le sens des diverses productions qu'il avait ultérieurement publiées. Aussi suis-je convaincu que nul homme sensé, connaissant M. Jouffroy au moment de sa mort, et comparant cet écrit à ceux qui l'ont suivi, ne doute que dans ce que j'ai fait je n'aie été le fidèle interprète de sa pensée.

cissant, comme il convenait, mieux ménagé quelques expressions. Telle est du moins la conviction dans laquelle je demeure, et qui ne me laisse aucun doute sur un acte que j'ai fait par devoir et par amitié, selon un droit incontestable, et, je ne crains pas de le dire, dans d'irréprochables intentions.

J'aurais fini ici ce qui m'est personnel, si je n'avais à ajouter encore quelques mots qui se rapportent à certaines autres attaques auxquelles, d'abord avec le petit nombre, puis avec tout le monde indistinctement, j'ai été également en butte. Je n'y ai pas répondu, je désire dire pourquoi, je ne sais si j'en aurais ailleurs une occasion plus favorable.

J'avais à traiter cette année, d'après l'ordre des leçons que depuis plus de cinq ans je consacre dans ma chaire à l'histoire de la philosophie au xvii⁰ siècle, de Malebranche, d'Arnauld, de Boursier, de Bossuet et de Fénelon; je n'avais pas trop de tout mon temps pour suffire à de si difficiles et de si graves études, et il m'en eût trop coûté d'en distraire même la moindre portion pour des discussions d'un genre tout différent, et qui m'eussent trop détourné de la pure philosophie. Rien sans doute n'eût été plus légitime et plus juste que d'user de représailles et de rendre la guerre pour la guerre, à qui ne voulait pas la paix; mais je l'avoue, en songeant à quels hommes je devais et j'avais destiné mon temps, je n'ai pu me résigner à les quitter, même un moment, pour ceux qui me provoquaient à de tout autres débats; où étaient là, en effet les Malebranche, les Arnauld, les Bossuet et les Fénelon? Je suis donc resté du côté de la grandeur, je me suis renfermé dans l'histoire au lieu de descendre dans le présent, et pour toute réponse à tant de bruit, pour toute défense et toute attaque, j'ai continué sans trouble mon fidèle commerce avec ces hautes intelligences; je ne crois pas que j'eusse mieux à faire. Quelle autre épreuve m'eût mieux valu ? Par la matière de mon sujet j'avais à aborder les plus difficiles problèmes de la métaphysique religieuse; il y avait là de quoi dire, et de quoi dire très diversement; il y avait de quoi se tromper, hésiter et douter. Eh bien! cependant, quelles grandes vérités ai-je commises ou négligées; je n'ai certes pas tout approfondi, tout éclairci, tout assuré, mais suis-je tombé dans quelque excès, et soit dans la critique, soit dans la doctrine, ai-je manqué de mesure et de discrétion, plus que d'indépendance et de liberté? Je ne le pense pas, et j'estime que c'est là aussi une manière et une bonne manière de faire face à l'ennemi; c'est au moins lui prouver qu'on peut sans trouble et avec calme, continuer à travailler et à se fortifier sous son feu. A quoi bon d'ailleurs se mettre en peine de repousser certaines accusations; on m'a adressé, par exemple, au sujet d'une proposition mal comprise et mal interprétée, le reproche d'être favorable au suicide; or à côté de cette proposition on eût pu placer ces lignes que j'écrivais en 1840, et avant que la querelle eût commencé:

« Je vais vous parler de l'immortalité, mais je la prouverai principalement par cette considération capitale, que la vie présente est une épreuve dont une autre vie est la conséquence; or, il peut y avoir dans cette considération, sérieusement méditée, matière à de sincères et salutaires retours pour certaines âmes malades, qui ne le sont que par oubli ou par ignorance du vrai sens de leur destinée ; je voudrais, s'il se pouvait, le leur rappeler ou le leur apprendre, je voudrais les éclairer, et les guérir en les éclairant.

« Je ne viens point déclamer sur cette fureur du suicide, aujourd'hui si commune ; mais il faut bien reconnaître un fait qui est attesté par de trop nombreux exemples. Or, à voir ce fait, à juger tous ces actes d'une si terrible énergie ou d'une si déplorable faiblesse, n'est-il pas évident qu'ils viennent d'une facilité sans mesure et sans règle à décider de sa destinée sans tenir compte de la Providence ? et à défaut de ces actes, les sentiments qui les préparent, alors même qu'ils ne les produisent pas, ces dégoûts accablants, ces désespoirs sans frein, ou cette profonde indifférence en face des choses de ce monde, n'attestent-ils pas ce scepticisme de cœur encore plus que d'esprit, qui fait que, faute d'y avoir pensé, on doute, on ne sait que croire ; qu'on ne sait que résoudre de la vie et de la mort, non pas, il est vrai, au sens physique et matériel, mais au sens spirituel, moral et religieux ? En ce sens-là on ne les comprend plus, on ne les estime plus ce qu'elles valent, et par suite on ne les accepte plus telles que Dieu les a faites ; on n'en a plus la science et par suite la vertu ; de sorte que si on aime encore la vie, c'est comme l'animal, par instinct, et non pas de cet amour raisonnable et pieux qui fait qu'on y est attaché comme à un bienfait de la Providence, toujours doux, alors même qu'il s'y mêle des amertumes. Si on craint encore la mort, c'est également comme la brute, par instinct et non par raison ; on ne la révère plus, on ne la redoute plus comme le mystère à la fois terrible et solennel au sein duquel le Créateur tente sur sa faible créature, au moment de la régénérer, une dernière et suprême épreuve. On n'a plus le respect de la vie et de la mort. Or, quand on en est là, comment encore les bien prendre? comment être, quand il le faut, ferme et patient pour celle-ci, doux et résigné pour celle-là? comment avoir ces sentiments que peut seule inspirer une foi forte et pleine d'espérance?

« Si donc nous sommes en un temps où trop d'âmes distraites de la considération des choses divines par celle des choses humaines, et une fois, par malheur, réduites à celles-ci, n'y trouvant que désordres, déceptions et misères, s'en irritent et s'en troublent avec déréglement; si le mal va croissant, et que de jour en jour un plus grand nombre d'elles, pour couper court à une destinée qui leur est insupportable parce qu'elle leur est inintelligible, essaient d'en décider par le moyen à la fois le moins raisonnable et le plus violent; il devient urgent, pour les arracher à la fois à d'aussi tristes préoccupations et à d'aussi coupables résolutions, de faire appel à leur conscience pour y réveiller d'autres pensées; et, reportant leurs regards de la terre vers le ciel, de les faire passer d'un doute qui les désole et les tue, à une croyance qui les relève, les soutienne et les sauve. La vérité sur ce point, de même que sur tous les autres, est immuable et éternelle; elle est et luit toujours pour quiconque la cherche et la veut bien; mais aussi pour qui la fuit, la néglige et la laisse, elle a d'apparentes défaillances et comme de fatales éclipses qui annoncent, pour ces esprits égarés et éperdus, ces heures de troubles profonds et de terribles combats de soi-même avec soi-même : *Ille etiam cœcos instare tumultus sæpe monet*, au sein desquels se déclarent ces volontés impies et effrénées du néant. Que faut-il alors pour apaiser ces tumultes intérieurs, ces confusions et ces angoisses ? Il faut que ceux qui ne sont pas tombés dans ces funèbres illusions, les dissipent dans ceux qu'elles trompent misérablement; il faut, qu'avec la lumière, ils fassent rentrer dans leur cœur le calme et la sérénité, la confiance et la force ; il faut qu'ils leur rendent l'espérance par la foi.

« Tel a été mon dessein ; heureux si, pour ma part, je pouvais raviver, dans ces âmes souffrantes, la consolante vérité qui, à la place de l'ignorance et du mépris de leur sort, doit leur en inspirer, avec le juste sentiment, l'estime et le respect ; si je pouvais les en toucher, les en convaincre, et exercer ainsi envers elles cette espèce de charité que j'appellerai philosophique, qui a bien aussi son mérite, et qui consiste également de la part de celui qui a, c'est-à-dire qui sait, qui croit et se confie, à donner à celui qui n'a pas, c'est-à-dire qui ignore, oublie, doute et désespère. »

Je terminais cette même leçon par ces mots : « Et maintenant, pour finir comme j'ai commencé, et revenir à ces esprits qui, eux aussi malheureux ; malheureux ! oui, sans doute, car on ne fait pas ce qu'ils font, on ne veut pas ce qu'ils veulent, sans y être amenés par de grandes et vives souffrances, mais moins malheureux cependant qu'ils ne le croient et ne se l'imaginent, n'ont ni le sens de s'expliquer, ni le courage de supporter les maux dont ils sont atteints; qu'ils apprennent également, s'éclairant et se fortifiant, par l'idée de l'épreuve, à résister non seulement à ces actes déplorables qu'ils pourraient méditer et tenter contre eux-mêmes, mais aux velléités, mais aux vagues désirs, mais même aux rêves de tels actes; car ici tout est à craindre, et le désespoir passionné est un si mauvais conseiller, qu'il faut se tenir en garde même contre ses plus sourdes insinuations; il mène vite d'une première à une seconde faiblesse, et de celle-ci à d'autres, et enfin à la dernière et à la plus coupable de toutes. Vous donc que des misères publiques ou privées ont frappés plus que d'autres, ont mis plus que d'autres dans une condition triste et dure, ne vous troublez pas trop d'une telle exception; et même, en ces atteintes en apparence excessives, comprenez et acceptez l'épreuve, laissez faire Dieu qui la conduit; laissez-le faire et faites aussi, car vous devez y être pour votre part comme il y est pour la sienne, y être fermes et patients comme il y est sévère et bon. Et pendant que vous concourez ainsi et coopérez à ses fins, comptez sur lui avec foi, sur lui qui déjà pour le présent, mais surtout pour l'avenir, a dans les trésors de sa bonté des remèdes certains à vos douleurs, et des prix dignes de vos mérites. Comptez aussi sur les hommes, dont la pitié et l'admiration, dont les secourables sympathies ne manquent jamais avec le temps à de grandes infortunes noblement supportées. Et vous surtout qui, plus jeunes et, dans votre courte expérience des choses de ce monde, d'abord surpris et abattus par les coups qui vous affligent, pourriez, dans ce premier moment de détresse et d'angoisse, vouloir soustraire à la Providence, qui selon vous la règle mal, le cours de votre destinée, armez-vous, pour vous mieux garder de ces sentiments et de ces croyances, et, dès le début de ces luttes que vous avez à soutenir, sachez d'avance que vous avez à vivre et à mourir comme l'entend la raison et non comme le veut la passion, et puisez dans cette pensée, quoi qu'il puisse vous arriver, l'amour religieux de la vie et le saint respect de la mort. Là sera votre force, là sera votre consolation.»

On voit, par ce qui précède, combien il m'était facile de repousser hautement l'espèce d'accusation, à laquelle d'avance répondaient si nettement ces pages. J'en puis dire autant de celle de panthéisme ou de spinozisme dans laquelle, au moins d'une manière générale, j'ai été aussi enveloppé. Je viens de publier, dans le quatrième volume de l'*Académie des sciences morales et politiques*, un *Mémoire sur Spinoza*, composé déjà depuis longtemps et qui n'est que le résumé de leçons faites à la Faculté; qu'on le lise et qu'on juge, et en attendant qu'on me permette d'en reproduire ici la conclusion finale :

« Et maintenant pour finir et tout balancer en finissant, ne peut-on pas, en reportant un coup d'œil général sur l'ensemble de son système, dire que Spinoza, en sacrifiant la cause à la substance, la substance créée à la substance incréée, la pluralité à l'unité, l'humanité à la divinité; au lieu d'exalter ainsi, selon qu'il le suppose, la substance, l'unité et la divinité, les abaisse au contraire? car la substance sans la cause, l'unité sans la pluralité, la divinité sans l'humanité sont moins grandes et moins parfaites; elles ont perdu, avec leur vertu de produire et de créer, leur gloire et leur lumière; et pour ce qui est de l'homme en particulier, en l'ôtant à Dieu comme créature, et créature morale, il lui ôte certainement sa plus belle couronne. Car Dieu moins l'homme est moins Dieu, c'est un Dieu avec privation, ce n'est plus le vrai Dieu, qui ne souffre point de privation, et surtout celle de l'homme. D'autres ont ôté Dieu à l'homme, et ç'a été une grande faute; c'en est une moindre peut-être, mais c'en est une encore que d'ôter l'homme à Dieu; il ne faut pas plus retrancher l'un que l'autre du sein de l'être, il faut les admettre tous deux et tous deux les concilier. Spinoza n'en a tenté qu'une vaine et apparente conciliation. Il a péché, par excès du côté de Dieu, il est vrai, mais il n'en a pas moins péché.

« Et la sagesse lui a manqué, ou du moins s'est effacée en lui, devant cette force de déduction dont il s'est comme enivré. Des deux éléments du génie, la force et la sagesse, il n'en a bien possédé qu'un, et ce n'a pas été le meilleur. Aussi est-il resté dans l'histoire plutôt comme une grande puissance que comme une grande autorité philosophique. »

Voilà ce que je disais. Je n'ai rien à y ajouter. Maintenant j'arrive à la présente publication. Je ne sais quel sort lui est réservé; je doute qu'on y trouve, comme dans l'autre, prétexte à bruit et à scandale, et le *Cours d'Esthétique* n'excitera vraisemblablement que l'intérêt qui s'attache au nom même de l'auteur, et à la question qu'il a traitée. Mais, cependant, à tout événement, et afin que personne n'en ignore, j'en veux retracer ici la très courte histoire; nos amis d'ailleurs m'en sauront gré, si nos ennemis ne s'en soucient guères.

Dans la préface des *Nouveaux Mélanges*, je m'exprimais ainsi : « M. Jouffroy attendait dans ses montagnes le terme du temps de repos qui lui avait été accordé, lorsque, vers la fin de l'année scolaire 1822, il apprit, avec la suppression de l'école normale, la position précaire que lui faisait cette mesure; mais il s'y résigna sans trouble, eut bientôt pris son parti, et, dès le mois de novembre 1822, de retour à Paris, il avait ouvert et constitué ces cours particuliers, qu'il destinait à quelques esprits d'élite accourus à ses leçons avec autant d'ardeur que de constance. »

Il commença ces cours rue de Seine; il les continua rue du Four, dans cette petite chambre que n'ont pas oubliée ceux qui, deux fois la semaine, s'y réunissaient assidûment. Le lieu était bien humble, mais des auditeurs choisis y formaient un vrai public, et le professeur s'y montrait tout ce qu'il parut par la suite dans des chaires de plus d'éclat. Le maître et l'auditoire étaient faits l'un pour l'autre; celui-ci, par la manière dont il excitait à la fois et recevait l'enseignement; celui-là, par l'intérêt, la verve et les lumières qu'il savait y répandre. MM. Duchâtel, Vitet, Sainte-Beuve et plusieurs autres, tous d'élite comme eux, assistaient avec empressement à ces fécondes leçons. On comprend combien, avec de tels esprits, M. Jouffroy dut avoir goût à chercher, à trouver, à déployer, avec ce talent de fine et profonde analyse qu'il possédait si éminemment, celui de cette exposition abondante, animée, lucide, et souvent éloquente, qu'il n'avait pas à un moindre degré.

Une des matières les plus neuves, je ne dis pas en philosophie, mais dans l'enseignement philosophique, était la question du beau : il l'avait toujours aimée, il l'avait prise pour sujet de *thèse* (1) en sortant de l'école normale; il y était sans cesse revenu, au milieu de ses divers travaux, témoin une foule de notes qui s'y rapportent, dans ses papiers; les discussions littéraires, dont on était alors fort préoccupé, l'y ramenaient naturellement; la vive et sérieuse curiosité de ses auditeurs l'y provoquait : que fallait-il de plus pour le déterminer à la traiter régulièrement et par ordre? c'est ce qu'il entreprit en 1826. Ce fut donc dans la rue du Four, dans cette petite chambre que je vois encore, avec les vingt ou vingt-cinq jeunes gens qui la remplissaient habituellement, que M. Jouffroy professa son *Cours d'Esthétique*.

Un de mes anciens élèves, M. Delorme, que d'excellentes études de collége, et en outre deux années de leçons de M. Jouffroy avaient parfaitement préparé, non seulement à entendre, mais à recueillir et à rendre avec une rare exactitude les idées du professeur, rédigea ce cours avec un grand soin, et ses rédactions parurent si fidèles à M. Jouffroy, qu'il les lui demanda pour en tirer copie, et qu'il en dressa de sa main une table développée. Je ne sais si d'autres firent le même travail, mais je doute que personne l'ait fait avec une plus consciencieuse et plus intelligente docilité, l'ait fait d'ailleurs plus suivi, plus complet, plus satisfaisant; aussi suis-je bien aise d'avoir à rendre, à un homme modeste et méritant, cette justice qui lui est bien

---

(1) J'avais d'abord hésité à joindre cette *thèse* au *cours*; mais en y réfléchissant j'ai cru devoir reproduire ce premier essai de l'auteur sur une matière à laquelle il revint ensuite souvent avec amour.

due; sans lui nous n'aurions pas le *Cours d'Esthétique.*

Ce cours, tel que je le trouvai d'abord dans les papiers de M. Jouffroy, n'était pas tout à fait complet; il y manquait plusieurs leçons, la 26ᵉ, assez importante, la 30ᵉ, la 31ᵉ, la 34ᵉ et la 38ᵉ; mais heureusement que, comme j'avais reconnu l'écriture de M. Delorme, je pus m'adresser à lui, et lui demander s'il n'aurait pas, soit ces leçons elles-mêmes, soit des notes assez étendues pour lui permettre de les rétablir. Il n'avait que des notes; mais avec une obligeance et un zèle dont je ne saurais trop le remercier, il les rechercha, les mit en ordre, et après quelques jours d'un travail qu'il avait depuis longtemps oublié, et qu'il était d'ailleurs obligé de concilier avec des occupations fort étrangères à ces matières, il put me donner le moyen, soit par de véritables rédactions, soit par des résumés suffisants, de combler les lacunes que je viens d'indiquer.

Ainsi tout fut à peu près restitué, et le cours rendu complet, tel du moins qu'il avait été professé.

En le lisant, j'avais remarqué que la fidélité du rédacteur, qui au reste ne songeait guère, en recueillant cet enseignement, à l'arranger pour le public, allait parfois jusqu'à reproduire les redites, les négligences et les longueurs du discours improvisé. Lui-même, en se relisant à dix-sept ans de distance, avait été frappé de ces divers défauts, et ne pensait pas qu'il fût possible de livrer sans correction son manuscrit à l'impression. Je lui fis la proposition d'une révision, dont à son choix lui ou moi serions chargés. Il voulut que ce fût moi, et il me donna plein pouvoir. J'ai donc encore ici usé du droit de toucher à une pensée qui n'était pas la mienne, et d'en modifier en plus d'un endroit ou d'en abréger l'expression. Mais comme dans cette circonstance il n'y aura vraisemblablement ni passion ni parti en jeu, on s'inquiètera peu de ces changements, et on ne me les reprochera pas; peut-être même trouvera-t-on que, dans l'intérêt du professeur, j'aurais bien fait de les multiplier et de les étendre davantage; mais on comprendra aisément pourquoi je me suis borné; pour faire plus, il aurait fallu remanier et refondre des morceaux tout entiers, et cette tâche n'était plus celle de l'éditeur, mais de l'auteur; je ne l'ai pas entreprise, et me suis renfermé dans de plus modestes attributions. Du reste il y avait dans les manuscrits de M. Jouffroy quelques petits cahiers dans lesquels, avec les notes destinées à guider le professeur dans chacune de ces leçons, se trouvaient des sortes de résumés qui ont pu quelquefois être heureusement substitués aux rédactions de M. Delorme; ainsi la 3ᵉ, la 5ᵉ, la 7ᵉ, la 9ᵉ, la 11ᵉ, la 14ᵉ, la 24ᵉ, la 27ᵉ leçon (celle-ci manquant presque tout à fait), ont été tirées de ces résumés; il en a été également tiré un fragment sur l'imitation.

On aura donc le *Cours d'Esthétique* tel à peu près qu'il a été rédigé par les soins de M. Delorme, et on l'aura, je dois le dire, avec ses imperfections comme avec ses mérites.

Ainsi il ne rendra pas, du moins avec continuité, les qualités les plus rares du style de M. Jouffroy, il n'en reproduira pas les délicatesses, les fines nuances, les tours de choix, et ces développements ingénieux, féconds et achevés qui en étaient un des traits; il n'en aura pas la fleur exquise; mais ce qu'il rappellera de l'écrivain ne sera pas sans valeur, car ce sera avec sa doctrine, son mode d'enseignement, sa clarté, sa méthode, cette analyse habile, qui ne se hâte ni se précipite, mais insiste et s'arrête, et ne s'emploie pas moins à revoir qu'à trouver, et à vérifier qu'à chercher; d'autant peut-être que jamais, dans aucune autre suite de leçons, le professeur à l'œuvre ne parut et ne se marqua mieux, ne laissa mieux voir en action cet excellent esprit de sévérité dans l'investigation, qu'il possédait à un si haut point.

On dirait, tant il y excelle, si on me permet cette comparaison, un habile oiseleur à la recherche d'un nid de rare et difficile accès; son nid à lui, son objet rare aussi et peu accessible semble également obscur, enveloppé et comme retiré dans l'ombre et le feuillage; et quoiqu'il n'ignore pas précisément où le trouver et le prendre, il n'a cependant au début, on le supposerait du moins à la manière dont il procède, que des conjectures et des espérances; il l'entrevoit, le devine, plutôt qu'il ne l'aperçoit; il en a des indices plutôt qu'une vraie notion; il lui reste à le saisir, à le dégager, à le définir; il s'y dispose et y travaille, avec toute la curiosité et toute la prudence à la fois, toute la pénétration et toute la patience de son art consommé; il s'avance pas à pas par sentiers divers et bien choisis, par tours et par détours, écartant branche à branche tout ce qui l'arrête et l'embarrasse, ne hâtant rien de peur de confusion, s'assurant de tout, de crainte d'illusion, et apres s'être ouvert en passant bien des jours variés et bien des points de vue, il finit par mettre la main sur la vérité tant cherchée. Le beau à reconnaître parmi tous les accessoires auxquels il tient et se mêle, à travers toutes les apparences sous lesquelles il se dérobe et se révèle à la fois, avec tous ses caractères et tous ses éléments essentiels ; voilà pour lui cette vérité à pénétrer et à éclaircir, et c'est merveille de voir avec quelle patiente adresse et quelle industrie il s'y applique. Aussi que serait-ce, si au lieu de simples rédactions, auxquelles nous avons été le plus souvent réduits, nous avions eu le style même et la composition achevée du maître et de l'auteur ; si nous avions eu son enseignement tel qu'il l'eût lui-même écrit, avec complaisance et amour. Il en avait eu le dessein, c'était une pensée qu'il caressait ; un moment il avait tenté de la mettre à exécution ; on en trouve la preuve dans quelques pages d'essai, plusieurs fois recommencées et restées sans suite dans ses papiers sous ce titre : *Introduction à la théorie du beau* ; la maladie ou d'autres soins étaient survenus et l'avaient détourné de cet important travail ; mais s'il eût pu s'y appliquer selon son cœur et selon son esprit, avec sa raison à la fois et sa vive imagination, quel livre remarquable, grâce à ce talent si varié et d'une si heureuse harmonie, il eût pu nous donner, et que par ce côté encore nous devons sentir cruellement la perte que nous avons faite! Cependant si nous n'avons pas l'œuvre même de M. Jouffroy, nous en avons au moins une fidèle et suffisante ébauche ; et, encore une fois, nous avons à remercier celui qui nous l'a conservée d'avoir été d'une telle diligence à recueillir et à reproduire les idées de son maître, qu'aujourd'hui il nous en reste pour les livrer au public une esquisse aussi satisfaisante.

Maintenant j'ai terminé. J'aurais voulu n'avoir à parler que du *Cours d'Esthétique*; c'était plus régulier, mais n'était-il pas juste d'autre part de profiter d'une de mes rares communications avec le public, pour lui présenter, sur des points qui ne me touchent pas médiocrement, quelques réflexions qu'il ne jugera peut-être pas tout-à-fait indignes de son attention.

Ph. DAMIRON,
Membre de l'Institut.

Août 1843.

# COURS D'ESTHÉTIQUE.

## PREMIÈRE LEÇON.

*Faces diverses sous lesquelles les choses nous apparaissent : la réalité, la bonté, la beauté. — Décomposition de la question du beau. — Quels sont les phénomènes que produit en nous la vue des objets beaux? — Quels sont les caractères de ces objets? — Autres questions secondaires.*

Le monde qui n'est pas nous, le monde extérieur se manifeste à l'homme de deux façons : par des attributs et par des phénomènes.

Les attributs sont les propriétés qui ne varient pas, comme l'étendue, la figure. Ce sont les qualités fixes.

Les phénomènes sont les accidents physiques qui commencent et finissent. Ce sont les événements passagers.

Or, l'intelligence apprend qu'il y a quelque chose que nous ne voyons pas, et derrière les événements passagers que nous voyons, ou les phénomènes, pour les produire, et sous les qualités fixes que nous voyons, ou les attributs, pour les supporter.

Ainsi, qu'est-ce pour nous que le monde extérieur? C'est une collection de choses qui se manifestent à nous par des attributs et des phénomènes.

Or, maintenant, quand ces choses se manifestent par des attributs et des phénomènes à l'esprit des hommes, ils croient l'idée qui leur en vient d'accord avec la chose manifestée, ils la proclament vraie. La vérité, c'est la conformité de l'idée que la vue de l'objet fait naître dans l'intelligence, avec l'objet que l'intelligence voit. Mais les objets ou les choses ne peuvent être qu'à tort proclamées vraies. Tout ce qu'on peut dire des choses, c'est seulement qu'elles sont et sont de telle ou telle manière. L'existence est pour l'homme la première qualité des choses. Les choses sont donc d'abord des réalités existantes.

Ensuite, quand l'esprit s'avance dans la découverte du monde

1

extérieur, il se surprend à nommer certains phénomènes ou certains actes, bons ou mauvais; bons ou mauvais, certains attributs. Les choses ne sont donc plus seulement des réalités existantes; ce sont encore des réalités existantes, bonnes ou mauvaises.

Enfin, l'esprit nomme de plus certains phénomènes ou certains actes beaux ou laids; beaux ou laids, certains attributs. Les choses ne sont donc plus seulement des réalités existantes, bonnes ou mauvaises; ce sont encore des réalités existantes, bonnes ou mauvaises, belles ou laides.

Ainsi le beau et le laid, le bien et le mal, puis l'existence ou la réalité, voilà trois formes sous lesquelles se manifestent, par des attributs et des phénomènes, les choses ou les objets dont la collection constitue le monde extérieur.

Et comme ces trois formes ne se confondent et ne s'identifient pas, comme le beau n'est pas le bien, ni le bien l'existence, il s'ensuit que le monde extérieur peut s'envisager sous trois faces distinctes.

Ainsi d'abord, les choses que le monde extérieur comprend, sont des réalités existantes. L'existence appartient universellement à tout ce qui tombe sous les sens; c'est ce sans quoi les choses ne seraient pas, ce qui fait qu'elles sont, et l'intelligence dit sans rien ajouter: les choses existent; les objets sont; ce qui est, est, et voilà tout.

Mais ensuite les choses, outre leur existence, sont bonnes ou mauvaises, belles ou laides; non pas cependant universellement, car les unes sont bonnes et belles, les autres sont mauvaises et laides; d'autres ne sont ni bonnes, ni belles, ni mauvaises, ni laides. Deux questions s'élèvent donc ici.

1° Qu'entend-on dire quand on dit : Cette chose est bonne, cette chose est mauvaise? C'est la question du bien; nous l'avons déjà traitée.

2° Qu'entend-on dire quand on dit: Cette chose est belle, cette chose est laide? C'est la question du beau; nous allons la traiter.

La question du beau n'a pas été plus définitivement résolue que la question du bien, et on a tenté moins d'efforts pour la résoudre. Nous ne pourrons donc pas invoquer les recherches des philosophes, nos prédécesseurs; nous n'aurons pas de guides, ou d'auxiliaires. Il nous faudra marcher tout seul, peu à peu, sonder en tâtonnant le terrain, commencer un voyage de découverte. Mais si les résultats de nos études ne sont pas très complets et très satisfaisants, si nos solutions ne sont pas entières, nous aurons au moins décomposé la question; nous aurons vu comment il faut établir la science sur des fondements larges et solides; nous aurons aperçu l'étendue de la science, ses limites, ses parties et leur rapport.

En premier lieu comprenons bien la question du beau, et voyons quelles questions principales elle renferme.

Qu'entend-on dire, quand on dit : Cette chose est belle?

Distinguons d'abord dans la question deux parties: les faits et l'explication des faits.

Il y a dans toute perception du beau deux éléments: hors de nous un objet, au dedans un phénomène que l'objet y produit, et qui fait que l'objet qui l'y produit s'appelle beau. Les faits sont donc d'une part les caractères de l'objet, d'autre part le phénomène que l'objet produit en nous.

L'explication des faits consiste à savoir pourquoi tel objet possédant tel caractère, produit en nous tel phénomène.

Et comme l'explication des faits doit en suivre la connaissance, voici les deux questions qu'il faut d'abord résoudre : Quels sont les caractères de l'objet qui s'appelle beau? Quel phénomène produit en nous l'objet qui s'appelle beau.

Or ces deux questions sont complexes. Il faut donc les décomposer, et pour les décomposer clairement, pour les analyser, il faut les prendre l'une après l'autre.

Ainsi supposons maintenant que les caractères de l'objet qui s'appelle beau ne varient pas; supposons que le beau soit un, qu'il n'y ait au monde qu'un seul beau, et prenons, décomposons, analysons la dernière des deux questions complexes : Quel phénomène produit en nous l'objet qui s'appelle beau, pour s'appeler beau?

Le phénomène que produit en nous l'objet qui s'appelle beau, en comprend deux autres. L'un est un phénomène sensible; c'est une sensation agréable que l'objet nous cause; c'est un plaisir. L'autre est un phénomène intellectuel; c'est comme une exclamation de l'esprit qui s'écrie : L'objet est beau; c'est un jugement.

Le jugement est-il la suite du plaisir? Le plaisir est-il la suite du jugement? Le jugement et le plaisir sont-ils indépendants l'un de l'autre? Voilà trois questions nouvelles que renferme la question première.

Pour répondre à ces trois questions, trois théories se sont élevées.

Les uns ont dit : L'objet qui s'appelle beau ne cause en nous que du plaisir; le jugement n'est que l'énonciation du plaisir; le jugement est la suite du plaisir.

Les autres ont dit : L'on n'atteint pas le beau dans l'objet avec la sensibilité, mais avec l'intelligence; le plaisir est la suite du jugement.

Et dans ce système, deux systèmes encore ont paru. On a prétendu d'un côté, que le plaisir restant bien la suite du jugement, c'est l'image de ce qu'il y a de beau dans l'objet, qui, transportée dans l'intelligence, fait jouir la sensibilité.

Et de l'autre côté Kant a prétendu que le plaisir restant bien aussi la suite du jugement, c'est le jugement même qui fait le plaisir, l'acte même de juger qui nous affecte agréablement.

Enfin dans la troisième théorie d'autres ont dit : Le jugement se produit à part du plaisir, et le plaisir à part du jugement. Ce sont deux faits distincts qui se passent en nous, et ne s'engendrent pas. L'intelligence découvre quelque chose de beau dans un objet qui est là, et par cela seul qu'il est là, la sensibilité s'en trouve agréablement affectée. Le plaisir et le jugement sont indépendants l'un de l'autre.

Ainsi dans la première hypothèse, si le jugement est la suite du plaisir, la question du beau se réduit à savoir,

Quant aux faits :

1° Qu'est-ce qu'il y a dans l'objet qui nous fait plaisir?

2° Quelle est la nature du plaisir que nous fait le quelque chose qui est dans l'objet?

Quant à l'explication des faits :

Comment ce qu'il y a dans l'objet peut-il nous faire plaisir?

Dans la seconde hypothèse, si le plaisir est la suite du jugement, soit qu'il résulte du jugement même ou de l'image de ce qu'il y a de jugé beau dans l'objet, la question consiste à trouver,

Pour la partie qui concerne les faits :

1° Qu'est-ce qu'il y a de jugé beau dans l'objet?

2° Quelle est la nature de ce jugement? Est-il contingent? Est-il absolu?

Pour la partie qui concerne l'explication des faits,

Comment, dans l'un des systèmes, l'image de ce qu'il y a de jugé beau dans l'objet, et comment dans l'autre système le jugement lui-même fait plaisir à la sensibilité?

Quelle est la nature de ce plaisir?

Dans la troisième hypothèse, si le jugement et le plaisir sont indépendants l'un de l'autre, il faudra savoir,

D'une part :

Qu'est-ce qu'il y a dans l'objet qui nous fait plaisir?

Quelle est la nature de ce plaisir?

Qu'est-ce qu'il y a de jugé beau dans l'objet?

Quelle est la nature de ce jugement?

Et d'autre part :

Comment ce qu'il y a dans l'objet peut-il nous faire plaisir?

Comment ce qu'il y a de jugé beau dans l'objet peut-il être jugé beau?

Et de plus :

Comment tout objet que l'intelligence juge beau fait en même temps plaisir à la sensibilité?

Toutes ces questions résolues, voici d'autres questions encore qui les suivent de près :

En supposant toujours que les caractères de l'objet qui s'appelle beau, ne varient pas, le beau dépend-il, dans l'homme qui le perçoit, de sa constitution, de ses organes? Le beau qui ne serait plus beau pour l'homme autrement fait, serait-il toujours beau? Le beau n'est-il beau que relativement à l'homme? Le beau est-il absolu?

Et si le beau n'est pas absolu dans ce sens, dépend-il dans l'homme qui le perçoit, de l'âge, du sexe, du pays, du climat, de la civilisation? Le beau qui ne serait pas beau pour un homme serait-il beau pour un autre? Le beau n'est-il beau que relativement à tel ou tel homme? Le beau est-il absolu pour l'humanité?

Autre question. Le beau est-il totalement invisible, ou moitié invisible, et moitié visible? Le beau est-il quelque chose que l'observation ne voit pas, et que la raison conçoit à propos de ce que voit l'observation, ou quelque chose dont les deux éléments sont, l'un vu par l'observation, et l'autre conçu par la raison? Le beau est-il l'affaire de la raison, ou l'affaire de la raison et de l'observation? C'est un choix important à décider.

Ainsi voilà les questions comprises dans cette question : Quel phénomène produit en nous l'objet qui s'appelle beau pour s'appeler beau ?

Mais nous avons partout supposé que les caractères de l'objet qui s'appelle beau ne varient pas, et nous devons maintenant examiner s'ils ne varient véritablement pas.

Alors revient l'autre question de faits qu'il faut résoudre pour savoir ce qu'on entend dire en disant : Cette chose est belle, la question :

Quels sont les caractères de l'objet qui s'appelle beau ?

Toutes les langues distinguent plusieurs espèces de beau. Si l'on en croit les langues, le beau n'est pas l'agréable ou le joli; le joli n'est pas le sublime, et de là sortent des séries de nouveaux problèmes.

D'abord un problème fondamental : L'agréable, le beau, le sublime ne sont-ils que trois degrés d'une seule chose dont l'agréable est le positif, le beau le comparatif, et le sublime le superlatif? Ou l'agréable, le beau, le sublime sont-ils trois choses de nature différente?

Deux théories célèbres ont proclamé, l'une que l'agréable, le beau, le sublime sont trois degrés d'une seule chose dont le sublime est le superlatif, et l'agréable le diminutif; l'autre que l'agréable, le beau, le sublime sont trois choses de nature différente.

Et si l'on se décide pour l'affirmative, il faut élever sur l'agréable, le beau, le sublime, chacune des questions élevées sur le beau, quand on le supposait fixe et permanent.

De plus, il faut apprendre quelle est la nature particulière de ces trois espèces de beau, apprendre quel est leur rapport, apprendre par quelle loi l'agréable, le beau, le sublime font plaisir à la sensibilité, dans le même temps que l'intelligence les juge agréable, beau, sublime.

Cependant ce n'est pas tout. La question va se compliquer encore.

Il y a deux sortes d'agréable, de beau, de sublime. Le beau se divise sous ces deux espèces. Il y a du beau naturel et du beau artificiel.

Le beau naturel est celui qu'offre la nature, celui qu'offrent les actions humaines.

Le beau artificiel est celui que créent les arts, l'éloquence, la poésie, la musique.

Or quel rapport y a-t-il entre le beau naturel et le beau artificiel ?

Là dessus plusieurs opinions qu'il faut exposer.

On a pensé d'abord que le beau artificiel est l'exacte copie du beau naturel. C'est la doctrine de l'imitation.

On a pensé ensuite que le beau artificiel est la copie du beau naturel, mais choisi, perfectionné.

Et pour les uns, le choix consiste à prendre dans la nature les parties les plus belles pour les réunir sans les changer et faire un tout plus beau que le beau naturel.

Pour les autres, le perfectionnement consiste à réellement embellir les parties les plus belles prises dans la nature, en les réunissant pour en former un tout.

On a pensé encore que le beau naturel était une chose et le beau artificiel une autre chose, une invention de l'art.

On a pensé enfin que le beau naturel est aussi un beau artificiel ; seulement dans un cas l'artiste est Dieu ; dans l'autre c'est l'homme. La nature ainsi serait un langage de Dieu pour exprimer le beau, comme les couleurs du peintre et les sons du musicien. Les formes de la nature sont comme autant de symboles du beau ; le beau, c'est donc à ce compte quelque chose d'invisible que la nature exprime et traduit par ses formes et que l'artiste humain conçoit peut-être par les formes de la nature, qui l'expriment et le traduisent pour le traduire et l'exprimer à son tour.

C'est là que se terminerait la science, s'il n'y avait qu'un art pour exprimer le beau ; s'il n'y avait qu'un beau seulement et qu'un moyen seulement pour le rendre.

Mais après avoir défini l'art, il faut descendre aux arts particuliers, comme la peinture, la parole.

Et comme chaque art a son beau, il faut pareillement descendre aux différentes espèces de beau que chaque art peut produire, soit qu'il copie le beau naturel, soit qu'il le perfectionne.

Puis des arts particuliers il faut arriver jusqu'aux subdivisions de ces arts. Il y a dans l'art de la peinture, par exemple, l'art du tableau héroïque, l'art du tableau historique, l'art du tableau de genre, l'art du paysage. Il y a dans l'art de la parole, l'art de l'éloquence et l'art de la poésie ; dans l'art de la poésie, l'art du lyrique et l'art du dramatique; dans l'art du dramatique, l'art du tragique et l'art du comique.

Il faut donc également arriver aux subdivisions des différentes espèces de beau qui correspondent aux subdivisions de chaque art particulier. Dans le beau de la peinture on distinguera donc le beau du tableau héroïque, le beau du tableau historique, le beau du tableau de genre, le beau du paysage.

Ainsi l'on déterminera les rapports de tous les arts entre eux : leurs règles et leurs principes, leurs limites et leurs moyens; ce que chacun d'eux peut et ce qu'il veut. Là s'arrête enfin la science.

Tel est l'arbre généalogique, le catalogue, la table des questions que contient la question du beau. Telle est la carte du pays que nous allons parcourir. Tel est notre plan de campagne.

## DEUXIÈME LEÇON.

Question fondamentale de la science. — Méthode française ou extérieure ; son insuffisance. — Autre méthode consistant à analyser l'effet que produit sur nous un objet beau ; qu'elle est plus directe que la précédente. — Que tous les objets beaux font plaisir. — Causes connues de plaisirs : 1° ce qui favorise notre développement, égoïsme ; 2° le triomphe de la force sur la matière, la sympathie. — Rapports et différences de ces deux espèces de plaisir. — Si elles peuvent être ramenées à un même principe.

Qu'entendons-nous dire, quand nous disons : Cet objet est beau ? C'est toujours là le problème dont il s'agit, le problème unique et capital, qui doit nous occuper. Comprenons nettement et précisément ce qu'il y a dans l'esprit de l'homme qui s'écrie : Cela est beau. Déterminons, fixons, définissons exactement le sens que ces trois mots ont pour nous ; et nous tenons la science du beau, nous en avons décidé la grande question, la question première et fondamentale. Il ne restera plus qu'à faire sortir de sa généralité l'idée claire que nous possédons du beau, pour la présenter successivement aux questions particulières et secondaires, aux problèmes de détail, dont nous avons précédemment établi le catalogue, et qui tous, en sa présence, devront facilement se résoudre. Ainsi le but de nos efforts, le sujet de nos recherches, et comme notre point de mire principal, c'est la solution de ce problème : Qu'entendons-nous dire, quand nous disons : Cet objet est beau ?

Or, pour arriver à la solution de ce problème, voici la marche qu'ont suivie les philosophes de l'école française ; voici leur plan de conduite.

Quand nous disons : Cet objet est beau, ont-ils pensé d'abord, nous entendons dire qu'il y a dans l'objet qui est beau certains caractères visibles, ou un certain ensemble de caractères visibles, que le mot beau désigne ? Ainsi quand nous disons : L'Apollon du Belvédère est beau, c'est qu'il y a dans l'Apollon du Belvédère quelque chose que l'œil saisit et qui constitue le beau. Quand nous disons : Les opéras de Mozart sont beaux, c'est qu'il y a dans les opéras de Mozart quelque chose que l'oreille perçoit, et qui constitue pareillement le beau.

Partant de ce principe, les philosophes français ont fait alors ce raisonnement : S'il y a dans chaque objet qui s'appelle beau quelque chose de visible, qui fait qu'on l'appelle beau, il doit donc y avoir dans tous les objets qu'on qualifie de beaux quelque chose de visible, qui leur est commun, puisqu'on les qualifie tous de beaux. Cela posé, mettons-nous à réunir tous les objets qu'on qualifie de beaux, et ceux que produit l'art et ceux que produit la nature. Comparons-les, et dans ce parallèle, laissant de côté les caractères visibles qui sont spéciaux à chacun d'eux, extrayons avec soin les caractères visibles qui leur sont communs à tous ; nous ne manquerons sans doute pas alors de trouver, en jetant les regards sur les caractères communs visibles de tous les objets qu'on nomme beaux, et de toucher presque du doigt la chose que le mot beau doit désigner.

Ainsi ont procédé les philosophes français, et leur méthode paraît au premier coup d'œil très simple, très naturelle, très juste. Cependant, voyons-la de plus près ; considérons-la plus attentivement, et nous allons sur-le-champ en découvrir les défauts. Nous allons sentir bien vite que ses voies sont fausses et ne mènent pas où l'on veut arriver.

D'abord on pourra bien réunir tous les objets que l'on nomme beaux, nous l'accordons ; on pourra les comparer, nous l'accordons encore. Mais pourra-t-on rencontrer en les comparant un caractère visible qui leur soit commun à tous ? En pourra-t-on marquer un seul trait ? Qu'on prenne l'Apollon du Belvédère et les opéras de Mozart. Voilà d'une part des sons, et d'autre part des formes. Or les formes et les sons, dira-t-on qu'ils se ressemblent sous quelque rapport dans leurs apparences perceptibles ? Quel est le caractère commun visible des formes et des sons ? Qui se mettrait en quête pour le signaler ne réussirait évidemment qu'à perdre son temps et sa peine. Les philosophes français, par les résultats qu'ils ont obtenus, conformément à leur méthode, l'ont eux-mêmes contre eux fort bien démontré ; car tout ce qu'ils ont pu tirer des objets beaux comparés en fait de caractère commun qui tombe sous les sens, c'est l'ordre, c'est la symétrie ; et la symétrie ne se voit pas ; l'ordre ne se voit pas davantage.

Ensuite, supposons même qu'on ait pu saisir et constater ce caractère commun visible de tous les objets qu'on déclare beaux, qu'arriverait-il ? En serions-nous guère plus avancés ? Nous saurions qu'il y a dans tous les objets qu'on a coutume de proclamer beaux un caractère qu'on peut voir, et qu'on peut voir dans chacun d'eux également ; nous saurions aussi qu'en face de ce caractère nous éprouvons un certain plaisir, qui se distingue de tous les autres. Mais, qu'entendons-nous bien dire, quand nous disons : Cela est beau ? Quelle idée attachons-nous positivement au mot beau ? Qu'est-ce enfin pour l'homme que le beau ? Nous ne le saurions pas ; car on ne le sait qu'en sachant pourquoi ce certain caractère nous fait plaisir. Il faut d'abord apprendre son singulier effet sur la nature humaine, sa merveilleuse influence. Comment tel objet, possédant tel caractère, peut-il agréablement affecter la sensibilité de l'homme ? Voilà toujours le secret, voilà l'énigme dont il faut commencer par trouver le mot.

De toutes ces considérations donc il résulte que par les yeux, les mains et les oreilles, le beau n'est pas trouvable. Les philosophes français ont eu tort de prétendre qu'on le peut voir. Il est inaccessible aux sens, il est invisible. Dans ce cas il faut abandonner le monde du dehors, et c'est au dedans de nous qu'il faut diriger nos regards. C'est en nous et par la conscience qu'il faut attaquer la question. Déterminons donc quels phénomènes le beau produit en nous, et nous parviendrons à déterminer d'abord pourquoi le beau les produit, et puis qu'est-ce que le beau ? quelle est la nature du beau ? qu'entendons-nous dire, quand nous disons : Cet objet est beau ?

Or, en suivant cette méthode, voici ce que nous observons et reconnaissons en nous-mêmes.

Ce que nous trouvons d'abord dans toute perception possible d'un objet qui nous semble beau, c'est un sentiment de plaisir. Plaçons-nous vis à vis tel ou tel objet, soit agréable, soit beau, soit sublime, qui fasse partie de la nature ou soit l'œuvre de l'art, la sensibilité s'émeut en nous à son aspect, et l'émotion qui s'élève dans notre âme est celle de la joie.

Causer du plaisir est donc une propriété ou un caractère que nous pouvons affirmer du beau. Nous ne disons pas que tout ce qui nous cause du plaisir est beau. Si nous le disions, l'expérience nous contredirait à chaque instant. Mais tout ce qui est beau nous cause toujours du plaisir. Voilà ce que nous disons et le fait est facile à vérifier ; et comme généralement dans tout objet qui produit la joie en nous, il est un élément qu'on peut nommer le principe du plaisir, sa source, son origine, et qu'il y a du plaisir en nous causé par les objets beaux, on est forcé d'en conclure que l'essence ou la nature de ce qui est beau comprend en soi l'essence ou la nature de ce qui cause le plaisir.

Donc déterminer l'essence ou la nature de ce qui cause le plaisir est le meilleur moyen d'aborder la question. Car ainsi nous constatons un caractère commun à tous les objets qu'on appelle beaux; et ce caractère constaté, nous posons dès lors le pied dans la science; nous y pénétrons. Nous tenons le beau par un endroit. Nous n'avons plus qu'à achever de définir l'idée dont nous aurons marqué le premier trait.

Voyons donc d'où vient le plaisir et comment il vient.

Il y a dans le monde deux choses : l'une essentiellement inerte, improductive, passive, c'est la matière; l'autre essentiellement vive, productive, active, c'est la force.

Or la matière ne sent pas. L'inertie repousse la sensibilité. L'inertie, c'est comme si l'on disait la mort; et sans la vie, pourrait-on jamais sentir. Soient donc çà et là devant nous des molécules matérielles; nous ne leur supposons ni plaisir, ni douleur. Ces deux phénomènes ne nous paraissent aucunement convenir à leur état inanimé.

Mais arrive avec la sensibilité ou la faculté de se sentir, une force qui tende à lier les molécules matérielles isolées et dispersées devant nous; puis arrivent en sa présence deux autres forces qui tendent, l'une à les séparer, et l'autre à les lier de plus près, et nous concevons alors la sensation; nous la concevons agréable et désagréable, nous comprenons ce que c'est que jouir ou souffrir. Contrariée par l'une des deux forces qui tend à séparer les molécules matérielles, la force sensible, qui tend à les lier, se sentira contrariée, c'est-à-dire souffrira. Favorisée par l'autre des deux forces qui tend à lier comme elle les molécules matérielles, elle se sentira favorisée, et par là même elle jouira. Ainsi nous nous représentons la sensation agréable et désagréable, comme deux faits particuliers à la force, qui se sent, et comme totalement étrangers à la matière, qui ne se sent pas.

Si nous voulions confirmer par des exemples la théorie que nous indiquons ici, nous n'aurions qu'à voir ce qui se passe en nous. Quand nous arrive-t-il en effet de jouir et de souffrir? Que l'intelligence s'épuise en vains efforts à la poursuite et à la connaissance de la vérité, n'est-ce pas pour nous une souffrance? Mais si l'intelligence, poursuivant la vérité, la saisit, l'atteint et s'en empare sans effort, n'est-ce pas pour nous une jouissance? La douleur du corps ne tient-elle pas aussi à la gêne qui borne et empêche ses mouvements? Son bien-être, n'est-ce pas l'absence des obstacles, son affranchissement des entraves et des contraintes qui arrêtent sa parfaite liberté d'agir? Force intellectuelle et productive, l'homme est-il empêché dans son développement intellectuel et productif, il éprouve une sensation désagréable. Est-il au contraire aidé, il éprouve une sensation agréable. Etre contrarié et impuissant, voilà pour lui la peine. Etre secouru et puissant, voilà pour lui le plaisir. Bref, ce qui nous affecte agréablement, c'est ce qui nous rend la vie plus facile, ce qui nous sert; et ce qui nous affecte désagréablement, c'est ce qui nous la rend plus pénible, ce qui nous nuit. Jusqu'ici l'expérience a justifié la théorie.

Cependant poussons plus loin nos épreuves et la théorie va peut-être nous sembler en défaut. En effet l'homme ne rencontre-t-il pas dans la nature, hors de lui, des réalités, des êtres, qui ne contrarient et ne gênent en rien le développement de sa force, qui ne lui rendent la vie ni plus pénible ni plus facile, qui ne sauraient pas plus lui nuire que le servir, et ces réalités, néanmoins, ces êtres lui plaisent ou lui déplaisent. La rose, par exemple, d'aussi loin qu'il la verra, lui plaira; la rose pourtant n'agira pas sur lui pour ouvrir ou fermer le passage aux exécutions de sa volonté. La plante lourde, lente et rampante lui déplaira; cette plante pourtant n'a rien à démêler avec sa puissance; elle n'en peut pas arrêter, borner ou circonscrire l'essor. Ainsi d'une part il y a des objets qui lui plaisent ou lui déplaisent parce qu'ils lui sont utiles en facilitant son développement intellectuel et physique, ou nuisibles en l'empêchant; et jusque-là tout va bien, tout s'accorde. Mais d'autre part apparaissent d'autres objets qui lui plaisent ou lui déplaisent, sans faciliter son développement sous sa double forme, ou sans l'empêcher; et dans ce cas, pourquoi ces objets, innocents autant qu'inutiles, lui plaisent ou lui déplaisent-ils? Comment expliquer, conséquemment à la théorie, son plaisir et son déplaisir? Voilà la question. Comment la théorie réussira-t-elle à se tirer de ce mauvais pas?

Quand on approfondit les objets ou les êtres en question, voici ce qu'on observe. Plus ces êtres ressemblent à l'homme et participent de sa nature, plus ils ont le don de lui plaire; le fait est constant. Or la nature de l'homme, sa nature intime, première, fondamentale, c'est la force; et sa loi est d'agir de toute part, continuellement, à l'infini, sans repos; c'est de vivre pleinement et largement, c'est de dominer, c'est de vaincre. Quand donc l'homme voit un être où ne paraît pas l'ombre de la vie, où la matière étouffe et presse de son poids la force vive, c'est-à-dire ce qui est la nature même de l'homme, cet être lui déplaît. Mais s'il y voit la force de temps en temps se ranimer et comme se soulever sous le poids qui l'opprime, le déplaisir est pour lui moins grand, il est moins affligé. Puis quand il voit les plantes, où la force commence à donner signe d'existence et jette quelques lueurs, il y a pour lui commencement de plaisir, et parmi les plantes, celle-là lui plaira beaucoup moins, qui lourde et traînante, semble prête à tomber de langueur : celle-là beaucoup plus, qui svelte et légère, semble dans ses hardis élans secouer et défier la matière. Puis encore, quand il voit les animaux, où la force brille et se signale avec tant d'éclat et d'impétuosité, le plaisir est pour lui plus grand. Il est complet quand il voit les hommes, ses semblables; il est extrême quand il voit, parmi les hommes, ses semblables, l'homme de génie, le héros, vainqueur et maître des formes corporelles qui l'enveloppent, vainqueur vigoureux et ferme, maître impérieux et suprême, autour de qui le mouvement, l'activité, la force, la vie circule, coule et se répand sans cesse à longs flots. Dans tous ces exemples, à la vue des héros, des hommes, des animaux, des plantes, et des choses inanimées, ce qui fait donc jouir ou souffrir la sensibilité de l'homme, c'est l'aspect de sa nature qui triomphe ou succombe; et par là s'expliquent le plaisir et le déplaisir, que peuvent lui causer certaines réalités qui ne gênent en rien son développement et ne le favorisent en rien.

Ainsi voilà bien, pour nous résumer, voilà dans les deux ordres d'objets qui produisent en nous du plaisir, les deux principes du plaisir que ces objets produisent. Nous venons d'en rendre compte. Il y a d'une part un ordre d'objets qui plaisent à l'homme ou lui déplaisent, parce qu'ils sont utiles en aidant son développement ou nuisibles en l'empêchant, et le principe du plaisir qu'il ressent à leur vue, c'est ce qu'on nomme l'égoïsme. Il y a d'autre part un autre ordre d'objets, qui sans aider le développement de l'homme ou sans l'empêcher, lui plaisent encore ou lui déplaisent, parce qu'ils lui présentent l'image de sa nature triomphant ou succombant, et le principe du plaisir que leur aspect lui fait sentir, c'est ce qu'on nomme la sympathie.

Or la sympathie, l'égoïsme, ne peut-on pas les résumer sous une loi commune? Le principe du plaisir que produit la sympathie, le principe du plaisir que l'égoïsme produit, ne peut-on pas les résoudre et les confondre dans quelque principe de plaisir supérieur, qui les embrasse tous les deux et les contienne en lui? Ce qui fait que l'homme jouit, quand il aperçoit sa nature victorieuse, n'est-ce pas exactement ce qui fait qu'il jouit aussi, quand il est aidé dans son développement? Voilà maintenant la nouvelle question. Peut-on ramener et ranger dans un lien commun l'égoïsme et la sympathie?

L'homme plaît à l'homme. Il s'aime dès qu'il se sent. Il trouve en lui son principe, la force qui le constitue; d'abord donc il s'aime dans son principe. Son principe a des tendances, il s'aime dans ses tendances; rien n'est plus conséquent. Son principe se développe pour satisfaire ses tendances, il s'aime donc également dans son développement. Son principe se développe intellectuellement, puissamment, librement; il s'aime donc aussi dans son intelligence, dans sa puissance, dans sa liberté; c'est en effet lui, la force intelligente, puissante et libre, c'est toujours lui qu'il ne cesse pas d'aimer. Enfin son principe quand il se développe est favorisé : ne doit-il pas alors aimer ce qui favorise son développement? Car il aime les tendances que son développement seul peut satisfaire, il aime le principe qui possède ces tendances, il s'aime dans ce principe. D'un autre côté son principe, quand il se développe, est arrêté : ne doit-il pas alors par opposition haïr ce qui arrête son développement? Car arrêter son développement, c'est altérer les tendances que son développement veut remplir; c'est détruire le principe qui ne marche pas sans ces tendances; c'est l'anéantir dans son principe. L'homme prend donc en antipathie la matière, substance impassible et morte dont l'office semble consister ici-bas à gêner le libre jeu des forces, leurs mouvements faciles et naturels. L'homme, force gênée dans son action par la matière, se rallie partout à la force, dont la matière, son seul ennemi, mais son ennemi juré, gêne aussi l'action. Productif, il défend la productivité contre l'inertie. Pouvoir intéressé dans la querelle, il se coalise avec les pouvoirs, ses semblables, qui s'allient, se liguent, en sorte que tous ils se ressentent des succès d'un seul. Ainsi partout où la force triomphe, l'homme triomphe aussi : c'est un coup de plus porté sur l'ennemi commun; partout où la force succombe, il s'afflige de sa chute et partage son désastre. Tel est le secret de la sympathie. L'homme s'aime, et les objets qui font triompher sa nature lui plaisent. L'homme s'aime, et les objets, qui sans faire triompher sa nature la lui font voir triomphante, lui plaisent encore. L'égoïsme et la sympathie sont des transformations de l'amour de soi. Nous nous aimons, voilà l'origine de tout plaisir. Tout ce qui nous plaît, c'est l'amour de soi qui fait que cela nous plaît.

Voici donc le point où nous sommes arrivés, voici la conséquence de tout ce que nous avons dit : les deux classes d'objets qui nous font plaisir, nous font plaisir de deux manières différentes, mais par la même raison. L'égoïsme et la sympathie rentrent dans l'amour de soi. Or, les objets beaux nous faisant plaisir, l'amour de soi doit se rencontrer en eux; il doit s'en trouver là. Reste à savoir si c'est l'amour de soi sous sa forme sympathique ou sous sa forme égoïste, ou sous une autre forme. En d'autres termes, les objets qui sont beaux nous font-ils plaisir comme les objets qui font triompher notre nature, ou comme les objets qui, sans faire triompher notre nature, nous la montrent triomphante? Ou le plaisir que nous causent les objets beaux est-il un autre plaisir que celui de l'égoïsme ou celui de la sympathie? C'est ce qui nous reste à savoir, et ce qui nous conduira peut-être, quand nous le saurons, à quelques découvertes sur la nature du beau.

# TROISIÈME LEÇON.

Retour sur la leçon précédente. — Justification de la méthode que nous suivons. — De l'égoïsme et de la sympathie considérés comme sources de plaisir. — Si les plaisirs du beau peuvent être ramenés à ceux de l'égoïsme ou si le beau est l'utile. — Réfutation.

Nous allons aujourd'hui réduire à leur expression la plus simple et la plus vraie les différents points de la dernière leçon.

Un caractère commun à tous les objets beaux est de faire plaisir. Peut-être n'est-ce pas le seul qui se trouve dans ces objets ; mais il est indubitable que tous le possèdent, que tous font plaisir.

Mais toutes les choses qui font plaisir, font-elles plaisir au même titre? Si toutes font plaisir au même titre, découvrir à quel titre toutes font plaisir, ce sera découvrir ce qu'il y a de commun entre le beau et les autres choses agréables, l'élément qui distingue le beau de tout ce qui ne fait pas plaisir, et qui l'assimile à toutes celles qui font plaisir. Il restera alors à découvrir par quoi il se distingue des autres choses qui font plaisir sans être belles. Si au contraire toutes les choses qui font plaisir, ne font pas plaisir au même titre, ou au moins, de la même manière, en cherchant à quel titre le beau fait plaisir, nous trouverons non seulement ce qui le distingue des choses qui ne font pas plaisir, mais encore ce qui le distingue des autres choses qui font plaisir, mais non pas au même titre ou de la même manière. Dans cette hypothèse, il serait possible que ce qui constitue le beau ne fût qu'une manière de faire plaisir.

Quoi qu'il arrive, cette route offre des chances de découvertes sur le beau. Nous apprendrons au moins ce qui le distingue de tout ce qui ne fait pas plaisir, et si, sous le rapport du plaisir, il se confond ou se distingue des autres objets agréables.

Nous avons déjà distingué trois classes d'objets agréables, c'est-à-dire trois classes d'objets qui ne nous font pas plaisir au même titre, nous, les choses qui nous sont utiles, et les choses qui ont une nature analogue à la nôtre.

Nous ne disons pas que ce soient là les seules classes d'objets qui nous fassent plaisir, et que d'autres objets ne puissent être découverts qui fassent plaisir à d'autres titres, et nous espérons au contraire étendre cette liste incessamment ; mais nous disons que, connaissant déjà ces trois classes d'objets agréables, il est de bon sens de voir d'abord si le beau ne serait pas d'une de ces classes. S'il en est, nous nous épargnerons la peine d'aller plus loin ; s'il n'en est pas, nous aurons exclu de la classe des objets beaux trois classes d'objets qui font plaisir sans être beaux.

Il se passe ici dans notre méthode un fait singulier : nous cherchons si telle classe d'objets sont beaux, et nous nous promettons de le voir ; or pour juger il faudrait que nous sussions ce que c'est que le beau, et cependant nous cherchons encore ce qu'il est : si nous le savions, notre cours serait fini.

C'est qu'au fond nous le savons, mais obscurément comme toutes choses. La science n'a d'autre but que d'éclaircir ce que nous savons d'abord sans nous en rendre compte. La preuve que nous savons ce que c'est que le beau, c'est que nous prononçons sur ce qui est beau, et que nous le distinguons de ce qui est laid. Notre but est donc d'examiner ce que nous sentons sur telle ou telle classe d'objets connus, afin de reconnaître si ce sont ou ne sont pas ces objets que nous sentons beaux ; si ce ne sont pas ces objets, ce n'est point le caractère propre de ces objets qui est le beau. Nous irons donc d'objets en objets, jusqu'à ce que nous sachions nettement lesquels nous sentons beaux, et lesquels nous ne sentons pas beaux ; cette délimitation opérée, les caractères propres et communs à tous les objets sentis beaux, seront le beau, ou du moins la condition du beau.

Revenons donc à nos trois classes d'objets qui nous font plaisir. Nous avons tenté de réduire à une même cause, de faire sortir d'une même explication le plaisir qu'ils nous causent; nous ne disons pas que nous y soyons parvenus entièrement, et ici nous allons dire franchement ce que nous pensons.

Que nous aimions les choses utiles par la même raison que nous nous aimons nous-mêmes, cela nous paraît incontestable ; nous appelons amour de soi le principe de cet amour, et égoïsme la cause qui fait que nous nous plaisons à nous-mêmes, et que les choses utiles nous plaisent.

Mais que nous aimions les choses qui sont de même nature

que nous, par la même raison que nous nous aimons nous-mêmes, c'est ce qui n'est point si parfaitement démontré. Là-dessus il peut rester bien des doutes. Et quant au fond, il serait réel que les natures analogues à la nôtre nous plaisent au même titre que les choses utiles, il resterait toujours une différence notable entre la manière dont les deux classes d'objets nous plaisent; car les choses utiles ne nous plaisent que quand nous les avons jugées et reconnues propres à servir notre développement, en sorte que c'est bien par intérêt qu'elles nous agréent; tandis que les natures analogues à nous, nous plaisent indépendamment de tout jugement semblable, c'est-à-dire sans intérêt patent, apparent, ni compris. En un mot, c'est par un égoïsme, dont nous avons conscience, par calcul, que les choses utiles nous plaisent; si nous ne voyions pas leur utilité, elles ne nous plairaient point; tandis que les choses analogues nous plaisent sans que nous voyions à quoi elles nous servent et indépendamment de tout objet d'utilité, quoiqu'au fond il soit possible qu'il y ait de l'amour de soi inaperçu dans l'amour qu'elles excitent en nous.

Il y a donc lieu de distinguer entre les motifs, sinon entiers, au moins explicites, du plaisir que nous causent ces deux sortes d'objets. Les objets utiles nous plaisent parce que nous les jugeons favorables à notre développement; les natures semblables nous plaisent sans que nous les jugions favorables à notre développement, mais seulement parce que nous les reconnaissons natures semblables. Aussi notre amour pour ces dernières a-t-il été distingué de l'amour pour les choses utiles par un nom différent dans toutes les langues; on a appelé *sympathie* cet amour, tandis qu'on a appelé *égoïsme* ou *intérêt* l'amour des choses utiles.

L'*égoïsme* est donc le principe du plaisir que nous cause notre propre nature et les choses qui lui sont utiles; la *sympathie*, le principe de celui que nous causent les objets d'une nature semblable à la nôtre. Nous parlerons ainsi par la suite, et avec raison, parce que cette différence de nom représente une différence bien réelle dans les choses. Quant à savoir si la différence est au fond comme à la superficie, nous laisserons là cette question pour le moment, parce qu'elle importe peu à notre objet actuel.

Nous connaissons donc deux sources différentes de plaisir, l'égoïsme et la sympathie; la sympathie n'est pas l'égoïsme, c'est-à-dire nous n'aimons pas certaines choses par la vue de leur utilité; cela est certain; mais la cause du plaisir que nous donnent les objets avec lesquels nous sympathisons, est-elle bien l'identité ou l'analogie de nature? c'est une autre question.

Que toutes les choses qui nous plaisent d'une part, et qui de l'autre ne nous plaisent pas par la vue de leur utilité, nous plaisent par l'analogie de leur nature avec la nôtre, c'est ce que nous ne prétendons point, car ce serait prétendre qu'il n'y a que l'intérêt et l'analogie de nature qui dans les objets puissent nous causer du plaisir.

Mais que l'analogie de nature nous plaise, soit une source de plaisir pour nous, c'est ce que nous croyons incontestable.

En premier lieu, le plaisir que nous causent les différentes classes d'êtres croît ou décroît selon que l'on remonte à des espèces plus voisines de la nôtre, ou que l'on descend à des espèces plus éloignées, toutes choses égales d'ailleurs, et en supposant écartée toute autre cause de plaisir ou de déplaisir. Une fleur peut nous plaire plus qu'un homme, qu'un lion, si nous avons peur du lion, si l'homme est notre ennemi, si par connaissance de l'ingratitude et de la méchanceté humaine, nous haïssons les hommes, etc. Mais supposons un homme seul, abandonné dans une île dépouillée de végétation et d'êtres animés, indépendamment de toute idée de délivrance, que souhaiterait-il le plus d'avoir pour compagnie, ou d'un homme, ou d'un oiseau, ou d'un parterre de fleurs? La société humaine est une solution de fait à la question; si les espèces différentes nous agréaient plus que la nôtre, l'homme ne vivrait pas avec son semblable. Et avec quoi, après son semblable, l'homme sympathise-t-il le plus? Avec les animaux, puis les plantes, puis les êtres inanimés.

Secondement, le plaisir que nous causent les différents individus d'une même classe d'êtres, est en raison directe de la plus grande vie manifestée par ces individus. Le plus animé nous plaît le plus; le plus engourdi, le moins, toujours abstraction faite des autres causes de plaisir ou de déplaisir. Parmi les êtres inorganisés, nous préférons ceux dont les formes expriment le plus la puissance, la légèreté, la douceur, quelques qualités de la vie; parmi les plantes, les plus vivaces, les plus élégantes, les plus gracieuses, les plus hardies; parmi les animaux, les plus agiles, les plus forts, les plus intelligents, les plus sensibles; parmi les hommes, les plus énergiques, les plus sensibles, les plus intelligents, et par dessus tout les hommes de génie.

Enfin, dégagez l'humanité, et dans l'humanité l'être le plus parfait, des conditions matérielles, des appétits, des besoins, des chaînes du corps, imaginez l'ange développant sans entraves toutes ces qualités de l'âme humaine, vous sympathisez avec lui plus qu'avec l'homme.

Par ces raisons et d'autres encore trop longues à développer, nous croyons pouvoir compter parmi les causes de plaisir les plus générales et les mieux constatées, l'analogie de nature ou la sympathie, et dire qu'il y a des objets qui nous plaisent sympathiquement, tout aussi certainement qu'il y en a qui nous plaisent par utilité.

Voilà donc déjà dans ces objets deux sources de plaisirs distinctes bien constatées ; sans aller plus loin, examinons donc si nous ne reconnaîtrions pas que c'est à l'une de ces deux sources que le plaisir du beau doit être rapporté, si nous ne trouverions pas que c'est par la vue de leur utilité que ces choses belles nous plaisent, ou par la vue de leur analogie de nature avec nous.

Nous devons le dire d'abord, nous croyons par les considérations suivantes que l'utilité n'est point ce qui nous plaît dans le beau.

1° Si l'égoïsme était le juge de la beauté, ce qui serait le plus beau pour chacun de nous, ce serait nous-mêmes ; nous n'éprouverions dans aucun cas le sentiment du beau, le plaisir du beau que dans la conscience de notre propre individualité. Ce qui est le plus cher à l'égoïsme du moi, c'est le moi, toutes les autres choses ne lui sont chères que par rapport à celle-là et pour celle-là. Or, le plaisir du beau ne se trouve pas toujours dans les sentiments que nous avons de nous-mêmes.

2° Si l'utilité était le principe de la beauté, elle en serait la mesure ; les choses les plus utiles seraient les plus belles ; les moins utiles, les moins belles ; les plus nuisibles, les plus laides ; les moins nuisibles, les moins laides.

3° Toute chose utile serait belle ; toute chose nuisible, laide ; aucune chose inutile ne pourrait être belle ; aucune chose laide ne pourrait être utile ; aucune chose nuisible ne pourrait être belle ; aucune chose belle, nuisible.

4° Une chose cesserait d'être belle quand elle deviendrait inutile, et redeviendrait belle quand elle redeviendrait utile. La même chose serait ainsi belle et laide successivement, selon qu'elle serait utile et cesserait de l'être.

5° Un jugement d'utilité précéderait tout plaisir du beau, et on se sentirait apprécier et calculer l'utilité d'une chose pour décider sa beauté.

6° Il y a des choses belles qui sont en même temps utiles : un meuble, par exemple, une coupe à boire; dans ce cas, on sent que l'esprit distingue l'utilité de la beauté, et n'induit pas l'une de l'autre. Les belles coupes antiques sont moins commodes que nos gobelets; si elles étaient d'une forme moins belle, de proportions moins parfaites, elles seraient aussi utiles et cesseraient d'être belles; il en est de même de tous nos meubles. Ce qui fait la beauté d'une maison, d'un palais, fait rarement son utilité. Les colonnes qui entourent la Bourse font sa beauté; mais elles font qu'on ne voit pas clair dans les chambres; j'aimerais mieux les maisons de la rue de Rivoli. Les palais italiens sont, dit-on, aussi incommodes que beaux. Un arbre chargé de fruits est aussi beau pour le passant que pour le maître; ni l'un ni l'autre ne confondent l'utilité de son produit avec la richesse, la variété, la grâce et les autres beautés dont il réjouit les yeux.

7° Les hommes qui se sont plus occupés d'envisager les choses sous leurs rapports d'utilité, seraient les meilleurs appréciateurs de la beauté; ce qui est si peu, que ce genre d'études pour l'ordinaire émousse le goût; et qu'en revanche, l'amour du beau, la mesure du beau, éloigne des calculs de l'intérêt et de l'appréciation de l'utile : voyez les artistes.

Il y a un cas du beau qui semble prouver en faveur de la théorie de l'utilité. Dans une machine, par exemple, la perception du rapport des moyens à la fin excite souvent le sentiment du beau; ce qui fait croire que c'est l'appréciation de l'utilité de la machine qui la fait trouver belle. Mais ce n'est pas l'utilité de ce que peut faire la machine qui la fait trouver belle; c'est le rapport de toutes ses parties à une seule fin ; cette combinaison est seule belle. Ce qui le prouve, c'est 1° que l'admiration est la même quand la machine, comme les automates, ne produit rien d'utile; 2° que ceux-là seuls trouvent la machine belle qui comprennent son mécanisme; tandis que si on produit quelque chose d'utile, tout le monde peut le voir sans en comprendre le jeu;

3° que si le résultat est immense quoique inutile, l'admiration est au comble, parce que c'est le fait de la puissance et non celui de l'utilité qu'on admire.

Nous ne pousserons pas plus loin ces réflexions, et nous passerons dans les prochaines leçons à l'autre des deux sources de plaisirs que nous avons indiquées.

## QUATRIÈME LEÇON.

Différence de l'utile et du beau. — Si le beau est le contraire de l'utile. — Phénomènes intérieurs qui accompagnent le sentiment du beau. — Phénomènes opposés qui accompagnent le sentiment de l'utile. — Caractère essentiel du beau : ne répondre à aucun besoin déterminé. — Nouveaux faits à l'appui. — Si le beau ne correspondrait pas à des besoins qui ne pourraient être satisfaits dans la condition présente. — Rapport entre les plaisirs du beau et ceux de la sympathie.

Le sentiment de l'utile n'est pas le sentiment du beau. L'utile n'est pas ce qui constitue le beau. Voilà tout ce que nous avons précédemment démontré.

Mais, quand on réfléchit davantage sur la nature du plaisir que font le beau d'une part et d'autre part l'utile, il semble qu'on peut aller plus loin et démontrer quelque chose de plus sur la distinction de l'utile et du beau. Nous dirons quoi tout à l'heure. Donnons d'abord quelques explications pour compléter ce que nous avons déjà dit.

L'utilité d'un objet se reconnaît pour moi de deux manières : par expérience, quand j'éprouve que l'objet m'est utile, au moment même je le vois, actuellement; par prévision, quand je conçois que l'objet qui ne m'est pas actuellement utile, peut l'être postérieurement.

Dans les deux cas, le plaisir que fait l'utile est différent. Quand j'éprouve que l'objet m'est utile actuellement, quand je reconnais son utilité par expérience, quand je le touche avec mes sens, je jouis, parce qu'il me sert et satisfait un de mes besoins. Le plaisir est donc alors dans le sentiment d'un besoin satisfait.

Quand je conçois que l'objet qui ne m'est pas utile actuellement peut l'être postérieurement, quand je reconnais son utilité par prévision, quand je l'aperçois en perspective, je jouis encore, mais parce qu'il peut me servir plus tard et satisfaire un de mes besoins futurs. Le plaisir est donc alors dans le pressentiment d'un besoin futur satisfait.

Ainsi, quand on a dit, pour définir le beau : c'est un plaisir contemplatif; si l'on a prétendu prendre ces mots dans leur acception la plus commune, dans leur sens le plus rigoureux, la définition du beau n'est pas juste. Car, soit devant mes yeux un objet, qui ne m'a pas servi, qui ne me sert pas, mais qui peut me servir, soit un objet enfin dont je reconnaisse l'utilité par prévision, je me plais en espoir et d'avance au bien qui ne résulte encore qu'en idée de son effet sur moi. C'est donc un plaisir contemplatif aussi que le plaisir produit, dans ce cas, par l'utile, et l'utile cependant ne constitue pas le beau.

Au contraire, si par plaisir contemplatif on entend le plaisir produit tout entier par la seule vue de l'objet, sans retour sur soi-même, la définition devient exacte. Car c'est là justement ce qui distingue le plaisir que fait le beau du plaisir que fait l'utile. Nous aimons l'utile pour l'effet que nous en éprouvons ou que nous espérons en éprouver; nous aimons le beau pour lui-même, sans considérations personnelles, indépendamment de nous.

Ces explications données, nous allons continuer nos recherches, et dire maintenant ce qu'on peut encore démontrer sur la distinction de l'utile et du beau.

Soit devant nous tel ou tel objet qui nous affecte agréablement; l'affection agréable qu'il nous imprime, ou le plaisir qu'il nous cause, fait naître fatalement en nous, à sa suite, un mouvement sensible : c'est l'amour par lequel nous tendons vers l'objet; puis aussitôt et presque simultanément un autre mouvement de la sensibilité se développe: c'est le désir; nous voulons approcher de nous l'objet, lors même qu'il ne peut nous servir à rien; nous voulons nous unir à lui, l'attirer à nous; et quand nous avons pu l'attirer à nous, quand nous nous sommes unis à lui, quand nous l'avons approché de nous, nous ne savons plus qu'en faire. Ainsi la rose que nous voyons nous plaît; nous l'aimons, nous la désirons, et, quand nous la possédons, nous en sommes embarrassés. Tel est en nous un premier phénomène d'amour et de désir.

D'autre part, l'homme a des besoins naturels ou factices, et tout besoin n'est autre chose qu'une privation. Quand donc il aperçoit l'objet dont il est privé, viennent alors et se développent inévitablement en lui, comme ci-dessus, un mouvement d'amour, puis un mouvement de désir; mais ici l'amour n'est plus le même; le désir a changé, c'est-à-dire qu'il tend bien toujours vers l'objet qui l'affecte agréablement; il veut bien toujours s'unir à lui; mais la tendance qu'il suit n'est plus vaine; l'union qu'il accomplit n'est plus stérile. Quand il s'est emparé de l'objet, il sait qu'en faire; il n'en est pas embarrassé. L'emploi n'en est pas douteux; il ne manque pas de l'appliquer au mal de privation dont il souffre et qu'il veut faire cesser; il l'introduit en lui, si l'on peut ainsi parler, il l'amène et le conduit jusqu'au besoin qu'il faut contenter. Ce n'est donc plus vaguement qu'il aime et qu'il désire alors; ce n'est plus sans savoir pourquoi, sans savoir à quoi bon; c'est dans un but connu, fixe, précis et déterminé. Tel est en nous un second phénomène d'amour et de désir.

Or, ces deux phénomènes différents d'amour et de désir sont produits en nous, l'un par l'objet beau, l'autre par l'objet utile. L'objet beau ne me sert pas; il est incapable de remédier à quelqu'une de mes privations déterminées; sa possession n'aboutit à rien. L'objet utile, au contraire, se met à profit; je n'ignore pas sa destination, si j'en suis maître; son usage propre est de faire cesser des privations à lui particulièrement assignées. L'objet utile, nous le définirons donc l'objet qui peut satisfaire dans l'homme des besoins précis; et l'objet beau, nous le définirons provisoirement l'objet qui ne correspond pas dans l'homme à quelqu'un de ces besoins; le beau, dans ce cas, c'est l'inutile, le contraire de l'utile.

Et cependant l'inutile n'est pas l'indifférent, car nous aimons, nous désirons le beau, c'est-à-dire que nous tendons vers un objet qui ne peut nous servir; nous voulons attirer à nous ce qui nous est d'aucun usage; nous nous intéressons à ce qui ne contente pas en nous un besoin marqué; la sensibilité s'émeut en nous à la vue du beau. Comment donc le beau, qui est l'inutile, n'est-il pas indifférent? Voilà le miracle du beau, son secret, son mystère.

Mais revenons sur la définition du beau. Le beau, disons-nous, c'est le contraire de l'utile. Voici des exemples pour éclaircir et prouver le fait :

Soit une campagne, riche, féconde et couverte de moissons; c'est un beau spectacle pour l'homme qui la voit et ne fait que la voir, la regarder, sans avoir égard à son utilité. Vienne le propriétaire : songeant à quels besoins le prix de ses moissons pourra satisfaire, le besoin de se nourrir, le besoin de s'enrichir et beaucoup d'autres, sa campagne n'est pas un beau spectacle pour lui. Quand il en pèse l'utilité, aussitôt il cesse d'en apprécier la beauté. Si quelquefois il lui semble que sa campagne est belle, c'est qu'alors, certainement, il ne pense plus au profit qu'il en peut tirer.

Pareillement, un beau fruit n'est plus beau pour l'homme qui a soif; l'utilité du fruit a seule frappé son esprit.

La solution d'un problème peut être à la fois utile et belle. Le manufacturier qui en a besoin pour l'usage de sa manufacture, et qui la trouve, jouit d'en sentir l'utilité ; le mathématicien qui n'en a pas besoin, et qui la trouve aussi, jouit aussi, mais jouit seulement de la beauté qu'il y sent.

Ainsi, dans tous ces exemples, l'utile exclut le beau, non pas cependant dans ce qui est, mais seulement dans ce qui paraît; c'est-à-dire que l'utilité peut se rencontrer avec la beauté dans une chose, que le même objet peut être utile et beau dans le même temps, mais non par les mêmes caractères ; il cesse, non pas d'*être,* mais d'*être senti* beau, quand on le sent utile ; le sentiment de l'utile exclut le sentiment du beau, non pas cependant encore que le sentiment de l'utile exclue à jamais le sentiment du beau, non pas que l'utilité d'une chose, une fois jugée, on n'en puisse plus juger dorénavant la beauté, non pas que la chose, quand on l'a d'abord considérée comme belle, ne puisse plus être considérée que comme belle ; mais le sentiment du beau détruit, étouffe, au moment même où il naît, le sentiment de l'utile. L'un des deux sentiments produit, arrête, à l'instant où il est produit, la production de l'autre. Dans un temps donné, la chose doit me sembler inutile, pour me sembler belle.

Faut-il de nouveaux exemples? En voici : Les classes élevées et riches de la société, qui s'embarrassent en général très peu de l'utile, ont plus d'aptitude à goûter le beau que les classes pauvres et mal aisées, qui s'occupent de l'utile tous les jours de l'année.

Il n'y a que beauté pour l'artiste, dans l'incendie, dans la tempête, fût-ce même sa maison qui brulât ou son vaisseau que l'orage tourmentât; mais pour le paysan, qui voit se consumer sa ferme, pour le matelot, qui voit la foudre suspendue sur lui, tout est crainte et douleur ; car ils sont accoutumés à considérer dans chaque chose le côté de l'utile, et non pas, comme l'artiste, le côté du beau.

Ainsi, pour nous résumer, l'utile n'est pas le beau, c'est-à-dire ce qui fait plaisir à l'homme et qu'il appelle beau. L'utile est quelque chose qui nous plaît, en satisfaisant un besoin qu'il rencontre en nous et qui lui correspond. Le beau est une autre chose qui nous plaît, sans rencontrer en nous un besoin correspondant qu'il ait à satisfaire. De là sort la différence du plaisir que fait l'utile, et du plaisir que fait le beau. Le beau ne s'applique pas à quelque besoin précis de l'homme; tel est, non pas peut-être le seul, mais un de ses caractères essentiels. La condition nécessaire pour qu'un objet beau paraisse beau, c'est qu'il paraisse le plus qu'il peut inutile, sans qu'il puisse par là devenir indifférent ; car bien qu'il ne nous serve pas, et conséquemment nous fatigue quand nous l'avons trop longtemps entre nos mains en ne sachant qu'en faire, il nous a plu cependant; nous l'avons aimé, nous l'avons désiré.

Or, maintenant le beau ne pourrait-il pas correspondre, comme l'utile, à quelque besoin précis, hors toutefois de la condition terrestre ? Un besoin déterminé, dont l'état actuel empêcherait le développement complet et l'expression claire, ne pourrait-il pas se ranimer en nous, se réveiller, ressusciter à l'aspect de l'objet beau, qu'à son instigation nous approcherions de nous et saisirions?

Ce n'est là qu'une hypothèse : on peut la négliger, mais reste toujours le fait duquel on l'a tirée, fait important et fondamental. Le beau est quelque chose qui ne correspond pas en nous à quelque besoin actuellement précis : et voilà ce qui distingue profondément le beau de l'utile; l'utile satisfaisant un besoin précis qu'il rencontre en nous et qui lui correspond. Aussi l'homme à qui tous les besoins de la terre seraient étrangers, ne verrait ici-bas que du beau. De même, réciproquement, l'homme qui connaîtrait tous les besoins d'ici-bas et ne s'occuperait qu'à les satisfaire, cet homme-là ne verrait partout que l'utile.

Or ici se présente un singulier rapprochement. L'homme, dans l'amitié, doit sympathiser avec son ami, sans s'informer s'il peut lui servir ; il doit l'aimer sans réfléchir si cet ami peut ou non lui devenir utile; car il n'y a plus d'amitié là où l'on calcule l'utilité d'un ami ; voilà l'opinion du sens commun. L'ami n'est plus alors qu'un instrument qu'on met à profit; c'est un moyen, comme un autre, qu'on emploie pour aller à ses fins. Plus d'ami, si nous savons que faire de notre ami ; l'amitié s'évanouit alors dans l'utilité.

De même, je sympathise avec le chêne qui s'élève majestueusement et vigoureusement, de la sympathie qui fait que la force est attirée vers la force. Mais la sympathie ne naît et ne dure qu'autant que je vois d'abord et persiste à voir dans le chêne un objet inutile. Si j'aperçois dans le chêne du bois à brûler, la sympathie disparaît.

Ainsi la sympathie tombe devant l'utile, comme le beau. Le plaisir excité par le beau cesse à l'apparition de l'utile, et le sentiment de l'utile étouffe le plaisir causé par la sympathie. Soit un objet utile et beau, nous n'en voyons pas la beauté, si nous en voyons l'utilité; soit un objet utile et semblable à nous, si nous en reconnaissons l'utilité, nous ne l'aimerons pas pour sa ressemblance avec nous. La sympathie, comme le beau, ne s'apprécie pas auprès de l'utile. La même réalité ne se montre pas sous deux faces à la fois.

Voilà donc un grand caractère commun entre le plaisir sympathique et le plaisir du beau. Cherchons s'il n'y en a pas d'autres encore : cherchons si l'analogie de nature, la sympathie, n'est pas le principe du beau, ce qui constitue le beau.

# CINQUIÈME LEÇON.

*Résumé de la leçon précédente. — Série des phénomènes qui précèdent, accompagnent ou suivent la possession du beau et de l'utile. — Conséquences pratiques : 1º User sobrement des plaisirs du beau ; 2º varier les objets. — Autres conséquences. — Intentions de la nature à l'égard du beau et de l'utile.*

L'utile et le beau ont cela de commun qu'ils plaisent. Mais ils ne plaisent pas au même titre.

Le titre de l'utile pour plaire est de correspondre en nous à un besoin déterminé qu'il satisfait ou qu'il est jugé propre à satisfaire.

Le propre du beau est de ne correspondre en nous à aucun besoin déterminé auquel il puisse être appliqué. C'est en un mot d'être inutile.

Non seulement donc l'utile n'est pas le beau, le beau ne nous plaît pas au titre d'utile ; mais le titre du beau pour plaire exclut le titre auquel plaît l'utile : le beau est inutile de sa nature.

De cette différence fondamentale naissent toutes les différences accessoires.

Le désir de l'utile naît d'une privation actuellement ressentie ou prévue comme pouvant l'être. C'est la guérison, la cessation de cette privation, ou la perspective de cette guérison, de cette cessation qui fait naître le plaisir de l'utile.

Le désir du beau naît du plaisir que cause le beau ; c'en est la suite. Nous aspirons à l'objet beau parce qu'il nous plaît et non parce que nous en avons besoin, au lieu que l'utile ne nous plaît et que nous n'aspirons à le posséder qu'en conséquence du besoin que nous en avons.

Le point de départ des phénomènes intérieurs relatifs à l'utile, c'est la privation sentie ou connue. De là le désir, de là le plaisir. Le point de départ des phénomènes extérieurs relatifs au beau, c'est le plaisir causé pour l'objet beau. De là l'amour, de là le désir.

Quand nous désirons l'objet beau, nous ne savons à quelle fin.

Quand nous le possédons, nous ne savons qu'en faire. L'union, la possession est impossible. Quand nous désirons l'objet utile nous savons pourquoi. Quand nous le possédons, nous ne sommes pas embarrassés d'en faire usage. L'union, la possession s'opère parce qu'elle est possible.

Je regarde cette différence comme une règle excellente pour distinguer l'utile de ce qui ne l'est pas, ce qui plaît à titre d'utile de ce qui ne plaît pas à ce titre.

L'union étant impossible dans la possession de l'objet beau, le désir ne s'éteint pas, il se tourmente et finit tantôt par une espèce de mépris ou de terreur, tantôt par une sorte de dégoût pour l'objet beau. Tout objet beau finit par nous ennuyer, sans que l'amour du beau s'éteigne.

Il n'en est pas de même de la possession de l'objet utile. L'union s'opérant, l'objet s'appliquant au besoin, le besoin se trouve satisfait, le désir s'éteint, et s'il y a du dégoût pour l'objet, c'est parce que le besoin qui le rendait agréable n'étant plus, il cesse d'être agréable ; le désir ne survit pas et ne se concilie point avec le dégoût, comme pour l'objet beau.

Le besoin renaissant, l'objet redevient agréable ; le désir, la possession, le plaisir du besoin satisfait, l'indifférence pour l'objet recommencent.

Il est rare que l'objet beau une fois pris en dégoût redevienne agréable. Un tableau ravit l'amateur ; il l'achète, il le met dans son cabinet ; au bout de quelque temps le dégoût commence, et le plaisir ne revient plus. Il lui reste le souvenir du plaisir que ce tableau lui a causé, l'énoncé des motifs qui le persuadent qu'il est encore beau quoiqu'il ne le sente plus, un plaisir de vanité à le dire, à le faire voir ; mais c'est tout. Une longue absence, la vue d'objets laids ou moins beaux peuvent raviver le plaisir un moment, mais jamais au même degré, à ce que nous croyons.

De là vient que pour goûter longtemps le beau, il faut en user avec sobriété et varier beaucoup ses plaisirs, sans quoi on devient bientôt blasé et insensible. Quel est le professeur de rhétorique qui sente encore Horace et Virgile ? Quel est le possesseur d'une galerie de tableaux qui ne s'y promène avec indifférence ? Quel est le ménétrier ambulant qui jouisse de ses rondes comme les auditeurs qu'il fait danser ?

De tous les arts celui qui épuise le moins la sensibilité, c'est la musique, probablement parce qu'elle est infinie en profondeur et qu'on y découvre plus longtemps des beautés nouvelles.

La littérature doit à son immense variété le même avantage. Elle réunit à elle seule toutes les espèces de beautés.

La peinture est vite épuisée, la danse, l'architecture, la sculpture de même.

La nature est à la fois très variée comme la poésie, et très profonde comme la musique; c'est d'elle qu'on se lasse le moins. Mais il faut n'avoir pas toujours sous les yeux la même perspective.

Toutes ces considérations ont fait regarder la nouveauté comme un des principes et peut-être le souverain principe du plaisir que nous causent les choses inutiles, et l'habitude comme le principe qui engendre le dégoût du beau. Nous reviendrons sur cette dernière opinion qui a pris l'effet pour la cause.

On regarde l'amour du beau comme une passion calme et sans danger, qui ne peut entraîner les funestes conséquences des autres et ne peut contribuer qu'à rendre la vie heureuse. Cela est vrai quand dans la vie le plaisir du beau ne remplit que la seconde place, quand on ne le recherche qu'en passant et comme un délassement à la recherche de l'utile. Voici alors ce que l'on éprouve : on sent qu'on passe d'une sphère de plaisirs plus étroits et plus grossiers à une sphère de plaisirs plus larges et plus nobles. Passer de la poursuite de l'utile à la contemplation du beau, c'est s'élever : les âmes les plus communes l'éprouvent plus ou moins clairement. On sent que les plaisirs du beau ne coûtent rien, il suffit de regarder pour jouir; au lieu qu'il faut travailler pour posséder l'utile, qui n'est agréable que dans la possession. On sent qu'on peut jouir des plaisirs du beau sans les disputer à personne, sans exciter le mouvement de l'envie; au contraire on les éprouve plus vivement quand d'autres les éprouvent en même temps. La sympathie se repose doucement dans cette pensée, comme la paresse dans la précédente, comme l'orgueil dans la première. On sent enfin que la contemplation et la jouissance du beau ne coûtent rien à la vertu, et ne peuvent avoir aucune conséquence fâcheuse, n'exposent à aucune tentation ni à aucun danger, ne menacent en un mot ni la morale, ni l'intérêt, et l'on se complaît à l'idée de trouver le bonheur sans le payer d'aucun sacrifice. Cette perspective est ravissante, et l'on conçoit qu'elle attire puissamment quand on ne fait que l'entrevoir.

Aussi combien ne voit-on pas d'hommes se la promettre pour leurs derniers jours et comme le prix de leurs travaux. Une honnête aisance, la campagne l'été au sein des beautés de la nature, la ville l'hiver parmi les plaisirs de l'art, telle est la vie toute esthétique dont tant de personnes tracent le plan au milieu des fatigues de la vie active; mais ils désirent ce qu'ils ne connaissent pas. Allez les voir, au bout d'un mois d'exécution, vous les trouverez enchantés; au bout d'un an, tristes et ennuyés, regrettant les affaires, malgré leurs désagréments, et bien revenus de leur amour pour la vie contemplative. Ils auraient pu l'apprendre plus tôt, s'ils avaient connu la nature humaine, ou s'ils avaient consulté un de ces hommes, qui, libres de tout soin et de toute recherche intéressée, dans leur jeunesse se sont livrés au goût des arts et à la contemplation du beau pour occuper leur oisiveté, et ont embrassé de bonne heure la vie esthétique. Après avoir parcouru les diverses parties de l'Europe, et souvent du monde, pour chercher la nature, les hommes et les arts, ils sont revenus tristes, mélancoliques, ennuyés, blasés sur toutes choses, sans but et sans espérance de bonheur dans l'avenir, n'ayant d'autre consolation que d'amuser les autres de leurs récits, que de pouvoir comparer et disserter sur la nature, les mœurs, les arts des différents pays, et mépriser, avec connaissance de cause, et sans qu'on ose leur répondre, les beautés et les admirations du leur.

C'est qu'on ne sait pas que tous les avantages des plaisirs du beau naissent d'un vice radical et caché qui les empoisonne tout en les produisant : l'impossibilité de la possession. Le beau n'étant point saisissable, peut-être même définissable, offre à l'imagination avide de bonheur un champ plus vaste, excite une espérance plus vive et plus indéfinie. Le beau, ne se réduisant jamais sous nos mains à quelque chose d'utile qui rassasie nos besoins, nous paraît plus noble que l'utile. Ne pouvant être que vu et jamais possédé, il exclut tout travail, toute rivalité, par conséquent, toute injustice envers les autres, tout dommage envers nous-mêmes. Personne ne travaille pour voir le soleil; personne n'est jaloux de cette vue; personne n'en vole la perspective à son voisin; personne ne se ruine pour le voir. Il en est du beau comme du soleil, mais pour la même cause, parce qu'il ne peut être possédé.

Or, c'est cela même qui empoisonne les plaisirs du beau et qui rend à ceux qui se livrent à la passion du beau, la vie si triste et le caractère si mélancolique. Passionnés pour ce je ne sais quoi qui les dégoûte des choses utiles, parce qu'il leur paraît bien supérieur, ils le cherchent partout, ils le contemplent partout : mais à mesure qu'ils le trouvent, à mesure qu'ils le contemplent, ils le sentent échapper à leur désir, et même à leur pensée. Ils ne peuvent définir ni la nature de leur besoin, ni la nature de son objet. Ils sentent cependant le besoin; ils sentent son objet; ils éprouvent le mal de la privation, et en même temps ils conçoivent l'impossibilité de la guérir : de là le dégoût, de là cette mélancolie qui tient du désespoir, et que M. de Châteaubriand a si bien décrite dans son *René*.

Au lieu que la passion des choses utiles a toujours devant elle la possibilité, l'espérance d'être satisfaite. Chez les personnes mêmes dont les désirs sont infiniment au-dessus de leur pouvoir, la conception nette de l'objet qu'ils souhaitent et de la manière de satisfaire leurs vœux avec cet objet, est une consolation : le rêve d'une bonne fortune qui leur livre cet objet, quelque invraisemblable qu'il puisse être, en est une autre; il n'y a point lieu au désespoir; mais où est le bien pour l'amant du beau, qui ne conçoit pas même ni ce qu'il veut, ni ce qu'il lui faut, et qui ne trouve sur la surface de la terre que des aiguillons à son désir, des appâts à sa passion, sans trouver jamais le moyen de la satisfaire?

C'est là, nous le répétons, ce qui rend si triste la vie, si mélancolique le caractère des hommes d'un génie contemplatif : c'est là ce qui empoisonne les méditations du philosophe, les rêveries des poëtes, les études du véritable artiste; c'est là ce qui les use si vite, ce qui les ronge au sein de l'opulence et des honneurs, ce qui les rend si inexplicables au commun des hommes; c'est là ce qui nous fait penser que de toutes les passions, il n'y en a point de plus dangereuse à un certain degré que celle du beau.

Le meilleur régime à suivre pour obtenir une vie heureuse, c'est à coup sûr de suivre les indications de la nature.

Il paraît évident que dans notre condition terrestre, nous avons deux sortes de besoins. Il en est de déterminés et de précis auxquels l'enveloppe matérielle qui nous convient et l'imperfection de la nature qui nous environne, n'interdisent point, et fournissent leur satisfaction. Pour les uns, cette satisfaction est complète, pour les autres, incomplète; mais au moins, ont-ils cela de commun, qu'ils sont déterminés, que leur objet l'est aussi, et qu'il y a moyen de leur appliquer leur objet et de les satisfaire. Ce sont là sans doute tous les besoins et toutes les facultés dont la nature a voulu la satisfaction et le développement; aussi, sont-ils les plus énergiques, les plus puissants; ils n'ont pas nécessité de la présence de leur objet pour se faire sentir et rappeler; ils se développent spontanément et appellent leur objet. L'immense majorité des hommes occupe sa vie à les contenter.

Mais il est aussi d'autres besoins, plus élevés sans doute, et dont la satisfaction n'apparaît et n'est possible que dans un meilleur monde. Ils font partie de notre nature comme les autres; mais de même que parmi ceux-ci, il en est qui nous quitteront avec le corps, et qui dépendent de notre alliance avec lui; les besoins dont nous parlons semblent ne pouvoir se déterminer et se satisfaire durant cette alliance, et paraissent être réservés à des temps plus heureux. Ils ne se réveillent pas en nous d'eux-mêmes, ils sont comme endormis et étouffés par la présence de la matière; mais la nature a le pouvoir de les réveiller. On dirait que parmi ses formes innombrables, il en est quelques-unes qui ont la faculté magique de les faire sortir de leur inertie et de les attirer, soit que ces formes soient des symboles des choses invisibles qui répondent à ces besoins, soit qu'elles leur offrent des images imparfaites de leur objet, que le monde dans sa grossière essence ne peut reproduire complétement. Ces besoins éveillés ressentent du plaisir, s'animent et aspirent à ces objets. Mais soit que ces objets ne soient pas ce qu'ils demandent, soit que le corps en empêche la possession, ces besoins restent indéfinis et non satisfaits. Si on ne continue pas à les entretenir, ils se rendorment; mais si on continue, ils se développent, dégoûtent du reste des choses et rendent la vie malheureuse.

D'où il paraît que la nature n'a point voulu que ces besoins ne se réveillassent pas, mais n'a point voulu non plus qu'ils prissent le dessus en nous. On peut supposer qu'ils sont en nous comme des témoignages de la supériorité de notre nature sur sa condition, des gages et des indices d'un meilleur avenir ; mais leur tour n'est pas arrivé. Ils nous élèvent, ils nous ravissent, ils nous font pressentir Dieu et l'autre vie, quand nous nous y abandonnons un moment; ils deviennent un supplice quand nous nous y livrons entièrement. Là est la règle de l'usage que nous en devons faire; le devoir et l'intérêt ne veulent pas qu'on la viole, et ne le permettent pas impunément.

## SIXIÈME LEÇON.

*Rapport entre les plaisirs du beau et ceux de la sympathie. — Que le beau pourrait n'être autre chose que l'analogie de nature. — Autres sources de plaisirs. — De la nouveauté; de l'habitude, causes contradictoires et cependant réelles de jouissances. — Que la nouveauté n'est pas le beau.*

Il est, avons-nous dit précédemment, il est un rapport remarquable entre le plaisir, qu'excitent en nous les objets beaux, ou le plaisir du beau, et le plaisir que nous causent les objets dont la nature est analogue à la nôtre, les objets semblables à nous, les objets sympathiques, ou le plaisir de la sympathie. Le plaisir de la sympathie, comme le plaisir du beau, ne résulte pas de la satisfaction, soit obtenue, soit prévue d'un besoin présent ou futur; tel est un caractère essentiel et commun qui les distingue tous deux profondément du plaisir que l'utile produit en nous.

Or, de là on est conduit très simplement à rechercher si par ce caractère essentiel et commun qu'ils possèdent, par ce rapport remarquable qui les unit, le plaisir du beau et le plaisir de la sympathie ne révèlent pas, ne laissent pas ainsi découvrir à l'observation, non pas seulement leur ressemblance, mais leur identité. Le plaisir du beau et le plaisir de la sympathie diffèrent du plaisir de l'utile, tous les deux par la même raison; le plaisir du beau n'est-il donc pas alors le plaisir de la sympathie? L'objet beau n'est-il pas l'objet sympathique? Le principe du beau n'est-il pas l'analogie de nature? Toutes questions équivalentes qui s'offrent maintenant à nous, dans la route que nous suivons, et qu'il faut maintenant résoudre.

Mais auparavant, pour nous garder de devenir trop facilement exclusifs, et de prendre trop vite et trop absolument pour type du plaisir que fait le beau, le plaisir que fait la sympathie, ne serait-il pas mieux de chercher d'abord, s'il n'y a pas, outre les objets beaux, les objets utiles et les objets sympathiques, d'autres objets qui nous causent du plaisir à d'autres titres que les objets utiles et les objets sympathiques, mais aux mêmes titres que les objets beaux. Examinons s'il n'est pas possible après le beau, l'utile et le sympathique, de trouver quelque source de plaisir nouvelle dont les apparences ou les caractères se séparent de ceux de l'utile, du sympathique, et se rallient au contraire à ceux du beau. En d'autres termes, voyons si la beauté qui n'est pas l'utilité, qui peut être la sympathie, n'est pas ou ne peut pas être quelque autre chose encore.

On sait que les objets les plus agréables, quand nous nous sommes une fois familiarisés avec eux, finissent par nous agréer beaucoup moins, ou même par ne plus nous agréer du tout, et par nous ennuyer. On a conclu de là qu'un principe de plaisir, outre l'utile, c'est la nouveauté. On a dit : Il y a deux sortes d'objets qui plaisent à l'homme ; les objets utiles, parce qu'ils sont propres à satisfaire un besoin ; puis les objets nouveaux, parce qu'ils sont nouveaux. L'utilité, plus la nouveauté, voilà pour l'homme les deux sources de ses sensations agréables. Dans ce système on explique la beauté par la nouveauté ; la nouveauté fait la beauté ; deux choses nous agréent : le nouveau, l'utile ; et le beau qui nous agrée, sans être l'utile, doit être le nouveau.

D'autre part on s'est encore aperçu que l'Européen, par exemple, et l'Africain se déplaisent réciproquement, qu'ils se paraissent réciproquement laids. On a découvert que les hommes finissent par prendre la forme qu'ils sont accoutumés à voir possédée par certains individus d'une espèce, pour le type de la forme que l'espèce entière doit posséder. L'Européen et l'Africain trouvent chacun de leur côté, dans leur figure, dont ils sont habitués à voir souvent les traits, le type de la figure humaine, qu'ils jouissent de rencontrer et qui leur semble beau. L'habitude est donc alors une source de plaisir. L'habitude, a-t-on aussi pensé, dans ce nouveau système, l'habitude rend raison du beau. Le beau dérive de l'habitude. Nous nous créons, d'après les objets qui nous entourent ordinairement, et pour chaque espèce d'objets, certains types de beautés ; ces types, contrôles du beau, l'habitude les fait, l'habitude les consacre.

Or l'habitude repousse la nouveauté, son contraire ; les deux opinions qui rendent compte du beau, l'une par l'habitude, l'autre par la nouveauté, ne se peuvent donc pas concilier. Comment le beau serait-il, et ce qui nous est familier, et ce qui nous est nouveau ?

Ces deux opinions exagérées se contredisent ; mais les deux faits qui servent à les fonder demeurent incontestables.

Les objets les plus agréables, quand nous nous sommes une fois familiarisés avec eux, finissent par nous agréer beaucoup moins, ou même par ne plus nous agréer du tout et par nous ennuyer ; la nouveauté est donc une source de plaisir.

D'autre part l'Européen et l'Africain se déplaisent réciproquement ; ils se paraissent réciproquement laids ; et la raison de ce fait se trouve dans l'habitude, autre source de plaisir après la nouveauté.

Examinons maintenant et considérons de près à quel titre plaisent l'habitude et la nouveauté. Qu'est-ce d'abord qu'il y a dans la nouveauté qui nous plaît ?

L'homme est naturellement curieux et tous les objets qui lui apparaissent pour la première fois, tous les objets inaperçus, qui se manifestent tout à coup à son intelligence, tous les objets nouveaux, quels qu'ils soient d'ailleurs, contentent sa curiosité, c'est-à-dire le penchant qui le porte à savoir. Ce sont autant de découvertes, qui satisfont le besoin qu'il a d'étendre continuellement la sphère de ses connaissances, et la satisfaction d'un besoin produit un plaisir.

Ainsi plaisir de la curiosité satisfaite, voilà d'abord ce qui nous plaît dans la nouveauté, voilà son premier titre à notre amour ; satisfaction de la curiosité, tel est le premier élément du plaisir que la nouveauté nous cause.

Ensuite tous ces objets qui sont nouveaux, ne sont peut-être pas seulement nouveaux. La nouveauté n'est que le caractère général et commun de tout ce qui nous apparaît pour la première fois ; mais la beauté, l'utilité, voilà par exemple des qualités spéciales, des caractères propres, et les objets qui sont nouveaux, peuvent de plus être utiles ou beaux.

Alors ils nous agréent, comme nouveaux ; puis comme beaux ou comme utiles, ils nous agréent encore. Au plaisir de la curiosité satisfaite, se joint et s'ajoute le plaisir de l'utile et du beau. Le plaisir de l'utile et du beau est le second élément des sensations agréables que la nouveauté provoque en nous. Ce n'est probablement pas le dernier.

La première fois qu'un objet se manifeste à nos yeux, il nous plaît vivement ; la seconde fois il nous plaît beaucoup moins ; il nous plaît médiocrement; et de manifestations en manifestations, il finit par ne plus nous plaire. Pourquoi donc en arrive-t-il ainsi ? L'objet inconnu, qui se présente subitement à nous, est nouveau ; supposons encore qu'il soit beau ; dès lors dans la sensation agréable que sa présence produit premièrement sur nous, il y a le plaisir de la curiosité satisfaite et le plaisir qui naît du beau : puis ces deux plaisirs vont en diminuant; les sensations perdent peu à peu leur agrément, à mesure que l'objet qui les produit, se représentant de plus en plus souvent à nos yeux, devient de moins en moins nouveau, paraît de moins en moins beau. Mais pour rendre compte d'une pareille différence dans les émotions successivement excitées à la vue du même objet, ne trouve-t-on que le plaisir qui naît du beau s'ajoutant au plaisir de la curiosité satisfaite? N'y a-t-il plus rien après eux, pour expliquer la force et la vivacité des impressions premières d'une part, d'autre part l'affaiblissement progressif et le décroissement des impressions suivantes?

Quand on étudie le fait de la sensation, on découvre qu'il comprend deux éléments, dont l'un reste fixe, et dont l'autre s'efface par degrés, en même temps que les sensations se répètent. Or, telle est la raison du fait que nous avons ci-dessus exposé. Voici comment.

Nous sentons, et nous savons ou nous ne savons pas que nous sentons. Quand la sensibilité vient en nous à s'émouvoir, et que nous négligeons d'observer ce qui se produit en nous, l'émotion de la sensibilité passe alors rapidement et se dérobe inaperçue. Nous souffrons ou nous jouissons, comme à notre insu. Si nous surveillons au contraire les mouvements de la sensibilité, quand un objet a frappé nos organes, si la conscience fixe les yeux sur la sensation qui se développe en nous, la sensation s'en augmente, et double d'intensité. Pensons à nos douleurs ; songeons à nos plaisirs, et nous allons souffrir, nous allons jouir deux fois plus. La sensation, dont nous nous occupons, se fait vivement sentir. Cessons de nous en occuper, détournons-en les regards, et sa vivacité diminue. L'intelligence en la contemplant la renforce et la multiplie; transportons ailleurs l'intelligence, entraînons autre part son attention, ne lui laissons pas jeter les yeux sur la sensibilité, nous serons moins affectés en oubliant que nous le sommes. Les distractions de l'intelligence diminuent la profondeur de la sensation.

Quand donc nous voyons déjà depuis quelque temps un objet, quand son aspect nous devient familier, l'attention de l'intelligence n'est plus comme auparavant excitée par sa manifestation. L'intelligence ne s'en embarrasse presque plus et le laisse agir, à sa fantaisie, sur la sensibilité qu'il affecte toujours; seulement l'affection qu'il imprime est de plus en plus faible et languissante, c'est-à-dire très mal ou pas du tout ressentie, l'intelligence se souciant toujours un peu moins d'y prendre garde et considérant tout autre chose, sans vouloir s'interrompre. Mais quand l'objet est nouveau, quand il attaque pour la première fois la sensibilité, l'intelligence prête alors attention; nous avons parfaitement conscience de l'impression produite en nous par l'objet nouveau; nous ressentons vivement et profondément la sensation qu'il nous cause. L'intelligence y prend part; et si l'objet est beau, le plaisir qu'il nous fait s'en accroît; il est redoublé par l'intelligence qui le voit, le regarde, le contemple et le réfléchit. Ainsi le plaisir de la sensation réfléchie est un élément, un troisième élément du plaisir complexe que la nouveauté provoque en nous.

Cependant là ne se termine pas la liste de ces éléments; il est possible d'en constater encore un.

Si l'on remarque en nous dans l'état actuel la curiosité, l'ambition, l'amour de l'indépendance; en d'autres termes, si l'homme dans l'état actuel sent le besoin de connaître, le besoin d'agir, et le besoin d'agir et de connaître librement; c'est que son développement libre, soit actif, soit intellectuel, est ici-bas contrarié, borné, limité; c'est qu'il rencontre dans la condition présente des obstacles, des empêchements, des entraves. Force essentiellement intelligente, active et libre, l'homme, dans son état naturel, agit et connaît librement. Toujours libre, il connaît toujours, et toujours il agit. Son intelligence et son activité s'épanchent et rayonnent de toute part à leur aise, incessamment et au loin. Nul travail, nul effort; il se développe, et sent le plaisir seulement, et non plus le besoin de se développer, puisqu'alors son développement est infini, facile, continuel.

Cela posé, qu'arrive-t-il, quand nous découvrons un objet nouveau? Découvrir, c'est se développer. La découverte d'un objet nouveau satisfera donc d'abord le besoin du développement que l'homme éprouve dans sa condition d'ici-bas, et la satisfaction de ce besoin lui causera un certain plaisir. Ainsi, par exemple, nous découvrons une idée nouvelle ; par là, se trouve satisfait le besoin de connaître, ou la curiosité qui nous presse actuellement, et la satisfaction de la curiosité produit en nous un plaisir, que nous avons déjà mentionné sous le nom de plaisir de la curiosité satisfaite.

Mais maintenant, comme la curiosité n'est pas l'intelligence, pas plus que l'ambition n'est l'activité, comme à son tour le plaisir de la curiosité satisfaite n'est pas plus le plaisir propre de connaître que le plaisir de l'ambition satisfaite n'est le plaisir propre d'agir, il s'ensuit qu'il y a dans l'homme, à la découverte d'un objet nouveau, outre le plaisir produit par la satisfaction du besoin qu'il a de développement, le plaisir produit par le développement lui-même. Car découvrir, disons-nous, c'est se développer. Chaque objet nouveau que l'homme saisit, c'est un pas de plus qu'il fait en avant, vers ce développement vaste, heureux, non-interrompu, caractère essentiel de sa nature, principe fondamental de son existence et dont l'accomplissement parfait est interdit à ses efforts par l'état actuel, état de contrariétés, de besoins et de luttes dans lequel il se trouve. C'est un élargissement de la prison qui le renferme; c'est une extension du cercle dont il est le centre. La nouveauté lui fait plaisir en agrandissant la sphère de son intelligence et de son activité, qu'elle satisfasse ou ne satisfasse pas d'ailleurs en lui tel ou tel besoin. Ce plaisir est celui de la conquête; autant d'objets nouveaux découverts, autant de conquêtes en effet pour l'homme, autant de possessions ajoutées à son domaine.

Ainsi, plaisir de la curiosité satisfaite, plaisir de l'utile ou du beau, si l'objet qui satisfait la curiosité paraît utile ou beau; puis plaisir de la sensation réfléchie, puis enfin plaisir de la conquête, voilà tous les plaisirs particuliers dont l'ensemble constitue le plaisir total que la nouveauté nous cause.

Or, de là, nous concluons maintenant que le beau, quand il est nouveau, nous plaît à tous les titres du nouveau : il satisfait la curiosité; l'intelligence en contemple l'impression; sa découverte est une conquête pour l'homme; mais le beau n'est pas le nouveau. Car, autrement l'utile, qui satisfait aussi la curiosité, quand il est nouveau, l'utile, dont l'impression est aussi contemplée par l'intelligence, et dont la découverte est une conquête aussi pour l'homme; l'utile alors, comme nouveau, serait aussi le beau, ce qui ne peut pas être. La nouveauté n'est qu'un caractère général de toute chose qui se montre à nos yeux pour la première fois, agréable ou désagréable, utile ou nuisible, belle ou laide, bonne ou mauvaise.

# SEPTIÈME LEÇON.

Des effets de la nouveauté; que ces effets sont tantôt désagréables, tantôt agréables, selon la nature agréable ou désagréable de l'objet nouveau. — Cas où l'objet est indifférent. — Effets opposés de l'habitude. — Ce que c'est que la nouveauté. — Explication des effets de la nouveauté et de l'habitude.

Nous allons parler encore aujourd'hui de la nouveauté; nous examinerons de plus près le plaisir que la nouveauté nous cause; nous analyserons avec plus d'étendue tous les phénomènes qui s'y rattachent.

La nouveauté est-elle le beau? Non, car tout ce qui est nouveau n'est pas beau, ni tout ce qui est beau n'est pas nouveau; il y a des choses laides qui sont nouvelles, des choses belles qui sont anciennes. Dans la perception d'une chose nouvelle nous distinguons le caractère qu'elle a d'être nouvelle, et celui qu'elle a d'être belle ou laide, bonne ou nuisible, tout comme la nouveauté d'une chose se distingue de sa puissance et de sa grandeur, de sa forme et de sa couleur; en un mot de toutes les qualités qu'elle peut avoir.

Quoique la nouveauté ne soit ni le beau, ni le bon, ni l'analogie de nature, elle n'en est pas moins un caractère par lequel les choses plaisent. En général ce qui est nouveau nous attire; nous aimons à voir les pays nouveaux pour nous, à lire les ouvrages nouveaux, à éprouver des sensations nouvelles. Il y a cependant des exceptions; il est des cas où une chose nous déplaît, précisément parce qu'elle est nouvelle et inaccoutumée pour nous; et ce qui le prouve, c'est que cette même chose finit par nous plaire quand nous y sommes accoutumés, tout comme il y a des choses qui nous plaisent seulement parce qu'elles sont nouvelles, et ce qui le prouve, c'est qu'elles nous déplaisent quand nous y sommes accoutumés. Ces deux faits semblent contradictoires; il faut les expliquer en cherchant à quels titres et comment la nouveauté plaît quelquefois, et quelquefois aussi déplaît.

Mais d'abord, qu'est-ce que la nouveauté?

Ce n'est point un caractère de l'objet ni une modification du sujet, c'est un rapport entre l'objet et le sujet; pris à part l'objet ni le sujet n'offrent rien qu'on puisse appeler nouveau; mis en rapport l'objet est nouveau pour le sujet, quand le sujet ne l'a pas encore connu, possédé ou senti.

La nouveauté d'un objet consiste-t-elle uniquement en ce que cet objet n'ait pas encore été connu par le sujet? Il nous semble que non. Cet objet peut être ancien pour l'intelligence, et n'avoir point encore été senti; s'il est susceptible de l'être, à ce titre il sera donc nouveau pour la sensibilité, quoiqu'il ait cessé de l'être pour l'intelligence. Tel objet peut être connu depuis longtemps, et avoir été depuis longtemps senti, sans avoir été possédé; il sera donc nouveau pour l'ambition, quoique ancien pour l'intelligence et pour la sensibilité. Réciproquement, il est des objets depuis longtemps sentis, que nous comprenons tout à coup; il en est depuis longtemps possédés, que nous sentons et que nous comprenons plus tard; dans tous ces cas il y a nouveauté.

Exemple du premier cas. Il arrive souvent que nous ne sentons les objets beaux qu'après une longue connaissance : on peut connaître parfaitement un ananas et n'en avoir jamais goûté, comprendre un plaisir et ne pas l'avoir éprouvé.

Exemple du deuxième cas. On peut savoir parfaitement ce que c'est qu'un général, sentir le plaisir qu'il y a à l'être, et ne l'être pas; tous les objets utiles fourniraient des exemples, tous les buts de l'ambition aussi.

Exemple du troisième cas. Nous pouvons sentir longtemps les objets beaux, la musique, par exemple, sans la comprendre; la beauté du ciel et des astres, sans savoir l'astronomie.

Exemple du quatrième cas. Nous possédons un tableau de famille, nous le voyons depuis l'enfance, il nous est indifférent; le goût et l'intelligence de la peinture nous viennent, nous le comprenons et le sentons.

C'est donc à tort, ce nous semble, qu'on a fait de la nouveauté l'objet propre et exclusif de la curiosité, et qu'on a dit qu'il n'y avait de nouveauté que pour l'intelligence. Cela seul n'est pas nouveau, qui est connu pour la première fois. Il y a de la nouveauté pour la sensibilité, pour l'activité, pour l'ambition; quand nous sentons une nouvelle sensation, quand nous faisons un nouvel acte, quand nous possédons une nouvelle chose utile, toutes ces nouveautés sont indépendantes de l'intelligence. L'intelligence n'est qu'une faculté ou une capacité comme une autre. Un objet est nouveau, quand il répond pour la première fois à l'un de nos besoins, à l'une de nos tendances, ou s'il convient à l'une de nos capacités ou de nos facultés.

Voici donc la plus haute définition de la nouveauté :

C'est le propre d'un objet qui affecte pour la première fois l'un de nos besoins déterminés ou indéterminés.

Nos appétits corporels ont besoin d'être apaisés, notre intelligence a besoin de connaître, notre ambition, de posséder, notre activité de faire; prenons ces tendances pour types de nos besoins déterminés.

En outre, nous avons des tendances pour certaines choses qui, dans la nature, ne répondent à aucun besoin déterminé en nous.

Prenons la sympathie pour type de ces besoins indéterminés.

Toute chose qui répond à un de ces besoins nous plaît; c'est le plaisir du besoin satisfait ou présumé pouvoir l'être; ce n'est pas le plaisir de la nouveauté.

Ainsi nous trouvons du plaisir à manger du pain, à comprendre un théorème, à posséder une maison, à cultiver une propriété, à voir l'aigle voler dans les cieux, bien que le pain ne soit pas pour notre appétit, le théorème pour notre intelligence, la maison pour notre ambition, la culture pour notre activité, l'aigle pour notre sympathie, des objets nouveaux.

Mais au lieu du pain, supposons un fruit inconnu; au lieu du théorème connu, un nouveau théorème; au lieu de la maison possédée depuis longtemps, une place obtenue; au lieu de la culture d'un champ, l'administration d'un département; au lieu de l'aigle, un spectacle sublime contemplé pour la première fois; outre le plaisir du besoin satisfait, nous éprouvons le plaisir de la nouveauté.

En quoi consiste ce plaisir ? Nous y voyons deux éléments :

1° Le sentiment d'un développement plus étendu de notre être.

2° La conscience plus vive du besoin satisfait.

Notre nature est comme prisonnière ici-bas; excepté nos besoins corporels, tous nos autres besoins déterminés ne sont satisfaits qu'incomplétement ; toute nouvelle satisfaction est donc pour nous une conquête, ou un pas de plus vers la satisfaction complète.

Quant à ces besoins qui ne peuvent être satisfaits, tout nouvel objet qui les attire est une espérance de satisfaction, une perspective de satisfaction possible, un pas, pour ainsi dire, vers la satisfaction, ou, si l'on aime mieux, une garantie nouvelle qu'il y a dans le monde quelque chose aussi pour eux, et qu'ils n'ont pas été mis en nous vainement et pour n'être pas satisfaits.

Quant à nos besoins corporels, il y a deux choses : la satisfaction physique ou la guérison de la privation, plus un plaisir sensuel qui accompagne cette satisfaction et qui est imparfait comme tous nos plaisirs. Tout objet nouveau répondant à nos besoins physiques produit un plaisir nouveau et distinct; car c'est le propre des plaisirs sensuels d'être distincts et de ne pas se ressembler, tandis que ceux purement spirituels se confondent. Or, ce plaisir nouveau est une conquête aussi, une extension à notre faculté de jouir toujours incomplétement satisfaite comme toutes celles de notre nature intime.

Outre ce plaisir de sentir le cercle et les limites de notre développement s'agrandir et reculer, que nous donnent les objets nouveaux, le plaisir propre du besoin satisfait est plus vif, parce que le besoin étant satisfait d'une manière jusque là inconnue, nous faisons plus attention au plaisir qui en résulte. Or, on sait assez combien cette circonstance influe sur la vivacité de nos sensations agréables ou désagréables, au point qu'une vive distraction fait oublier souvent la plus âpre douleur, comme une attention profonde donnée à une petite souffrance en fait un tourment insupportable.

Voilà, selon nous, l'origine du plaisir de la nouveauté. Ce plaisir peut se compliquer, selon que l'objet est nouveau pour un plus ou moins grand nombre de nos tendances.

Maintenant à quel titre la nouveauté déplaît-elle ? Aux mêmes titres auxquels elle plaît. Supposons l'objet indifférent à tous nos besoins; il ne peut plus être nouveau que pour l'intelligence ; il plaira comme curieux, et pas autrement.

Mais supposons que l'objet soit un obstacle à la satisfaction de nos besoins. S'il est nouveau, outre le déplaisir de l'obstacle, il y aura le déplaisir de sentir notre développement restreint d'une nouvelle façon, et l'attention plus grande donnée au déplaisir de l'obstacle le fera plus vivement sentir.

Quelque soit le besoin auquel l'objet répugne, fût-ce à l'intelligence elle-même, s'il est nouveau pour l'intelligence, il y aura plaisir de curiosité, en même temps que déplaisir né de l'obstacle.

C'est là le phénomène singulier qui se produit en nous à la vue d'un monstre auquel la sympathie répugne, tandis que l'intelligence se sent attirée. C'est ce qu'éprouve l'ami de la science, quand pour la première fois il aborde un cadavre avec le scalpel. C'est ce que l'on sent à la vue d'une plante qui est un poison, à la découverte d'une passion dans un protecteur, qui fait qu'il vous refuse l'avancement que vous lui demandez. Mais où le phénomène est le plus bizarre, c'est quand il se passe tout entier dans le sein de l'intelligence. Ainsi, quand on découvre dans une recherche la raison qui rend une découverte impossible, la curiosité est à la fois désappointée et satisfaite.

Avec ces mêmes données, nous croyons pouvoir expliquer la plupart des phénomènes de l'habitude; comme ils sont fort nombreux, nous nous bornerons aux plus saillants.

L'habitude doit affaiblir le plaisir que nous causent les objets. La conscience du plaisir devient en effet moins vive, parce qu'il n'attire plus l'attention de l'intelligence comme une chose nouvelle. D'une autre part, tout plaisir naît de la satisfaction d'un besoin et tout objet ne satisfait qu'imparfaitement ou ne satisfait pas du tout nos besoins. Nouveau, il nous inspire des espérances qu'il ne tient pas; nous commençons par saisir vivement le bien qu'il nous fait ou qu'il promet de nous faire; mais le temps nous détrompe, et il nous ennuie.

Par deux raisons analogues, l'habitude affaiblit le déplaisir que nous causent les objets.

La conscience devient moins vive. Puis l'obstacle nous désespère quand il paraît. Nous nous le figurons plus fâcheux qu'il n'est; mais le temps nous détrompe. Notre nature a beau faire, elle ne peut briser ses entraves; les plus grands biens ne la mettent jamais en liberté. Mais les choses ont beau faire, elles ne peuvent anéantir notre nature. Elle survit à tous les assauts.

Les plus grands maux la laissent toujours intacte, agissante, libre, intelligente. Or, c'est l'expérience ou le temps qui nous l'apprennent. Voilà pourquoi nous nous ennuyons du bien et nous nous accommodons du mal par habitude.

Nous nous arrêterons ici, sans toutefois avoir épuisé encore tous les phénomènes de la nouveauté et de l'habitude.

# HUITIÈME LEÇON.

Nouveaux phénomènes de la nouveauté et de l'habitude. — Qu'ils s'expliquent, les uns par le besoin de repos, les autres par le besoin d'activité. — Alternative où la nature humaine se trouve placée dans la condition présente, lutter et souffrir, ou ne pas se développer. — Ce qui fait qu'on adopte un parti plutôt que l'autre. — Faits à l'appui. — Conclusion des recherches sur la nouveauté et l'habitude.

Nous avons expliqué dans la dernière leçon la double action de l'habitude et de la nouveauté sur le plaisir et sur le déplaisir produit en nous par les objets qui nous plaisent ou nous déplaisent.

L'intensité, la vivacité du plaisir ou du déplaisir produit en nous par les objets qui nous plaisent ou qui nous déplaisent, est, avons-nous vu d'abord, augmentée par la nouveauté et diminuée par l'habitude. L'habitude défait ainsi ce que fait la nouveauté.

Si la nouveauté augmente la vivacité du plaisir ou du déplaisir, produit en nous par les objets qui nous plaisent ou qui nous déplaisent, c'est que l'intelligence porte attentivement les yeux sur la sensation nouvelle; puis encore, c'est que la sensation nouvelle est agréable comme une victoire, ou désagréable comme une défaite.

Si l'habitude diminue d'autre part la vivacité du plaisir ou du déplaisir, que la nouveauté redouble, c'est que l'intelligence ne prend plus garde à la sensation qui vieillit par un retour habituel; et, secondement, c'est que le retour habituel de la sensation qui perd de la sorte en se répétant son agrément ou son désagrément, finit par amoindrir et rabaisser le prix de la victoire que nous avons remportée, ou l'importance de la défaite que nous avons essuyée.

Jusqu'ici tous les phénomènes de l'habitude et de la nouveauté s'expliquent uniformément par les mêmes principes, positivement ou négativement pris.

Mais voici d'autres phénomènes de l'habitude et de la nouveauté qui contredisent tous ceux dont on a jusqu'ici rendu compte, et que maintenant il faut aussi constater, éclaircir, analyser et expliquer.

Un homme résout le problème de sa destinée, par exemple, ou tout autre grand problème qu'il agite, et la solution qu'il obtient le satisfait, contente le besoin de son intelligence. Il se croit maître de la vérité. Supposons qu'une autre solution du même problème se présente à lui ; ce n'est qu'une face nouvelle de la vérité qui se laisse découvrir ; et cependant comme sa découverte lui fait mettre en doute l'évidence de la solution première, la nouvelle solution lui déplaît.

Ainsi la nouveauté dans ce cas n'agrée pas.

Or, pourquoi la nouveauté n'agrée-t-elle pas ?

C'est qu'elle dérange l'habitude et le repos de l'esprit.

Quand un de nos besoins vient à posséder un objet propre à le satisfaire, il y a dans la possession de l'objet par le besoin, deux choses : le besoin satisfait, et le besoin satisfait d'une certaine façon.

Or, la manière particulière dont la satisfaction du besoin s'accomplit, crée dans l'homme un second besoin, celui de conserver l'objet, qui, possédé, satisfait l'ambition, la curiosité, la sympathie, l'un ou l'autre de nos penchants. Ce second besoin, c'est purement et simplement l'habitude.

Si donc un objet nouveau survient pour attirer ailleurs nos penchants satisfaits, ou prêts à se satisfaire ou se satisfaisant, et pour les distraire de leurs jouissances prochaines ou récentes, la nouveauté n'agrée plus alors, parce qu'elle dérange et trouble l'habitude.

Or, pourquoi dans ce cas la nouveauté n'agrée-t-elle pas à l'âme ?

C'est qu'il y a des hommes plus paresseux qu'actifs.

L'homme plus paresseux qu'actif, par exemple, est celui qui, maître d'une solution sur le problème de sa destinée, se trouve affecté désagréablement quand il vient s'offrir à lui telle autre solution sur le même problème, une révélation de la vérité, nouvelle sans doute, mais qui déroute ses idées reçues, son opinion formée.

Un autre homme, qui débattrait aussi la question de sa destinée, pourrait au contraire se réjouir grandement s'il découvrait à la question tel ou tel nouveau sens qui troublerait ses idées déjà faites, mais pour les agrandir, et celui-là, c'est qu'il voudrait impatiemment parvenir au plus grand nombre de connaissances possibles; il est plus actif que paresseux et la nouveauté lui agrée.

Ainsi, selon qu'on préfère garder sans inquiétude les possessions qu'une fois on a conquises, ou conquérir des possessions plus vastes, au risque d'être inquiété dans celles que l'on a, la nouveauté devient source de plaisir ou de déplaisir. La nouveauté peut agréer ou n'agréer pas tour à tour, plus ou moins, selon que les âmes sont plus ou moins actives, plus ou moins paresseuses.

Mais toutes les âmes ne sont-elles pas essentiellement actives? Comment peut-il y avoir des âmes paresseuses? C'est ce qu'il faut examiner.

L'homme voudrait en vain dans l'état actuel se développer complétement et se développer sans peine; tel est l'effet des entraves, des liens, des barrières, des empêchements qui le cernent pour ainsi dire ici-bas, des obstacles qui le pressent et qui l'assiégent. Naturellement son action va toujours large et facile; car les empêchements ne sont pas de lui; les obstacles lui sont extérieurs; ils n'adhèrent pas à sa nature; ils n'appartiennent qu'à son état actuel. Les limites imposées au développement de l'homme et les souffrances que l'homme doit subir pour se développer, sont les deux conséquences de sa condition d'ici-bas. Naturellement, alors qu'il jouit de sa pleine et entière liberté, c'est parfaitement et sans effort qu'il se développe; son développement par lui-même n'est ni laborieux, ni borné.

Mais les obstacles de l'état actuel ici-bas s'interposent, interviennent; et dès lors il lui faut travailler et souffrir pour se développer; cependant il ne cesse de sentir le double penchant, ou le double besoin de se développer complétement, parce qu'il est actif; et de se développer sans peine, parce qu'il n'est pas dans sa nature de souffrir.

Or, maintenant, qu'arrive-t-il dans cet ordre de choses assez singulier? Si l'homme veut se développer complétement, il ne le peut qu'en surmontant les obstacles, et pour les surmonter, il faut lutter; lutter c'est souffrir, et la souffrance lui répugne; il veut se développer sans peine. D'autre part, s'il ne veut pas lutter, c'est-à-dire souffrir pour surmonter les obstacles, il ne peut plus se développer, et le non développement aussi ne lui convient pas. Comme il veut se développer sans peine, il veut se développer complétement.

Il faut donc choisir de deux choses l'une : ou souffrir pour se développer, ou ne pas se développer, pour ne pas souffrir. Voilà l'alternative de la vie, voilà le dilemme de la condition terrestre.

Ainsi s'explique le plus simplement du monde, la paresse ou l'activité des hommes. Les uns prennent le parti de combattre ; fidèles à leur nature, ils se décident à se développer plus péniblement, et en retour moins incomplétement. Les autres reculent devant le combat ; et fidèles à leur nature aussi, mais d'une autre manière, ils préfèrent aux progrès du développement qui s'achète par la lutte, les imperfections du développement qu'on ne paye pas de son repos.

Et les motifs de leur préférence, les voici.

C'est d'abord ce qu'on peut nommer le tempérament. Il y a dans certains hommes un penchant au repos, une disposition particulière à la paresse.

Ensuite c'est le découragement. L'homme sent que sa nature est faite pour se développer complétement et dans sa jeunesse, quand l'expérience ne lui parle pas encore et qu'en lui ce sentiment prédomine, il espère, pour peu qu'il ait de force et de persévérance, pouvoir enfin pousser et conduire sa nature jusqu'à son complet développement. Il prend donc tout d'un coup son parti. Plein d'ardeur et de confiance, il se décide à lutter ; il se prépare vivement et de bon cœur au combat ; il compte, dans son impétuosité, sur l'abaissement certain des obstacles ; il a confiance au succès. Vienne maintenant avec l'âge l'expérience, et il va reconnaître que son plus grand développement n'est encore qu'un développement faible, insensible, qui ne tire pas à conséquence. Rien n'est fait, va-t-il penser, en comparaison de ce qui reste à faire. Il s'est avancé de deux ou trois pas seulement, malgré tous ses efforts, et qu'est-ce que deux ou trois pas dans une carrière immense ? Ses progrès ne s'aperçoivent pas et s'évanouissent dans le champ infini qu'il a à parcourir. Il est aussi loin qu'auparavant du terme infiniment éloigné qu'il s'est mis à poursuivre, et le désespoir d'arriver jamais au but le prend alors. Il renonce donc à combattre longtemps et péniblement, pour des conquêtes aussi médiocres. Il n'a plus envie de lutter; le prix de la lutte ne lui paraît pas proportionné à ses travaux et à ses souffrances. Les fruits de la victoire sont trop petits et trop minces; plus de fougue alors, plus d'audacieuses résolutions, plus de desseins ambitieux. Il se rebute et regrette ses fatigues; il se décourage. Le découragement, comme le tempérament, fait ainsi préférer au développement par la lutte dans une très large sphère, le repos dans un cercle plus modeste et plus étroit.

Or, pour revenir à présent au fait, quand nous ne voulons pas, par tempérament ou par découragement, nous développer, au risque de perdre en nous développant le repos et la paix, et quand nous sommes portés à la tranquillité du développement sans largeur, plutôt qu'à la largeur du développement sans tranquillité, dans cet état de notre âme, la nouveauté nous déplaît, et nous aimons l'habitude. Non pas cependant qu'à proprement parler et par elle-même l'habitude nous plaise. L'habitude ne nous plaît qu'en nous évitant la peine. Le plaisir qui s'ensuit est négatif; il est seulement l'absence d'un déplaisir, celui que produirait la privation d'un bien que nous aurions coutume de posséder, et dont la dépossession ne manquerait pas de nous affecter désagréablement.

Ici faut-il, à l'appui de tout ce qui précède, donner des exemples? Nous en donnerons deux.

D'abord, pourquoi les hommes avancés en âge se renferment-ils dans un certain nombre d'idées d'où leur esprit ne veut plus sortir? C'est que l'âge, amortissant le feu de la jeunesse, époque où le mouvement de l'esprit est presque infaillible, ces hommes se sont aperçus que la vérité tout entière ne pouvait pas se posséder. Alors s'accoutumant à plusieurs idées qu'ils se font, et dans lesquelles ils s'imaginent posséder ce qui peut remplacer à la rigueur la vérité, ou ce qu'il leur faut de vérité pour les besoins de la vie, ils vivent contents de ce qu'ils ont et n'acceptent plus ou même repoussent les idées nouvelles, qui les inquiéteraient dans la possession de leurs idées anciennement faites, et les en priveraient, parce qu'ils seraient forcés d'en douter. Autrement, ce qu'ils croyaient leur suffire ne leur suffirait plus; ils acquerraient des connaissances qui déplaceraient des connaissances acquises; par là, plus ils découvriraient, moins ils penseraient savoir. La poursuite de la science, la recherche de la vérité, n'a plus d'attrait pour eux; ils veulent par-dessus tout le repos.

D'autre part, pourquoi voit-on des hommes regretter amèrement le simple patrimoine, dont ils jouissaient, et qu'ils ont abandonné pour courir après de splendides et vastes domaines? C'est que, mécontents du peu qui leur suffisait, ils ont prétendu posséder davantage. L'ambition s'est emparée d'eux, et les a rejetés dans l'inquiétude, dans la peine. Il a fallu soutenir des luttes, des combats pour obtenir de nouveaux biens, et le repentir a suivi l'ambition; le bonheur les a fuis. Le bonheur ne les fuyait pas quand leurs modestes propriétés, dont ils ne cherchaient pas l'agrandissement à leur péril, satisfaisaient en paix leurs modestes besoins.

Ainsi, remarquons maintenant où nous arrivons. Le propre de la nouveauté, c'est d'augmenter le plaisir ou le déplaisir produit en nous par les objets agréables ou désagréables qui répondent pour la première fois à l'un de nos besoins; et le propre de l'habitude, c'est de diminuer ce plaisir ou ce déplaisir; voilà ce que nous avons vu déjà précédemment. Le propre de la nouveauté, c'est de nous causer des impressions désagréables; et le propre de l'habitude, c'est de nous affecter agréablement; voilà ce qu'aujourd'hui nous voyons. Les phénomènes de l'habitude et de la nouveauté, ceux que nous avons exposés, ceux que nous exposons, diffèrent donc entre eux, et nous trouvons, pour les expliquer, deux principes qui diffèrent aussi : le besoin du repos et le besoin de l'activité.

Or, maintenant, n'allons pas demander comment il est possible que deux besoins, à la première vue si contraires, se rencontrent dans l'homme; n'allons pas crier à la contradiction. Généralement il ne faut pas trop se presser de proclamer dans la nature de l'homme des contradictions, prétendues contradictions qui sont apparentes et n'ont pas de réalité quand on y regarde d'un peu plus près. Tant de détours sont dans l'âme humaine, que le pour et le contre peuvent s'y montrer sans s'y contredire. Il y a dans l'homme, ne l'oublions pas, deux choses : l'homme et sa condition. L'homme veut se développer, et sa condition gêne son développement; telle est la source des étrangetés qu'on découvre en lui. N'en pouvons-nous pas offrir ici la preuve. N'avons-nous pas déjà compris comment le **besoin du repos** et le besoin de l'activité se concilient dans l'état actuel, vont parfaitement ensemble et s'accordent pour expliquer les phénomènes ordinaires de l'habitude et de la nouveauté?

Non pas cependant que les phénomènes de l'habitude et de la nouveauté soient tous expliqués par ces deux principes uniques, le besoin du repos et le besoin de l'activité. L'Africain déplaît à l'Européen. L'homme, qui reconnaît habituellement son semblable sous certaines formes, n'aime pas à le rencontrer sous des formes nouvelles.

Voilà, certainement, un fait incontestable; ni le besoin du repos, ni le besoin de l'activité n'en peut rendre compte. Il faut donc l'expliquer par un autre principe.

La sympathie de l'homme est agréablement affectée quand il s'offre à lui quelque chose qui lui ressemble, un être de sa nature. Or, la nature de l'homme n'est pas visible; nulle part on ne saisit la force qui l'anime ou l'âme; ce qui est animé seul est saisissable. La nature de l'homme se révèle donc à lui, par ses formes seulement et par ses effets, par les apparences extérieures qu'elle revêt et par les phénomènes qu'elle produit au dehors. Pareillement, ce qui nous indique dans l'être qui s'offre à nos yeux l'être qui nous ressemble, ce sont les apparences semblables aux nôtres qu'il revêt, et les phénomènes semblables aux nôtres qu'il produit. La cause d'où dérivent les mêmes effets est la même; c'est le même fond que recouvrent les mêmes formes. Nous n'avons donc qu'à comparer d'un coup d'œil, à ce qu'il paraît de nous, ce qu'il paraît de l'être que nous rencontrons, pour découvrir l'identité des manifestations, et concluant alors l'identité des natures manifestées, nous sympathisons avec l'être auquel nous supposons notre nature, puisqu'il en porte tous les signes.

Mais si nous rencontrons l'un de nos semblables sous des formes nouvelles, s'il présente à nos regards des mœurs inaccoutumées, des idées extraordinaires, nous ne le reconnaissons plus alors; ses formes parlent un langage que la sympathie n'entend plus; ses idées, ses mœurs, ne dévoilent plus pour nous l'homme qui nous ressemble; nous ne retrouvons plus la similitude des choses signifiées sous des signes différents. A la première vue, comment croire à la ressemblance des deux natures exprimées, quand les expressions changent si fort de l'une à l'autre? La sympathie s'étonne et s'interrompt. Il faut de l'expérience pour concevoir l'analogie du dedans, quand le dehors n'est pas analogue. Nous n'atteignons pas tout d'un coup l'homme au centre de ces manifestations que nous ne connaissons pas ; nous ne le découvrons pas rapidement sous des traits qui nous sont étrangers. Aussi l'Européen et l'Africain ne se plaisent-ils pas beaucoup réciproquement au premier abord ; aussi faut-il les obliger à vivre quelque temps l'un auprès de l'autre, pour rétablir entre eux les liens de la sympathie.

Ici, pour en finir sur le sujet de l'habitude et de la nouveauté, résumons-nous.

L'amour du repos et l'amour de l'activité, tels sont les deux principes qui peuvent expliquer le plus grand nombre des phénomènes de l'habitude et de la nouveauté.

Les autres phénomènes de l'habitude et de la nouveauté s'expliquent par d'autres principes.

Mais, en tout cas, l'habitude et la nouveauté ne paraissent pas choses qui, par elles-mêmes, puissent nous affecter agréablement ou désagréablement ; ce sont des circonstances accessoires qui modifient, augmentent ou diminuent le plaisir ou le déplaisir que produisent en nous d'autres causes plus profondes. Ce qui prouve que l'habitude et la nouveauté ne produisent en nous absolument ni plaisir, ni déplaisir, c'est que l'une et l'autre produit en nous, tantôt le plaisir, tantôt le déplaisir.

Ainsi, quand nous allons poursuivre nos recherches sur le beau, nous saurons que le beau n'est ni la nouveauté ni l'habitude. Seulement, l'habitude et la nouveauté sont des accidents qui peuvent altérer ou modifier le plaisir que le beau fait en nous, l'augmenter ou le diminuer, et ces accidents, du reste, ne doivent aucunement se ranger dans le nombre des éléments qui constituent le beau.

La question que nous avons d'abord posée ne change donc pas, et nous n'avons fait qu'en élaguer les circonstances accessoires et passagères qui l'embarrassent et la compliquent. Reste toujours à savoir quel est le principe du plaisir que fait le beau, et qu'est-ce que le beau ?

# NEUVIÈME LEÇON.

Résumé des leçons précédentes. — Du système de l'ordre et de la proportion. — Définition de l'ordre. — Définition de la proportion. — Hypothèses sur le principe de l'un et l'autre. — Que le principe de l'ordre est la convenance des parties d'un objet à la fin de cet objet. — Influence de l'habitude sur l'appréciation de l'ordre. — Différentes espèces d'ordre et de proportion.

Nous cherchons quelle est la cause du plaisir que nous ressentons à la vue du beau, ou ce qui revient au même ce que nous entendons quand nous disons : cela est beau.

Nous avons reconnu que l'*utile* n'était point le beau, et non seulement qu'il ne l'était point, mais que le propre du beau était d'être inutile, puisque son caractère est de ne pouvoir satisfaire en nous à un besoin déterminé.

Nous avons reconnu que l'*analogie de nature* avait cela de commun avec le beau, qu'elle ne pouvait satisfaire en nous aucun besoin ordinaire, et qu'elle nous affectait agréablement ; nous avons donc mis en réserve cette source de plaisir, comme une de celles qui pourraient expliquer le plaisir du beau.

Nous avons reconnu à quels titres la nouveauté et l'habitude nous agréaient ; nous avons démontré d'abord que ces deux principes, tantôt nous agréent, tantôt nous déplaisent ; ensuite qu'ils ne nous déplaisent ni ne nous agréent par eux-mêmes, et indépendamment d'autres principes de plaisir ou de déplaisir, ne faisant que rendre plus vives ou moins vives les sensations de plaisir ou de déplaisir qui nous viennent d'ailleurs ; enfin que la nouveauté et l'habitude étaient tout à fait distinctes de ce que l'on appelle le beau, aux yeux de l'observateur qui en fait très nettement la différence.

Voilà où nous en sommes de nos recherches. Quatre principes ont été examinés ; trois distingués du beau ; un quatrième seul, se rapprochant du beau et peut-être identique avec lui ou l'un de ses éléments, a été mis en réserve, comme méritant qu'on y revienne plus profondément.

Nous avons appris du beau qu'un de ses caractères était d'être inutile; fait important, puisqu'il établit entre les choses qui nous plaisent une distinction profonde, savoir : que les unes nous plaisent, comme propres à satisfaire en nous quelques besoins, ce qui est le caractère des choses utiles ; tandis qu'il en est d'autres qui nous plaisent, sans que nous puissions les appliquer à aucun besoin en nous ; ce qui est le caractère des objets beaux.

Nous allons maintenant poursuivre notre revue des principes qui nous plaisent, ou du moins qui ont été regardés comme ayant cet effet sur nous. Nous commencerons par la proportion, principe qu'on a donné comme la source du plaisir du beau et le caractère propre et constitutif du beau lui-même.

L'ordre et la proportion sont les éléments du beau, ses principes constitutifs; voilà ce qu'on a dit dans plus d'un des systèmes qu'on a proposés pour résoudre la question du beau; ainsi ont pensé Aristote, saint Augustin, Galien, le père André, Marmontel. Voyons quelle est la valeur de cette doctrine, et d'abord demandons-nous ce que c'est que l'ordre, ce que c'est que la proportion.

L'*ordre* est l'arrangement des parties, la *proportion* leurs rapports d'étendue.

Deux espèces de choses peuvent être ordonnées et proportionnées, les choses matérielles et les phénomènes. L'ordre dans les deux cas est toujours l'arrangement des parties; mais la proportion dans les choses est le rapport d'étendue entre ces parties, et dans les phénomènes le rapport de durée.

Dans tout ce qui est composé, les parties ont un certain arrangement et ont entre elles de certains rapports d'étendue ou de durée.

Mais tout arrangement n'est pas de l'ordre, tous les rapports d'étendue ou de durée entre les parties ne constituent pas de la proportion.

Qu'est-ce qui fait qu'un certain arrangement, que de certains rapports constituent de l'ordre et de la proportion et que d'autres n'en constituent pas? En d'autres termes, qu'est-ce que l'ordre dans l'arrangement des parties et la proportion dans leurs rapports? Voilà la question.

Y aurait-il un certain arrangement qui fût par soi-même le type de l'ordre, et de certains rapports d'étendue ou de durée qui par eux-mêmes fussent le type de la proportion; en sorte que chaque chose fût plus ou moins ordonnée et proportionnée selon qu'elle reproduirait plus ou moins ce type? Nous ne le pensons pas; car en comparant entre elles ces diverses choses que nous trouvons ordonnées et proportionnées, on ne trouve aucune similitude entre le nombre, l'arrangement et les rapports des parties; au contraire, la variation est si extrême, qu'aucune loi d'ordre et de proportion ne peut en rien tirer.

Y a-t-il pour chaque espèce d'êtres un arrangement de parties et des rapports entre ces parties, qui constituent l'ordre et les proportions de cette espèce, en sorte que cet arrangement et ces rapports nous paraissent par eux-mêmes, et indépendamment de toute autre considération, être de l'ordre et de la proportion?

C'est l'hypothèse de Platon qui supposait que Dieu avait créé d'après des types absolus toutes les espèces d'êtres, et qui croyait que ces types, déposés dans notre intelligence, sont les principes d'après lesquels, par une comparaison, nous jugeons que tel individu de telle espèce est plus ou moins bien proportionné ou plus ou moins difforme.

L'origine de cette hypothèse est dans une remarque triviale, qu'il y a dans chaque espèce un certain ordre et de certaines proportions de l'espèce; tous les individus de l'espèce les reproduisent, non pas exactement, mais en s'en écartant plus ou moins. Tant que ces traces ne dépassent pas de certaines limites, l'individu est régulier; en deçà de ces limites difficiles à poser, l'individu est difforme, c'est-à-dire sort des formes propres à cette espèce.

Ce fait est très réel; mais il ne s'ensuit pas que l'hypothèse de Platon soit vraie; car elle suppose que nous avons en nous les types de chaque espèce pour juger de l'ordre et de la proportion de chaque individu, sans quoi nous ne pourrions distinguer le difforme du conforme. Or, cette supposition est démentie par les faits. Nous ne sentons pas en nous ces types, ni nous ne voyons que nous comparions les individus à ces types, pour juger s'ils sont difformes ou conformes.

Mais, dira-t-on, l'habitude a rendu ces opérations trop rapides pour être sensibles?

Cette opinion ne résiste pas à l'observation suivante. Supposez qu'on vous présente un individu d'une espèce nouvelle; il faudra bien alors que vous sentiez le type se réveiller en vous, que la comparaison se fasse, et que vous jugiez d'après cette comparaison, s'il est difforme ou non. Or, rien de cela n'est senti.

Cette hypothèse est donc fausse, et la véritable explication le montrera bien mieux encore.

Suivant nous, l'ordre est la convenance des parties à la fin de l'objet. La proportion, la convenance du rapport d'étendue des parties à la fin de cet objet.

Pour le dire en d'autres termes, les parties d'un objet sont-elles arrangées de telle sorte qu'il parvienne plus aisément à sa fin ? Voilà l'ordre. Les parties d'un objet sont-elles étendues les unes à l'égard des autres, de telle sorte qu'il parvienne plus aisément à sa fin ? Voilà la proportion.

Il nous semble qu'on ne peut pas autrement juger l'ordre et la proportion. Non pas cependant que toujours, en tout cas, sur tout individu, nous portions ce jugement ; nous le portons une fois pour toutes, ou nos pères l'ont jadis porté pour nous, et nous l'ont transmis par héritage.

Mais, remarquons-le maintenant, il y a des objets qui passent pour être bien ordonnés, bien proportionnés, et cependant on ne peut pas dans ces objets découvrir la convenance de l'arrangement et du rapport d'étendue de leurs parties à leur fin.

Si nous avons coutume de trouver les différents meubles d'une chambre disposés de certaine façon, nous disons qu'il y a désordre, quand nous ne retrouvons plus ces meubles à leur place, quand leur disposition n'est plus la même et l'absence d'arrangement que nous sommes habitués à voir nous paraît le désordre.

Et peut-être néanmoins le dérangement dans ce cas est plutôt l'ordre que l'arrangement dans l'autre cas.

Il arrive donc que l'habitude nous fait prendre pour l'ordre ce qui n'est pas l'ordre véritablement.

Ainsi distinguons plusieurs espèces d'ordre et de proportion. L'ordre vrai, la proportion vraie d'abord ; puis l'ordre faux, la proportion fausse ; l'ordre vrai, c'est-à-dire l'arrangement des parties qui rend l'objet plus propre à sa fin ; la proportion vraie, c'est-à-dire le rapport d'étendue des parties qui facilite à l'objet la poursuite de sa fin ; l'ordre faux, ou l'arrangement des parties, consacré par l'habitude ; la proportion fausse, ou le rapport d'étendue des parties, que l'habitude légitime.

Ajoutons aussi qu'il y a des objets dont l'ordre et la proportion nous font plaisir, sans que cet ordre et cette proportion facilitent à ces objets l'accomplissement de leur fin.

C'est qu'ils ont pour fin de plaire, et que d'après cette fin l'on juge leur ordre et leur proportion ; selon qu'ils plaisent plus ou moins, ils sont plus ou moins bien ordonnés, plus ou moins bien proportionnés.

Nous distinguons donc encore de l'ordre et de la proportion vrais, que nous définissons l'arrangement des parties et leur rapport, soit de durée, soit d'étendue, qui rendent l'objet éminemment propre à remplir son but ; nous distinguons, dis-je, un autre ordre, une autre proportion, l'ordre et la proportion qui nous font plaisir, sans considération de but.

Ainsi l'ordre et la proportion peuvent tantôt plaire, et tantôt déplaire, quand plaire n'est pas leur but.

Soit un objet laid, par exemple, un porc ; si vous changez les formes, si vous allongez quelques-uns de ses membres, si vous en raccourcissez quelques autres, vous le rendez capable de plaire ; mais vous dérangez en lui l'ordre et la proportion véritables, l'ordre et la proportion qui le conduisent à sa fin.

Plaire est le but de la tragédie. L'ordre et la proportion ne se jugent pas dans la tragédie comme dans l'animal, dans le porc. Dans la tragédie, l'ordre et la proportion qui facilitent la fin, c'est l'ordre et la proportion qui font plaisir.

Distinguons donc bien. Si l'on me dit que l'ordre et la proportion dans un objet, c'est l'arrangement des parties, et leur rapport entre elles, je ne sais pas encore qu'est-ce que l'ordre et la proportion ; car il y a dans tout objet un arrangement des parties, un rapport des parties entres elles.

Il faut pour savoir qu'est-ce que l'ordre et la proportion dans un objet, sortir de l'objet et passer à l'extérieur. Or, à l'extérieur il n'y a pas un type d'ordre et de proportion ; il y a simplement la fin de l'objet. L'ordre est l'accomplissement de toutes les destinées. Tout ce qui rend l'objet plus propre à remplir sa destinée particulière, doit donc aussi porter le nom d'ordre.

Or, le beau consiste-t-il dans l'ordre, dans la proportion, jugés d'après la destinée des choses, ou dans l'ordre et la proportion jugés d'après le plaisir qu'ils nous font ? C'est ce que nous aurons à examiner dans la prochaine leçon.

# DIXIÈME LEÇON.

Retour sur la leçon précédente. — Que la convenance des parties et de la fin des objets ne constitue pas le beau. — S'il suffit d'élever les formes d'un être à l'idéal pour les rendre belles. — Distinction de deux ordres, l'un absolu, l'autre terrestre. — En quoi consiste la beauté d'un être.

Quelques écrivains ont dit : L'ordre et la proportion sont les principes du beau.

Mais l'ordre et la proportion sont-ils réellement les principes du beau, nous sommes-nous demandé?

Et, pour résoudre la question, nous avons cherché d'abord ce que c'est que l'ordre, ce que c'est que la proportion (1).

L'ordre est produit dans les objets par l'arrangement de leurs parties, et la proportion, par le rapport soit de durée, soit d'étendue que ces parties ont entre elles; voilà ce que d'abord nous avons trouvé.

L'arrangement des parties, et le rapport soit de durée, soit d'étendue que ces parties ont entre elles, ce sont là les éléments de l'ordre et de la proportion. Toutefois, l'ordre et la proportion, par cela seul, ne sont pas constitués. Car, dans tous les objets, dans tous ceux au moins qui sont composés, les parties ont un arrangement ; les parties ont entre elles un rapport soit de durée soit d'étendue.

Il a donc fallu de plus examiner pourquoi l'arrangement des parties produit tantôt l'ordre, tantôt le désordre, et le rapport soit de durée, soit d'étendue que les parties ont entre elles, tantôt la proportion, tantôt la non proportion?

N'y a-t-il pas, avons-nous en premier lieu voulu voir, n'y a-

---

(1) *Note de l'Éditeur.* — La plus grande partie de cette leçon n'est guère au fond que la reproduction de la précédente; ainsi, au reste, qu'il arrive fréquemment dans l'enseignement, et surtout dans un enseignement comme celui de M. Jouffroy, qui était par excellence une discipline de méthode. Mais il se mêle ici à la reproduction des mêmes idées des développements qui ne m'ont pas paru devoir être négligés.

t-il pas un type absolu d'ordre et de proportion, c'est-à-dire n'y a-t-il pas un arrangement fixe de parties, qui soit absolument l'ordre? N'y a-t-il pas entre les parties un rapport fixe d'étendue qui soit absolument la proportion? Dans ce cas, selon que les parties des objets ont leur arrangement plus ou moins d'accord avec cet arrangement fixe des parties, et leur rapport d'étendue plus ou moins conforme à ce rapport fixe d'étendue que les parties doivent avoir, il y a dans les objets plus ou moins d'ordre, plus ou moins de proportion.

Or, l'arrangement des parties et leur rapport d'étendue dans certains objets et dans d'autres, diffère de telle sorte qu'aucun type commun d'ordre et de proportion ne peut justifier le jugement par nous porté sur l'ordre et la proportion des uns et des autres. Ainsi l'hypothèse d'un type absolu d'ordre et de proportion n'est pas soutenable.

Cependant, s'il n'y a pas un type absolu d'ordre et de proportion, n'y a-t-il pas un type absolu d'ordre et de proportion pour chaque espèce d'êtres, pour tous les individus de chaque espèce? En d'autres termes, n'y a-t-il pas pour tous les individus de chaque espèce un arrangement fixe de parties, un rapport d'étendue fixe entre les parties, dont s'écartent à différents degrés ces individus? Ainsi, pour l'espèce humaine, pour tous les hommes, n'y a-t-il pas des formes absolues, un idéal absolu de formes, dont ils s'écartent ou se rapprochent plus ou moins? Platon le croyait, Platon prétendait qu'à l'époque de la création, Dieu avait dans l'esprit tous les types absolus d'ordre et de proportion pour chaque espèce d'êtres; mais ces êtres créés n'ont pas pu reproduire complétement le type de leur espèce, parce qu'il ne les a pas faits lui-même, et les a donnés à faire.

Or, comme nous l'avons en second lieu reconnu, si c'est là véritablement l'idée qu'il faut prendre de l'ordre et de la proportion, ne doit-il pas alors arriver, qu'afin de juger l'ordre et la proportion d'un individu, nous comparions l'arrangement visible de ses parties, et leur rapport d'étendue visible au type d'arrangement et de rapport d'étendue, convenable à son espèce, type absolu d'ordre et de proportion, qui se trouve en nous, type de beauté parfaite que nous avons dans l'intelligence?

Or, c'est ce qui n'arrive pas. Nous ne comparons pas, dans

l'individu, dont nous voulons juger l'ordre et la proportion, l'arrangement et le rapport d'étendue visible de ses parties, à quelque type de perfection que l'intelligence possède, à quelque idéal de formes qui soit en elle.

Nous en avons offert la preuve. Soit un individu sur l'ordre et la proportion duquel il faille prononcer; soit cet individu de telle ou telle espèce que nous ne connaissions pas encore; pour déclarer s'il est bien ou mal ordonné, bien ou mal proportionné, nous devrions évoquer ce type de l'espèce, cet idéal de formes, qui sert à le juger. Ce type, cet idéal devrait apparaître et s'élever dans l'intelligence. Nous devrions l'y voir venir, et c'est ce qui n'arrive pas. L'hypothèse de Platon, plus vraisemblable que l'autre, n'est pas plus vraie.

Ainsi nous avons appris qu'il fallait expliquer autrement l'ordre et la proportion. Nous sommes revenus à notre question : qu'est-ce que l'ordre? qu'est-ce que la proportion?

Il nous a paru qu'il faut sortir de l'objet, pour distinguer quel est dans ses parties le certain arrangement qui produit l'ordre, et le certain rapport d'étendue qui fait la proportion. Nous avons cru qu'il est impossible d'aviser l'ordre et la proportion d'un être, si l'on ne compare pas l'arrangement de ses parties, et le rapport d'étendue que ces parties ont entre elles, à quelque chose d'extérieur, qui n'est ni l'ordre, ni la proportion.

Ce quelque chose d'extérieur, c'est la destinée que chaque espèce d'êtres doit accomplir sur la terre; c'est le rôle que les êtres de chaque espèce sont appelés à jouer ici-bas. Ces êtres sont faits pour vivre d'une certaine façon dans l'état actuel; et c'est en comparant la manière dont ils sont faits à la manière dont ils doivent vivre qu'on peut reconnaître si les parties qui les composent se trouvent justement arrangées, convenablement proportionnées. La concordance de leurs dispositions avec le terme qu'il faut atteindre, voilà l'ordre, voilà la proportion. L'ordre, c'est un tel arrangement des parties dont un être est composé, que cet être puisse le plus facilement possible arriver à sa fin. La proportion, c'est un tel rapport d'étendue entre les parties dont un être est formé, que cet être puisse le plus aisément possible toucher à son but.

C'est là qu'on a vu forcés d'en venir les partisans du système qui prétend expliquer le beau par l'ordre et la proportion ; sans quoi tout, à leur compte, serait beau. Car, pour le redire, dans tout objet qui n'est pas simple, les parties sont ordonnées et proportionnées, quelque soit, du reste, leur ordre ou leur proportion.

Maintenant le système exposé, reste à savoir si l'ordre et la proportion, de la sorte définis, sont les principes du beau. L'aspect des êtres dont les parties ont de tels arrangements et de tels rapports d'étendue, qu'ils en peuvent accomplir avec moins de peine leur destinée, cet aspect est-il cause du plaisir que le beau nous inspire? Est-il ce qui constitue le beau? Là est la question.

Voici le fait qui la résout ; c'est qu'il y a dans le désordre et dans la disproportion difformité seulement, et la difformité n'est pas la laideur. Disons comment ; donnons un exemple.

Considérons la plus laide espèce d'animaux, l'espèce de l'âne ou du porc. Tel est l'arrangement des parties qui composent l'âne et le porc; tel est le rapport d'étendue de ces parties entre elles, que ces animaux sont capables de remplir le rôle dont leur espèce est ici-bas chargée ; leur constitution individuelle correspond à la destinée de leur espèce, ou, plus simplement en d'autres mots, leurs moyens conviennent à leur fin, leurs formes répondent à leur destination.

Mais défigurez-les, intervertissez les moyens qui conduisent l'âne et le porc à leur fin ; dérangez leurs parties et le rapport d'étendue que ces parties ont entre elles, vous aurez le contraire de l'ordre et de la proportion, le désordre et la disproportion. L'âne et le porc deviendront alors des monstres dans leur espèce; ils ne seront plus dans leur organisation conformes à l'organisation la plus susceptible de les aider dans la poursuite de leur but; ils paraîtront difformes, et par leur difformité même, comme leur organisation naturellement est laide, ils paraîtront beaux aussi. L'âne et le porc ont des formes en même temps laides et propres à leur fin; qu'on les change, et ne doit-il pas venir dans l'âne et le porc, la difformité, parce qu'on change leurs formes qui sont propres à leur fin, puis en même temps la beauté, parce qu'on change leurs formes qui sont laides?

De là que suit-il? C'est que la difformité n'est pas la laideur. Le désaccord des formes avec le but produit la difformité sans produire la laideur, et même en produisant la beauté ; d'autre part, réciproquement l'accord des formes avec le but, c'est-à-dire la convenance des moyens avec la fin, peut engendrer la laideur ; témoins l'âne et le porc. Toutes les espèces d'êtres ne sont pas belles, et toutes sont parfaitement constituées à l'égard du rôle qu'il leur faut remplir sur la terre.

Autre chose donc est la convenance des moyens à la fin ; autre chose est le beau ; ce qui revient à ceci : l'ordre et la proportion ne sont pas la beauté, les principes de la beauté, les principes du plaisir que la beauté nous inspire. Car l'ordre et la proportion, d'après les dernières définitions, c'est la convenance des moyens à la fin, la correspondance de ce qu'on est à ce qu'on doit être. Autrement, c'est on ne sait plus quoi.

Ici, soit dit en passant, prenons garde de confondre avec l'utile l'ordre et la proportion. L'objet utile, c'est celui qui, par ses propriétés, peut favoriser l'homme dans l'accomplissement de sa fin. L'objet bien ordonné, bien proportionné, c'est celui qui par sa manière d'être peut accomplir sa fin à lui, sa fin particulière, sans qu'il s'agisse en rien de l'homme. Souvent même les parties d'un objet sont disposées, les unes relativement aux autres, très bien pour que cet objet arrive à son but, et très mal pour que l'homme arrive au sien. La vue de l'utile est donc intéressée ; le désintéressement signale au contraire celle de l'ordre, celle de la proportion. Voilà ce qui sépare l'ordre et la proportion d'avec l'utile. Ce qui les rapproche entre eux, c'est que ni l'ordre, ni la proportion plus que l'utile, n'est le beau, dans le sens où nous avons défini précédemment l'ordre et la proportion, dans le sens de la destinée.

Mais si l'utile n'est pas le beau, il y a des choses utiles qui sont belles. De même, si l'ordre ni la proportion n'est pas le beau, il y a des choses bien ordonnées, bien proportionnées qui sont belles. L'ordre et la proportion, s'ils ne sont pas le beau, ne sont donc pas étrangers au beau. Dans tout bel objet qui nous émeut de plaisir, il est entre les parties qui l'établissent tel ou tel arrangement, tel ou tel rapport d'étendue, certain ordre, certaine proportion. L'ordre et la proportion se rencontrent dans ce qui nous plaît, ou peut-être nous plaisent par eux-mêmes, et comme ce n'est pas pour la concordance des formes avec la destination, pourquoi, comment, à quel titre nous plaisent-ils? Voilà l'autre question qu'il faut résoudre.

Pour douer de beauté les formes d'un être, ces formes qui font son aptitude à jouer son personnage ici-bas, il suffit, a-t-on cru, de les élever du réel à l'idéal. Ainsi, reprenons le même exemple. Quand on change les formes réelles de l'âne et du porc en leurs formes idéales, on arrive à l'idéal de l'âne ou du porc, et cet idéal est beau; du moins on l'a cru.

Rien cependant n'est moins vrai, comme on le voit bientôt. Car qu'est-ce qu'élever les formes du réel à l'idéal, sinon supprimer dans les traits d'un individu les détails, effets de la vie, qui dénaturent, gâtent, altèrent la pureté de leurs contours, et les remplacer par les grandes lignes qui constituent les traits principaux de son espèce? Or, supprimer les détails des traits, ce n'est pas rendre beaux les traits qui ne le sont pas.

Si pourtant les formes ainsi transportées à l'idéal nous plaisent plus que les formes restées dans le réel, c'est que nous aimons et l'imitation et la simplicité. Les formes idéales sont des types simples et francs, qui nous font connaître par leur brève expression la physionomie de l'espèce, sans nous obliger à parcourir tous les détails des physionomies individuelles. Les formes idéales de plus sont des imitations, et des imitations perfectionnées. Les formes réelles s'y reproduisent et plus simplement. Voilà pourquoi nous prenons plus de plaisir à l'idéal qu'au réel. Toutefois, l'idéal qu'on pourrait tirer du porc prétendrait vainement à devenir beau. Le porc idéalisé demeurerait toujours laid, moins laid seulement qu'en réalité, parce qu'il y aurait dans son idéal de la simplicité, puis de l'imitation. L'idéal des formes naturellement laides diminue leur laideur, sans jamais leur donner la beauté.

Qu'est-ce donc que ce qui fait la laideur ou la beauté dans les formes des espèces? Comment faut-il distinguer d'avec l'ordre et la proportion qui consistent dans la convenance des moyens à la fin, l'ordre et la proportion qui se trouvent dans les objets accompagner ou produire la beauté?

D'abord il est facile d'observer qu'entre les formes de chaque espèce, les unes qui ne nous agréent pas, sont celles qui laissent percer et trahissent la faiblesse, l'infirmité de ce par quoi l'être est animé, de l'âme, de la force; et les autres qui nous agréent, sont celles qui déclarent et proclament vivement la puissance, la supériorité de la force, ou de la sensibilité, ou de l'intelligence, généralement des qualités qui fondent la nature humaine.

Par exemple, qu'est-ce qui nous déplaît et nous semble laid dans le porc? C'est sa mauvaise grâce, c'est sa pesanteur, sa lourdeur; c'est la masse de son corps, qui paraît étouffer en lui la force qui l'anime, l'accabler et le presser de tout son poids; c'est l'effort auquel il est réduit pour se mouvoir; c'est la difficulté qu'il a d'agir. Qu'est-ce qui nous plaît au contraire et nous semble beau dans un cheval? C'est son élégance, son agilité, sa prestesse, la force de ses membres et la vivacité de ses mouvements.

Or, ne pourrait-on pas croire qu'ici nous nous contredisons. N'avons-nous pas dit tout à l'heure que ni l'ordre, ni la proportion n'étaient la beauté? Cependant si l'ordre et la proportion consistent dans la convenance des moyens à la fin, comme nous l'avons vu, c'est-à-dire dans la facilité d'arriver par ces moyens à sa fin; et d'autre part, si la beauté consiste, comme nous venons de le voir, dans la facilité d'agir, ne peut-on pas conclure alors que la beauté consiste dans l'ordre et dans la proportion?

Oui, c'est qu'effectivement la beauté consiste dans l'ordre et la proportion; mais aussi, c'est qu'il y a deux sortes d'ordre et de proportion, qu'il faut bien distinguer, et voici comment.

Chaque espèce d'êtres en ce monde est animée par la force; et la force dans chaque espèce doit, en ce monde, agir, se développer, vaincre les obstacles qui l'enveloppent et l'environnent, d'une certaine manière et jusqu'à un certain degré. Tous les animaux, dans le déploiement de la force qui réside en eux, doivent aller jusqu'à tel point, et jusqu'à tel point de telle façon. Dieu, quand il les a créés et mis ici-bas, leur a dit : Voilà votre fin sur la terre, et voilà les moyens qui vous sont accordés pour l'accomplir. La convenance des moyens terrestres à la fin terrestre, c'est là l'ordre et la proportion dont nous avons jusqu'ici prétendu parler, l'ordre et la proportion de l'état actuel, l'ordre et la proportion, qu'on peut nommer réels, l'ordre et la proportion, qui ne sont pas le beau.

Hors d'ici-bas, au-dessus de l'état actuel, la force renfermée dans chaque espèce d'êtres doit, par l'essence même de sa nature, se développer de toute façon, toujours, partout, sans terme ni peine. Infini doit être son but ; infinis, les moyens qu'elle a d'y parvenir. Voilà l'ordre et la proportion qui nous plaisent ; l'ordre et la proportion qui sont parfaits, absolus, et d'où le beau résulte. Le beau donc est bien la convenance des moyens à la fin ; seulement il est la convenance des moyens absolus à la fin absolue.

Et si l'on prend l'ordre et la proportion absolus dont il s'agit pour y comparer l'ordre et la proportion des différentes espèces que nous voyons, ces espèces plairont plus ou moins, paraîtront plus ou moins belles, selon qu'on trouvera dans la comparaison des analogies ou des différences.

Il y a deux idéaux ainsi : l'un réel et l'autre absolu ; l'idéal réel, ou l'arrangement des parties et leur rapport d'étendue qui conviennent le plus aux êtres de chaque espèce ; l'idéal absolu, c'est-à-dire l'arrangement des parties ou leur rapport d'étendue qui font devenir l'être, de quelque espèce qu'il soit, le plus propre à remplir le but absolu.

Tout arrangement de parties, tout rapport d'étendue de parties, qui rendent l'être de quelque espèce éminemment capable d'arriver à déployer pleinement sa force, rendent aussi cet être beau, sans égard à son espèce.

Le sentiment du beau se produit en nous quand l'ordre et la proportion absolus nous apparaissent. C'est le sentiment de la convenance qui se produit en nous quand nous découvrons l'ordre et la proportion réels.

De sorte qu'en remplaçant, dans un être, l'ordre et la proportion réels, par l'ordre et la proportion absolus, le sentiment de la convenance qu'on possédait disparaît ; et ce qui lui succède, c'est le sentiment de la convenance absolue, le sentiment du beau.

Reste maintenant à savoir comment le beau se peut produire dans les objets qui viennent de l'âme et sont ses œuvres. Dans un morceau de musique, par exemple, dans une tragédie, comment trouver la convenance des moyens absolus, à la fin absolue, l'ordre et la proportion absolus, la beauté ?

# ONZIÈME LEÇON.

Trois manières d'apprécier la beauté : 1° La coutume ; — 2° La convenance des moyens à la fin. — Différence entre les jugements du vulgaire et ceux des hommes éclairés. — Ce que c'est qu'éclairer le peuple. — 3° La beauté. — Que la beauté est un principe d'ordre et de proportion différent de la coutume et de la convenance. — Retour sur la distinction de l'ordre absolu et de l'ordre terrestre. — Nouvelles hypothèses sur la nature du beau.

Nous allons revenir encore sur l'ordre et la proportion pour mettre enfin ce que nous en avons dit sous les formes les plus simples et les plus régulières.

L'arrangement des parties, voilà ce dont est fait l'ordre : le rapport des parties entre elles, voilà ce dont est faite la proportion.

Mais qu'est-ce qui donne à tel arrangement de parties le titre d'ordre? qu'est-ce qui donne à tel rapport de parties entre elles le titre de proportion? Voilà maintenant tout ce qu'il faut savoir.

Les hommes entendent l'ordre et la proportion de trois manières, c'est-à-dire pour juger comment tel arrangement de parties constitue l'ordre et tel rapport de parties entre elles la proportion, les hommes partent de trois principes différents qui les conduisent à des définitions différentes de l'ordre et de la proportion. Ces trois principes sont : la coutume, la convenance des moyens à la fin, le beau.

Il nous semble que dans la tête de la plupart des hommes, l'ordre est uniquement l'effet de l'habitude; car présentez-leur un individu d'une espèce nouvelle, ils ne pourront dire s'il est difforme ou non; mais quand ils en auront vu un grand nombre ils finiront par se faire un idéal de l'espèce d'après laquelle ils jugeront par la suite de la difformité ou de la non difformité des autres individus de la même espèce.

Quelle idée avons-nous d'un chat, d'un cheval, d'une poule, sinon celle que l'habitude nous a donnée? Cela est si vrai que pour qui n'a vu que de petits chevaux suisses, les chevaux normands paraissent difformes, ainsi que les chiens lévriers ou de bouchers, pour qui n'a vu que des chiens de chasse. C'est ce qui fait que dans les arts une tragédie de Shakespeare paraît difforme à un habitué des Français, un palais chinois à un habitant de Paris, nos maisons à six étages à l'Italien de Turin ou de Florence. C'est ce qui explique, par exemple, pourquoi une chambre où les meubles sont arrangés d'une certaine manière paraît en désordre à celui qui avait l'habitude de cet arrangement quand il les retrouve arrangés d'un autre manière.

Est-ce à dire pourtant qu'il ne puisse y avoir d'autre différence entre un arrangement et un autre, certaines proportions et d'autres proportions, que celle toute arbitraire qu'y établit la coutume ; qu'il n'y ait rien qui soit plus véritablement ordre ou proportion dans tel arrangement et tels rapports que dans d'autres? Nous ne le croyons pas.

Nous pensons que le plus souvent c'est la coutume qui forme nos idées d'ordre et de proportion; mais nous ne disons pas que ces idées ne puissent pas se fonder sur une base plus légitime, qui donne une valeur plus réelle et plus intrinsèque à l'ordre et à la proportion; nous pensons, au contraire, que l'expérience démontre qu'il en est autrement.

Chaque chose naturelle a été faite pour une fin; car chaque chose joue un rôle dans la création; elle a été faite de manière à remplir une fin et rien que cette fin. Cela est vrai des événements ou des phénomènes comme des choses. Chaque espèce d'êtres a donc été organisée pour jouer un rôle; et l'on remarque dans la manière dont elle est construite, c'est-à-dire dans l'arrangement et les rapports des différentes parties qui la composent, une appropriation parfaite pour ce rôle. Ainsi le grouin du porc, ses petites jambes, son corps lourd et épais, sa cuirasse rude et forte, le rendent extrêmement propre à vivre comme il vit. Il en est de même dans toutes les espèces dont nous savons la fin ; quant à celles dont nous l'ignorons, nous présumons qu'il en est de même.

Ce rapport de la conformation à la fin est un principe fixe, d'après lequel on peut distinguer entre une conformation et une autre laquelle a le plus d'ordre et de proportion. Sans doute, dans l'esprit du grand nombre, les jugements d'ordre et de proportion procèdent bien moins de cette considération que de la coutume; mais cela n'empêche pas que dans des esprits plus éclairés et plus réfléchis, ils ne s'appuient sur cette base : ce qui met une grande différence entre leurs jugements et ceux du peuple sur l'ordre et la proportion.

L'ordre pour le peuple, c'est l'arrangement accoutumé; pour celui qui juge d'après le principe de la convenance, c'est l'arrangement le plus propre à la fin; de même pour la proportion.

Pour le peuple, l'ordre et la proportion sont des choses arbitraires; pour celui qui juge d'après le principe de la convenance, ce sont des choses fixes qui ont une valeur intrinsèque.

Pour le peuple, l'ordre et la proportion d'un être nouveau est impossible à déterminer; pour l'homme éclairé, dès que la fin sera connue, l'ordre et la proportion seront déterminables.

Pour le peuple, il y a ordre dans une chambre quand les meubles y sont arrangés de la manière ordinaire ; pour celui qui réfléchit, quand ils sont arrangés de la manière la plus commode.

Pour le peuple, il n'y a point de définition générale de l'ordre et de la proportion ; pour l'homme éclairé, c'est l'arrangement et les rapports des parties les plus appropriés à la fin.

Ce qui n'empêche pas que dans la plupart des jugements sur l'ordre et la proportion, la coutume et le principe de la convenance ne se rencontrent, parce que dans chaque espèce, le grand nombre est conformé selon la fin, et que les monstres sont des exceptions; mais les motifs sont différents; demandez au peuple pourquoi un bossu est difforme? C'est qu'il n'est pas fait comme tout le monde; mais demandez-le à un savant? C'est, dira-t-il, qu'il est gêné par cette conformation particulière.

Il en est de même des choses construites par la main de l'homme; elles ont une fin, et en général elles sont arrangées d'une manière conforme à cette fin. Ici encore, la coutume et le principe de la convenance se rencontrent souvent.

Mais comme les œuvres humaines ne sont jamais parfaites, l'homme qui juge d'après le principe de la convenance aspire toujours au perfectionnement; le peuple, qui juge d'après la coutume, tient aux formes reçues. C'est ce qui fait la divergence des hommes éclairés et du peuple dans tout ce qui est du domaine de l'industrie et des arts, les hommes éclairés allant toujours en avant, et demandant des changements; le peuple restant toujours en arrière et s'y refusant. C'est dans ces circonstances que le peuple sort un instant de son principe de jugement pour juger d'après celui de la convenance; sans quoi tout changement serait impossible. Mais le changement opéré, il oublie la fin, s'y attache par habitude, et résistera à se départir un jour de ce qu'il vient d'accepter, comme il a résisté à l'accepter.

C'est pourquoi l'ignorance est le principe de la stabilité, et les lumières celui des révolutions.

Éclairer le peuple, ce n'est autre chose que lui faire comprendre que l'on doit juger des choses non par la coutume, mais par le but pour lequel elles sont faites.

Éclairer le peuple, c'est lui apprendre, par exemple, que les cheminées sont faites pour se chauffer, et les fenêtres pour introduire le jour dans les appartements. Quand on lui a montré cela, une révolution dans la forme des cheminées et des fenêtres est possible.

Éclairer le peuple, c'est lui apprendre que les ouvrages dramatiques sont faits pour amuser. Quand il en est convaincu, on peut lui présenter des tragédies en prose, et des drames où les unités ne sont pas respectées.

C'est pourquoi l'ignorance est le principe de l'abrutissement, et les lumières, celui du développement et du perfectionnement social.

Il y a donc deux idées différentes d'ordre et de proportions : l'une, qui a pour principe l'habitude, l'autre la convenance. D'après la première idée, un arrangement de parties est ordre, et non pas tel autre, parce qu'il est accoutumé et l'autre pas. D'après la seconde idée, un arrangement est ordre et non pas tel autre, parce qu'il convient au but et non pas l'autre. Ce qui fait deux ordres : l'ordre arbitraire et l'ordre véritable; l'ordre qui n'est ordre que par hasard, l'ordre qui est ordre par lui-même, l'ordre réel, l'ordre vrai; de même pour la proportion.

L'ordre vrai n'est pas toujours appréciable. Il y a une foule de choses en ce monde dont nous ne savons pas la destination. Tant que nous ne la savons pas, nous ne pouvons juger si dans ces choses l'arrangement des parties est de l'ordre, leurs rapports de la proportion. Mais nous présumons toujours en faveur de l'existence de l'ordre et de la proportion. C'est ce qui a fondé ces deux axiomes sur les choses naturelles : 1° Rien n'est inutile; 2° Tout est pour le mieux. Et c'est sur ces deux axiomes que rien jusqu'ici n'a démentis, que les savants se fondent dans les sciences naturelles pour chercher la fin de toutes choses, et pour reconnaître quand ils l'ont trouvée. Ils l'ont trouvée, quand ils ont montré qu'il y a parfaite convenance entre la chose et l'usage qu'ils lui attribuent.

Mais la convenance des formes à la fin, est-elle l'idée la plus haute, ou du moins la seule idée de l'ordre et de la proportion?

Entre un cheval et un âne, entre une biche et une chèvre, n'entendons-nous pas faire tous les jours une grande différence quant à l'ordre et à la proportion? Ne disons-nous pas que le cheval est mieux fait, mieux proportionné que l'âne, la biche mieux que la chèvre, le chien mieux que le porc?

N'en est-il pas de même entre une fleur et une autre, entre un arbre et un autre, entre un chêne, par exemple, et un buisson?

Or, toutes ces choses sont conformées convenablement à leur but. Si la convenance était le type, l'idée suprême de l'ordre et de la proportion, toutes ces choses seraient à nos yeux aussi bien conformées l'une que l'autre.

Quand nous voyons une espèce nouvelle, nous ne pouvons juger, d'après le principe de la convenance, si elle est bien ou mal conformée avant que nous connaissions sa fin. Mais avant de connaître sa fin, nous jugeons de suite si une espèce nouvelle est plus ou moins bien conformée que telle ou telle autre espèce connue. Or, si l'excellence de la conformation dépend du rapport de la forme à la fin, comment, ignorant la fin, pouvons-nous placer sa conformation au-dessus ou au-dessous de celle d'une autre espèce? N'est-ce point une preuve évidente que nous jugeons de l'ordre et de la proportion d'après un autre principe que celui de la convenance?

D'où vient qu'entre une maison et une autre, un meuble et un autre meuble, également ou inégalement commodes, nous jugeons cependant, dans le premier cas, que l'une des maisons, l'un des meubles est mieux proportionné que l'autre, et souvent, dans le second, que la maison ou le meuble le moins commode est mieux fait que l'autre? Évidemment, ici encore nous partons d'un autre principe pour juger de l'ordre et de la proportion.

Il y a donc évidemment une idée d'ordre et de proportion différente et supérieure à celle de la convenance de la manière d'être à la fin, et d'après laquelle nous trouvons plus d'ordre et de proportion dans une espèce que dans une autre également bien conformée pour sa fin ; d'après laquelle encore nous découvrons de l'ordre et de la proportion dans une chose avant de connaître sa fin, et même quand elle n'en a pas ; d'après laquelle enfin, entre deux choses, l'une plus conforme à sa fin, plus commode, plus apte que l'autre, nous jugeons cependant que la moins apte, la moins commode, est la mieux ordonnée, la mieux proportionnée.

Or nous soutenons deux choses :

La première, que l'ordre et la proportion selon le principe de convenance ne constituent pas le beau ;

La seconde, que cette autre idée, en vertu de laquelle nous portons tous les jugements que nous venons d'énoncer contradictoirement à ceux qui se portent d'après la convenance, est précisément l'idée du beau.

La première assertion est prouvée par la seconde. Nous sentons parfaitement que le second ordre est l'ordre beau, et que le premier n'est que l'ordre utile ; et comme il y a contradiction entre ces deux ordres, au moins dans les individus, si ce n'est pas au fond, l'ordre de la convenance ne peut représenter l'ordre de la beauté. D'où il suit que la convenance des moyens à la fin, non plus que la coutume, tous deux principes d'ordre, ne sont point le principe du beau.

Il reste donc à déterminer quelle est cette autre idée d'après laquelle nous jugeons de l'ordre et de la proportion qui font une chose belle. Cette idée est celle du beau lui-même, ou y conduit directement.

Revenons sur des idées que nous avons déjà exposées. N'y aurait-il point un ordre absolu comme la nature des choses, et un ordre terrestre et passager, comme le monde où nous vivons et la condition humaine ? L'ordre absolu ne serait-il pas celui qui dérive de la nature même de la force, qui est le triomphe complet de la force sur la matière, le développement complet de la force ? L'ordre contingent ne serait-il pas celui qui dérive des limites où toute force est enfermée dans ce monde ? L'ordre actuel est que toute force lutte et soit gênée d'une certaine façon. Toute force est arrangée ici-bas de manière à n'aller que jusqu'à un certain développement et à y aller d'une certaine façon ; pourvu qu'elle y aille de la manière dont elle doit y aller, l'ordre terrestre existe; c'est celui de la convenance des moyens à la fin. Mais l'intelligence conçoit que cet ordre est un véritable désordre, et elle s'élève à l'idée de l'ordre absolu, qui est le développement de toute force. Quand elle part de cette idée qui excite puissamment sa sympathie, elle mesure l'ordre non plus sur la destination particulière et circonscrite de chaque espèce d'être dans cette condition terrestre, mais sur la destination antérieure, ultérieure et supérieure de toute force qui est le plein développement. Alors c'est dans le plus grand développement qu'elle reconnaît le plus d'ordre, ce développement fût-il monstrueux dans l'ordre terrestre; c'est dans le moindre développement qu'elle en reconnaît le moins. C'est dans ces forces, ces mouvements, ces proportions, ces organisations qui trahissent le plus grand développement, ou la plus grande puissance, ou la plus grande facilité du développement, qu'elle reconnaît le plus de convenance à la véritable fin, quand bien même cette organisation rendrait l'individu étranger à la fin bornée de son espèce en ce monde.

Ce sont là des conséquences qu'il nous faudrait vérifier avec soin; mais c'est une tâche que nous réservons pour un autre moment. Nous sommes tombés sur le beau par l'ordre et la proportion comme par la sympathie; de même que nous avons remis d'examiner le principe de la sympathie après la revue des différents principes qui ne se rapportent pas essentiellement au beau; de même, nous renvoyons à une autre époque l'examen du principe, d'après lequel nous jugeons de l'ordre et de la proportion qui constituent la beauté des objets.

Là se trouvera l'explication de la formation par l'artiste d'un idéal de chaque espèce qui surpasse tout ce que nous voyons dans les individus réels de cette espèce. On voit déjà qu'on arrive à cet idéal en rendant les formes des êtres plus conformes à l'ordre absolu, sans pourtant faire disparaître leur convenance avec la fin de l'espèce qui constitue leur ordre terrestre.

# DOUZIÈME LEÇON.

*Résumé de la leçon précédente. — Retour sur la distinction de l'ordre absolu et de l'ordre terrestre. — Questions réservées. — Du principe de l'unité et de la variété. — Nouvelles objections contre la méthode qui consiste à rechercher la nature du beau par la comparaison des objets beaux. — Que la variété sans l'unité nous choque et nous fatigue. — En quoi consiste l'unité ; ses différentes espèces. — Que l'unité sans la variété devient monotone. — Fondement du système de l'unité et de la variété.*

Nous avons reconnu dans notre dernière leçon que les idées des hommes sur l'ordre et la proportion ne dérivent pas du même principe ; et nous avons distingué trois principes différents, d'après lesquels on détermine s'il y a dans les choses ordre et proportion. Le principe de la coutume ; le principe de la convenance des moyens à la fin ; puis un autre principe, que nous n'avons pas encore parfaitement déterminé (1).

(1) *Note de l'Éditeur.* — Je crois devoir placer en note ce qui suit dans cette leçon, parce que ce n'est guère qu'une répétition sous forme de résumé de la leçon précédente :

« Pour le grand nombre, un objet est bien ordonné, bien proportionné, quand il est ordonné selon la coutume, selon la coutume proportionné.

« Pour les hommes éclairés, telle n'est pas l'idée d'ordre et de proportion.

« Ce d'après quoi le plus grand nombre d'entre eux jugent l'ordre et la proportion dans les choses, c'est la comparaison des choses ou de leur conformation avec leur but ou leur fin. Si l'objet est conformé de la manière la plus propre à ce qu'il accomplisse sa fin, touche son but, alors il y a dans l'objet à leurs yeux ordre et proportion.

« On croirait aisément que c'est là sur l'ordre et la proportion l'idée la plus haute, et qu'après avoir prononcé sur l'arrangement et le rapport des parties dans un objet, conséquemment au principe de la convenance, on a dit le dernier mot qu'il est possible de dire sur l'ordre et la proportion de cet objet.

« Mais certains faits prouvent qu'il y a dans la tête des hommes, outre le principe de la convenance, un autre principe.

« Et l'idée d'ordre et de proportion qui dérive de cet autre principe, ne ressemble pas du tout à l'idée d'ordre et de proportion, qui dérive du principe de la convenance, c'est-à-dire de la convenance des moyens à la fin.

« Car, dans un cas, on devra trouver que tous les objets sont également bien ordonnés, et bien proportionnés, s'ils vont tous pour le mieux à leur fin. Dans

Ce principe est celui du beau.

Qu'on rapproche les jugements par nous portés sur l'arrangement et le rapport des parties dans les objets, d'après le principe de la convenance ou d'après le principe qui est celui du beau, on voit bientôt par la comparaison que l'ordre et la proportion qui dérivent de la convenance ne sont pas l'ordre et la proportion qui dérivent de la beauté.

La beauté n'est donc pas constituée par la convenance des moyens à la fin.

Ainsi tombe le système qui, définissant l'ordre et la proportion, la convenance des moyens à la fin, fonde la beauté sur l'ordre et la proportion. C'est là la doctrine le plus souvent reproduite par les critiques français et les écrivains de l'antiquité. Les uns et les autres expliquent le beau par l'ordre et la proportion ; ils donnent l'ordre et la proportion pour propriété caractéristique du beau ; mais il faut définir l'ordre et la proportion ; l'ordre et la

l'autre cas, on trouve qu'ils ne sont pas tous également bien selon l'ordre et la proportion, quoiqu'ils aillent tous pour le mieux à leur fin.

« En partant du principe de la convenance, on ne peut affirmer aussitôt qu'on voit un objet nouveau, s'il est dans l'ordre, s'il est dans la proportion ; on ne sait pas encore effectivement quelle est sa fin. Quand on part de l'autre principe, on décide, à la première vue d'un objet, s'il y a chez lui de l'ordre, s'il y a de la proportion.

« De toutes ces expériences, nous avons donc d'abord conclu que les idées des hommes sur l'ordre et la proportion ne viennent pas seulement de deux principes, celui de la coutume et celui de la convenance. Il y a des idées sur l'ordre et la proportion, dont la source est dans un autre principe que la coutume ou la convenance.

« Nous avons en second lieu conclu qu'en mettant vis à vis l'un de l'autre le jugement que l'on porte sur l'ordre et la proportion, suivant le principe de convenance, et le jugement que l'on porte sur l'ordre et la proportion, d'après le principe qui n'est ni la convenance ni la coutume, et qu'il faut préciser, il arrive que dans l'un, nous prononçons sur la conformité de l'objet à son but, et dans l'autre, nous paraissons décider la beauté de l'objet ou sa laideur ; en sorte que le principe qu'il faut préciser se trouve le principe même du beau.

« Ainsi, pour chercher l'ordre et la proportion dans les choses, quand on emploie le principe de convenance, on découvre si les choses sont bien conformées pour leur fin. Les idées de conformité, de moyens, de commodité, de convenance, d'aptitude, représentent en langage ordinaire les idées d'ordre et de proportion, dont la source est dans le principe de la convenance. Les idées de grâce, d'élégance, de grandeur, de sublimité, toutes ces idées qui expriment la beauté sous l'une ou l'autre de ses faces, représentent les idées d'ordre et de proportion qui résultent du principe dont il s'agit. Ce principe, c'est celui du beau. »

proportion sont ils, à leur avis, la convenance des moyens à la fin? On doit leur objecter alors qu'il y a des objets auxquels nous ne reconnaissons pas de but et que nous appelons beaux; ensuite qu'entre deux objets, également convenables à leur but, l'un nous paraît beau, l'autre nous semble laid. Il faut leur montrer qu'un objet n'est pas beau, quand il est organisé de la manière la plus propre à remplir sa destination. Leur doctrine est donc fausse et ne se soutient pas.

Ce qui n'est pas faux, ce qu'on peut soutenir, c'est l'autre système qui fait de l'ordre et de la proportion les principes de la beauté, dans ce sens qu'un objet est beau, quand il a l'ordre et la proportion qui produit l'effet du beau. Seulement ce système ne se suffit pas à lui-même; il a besoin d'explication.

Il faut dire en quoi consistent l'ordre et la proportion, qui produisent l'effet du beau. Dans tous les objets beaux visibles, il y a l'ordre et la proportion, desquels le beau résulte. Quel est donc cet ordre? Quelle est cette proportion? Voilà ce qu'il est important de définir; autrement le système serait incomplet. La beauté dépend de l'ordre et de la proportion; de quel ordre, de quelle proportion? Ne doit-on pas déterminer ce qu'on veut dire par l'ordre et la proportion qui nous causent le sentiment du beau? Puisqu'il y a de l'ordre et de la proportion dans tous les objets, ne doit-on pas dire ce qu'il y a de particulier dans tel arrangement et tel rapport de leurs parties, pour qu'il s'ensuive l'effet du beau.

Or, avant de trouver quel est l'ordre, quelle est la proportion, d'où suit l'effet du beau, ne faut-il pas d'abord trouver ce que c'est que le beau; et le système ne devient-il pas alors un cercle vicieux? L'ordre et la proportion sont les principes du beau, dit-on, et on ne peut savoir quel est l'ordre, quelle est la proportion dont on parle, si l'on ne sait pas qu'est-ce que le beau. N'est-ce pas supposer résolue la question qu'on prétend résoudre?

Après avoir ainsi réduit à sa juste valeur la doctrine de l'ordre et de la proportion, dont il y a trois interprétations différentes, deux qui ne sont pas les interprétations esthétiques et vraies, puis une autre, qui semble l'interprétation véritable, nous avons tâché de faire comprendre quelle peut être cette interprétation.

Nous avons voulu signaler la différence qui peut exister entre le principe constitutif de l'ordre et de la proportion, quand on se sert, pour l'établir, du principe de la convenance ou du principe même qui produit l'effet du beau.

Nous avons alors entrepris de montrer qu'il y a deux ordres, tous deux vrais, tous deux différents, sans pourtant être contraires; l'un propre à la terre, au monde que nous habitons; l'autre propre à la nature des choses.

Supposons, en effet, un être dont la nature, l'essence, le caractère fondamental, soit d'agir, par conséquent de se développer; supposons une force, et la destinée de la force que nous supposons, si l'on veut bien consulter sa nature, c'est non seulement l'activité, non seulement le développement, c'est toute l'activité, c'est tout le développement dont elle est capable par elle-même. Tel est l'ordre absolu.

Mettons maintenant cette force dans telle situation qui l'empêche de se développer autant qu'il est en elle; nous lui constituons aussitôt avec une autre condition, un autre but; si elle se développe autant que sa situation le lui permet, elle remplit sa destinée; elle arrive à la fin qui résulte de sa nature et de sa position. Non pas que l'ordre absolu soit alors perdu pour elle; car, supprimez les limites qui l'arrêtent et la retiennent, et son développement va redevenir vaste, plein et complet. Son développement même, dans les circonstances momentanées qui l'entourent, s'il n'est pas parfait, est cependant tout ce que les circonstances le laissent être; elle est donc encore dans l'ordre, quoiqu'elle ne soit pas dans l'ordre absolu. Ainsi, voilà les deux ordres : l'ordre absolu d'abord, puis l'ordre d'ici-bas, l'ordre de l'état actuel, l'ordre que nous appellerons terrestre.

Quand donc nous voyons ici-bas une force arriver en se développant jusqu'au point où son développement se termine, nous disons : Cette force est dans l'ordre.

Ensuite, sondant l'essence de la force, quand nous reconnaissons que cette essence est de se développer sans fin ni mesure, nous disons : Cette force est dans l'ordre, eu égard à son état de dépendance et de gêne. Cette force est dans l'ordre terrestre, entendons-nous, et non pas dans l'ordre absolu. Car, il n'est pas naturel à la force de se développer de telle façon seulement, jusqu'à tel point seulement. La force doit agir de toute façon, jusqu'à l'infini, mais les entraves de la condition présente circonscrivent son action. Là donc où nous rencontrons l'ordre terrestre, parce que dans la force nous tenons compte de sa nature en même temps que de sa position, et que son développement est aussi vaste que sa position le permet à sa nature, nous rencontrons aussi le désordre absolu.

Ainsi donc, soient devant nous deux êtres qui se développent tous les deux le plus qu'ils peuvent, et dont l'un cependant, par suite de sa condition, se développe plus que l'autre. Quand je considère la nature de ces deux êtres, que je trouve égale en eux, la nature de la force étant toujours le plus grand développement possible; et quand je considère aussi leur position respective, que je ne trouve pas égale entre eux, la prison de l'un étant plus large que la prison de l'autre, je dis que ces deux êtres font, chacun de leur côté, tout ce qu'il leur est ordonné de faire; ils accomplissent le mieux qu'ils peuvent leur destinée passagère, accidentelle, momentanée, leur fin d'ici-bas. Ils sont tous les deux l'un aussi bien que l'autre dans l'ordre terrestre, dans l'ordre absolu; toutefois, ils ne sont pas l'un et l'autre au même rang. Celui qui se développe plus complétement nous paraît plus beau; en sorte que, suivant cette considération, la beauté, c'est l'ordre absolu.

L'idée de l'ordre absolu n'est pas sans doute nettement déterminée dans l'esprit de tous les hommes. Néanmoins tous les hommes en ont plus ou moins le sentiment, et ce sentiment se réveille en eux à la vue des objets qui se développent le plus énergiquement et le plus pleinement possible. Quand nous voyons l'aigle planer au haut des cieux, par-dessus les nuages, son vol audacieux, son essor libre et large nous apparaît comme une image, comme un reflet de l'ordre absolu; nous éprouvons le plaisir du beau. Quand nous voyons un animal lourd, pesant, rampant, nous disons qu'il est dans l'ordre terrestre, dans l'ordre de sa condition, et nous le disons, sans que la sensibilité s'émeuve en nous de plaisir. Il y a trop de disparate alors entre la destinée naturelle de cette force, et sa destinée réelle; nous ne sympathisons plus avec elle, ou si nous sympathisons, ce n'est plus par l'amour, c'est par la pitié.

Quoi qu'il en soit, nous ne prétendons pas ici décider le problème. Nous nous contentons de le poser, et de dire que le beau n'est pas l'ordre de convenance, nous voulons dire l'ordre qui dérive de la convenance des moyens à la fin. Nous constatons qu'il existe un autre ordre que l'ordre de la coutume ou de la convenance, un autre ordre et d'autres proportions : l'ordre qui est beau, les proportions qui sont belles. Reste à voir quel est cet ordre; quelles sont ces proportions, d'après quel principe on les reconnaît. Ce principe peut être l'ordre absolu. Nous mettrons donc en réserve l'ordre absolu, comme nous avons déjà mis la sympathie, pour juger plus tard si la sympathie, si l'ordre absolu sont les éléments du beau. Nous continuerons pour le moment l'inspection commencée; puis, quand nous l'aurons terminée, plaçant toujours à part et conservant ainsi tout ce qui semblera capable de fournir d'utiles enseignements, nous rapporterons tous ces morceaux détachés; nous reviendrons sur ces coups-d'œil successivement jetés dans la grande question; nous réunirons ces aperçus isolés, pour y débrouiller, si nous pouvons, et démêler ce qui constitue véritablement le beau.

Tout cela dit, nous allons examiner le principe de l'unité et de la variété.

On a suivi, pour découvrir ce que c'est que le beau, la méthode singulière que nous avons déjà mentionnée, celle de rassembler le plus grand nombre possible d'objets beaux, quelle qu'en soit l'espèce, de comparer entre eux ces objets beaux, d'en abstraire les caractères différents, pour en garder les caractères communs; puis l'abstraction faite, et les caractères communs reconnus, de déclarer que ces caractères communs sont les principes du beau. C'est ainsi qu'on en est venu à présenter comme principe du beau l'unité et la variété.

Il n'y a pas d'objets beaux dans lesquels on ne puisse trouver, et quelque chose que l'on puisse nommer unité, et quelque chose que l'on puisse nommer variété. Mais s'il n'y a pas non plus d'objets laids, dans lesquels on ne puisse découvrir quelque chose qui s'appelle unité, puis quelque chose qui s'appelle variété, que suivra-t-il de là? Si je m'aperçois, par exemple, qu'il y a dans tous les objets beaux que je compare en fait de caractères communs, la force, la substance d'abord, je suppose, puis des phénomènes ou des attributs, pourrai-je dire que la substance et les attributs sont les principes du beau? Ce sont les principes de toute chose et rien de plus. Toute chose est, et toute chose est d'une certaine façon. Nul doute à cet égard. Ce dont il est beaucoup plus raisonnablement permis de douter, c'est qu'on puisse jamais, avec la méthode de comparaison, parvenir à signaler les caractères du beau ; l'on signale seulement les caractères communs des objets.

La méthode la plus simple, la plus directe pour découvrir qu'est-ce que le beau, c'est de mettre devant nous un objet qui produit en nous l'effet du beau, et de nous demander qu'est-ce qui produit en nous cet effet. Nous apprendrons alors ce qu'il nous faut savoir, sans parcourir tant d'objets d'espèce différente. Car si le beau varie, nous ne le saisirons pas plus dans mille que dans un. Si le beau ne varie pas, nous le saisirons aussi bien dans un que dans mille. En d'autres termes, de deux choses l'une, ou le principe constitutif du beau n'est pas simple, constant, et le procédé de la comparaison ne mène pas alors à sa découverte, ou le principe constitutif du beau demeure toujours le même, sans se diversifier, toujours identique, et le procédé de la comparaison devient dans ce cas inutile. La beauté se trouve tout entière dans un seul objet beau. C'est donc peine perdue que de courir d'objets beaux en objets beaux, pour arriver à la définition de la beauté. Ce n'est pas ainsi d'ailleurs qu'on y peut arriver.

Pareille marche ne conduit qu'à proposer pour principes du beau des caractères vagues, et qui sont presque des mots. Pareille marche a fait adopter le système de l'ordre et de la proportion. Qu'est-ce que l'ordre et la proportion? Deux mots qui se prêtent à tant d'explications, qu'ils en sont obscurs. Pareille marche a fait adopter encore le système de l'unité et de la variété. Qu'est-ce que l'unité et la variété? Deux mots encore qui signifient tant de choses, qu'ils n'ont pas de valeur précise.

Qu'est-ce donc que l'unité et la variété? L'unité et la variété sont-elles le principe du beau? Voilà ce qu'il faut examiner.

On prétend qu'un objet, s'il est seulement un, s'il est seulement varié, n'est pas beau. Le beau, dit-on, se produit par le mélange de l'unité avec la variété.

En est-il ainsi? n'en est-il pas ainsi? C'est donc ce qu'il faut rechercher. A l'aspect d'un objet qui a de la variété sans unité, sommes-nous réellement choqués? Et si nous le sommes, pourquoi le sommes-nous? Qu'est-ce qu'il faut mettre dans l'objet, pour que nous ne le soyons plus? D'autre part, à la vue d'un objet un, sans variété, sommes-nous aussi choqués? Pourquoi le sommes-nous? Comment est-il possible de ne plus l'être?

L'unité déplaît-elle sans la variété? La variété déplaît-elle sans l'unité? Telle est la première question à résoudre.

Si nous entendons une suite de sons variés sans saisir sous la variété des sons quelque chose qui les lie les uns aux autres, quelque temps nous pourrons nous en amuser; mais nous ne serons pas au fond de l'esprit complétement satisfaits; nous voudrons bientôt donner à la succession des sons qui flattent notre oreille, un but, un principe, un lien commun qui les réunisse et les groupe dans quelque unité. C'est là l'office du motif. Le motif est l'unité qui sert à rassembler les sons épars. C'est autour de lui qu'ils se ramassent, et prennent en se ramassant un sens.

Si l'on répand sous nos yeux les couleurs les plus différentes, les plus opposées, notre esprit est blessé quand nous n'apercevons pas l'unité qui forme un tout de ces couleurs éparpillées, l'unité qui les tient ensemble et les marie.

Qu'on mette devant nous un tas de branches d'arbres, ce tas pourra nous plaire par la tournure et le feuillage des branches détachées; mais il ne nous plaira toutefois qu'un moment, et nous aimerons mieux voir un arbre dont tous les rameaux aboutissent à la tige commune, en sorte que l'esprit puisse saisir sous la variété l'ensemble qui la domine. De même pour tout le reste.

Dans toutes ces expériences, diront les partisans du système qui fait de l'unité et de la variété les principes du beau, si notre esprit n'est pas satisfait, c'est qu'il voit de la variété seulement, et si nous donnions à la variété de l'unité, notre esprit alors deviendrait content; il aurait le sentiment du beau.

Nous ne posons pas ici la question : ne faut-il, pour avoir du beau, que mettre dans la variété de l'unité? mais nous posons celle-ci : quelle est l'unité qu'il faut mettre dans la variété? La plupart n'ont pas défini l'unité; les autres l'ont exclusivement définie. Que faut-il donc entendre par unité?

L'esprit a tellement besoin d'unité, qu'à défaut d'unité réelle dans tout ce qu'il saisit, il en place une factice et de son invention. Par exemple, un tas de branches, pourquoi l'appelons-nous un tas? Quelle unité pouvons-nous imposer à toutes ces branches isolées, indépendantes les unes des autres, sans rapport entre elles, et qui n'ont de commun que le lieu? Simplement celle de lieu. Toutes les branches d'arbres sont contenues dans le même lieu, et l'esprit dit un tas de branches. C'est dans la communauté de lieu qu'il puise l'unité, quand il ne la trouve pas ailleurs, parce qu'il lui faut de l'unité partout. C'est l'unité de lieu qu'ainsi l'on impose à tous les objets inorganisés; pourquoi disons-nous une pierre? C'est que les molécules diverses de la pierre se tiennent dans la même partie de l'espace.

Quant aux objets qui ne sont pas matériels, comme la pierre; quant aux événements, aux phénomènes comme les sons, l'unité qu'y crée l'esprit, quand il n'y trouve pas d'unité réelle, c'est, non plus l'unité de lieu, mais l'unité de temps. Les sons se tiennent dans la même partie de la durée, ainsi que les molécules de la pierre se tiennent dans la même partie de l'espace, et l'unité de temps sert à lier les sons entre eux.

Toutefois, l'unité de temps et l'unité de lieu ne sont pas les deux seules unités que l'esprit conçoive. Ce sont là des unités factices; il y en a d'autres beaucoup plus réelles.

L'unité peut être de but ou de principe.

Quand, par exemple, différents sons concourent au même but; quand ils tendent tous en commun à produire sur l'esprit telle ou telle impression, l'assemblage de tous ces sons fait un air. Tous ces sons s'allient et se réunissent dans un ensemble par la communauté de leur fin. Telle est l'unité du but.

D'autre part, quand j'aperçois, par exemple, dans les actes d'un homme et dans ses pensées, la même origine, je ne manque pas d'attribuer au même principe ces actes, ces pensées; un principe commun me paraît diriger tous les phénomènes qui se manifestent au dehors. Voilà l'unité de principe, unité réelle comme l'unité de but.

Une autre espèce d'unité, c'est l'unité de base ou de fond. Quand un être présente aux yeux plusieurs qualités différentes, sans que ces qualités aient un but commun, nous les réunissons cependant; nous les rassemblons par cela seul, que le même être les possède; nous leur donnons l'unité de substance ou de fond. Le fond, c'est l'être qui soutient les qualités.

L'unité de temps, de lieu, de but, de principe, de substance ou de fond; voilà donc les différentes idées qu'on attache ordinairement au mot unité, si toutefois le mot unité se place vis-à-vis le mot variété, comme parallèle et en contraste. Car, l'unité numérique, par exemple, ne correspond et ne joue pas avec le mot variété. L'unité numérique aussi n'entre pas dans la question.

Etant donnée la variété, c'est donc l'unité de temps ou de lieu, l'unité de but, ou de principe, ou de fond, que l'esprit doit découvrir sous la variété, pour apaiser le mécontentement que produit en lui l'aspect de la variété toute seule. Il faut pour la paix de l'esprit que les phénomènes, les attributs, les qualités, aient le même but, le même principe, le même fond, ou soient dans le même point de l'espace, dans le même moment de la durée. Lorsqu'au sein de la variété, l'esprit ne trouve pas l'une de ces unités, il n'est pas tranquille.

Or, comment l'esprit trouve-t-il ces unités? On conçoit fort bien comment il trouve l'unité de temps et l'unité de lieu; c'est lui qui les invente. L'on conçoit moins bien comment il trouve l'unité de but, l'unité de principe, l'unité de fond; le but, le principe, le fond ne sont pas visibles. Mais ce qu'il y a de visible, c'est la forme, la position; ce sont des phénomènes, des effets, des qualités, et ces qualités mènent à la découverte du fond; ces phénomènes, ces effets révèlent à l'esprit le principe. Il y a dans ce qui paraît à la surface des objets quelque chose d'évident qui laisse deviner ce qui ne paraît pas, le but, le principe, le fond. L'unité s'exprime par l'ordre, par la symétrie. La variété qu'on voit fait sentir l'une ou l'autre de ces unités, qu'on ne peut pas voir.

Ainsi, tant que l'esprit, au sein de la variété, ne trouve pas l'unité, l'esprit n'est pas à son aise. Il demeure donc par là bien prouvé que la variété, sans l'unité, ne plaît pas, et la moitié de la question que nous nous sommes proposée, se trouve résolue.

Reste à savoir si réciproquement, l'unité sans la variété ne plaît pas.

Supposons qu'on ne produise dans l'espace qu'un seul point, et dans la durée, qu'un seul son; du premier coup-d'œil, l'esprit saisira l'unité dans le son comme dans le point. Jusque-là, tout est bien. Mais, prolongeons indéfiniment ce point; prolongeons éternellement ce son; la monotonie va naître de la répétition; l'ennui naîtra de la monotonie. Nous serons fatigués d'entendre toujours le même son, de voir toujours le prolongement du même point, la même ligne droite. Là donc ce qui manque, c'est la variété.

Supposons qu'un but soit atteint par un moyen simple et toujours le même. Supposons qu'il résulte d'un principe un seul effet, qui ne change pas. Supposons qu'un être se manifeste à nous par un attribut immuable ; nous concevrons bientôt l'unité de but, l'unité de principe, l'unité de fond, et bientôt aussi nous serons ennuyés en voyant toujours le but signalé par un même moyen, le principe révélé par un même effet, le fond exprimé par un même attribut.

De tout ce qui précède, voici donc ce qu'on peut conclure :

Quand il y a variété sans unité, l'esprit n'est pas satisfait ; la variété qui frappe les sens plaît aux sens ; l'esprit qui veut de l'unité ne reste pas en repos s'il n'en trouve pas. D'autre part, quand il y a unité sans variété, l'esprit est content, il ne souffre pas. Ce qui souffre alors c'est la sensibilité ; car la variété n'est plus là pour frapper nos sens. La variété remplit donc les besoins de la sensibilité, l'unité remplit ceux de l'esprit.

Ainsi le système de l'unité et de la variété n'est pas sans fondement. Et l'unité, nous l'avons définie : c'est l'unité de temps ou de lieu, l'unité de but, ou de principe, ou de fond. La variété, c'est le contraire de l'unité, quand on ne considère l'unité que relativement à la variété.

Telle est la première vue que nous jetons dans le système en question.

# TREIZIÈME LEÇON.

*Du besoin d'unité pour l'esprit. — Comment l'expliquer? — Opinions diverses à ce sujet. — Véritable explication. — Différentes espèces d'unité; qu'elles se cumulent et en se cumulant se fortifient. — A quoi tient le besoin de variété? — Que la variété et l'unité sont des conditions pour qu'un objet nous plaise; mais qu'elles ne constituent pas le beau.*

Nous allons aujourd'hui chercher d'où vient le besoin qu'a l'esprit de trouver dans un objet, soit naturel, soit artificiel, qui s'offre à nos yeux, quelque unité, c'est-à-dire quelque chose à quoi nous puissions rattacher toutes les apparences qui nous frappent en lui.

Ce besoin, qui force l'esprit de chercher dans un objet quelque chose à quoi rattacher les manifestations de cet objet, on ne saurait le contester, il est réel, très réel, nous en avons fourni les preuves quand nous avons parlé des objets naturels.

S'agit-il maintenant des objets, productions de l'art? Nous pourrions encore donner de ce besoin les plus nombreux exemples.

Pourquoi le spectateur met-il les pièces d'intrigue au-dessus des pièces à tiroir? Dans les pièces à tiroir, ce sont des scènes détachées qui se succèdent; il n'y a pas d'unité pour le spectateur. Dans les pièces d'intrigue, toutes les scènes qui se succèdent concourent au même but; l'unité se montre au spectateur.

Entre le roman de *Gilblas* et celui de *Tom Jones*, quelle est la différence? Dans *Gilblas* l'unité paraît peu; les différentes parties dont il est formé ne conduisent pas au même résultat. Dans *Tom Jones* il y a beaucoup d'unité, les aventures variées qui le composent mènent à la même fin.

Pareillement un opéra diffère d'un concert. Les morceaux de musique sont liés entre eux dans l'opéra; dans le concert, les morceaux de musique ne font pas un tout, un ensemble.

Le besoin de l'unité se rencontre donc aussi dans les productions de l'art.

Mais ce besoin qu'on ne peut contester, il faut l'expliquer.

Or, on l'explique de plusieurs façons diverses.

On dit d'abord : Si l'esprit est obligé de concevoir un principe à tout ce qui survient, un but à tout ce qui se produit, une substance à tout ce qui se manifeste, c'est qu'il subit la nécessité de retrouver dans tous les objets réels la justification des lois qu'il croit absolues; et quand il ne peut pas satisfaire la nécessité qu'il subit, quand la justification des lois qu'il croit absolues ne se retrouve pas dans les objets réels, il devient impatient, inquiet, mécontent.

Ainsi, par exemple, tout ce qui survient dérive d'un principe, c'est une loi que l'esprit croit absolue. L'esprit ne voit donc rien survenir sans concevoir un principe à ce qui survient, et quand ce qui survient ne paraît pas dérivé d'un principe, la réalité semble alors démentir la loi. Sûr de la loi cependant, persuadé que la réalité doit vérifier la loi, convaincu qu'il n'arrive rien sans cause, l'esprit se tend pour découvrir la cause sous l'effet, et s'il ne trouve rien, il éprouve une sorte de malaise.

Est-ce là l'explication juste du fait qui nous occupe?

Tout ce qui survient a son principe, tout ce qui se produit a son but, tout ce qui se manifeste a sa substance; si ce sont là pour nous des lois absolues, ces lois absolues, que nous commandent-elles de croire? La condition de tout ce qui survient, c'est d'avoir un principe; la condition de tout ce qui se produit, c'est d'avoir un but; la condition de tout ce qui se manifeste, c'est d'avoir une substance. Voilà ce que ces lois absolues nous commandent de croire, et voilà tout.

Or, il n'y a rien dans l'art, rien dans la nature, qui ne réponde complétement à ces conditions.

Lorsqu'un phénomène quelconque survient, lorsqu'un fait nous apparaît, nous concevons aussitôt l'existence de la cause d'où sort le phénomène qui se montre à nous, l'existence du premier fait d'où le fait qui commence d'exister émane. Peu nous importe d'ailleurs que nous voyions ou ne voyions pas ce fait générateur; si nous ne le voyons pas, nous le concevons. Nous le concevons dans tous les cas, nous y croyons, et notre esprit est satisfait.

Il en est du jugement de finalité comme du jugement de causalité. Nous ne manquons pas de concevoir le but, quand nous apercevons les moyens. L'esprit doit donc à cet égard encore se trouver satisfait, et sa loi s'accomplit.

De même à l'aspect de telle ou telle apparence que nous pouvons percevoir, nous concevons inévitablement quelque chose qui la soutient, c'est la substance, c'est l'être, qui ne peut pas nous tomber sous les sens. Dans tous les cas ainsi, toujours et partout s'applique cette loi de l'esprit.

Toujours et partout, nous concevons sous l'apparence la substance, derrière l'effet, la cause, au bout du moyen, la fin. Qu'il soit possible ou non pour nous de déterminer la substance, la fin, la cause; que nous saisissions ou non leur nature, leur existence, du moins dans aucun cas, ne souffre doute à nos yeux; c'est assez pour l'esprit, il ne demande pas davantage, il est content. Nous concluons de là la fausseté de l'explication proposée. Telle n'est pas la raison de notre désappointement intellectuel, quand nous ne percevons pas dans les objets, au sein de leurs manifestations diverses, soit l'unité de principe ou de cause, soit l'unité de résultat ou de fin, soit l'unité de substance ou de fond; en d'autres termes, le besoin d'unité n'est pas le besoin de découvrir dans les objets, au centre de leur surface visible, soit un fond, soit une fin, soit un principe.

Serait-ce alors que l'esprit veut saisir dans la variété des effets une cause générale pour tous les effets, et non pas seulement une cause pour chaque effet? Dans la variété des moyens un but commun pour tous les moyens, et non pas seulement un but pour chaque moyen. Dans la variété des apparences, une substance suprême pour toutes les apparences et non pas seulement une substance pour chaque apparence.

Mais tous les jours des phénomènes se succèdent sous nos yeux. La lumière, par exemple, et le son, tous les jours viennent frapper nos sens; le son n'est qu'un effet, comme la lumière, et tout ce qu'exige l'esprit dans ce cas, c'est que les deux effets qu'il perçoit aient une cause. Peu nous importe du reste que cette cause soit une ou multiple; qu'il y ait cause, voilà tout ce qu'il nous faut.

Pareillement si nous voyons diverses actions se produire, il nous suffit de savoir que ces actions ne sont pas sans but; nous ne prétendons pas, du reste, leur imposer un même but. Nous consentons aisément à ce que chacune ait sa fin différente; quand chacune a sa fin, voilà tout ce qu'il nous faut, il nous inquiète peu que la fin soit spéciale ou commune.

Pareillement encore, devant un grand nombre d'objets nous exigeons impérieusement que les apparences diverses de ces objets aient pour sujet un être, une substance ; et le repos de l'esprit ne commande pas qu'une même substance, qu'un être commun soit le sujet des apparences diverses qui nous viennent frapper les yeux.

Le repos de l'esprit est donc assuré, lorsqu'on peut rapporter des apparences différentes à des substances différentes, non pas à la même ; lorsqu'on peut rallier des moyens différents à des fins différentes, non pas à la même fin ; lorsqu'on peut rattacher des effets différents à des causes différentes, non pas à la même cause. Le point essentiel pour l'esprit, c'est qu'il n'y ait jamais d'apparence sans substance, de moyen sans fin, d'effet sans cause, quelles que soient d'ailleurs la substance, la fin, la cause, semblables dans tous les cas, ou dans tous les cas différentes.

On ne rend donc pas ainsi raison de ce besoin d'unité que nous ressentons à l'aspect des objets beaux, que produit ou l'art ou la nature. Comment donc expliquer enfin ce besoin d'unité que nous ressentons ? Le voici. Dans l'état actuel, nous ne pouvons, dans les objets, regarder deux points à la fois. Un objet complexe s'offre-t-il à nous, nous ne pouvons appliquer notre attention sur cet objet tout entier ; nous nous mettons alors à distinguer dans sa complexité deux parties, et sur l'une des deux nous nous concentrons ; puis, dans celle-ci, nous distinguons encore deux parties, et sur l'une des deux nous fixons nos regards. Nous décomposons d'abord le composé ; nous redécomposons ensuite le décomposé ; nous courons à l'unité par l'analyse. L'analyse continuant de la sorte indéfiniment, les subdivisions succédant aux divisions, les sousubdivisions aux subdivisions, l'esprit abandonne tour à tour, dans l'objet complexe, le tout pour la moitié, la moitié pour le quart, le quart pour le huitième. Le regard se rétrécit toujours de plus en plus, à mesure qu'il distingue ; et l'esprit, comme l'œil, ne peut saisir distinctement qu'un seul objet à la fois. Telle est la loi de l'esprit.

Ainsi il faut que l'attention découvre quelque unité dans l'objet qui l'attire, pour embrasser tout cet objet. Quand nous ne saisissons pas à travers ses apparences quelque chose qui soit un certain point fixe, tantôt, par exemple, une cause, tantôt une fin, tantôt une substance, un fond, c'est-à-dire certain point de ralliement à l'entour duquel nous puissions grouper les apparences qui faillissent en lui, nous le partageons alors en deux, puis en deux, puis encore en deux, l'attention se retirant toujours de l'une des parties pour aller à l'autre, et perdant le souvenir de la partie qu'elle vient d'abandonner; de façon que l'objet ne peut plus nous apparaître dans sa totalité. Si l'objet laisse apercevoir à l'esprit quelque unité sous les diversités, l'esprit peut, en même temps qu'il tient l'unité, s'occuper des diversités, les parcourir. Les diversités sont pour lui les manifestations de ce qui reste un devant lui. Quand l'objet ne montre pas quelque unité sous les diversités, l'esprit, dans ce cas, est réduit à créer autant d'objets qu'il aperçoit de diversités, non liées entre elles, et se porte exclusivement sur l'un de ces objets partiels, en négligeant tous les autres. Telle est sa loi.

Or l'esprit s'embarrasse fort peu qu'il y ait dans l'objet qui s'offre à lui, lorsqu'il est simple, un objet seulement, ou, lorsqu'il est complexe, plusieurs objets divers. Qu'il n'y en ait qu'un, l'esprit conçoit aussitôt l'unité, l'esprit est satisfait; qu'il y en ait plusieurs, deux, par exemple, l'esprit en laisse un pour s'attacher à l'autre. Qu'il y en ait trois, l'esprit en rejette deux tour à tour, il n'en prend qu'un à la fois pour y découvrir l'unité. L'unité découverte, il est content. En d'autres termes, qu'on nous propose tel ou tel objet; cet objet se trouve-t-il un? nous y dirigeons nos regards qui l'embrassent dans son unité. Cet objet, au lieu de rester un, devient-il multiple? nous nous retirons alors du composé dans le simple, nous arrivons de dédoublements en dédoublements jusqu'aux parties indivisibles, et nous passons successivement à chacune des unités différentes que renferme la multiplicité de l'objet.

Ouvrons La Fontaine. Il y a, supposons, cent fables dans un volume, et l'esprit n'en est pas choqué. L'esprit sait que ce sont là cent unités différentes, cent objets divers. Il examine ces cent objets l'un après l'autre, et dans chacun d'eux découvre l'unité.

Contemplons une vaste et belle campagne. L'esprit se fâche-t-il d'y reconnaître six paysages au lieu d'un seul? Quittant la scène entière, il cherche l'unité dans chacun des six paysages, et la découvre, se satisfait en la découvrant; il ne s'inquiète en aucun degré de reconnaître six unités plutôt qu'une.

Mais si l'on me conduit au haut d'une montagne, en m'annonçant un beau paysage, et qu'au lieu d'un, j'en aperçoive six, alors mon esprit est mécontent. Dans le premier cas, en effet, la nature ne prétend pas m'offrir un seul paysage. Dans ce second cas, l'on prétend m'en offrir un seul, et j'en rencontre plusieurs détachés ; je remarque plusieurs unités isolées à la place de l'unité promise et je suis mécontent.

De même, si l'artiste prétend nous donner comme un ce qui comprend un certain nombre d'unités diverses, nous nous fâchons de découvrir ces unités diverses dans l'unité qu'il nous annonce. Nous sommes forcés de mettre de côté les trois quarts de ce que l'artiste nous présente. Si La Fontaine, par exemple, nous présentait son volume de fables comme ayant l'unité d'un drame, l'esprit s'impatienterait de ne pouvoir atteindre cette unité qui lui aurait été promise et qui ne serait pas.

Ainsi, lorsqu'on nous offre comme beaux et comme uns des objets qui ne sont pas uns, l'esprit en nous se chagrine. Et pourquoi? Parce que l'esprit ne peut plus s'en occuper, ou, s'il s'en occupe, c'est pour saisir une unité qu'on lui fait espérer, et qui n'en est pas une, unité vaine, illusoire, insaisissable.

Qu'on me donne un concert pour un concert, c'est-à-dire pour l'exécution de plusieurs morceaux de musique détachés. Dans le premier morceau je cherche l'unité ; je la possède. Puis vient un intervalle pour m'avertir qu'il s'agit d'un nouveau morceau dont l'unité n'est plus la même. Je cherche donc dans ce nouveau morceau l'unité ; je la possède encore et je suis tranquille. Si l'on veut au contraire me donner un concert pour un opéra, c'est-à-dire pour l'exécution de plusieurs morceaux de musique enchaînés entre eux par la communauté du but, je cherche l'unité dont on me prévient, et comme il est impossible de la trouver, puisqu'elle n'existe pas, il faut de deux choses l'une : ou renoncer à m'en occuper, ou, si je m'en occupe, me fatiguer sans fruit à sa poursuite.

Quand le défaut d'unité blesse mon esprit, c'est qu'on lui fait prendre le change. On soumet à ses regards, comme unité, l'unité qui n'est qu'imaginaire et factice. L'objet se partage-t-il en deux ou trois unités? rien de mieux, l'esprit s'en arrange à merveille. Il consent à saisir deux ou trois unités différentes dans l'objet. Il est seulement fâché de poursuivre l'unité, lorsque l'unité n'est pas. Lui présente-t-on comme un tel ou tel objet composé de plusieurs autres, l'attention ne peut se fixer sur ces plusieurs objets à la fois; car déjà lui demander d'examiner à la fois deux objets, c'est lui demander l'impossible. L'attention cependant veut s'y fixer pour y surprendre l'unité qu'on lui prédit; car l'unité lui plaît. L'esprit veut la découvrir, il travaille pour la découvrir; il fait effort, et ne la découvre pas. Ne la découvrant pas, il s'impatiente, s'inquiète et se tourmente.

L'unité, remarquons-le maintenant, l'unité dans les objets se trouve plus ou moins lâche ou serrée, pour ainsi dire, plus ou moins factice ou réelle.

Il y a des objets qui n'ont d'autre unité que celle de temps et de lieu, les pièces à tiroir, par exemple. L'esprit est assez satisfait de voir dans ces pièces toutes les scènes se passer dans le même lieu. Si le lieu changeait à chaque scène, l'esprit serait beaucoup moins satisfait; encore le serait-il un peu de voir toutes les scènes se passer les unes à la suite des autres : l'unité de temps ou de succession lui resterait, l'unité de temps et l'unité de lieu, qui rattachent et lient le plus mal entre eux les événements ou les phénomènes, unités les plus faibles de toutes et qui nous servent faute de mieux, dernières ressources et pis-aller de l'esprit.

Supposons que l'unité de temps et de lieu se transforme en l'unité de but; supposons que toutes les scènes en question conspirent au même résultat : ce sont alors comme des moyens successifs qui s'ajoutent pour la production de l'effet total. Mon esprit est tout à fait tranquille dans ce cas, complétement fixé. Le poëte doit donc le plus qu'il peut au commencement de son ouvrage indiquer sa fin.

De même, quand le poëte dit au commencement de son ouvrage : Un crime s'est commis ; en voici les conséquences, je vais les montrer; mon esprit a son unité, l'unité de principe ou de cause. Il peut, d'après cela, s'amuser à contempler tranquillement les effets qui suivent du principe qu'on lui fait connaître.

Enfin, dans les objets qui sont des réalités, et non plus dans les objets qui passent, dans les événements ou les phénomènes, il y a l'unité de substance ou de base, véritable comme celle de principe et de fin. Nous n'apercevons pas un arbre sans rapporter ses apparences, ses formes extérieures, son dehors à sa tige. La tige ou le fond est ce sur quoi nous nous fixons au premier coup d'œil. Puis le fond découvert, nous nous mettons à jouir sans trouble des variétés qui s'y rattachent ; nous parcourons les diversités dont nous tenons l'unité.

Or, il y a dans la nature et dans l'art des objets où ces unités se rencontrent en plus ou moins grand nombre.

Soit devant nous un tas de pierres ; nous ne trouvons là qu'unité de lieu : voilà tout. Faites de ce tas une pierre ; nous trouvons là par dessus l'unité de lieu, l'unité d'agrégation ; nous sentons le lien qui rassemble les molécules dont la réunion compose la pierre. Considérons ensuite la plante, l'arbre, nous y trouvons unité de lieu, puis unité d'agrégation, puis unité de principe, de but et d'effet. Dans l'animal ces unités se signalent bien plus encore. A mesure qu'on s'élève dans l'échelle des êtres, plus d'unité paraît ; l'unité paraît souverainement quand on arrive à l'homme.

Ainsi, voyez les œuvres de l'art : dans les unes, les variétés semblent les effets d'un même principe ; dans les autres, les variétés semblent les effets d'un même principe et les moyens d'un même but ; dans d'autres, enfin, les variétés semblent les effets d'un même principe, les moyens d'un même but, les apparences d'une même substance, et l'art donne alors au plus haut point l'idée de l'unité.

Cependant, dira-t-on peut-être, des objets nous émeuvent, qui n'ont pas d'unité : les objets sublimes, par exemple.

Les objets sublimes nous dépassent le plus souvent. Or faut-il de là conclure qu'il n'y a pas en eux d'unité?

Quand la mer nous apparaît, quand nous entendons l'orage sur les montagnes, il y a de l'unité dans l'orage, de l'unité dans la mer. Ce qui nous échappe, c'est la totalité de la mer, nous n'en saisissons pas toutes les apparences ; c'est la totalité de l'orage, nous n'en saisissons pas tous les effets.

Le sublime est donc un, seulement nous ne le comprenons pas dans toute sa latitude. Nous sentons son unité, nous sentons sa variété, mais nous ne l'embrassons pas dans sa totalité.

Ainsi le sublime diffère de l'agréable dans la doctrine de l'unité et de la variété. Ce n'est pas qu'on saisisse l'unité dans l'agréable plus que dans le sublime ; c'est qu'en fait de sublime on ne peut pas totalement contenir sous ses yeux l'objet qui n'en est pas moins un, ni moins varié; la grande partie de la variété surpasse dans ce cas la portée des regards humains; c'est qu'un objet agréable, au contraire, peut se contenir entièrement sous la vue dans son unité, dans toute sa variété : la rose, une et variée, se laisse entièrement saisir.

Après avoir vu pourquoi l'esprit a besoin d'unité, voulons-nous voir maintenant pourquoi l'esprit en même temps a besoin de variété?

Dans les œuvres de la nature, il nous est égal qu'une cause produise un effet ou plusieurs effets, et qu'un résultat s'obtienne par un, deux ou trois moyens; peu nous importe; la nature dans ses œuvres ne prétend pas nous plaire; la nature prétend fonder l'ordre.

Mais, dans les ouvrages de l'art, si l'on ne nous présente qu'un effet produit par une cause, ou qu'un moyen conduisant à un résultat, nous sommes alors désagréablement affectés. Et si nous le sommes, c'est que l'art prétendant et devant nous plaire, son ouvrage ne nous plaît pas, c'est-à-dire plutôt, ne nous plaît pas assez, pas assez longtemps; c'est un calcul de temps dont il s'agit. Il faut pour fixer nos regards beaucoup de variété. Soit un seul objet au milieu d'un tableau : cet objet, s'il nous plaît, ne continuera pas longtemps de nous plaire; nous en finirons de bonne heure avec lui; nous lui donnerons un coup-d'œil, et voilà tout; nous l'aurons sur-le-champ compris; il ne pourra nous occuper qu'un instant, et le plaisir n'aura pas de suite, il ne durera pas, quand nous aurons au premier abord assez bien saisi l'objet, pour n'avoir plus rien de plus à chercher en lui le moment d'après.

Ainsi les enfants exigent beaucoup moins de variété que les hommes faits : les enfants voient dans un objet beau plus de choses que les hommes faits, pour qui les objets beaux sont familiers.

Ainsi pareillement faut-il aux peuples nouveaux moins de variété qu'aux peuples anciens : les peuples nouveaux jouent le rôle des enfants, et les peuples anciens celui des hommes faits.

Ainsi la statue la plus grossière pourra-t-elle plaire longtemps à des sauvages.

Ainsi les produits des arts dans les âges modernes se trouvent-ils plus compliqués qu'aux époques de la Grèce.

De même que nous voulons un le produit de l'art qui prétend à l'unité, de même nous voulons en lui la variété, puisque l'art a la prétention de nous plaire.

D'après tout cela, l'unité et la variété sont-elles donc les principes du beau?

L'unité et la variété sont les conditions du beau, mais n'en sont pas les principes.

Qu'on nous offre un objet beau, nous y cherchons l'unité, comme dans tout autre objet; et tant que nous ne l'avons pas trouvée, l'esprit n'est pas à son aise et tranquille; l'esprit se met avec inquiétude à sa recherche; il n'a pas encore le loisir nécessaire pour goûter la beauté de l'objet qu'on lui présente; il n'en pourra jouir qu'après avoir réussi dans ses poursuites. L'unité d'abord, le plaisir ensuite, si l'unité se découvre. Ainsi la condition, pour qu'un objet beau produise son effet, c'est qu'il soit un. D'autre part, la variété n'est pas plus que l'unité l'essence de la beauté. Ce n'est pas la variété, c'est la beauté qui plaît; seulement la variété fait plaire plus longtemps la beauté. L'objet beau nous plaît, s'il est un. Toutefois le plaisir que nous éprouvons passe alors rapidement; il ne persiste pas, et la variété, s'il y en a dans l'objet beau, prolonge avantageusement le plaisir qu'il nous cause.

La variété, l'unité sont en définitive les moyens qui font sentir le beau; ce ne sont pas les éléments qui le constituent.

La preuve, c'est qu'il y a des objets très uns et très variés qui nous paraissent laids; et d'autres objets sans beaucoup d'unité, sans beaucoup de variété, nous impriment l'effet du beau.

# QUATORZIÈME LEÇON.

Ce que c'est que l'unité dans la variété, et la variété dans l'unité. — Comment l'esprit saisit l'une et l'autre? — Lois de l'esprit dans la découverte de l'unité. — Première loi. — Seconde loi. — Troisième loi. — Quatrième loi. — Pourquoi l'unité et la variété plaisent? — Formes diverses du plaisir qu'elles causent. — Qu'elles sont la condition et non le principe du beau.

Nous avons vu dans la dernière leçon que l'unité et la variété sont les conditions du beau, ses conditions seulement, et non pas ses principes.

Voyons maintenant si, par elles-mêmes, l'unité dans la variété, la variété dans l'unité nous font plaisir; et quelle est la cause du plaisir qu'elles nous font, si tant est qu'elles nous fassent plaisir.

Reprenons pour cela certains points que nous avons peut-être traités un peu rapidement dans ce qui précède.

Recherchons de nouveau plus rigoureusement qu'est-ce que l'unité dans la variété, et la variété dans l'unité? Comment l'unité dans la variété, la variété dans l'unité sont saisies par l'esprit? Si l'unité dans la variété, la variété dans l'unité causent du plaisir à l'esprit qui les saisit, et pourquoi l'unité dans la variété, la variété dans l'unité causent du plaisir à l'esprit qui les saisit?

D'abord, qu'est-ce que l'unité dans la variété, la variété dans l'unité?

Il ne s'agit pas ici de toute espèce d'unité. Voilà ce qu'il faut en premier lieu reconnaître.

Il ne s'agit pas ici par exemple de l'unité numérique : l'unité numérique s'oppose à la multiplicité; ni de l'unité simple de la simplicité : la simplicité s'oppose à la complexité.

L'unité dont nous entendons ici parler s'oppose à la variété : quelle est donc cette unité?

On peut définir l'unité opposée à la variété : tout ce qui rallie à une idée commune, la diversité des phénomènes et des qualités.

Ces idées centralisantes sont, comme nous l'avons dit, le temps, l'espace, le but, le principe, le fond ; l'espace et le fond unissent et rallient les qualités ; le temps, le but, le principe rallient les phénomènes.

Tout ce qui n'est pas *simple*, et ce que cependant l'esprit appelle *un*, est une unité de cette espèce.

L'esprit n'invente pas cette unité commune, il la trouve ; il ne la fait pas, il la reconnaît ; il n'est point fabricateur d'unités, il les constate ; il ne peut pas donner un même but ni un même principe à des phénomènes qui ont des buts et des principes différents, ni le même fond à des qualités appartenant à différents objets ; il ne peut pas mettre dans le même lieu ce qui n'y est pas, ni faire que des phénomènes qui surviennent dans des moments éloignés de la durée se succèdent dans un même temps : il trouve toutes ces unités, il ne les forme pas.

Comment lui apparaissent-elles ?

Nous n'apercevons que les phénomènes et les qualités ; nous ne voyons ni le temps, ni l'espace, ni les principes, ni les buts, ni les substances.

Mais nous savons que tout phénomène a une cause et un but, toute qualité un sujet, et que tout ce qui existe, est dans un lieu, et que tout ce qui arrive, arrive dans un temps.

C'est parce que nous le savons *à priori*, que nous classons l'infinie variété de phénomènes et de qualités qui nous apparaissent dans ce monde au dehors et au dedans ; sans quoi nous les laisserions épars et isolés comme nous les voyons.

Mais dès que nous ouvrons les yeux et que nous les voyons, notre intelligence s'élance au-delà, et conçoit d'abord que tout ce qu'elle aperçoit est contenu dans le lieu, et que tout ce qu'elle voit arriver se passe dans le temps. Dès lors toutes les qualités se localisent, tous les phénomènes se succèdent ou s'accompagnent ; des groupes de qualités et de phénomènes se forment et se distinguent ; tout en un mot se classe par groupe dans l'espace et la durée : c'est le premier degré de l'ordre ou de l'unité ; les qualités qui sont dans le même lieu, les événements qui arrivent en même temps, ou se succèdent sans interruption, s'agglomèrent en unités dont le lieu est la communauté de temps et de lieu.

Mais comme il ne croit pas seulement que tout ce qui est est dans un lieu, que tout ce qui se passe se passe dans un temps, mais qu'il sait aussi que toutes les qualités qui sont, appartiennent à un sujet, et que tous les phénomènes qui arrivent, dérivent d'une cause et vont à une fin, il ne s'arrête pas à ce premier classement, à cette première organisation de la variété visible, il cherche les substances, les causes, les buts; bientôt il distingue les qualités qui appartiennent au même objet, les phénomènes qui dérivent de la même cause ou aboutissent à la même fin, et c'est le second degré de la conception de l'ordre ou de l'unité.

Dès lors les phénomènes se groupent autour de leurs causes ou de leurs fins, les qualités autour de leurs substances, les objets et les événements sont posés et distingués, et dans chacun il y a de l'unité et de la variété.

Les unités de lieu et de temps restent; mais des qualités réunies par l'unité de lieu se partagent en se rattachant à différentes substances; des phénomènes unis par l'unité de temps se séparent et vont se rallier à des principes, à des buts distincts; d'autres qui étaient étrangers par le temps, se réunissent au contraire; les unités de temps subsistent, mais elles n'empêchent pas les autres et s'en distinguent, comme celles-ci ne les empêchent pas, mais seulement ne s'identifient pas avec elles.

Il y a progrès des unités de temps et de lieu à celles de substances de but, de principe; celles-ci sont plus difficiles à apercevoir, et puis elles unissent plus réellement la variété; car le temps et le lieu contiennent les phénomènes et les qualités sans s'y rattacher. Les phénomènes et les qualités ne tiennent pas au temps ni au lieu; tandis que les phénomènes qui sortent d'un même principe tiennent réellement à ce principe, puisqu'ils n'en sont que des émanations; ceux qui concourent à une même fin tiennent réellement à cette fin, puisqu'ils sont les moyens qui la produisent; enfin les qualités qui appartiennent au même sujet dépendent réellement de ce sujet, puisqu'ils ne sont que les formes des apparences, les manières d'être de ce sujet.

Dès lors le monde n'est plus cette immense variété d'apparences isolées, confondues, jetées au hasard, ni cet ensemble de groupes d'apparences phénoménales formés au sein de l'espace et du temps; le monde est un composé d'objets qui se manifestent chacun par certaines qualités, de principes, qui produisent chacun certains effets dans un certain but : l'ordre a succédé au hasard, la clarté à la confusion.

Mais nous ne pouvons pas croire que cet ordre soit tout l'ordre ; nous ne pouvons pas penser que ce monde soit une collection d'objets particuliers, de principes particuliers allant à des buts particuliers sans qu'il y ait des rapports ni entre les objets, ni entre les principes, ni entre les buts ; nous croyons que plusieurs objets peuvent se tenir et n'être que des branches, des formes distinctes d'un même tronc, d'une même chose plus vaste, plus fondamentale ; nous croyons que plusieurs principes peuvent n'être que des modes d'action d'une même cause plus profonde ; nous croyons que plusieurs résultats peuvent n'être que les moyens d'une fin plus haute, tout comme nous finissons par voir que les portions du temps et de l'espace constituées en unités ne sont que des éléments d'espaces plus grands, de temps plus grands qui les contiennent.

Nous aspirons donc à des unités plus variées, et nous les trouvons en opérant sur les unités élémentaires comme nous avons opéré sur les phénomènes et les qualités ; des unes, nous nous élevons aux autres ; nous concevons un paysage, une révolution, une chaîne de montagnes ; nous concevons les espèces, les genres. Au sein de ces unités nouvelles les précédentes ne sont plus que des phénomènes ; ce qui était un objet devient une qualité ; sur la croupe d'une vaste chaîne de montagnes, une forêt n'est qu'une qualité, comme un arbre devient une qualité dans une forêt, comme la France devient une qualité du globe, etc.

Une fois sur cette route nous ne nous arrêtons plus ; nous finissons par concevoir que ce vaste univers n'est qu'une seule substance, animée par un seul principe et tendant à une seule fin, au sein d'un espace un et d'une durée infinie et indécomposable. Le terme ainsi posé, une carrière immense, et que jamais homme ne parcourra, s'ouvre devant nous, et notre intelligence, sans changer de procédé, arrive d'unités en unités vers l'unité suprême par une loi qui la force toujours de considérer les unités qu'elle a découvertes comme n'étant pas indépendantes et devant concourir et se rattacher à un but, à une substance commune, et dériver d'un principe commun.

Et de même que notre intelligence éprouve un penchant irrésistible à chercher les rapports des unités élémentaires et naturelles qu'elle a d'abord trouvées, pour s'élever à des unités supérieures ; de même elle a une inclination à chercher les différences qui existent dans les qualités ou les phénomènes de ces mêmes unités élémentaires, pour descendre par là à des unités inférieures ou plus petites; elle distingue comme elle compose, elle décompose comme elle compose, elle descend comme elle monte; car si tout se tient, tout diffère; il suffit de bien regarder. La carrière descendante est aussi infinie que la carrière ascendante, et le microscope est aussi impuissant pour arriver au terme des différences, que le télescope au terme des ressemblances ; l'élément échappe comme le tout.

Mais si grandes ou si petites que soient les unités, l'esprit les trouve toujours et ne les invente jamais; elles sont toujours réelles. Quand elles n'existent pas, l'esprit ne peut les trouver : quand elles existent, il peut les voir ou ne les pas voir; s'il les voit, il les trouve, s'il ne les voit pas, si elles lui échappent ou comme trop vastes ou comme trop petites, il s'arrête à d'autres unités moins vastes ou moins petites ; mais toujours il lui faut de l'unité à quelque degré. Jamais l'homme ne laisse épars ce qu'il voit; toujours il y saisit un certain nombre d'unités réelles; il y en a de brillantes et de naturelles que tout le monde voit; il y en a de hautes que la science ou le génie seuls aperçoivent, il y en a de délicates et de fines qui ne se montrent qu'à la science ou à l'esprit. En général le génie compose et l'esprit décompose ; l'un saisit les rapports, l'autre les différences.

D'après ce qui précède nous pouvons poser les lois de l'esprit relativement à l'unité.

Première loi. Quelle que soit la variété que l'on présente à l'esprit, il est forcé d'abord de la réduire en unités ; c'est sur quoi on peut compter. On peut être assuré que ce sera là son début, sa première, son inévitable pensée; et la raison en est que les qualités et les phénomènes ne se suffisent pas à ses yeux et impliquent le temps, l'espace, la substance, le principe, le but ; car qu'est-ce qu'une chose qui n'est nulle part, un événement qui n'arrive dans aucun moment de la durée, une manifestation sans un sujet manifesté, un effet sans cause et un moyen sans but? Ce sont des moitiés de choses qui n'ont pas de sens sans les autres moitiés invisibles. Cette loi revient à celle qui nous force de concevoir l'invisible sous le visible comme l'achèvement et l'explication du visible.

Peu importe à l'esprit de trouver dans une variété une seule ou plusieurs unités ; cinq ou vingt ou cent ; mais il faut qu'il trouve à chaque qualité un sujet, à chaque phénomène un principe et un but. Si sur cent qualités il y a deux sujets ou un, ou vingt ou cent, peu lui importe, mais il cherchera à reconnaître ceux qui y sont tels qu'ils sont ; c'est sur quoi il faut compter.

Selon les degrés de civilisation, le peuple dans une variété donnée saisira plus ou moins d'unités parce qu'il verra plus ou moins de rapports, plus ou moins de différences ; il en sera de même des individus plus ou moins éclairés, spirituels ou capables ; mais le peuple et l'individu en chercheront toujours et saisiront toujours celles qui sont à leur portée. Bonaparte saisissait l'ensemble d'une vaste campagne, un paysan y aurait vu vingt parties, vingt unités isolées ou distinctes.

Or, dans les ouvrages de l'art, il en sera de même que dans tout autre objet ; l'esprit cherchera d'abord l'unité. Si l'unité ou les unités que l'artiste a voulu présenter sont difficiles à saisir, il y aura inquiétude et travail, et par conséquent déplaisir ; s'il donne comme un, tel ouvrage dont l'unité ne soit pas saisissable ou le soit difficilement, l'esprit se consumera en efforts pour chercher l'unité qu'on lui annonce, et ne la trouvant jamais, ne pourra jamais goûter le beau. C'est ce qui fait que *l'unité est une loi de l'art*.

Seconde loi. L'esprit, dans une variété quelconque, cherche d'abord à la réduire en unités. Les unités les plus saillantes lui apparaissent les premières. Quand il n'a pas celles de substance, de principe, de but, il se contente de celles de temps et de lieu qui suffisent pour le reposer ; mais ce n'est qu'une halte, car il sait qu'il y a mieux et il veut aller plus avant ; et quand il a trouvé ces unités naturelles il se repose, mais ce n'est encore qu'une halte, il sait qu'il y a mieux, qu'il y a des unités plus grandes ou plus fines. Il y va donc, et de halte en halte il va toujours, n'y ayant pour lui de repos absolu que dans l'unité du tout ou dans la simplicité de l'élément, deux termes également impossibles à atteindre.

De là vient une autre loi de l'art qui est la progression. L'art commence par les unités du bon sens, puis s'élève avec la civilisation aux unités du génie, qui sont grandes, et aux unités de l'esprit, qui sont fines. Cette loi est historique.

De là vient que l'art, dans ses ouvrages, doit chercher à développer de l'esprit ; qu'un tableau présente d'abord des unités naturelles faciles à saisir, mais qu'il présente ensuite à la réflexion composante ou décomposante des unités supérieures ou inférieures le plus possible. La musique le peut beaucoup plus que la peinture. On peut dire qu'elle est infinie.

Troisième loi. Quand l'esprit s'élève à l'unité supérieure de plusieurs unités particulières, il cesse de voir celles-ci comme des centres particuliers de variétés ; il ne les voit plus que comme des phénomènes. C'est une condition de la perception de l'unité supérieure il faut que les unités inférieures deviennent des qualités ou des faits simples qui ont besoin d'un centre; ainsi je ne puis embrasser une forêt tant que je considère les arbres qui la composent comme des tiges auxquelles se rattachent toutes les branches, les feuilles, les fruits et les racines. Il faut que chaque arbre devienne à mes yeux un élément simple: un détail indécomposable du tout que je veux embrasser; sans quoi la forêt m'échappe. Cette loi dans les arts est la loi de la perspective qui ordonne de subordonner toutes les parties d'un tableau à l'unité à laquelle on les rattache. Si donc on veut me peindre une forêt, il faut que je ne puisse distinguer aucun détail dans les arbres, qu'ils ne soient tous que comme des traits. Si une chaîne de montagnes, il faut que l'on néglige les détails de chaque pic ; si une bataille, il faut que les individus se perdent dans les masses et les masses dans l'ensemble; sans quoi l'effet est manqué. C'est une loi qui commande au statuaire de négliger les plis des draperies, les détails des cheveux, de la barbe, de la chaussure, pour porter toute l'attention sur la pose, la tête et les mains, parties principales où se trouve l'unité, ou l'idée qu'on veut exprimer.

Quatrième loi. Enfin l'esprit ne peut s'occuper à la fois de deux unités ; si vingt phénomènes ont une unité, et vingt en ont une autre, il ne peut embrasser les quarante à la fois, à moins qu'il ne saisisse l'unité plus haute des quarante phénomènes. Il peut s'occuper de l'une après s'être occupé de l'autre, mais non des deux à la fois. Il faudrait pour cela qu'il fît en même temps attention à toutes deux, ce qui est impossible. La variété n'a pas le même inconvénient, car qu'est-ce que la variété? Les qualités de la substance, les effets de la cause, les moyens du but. Or, l'esprit, en passant d'un phénomène à un autre, d'une qualité à une autre, quand l'unité est trouvée, ne change pas réellement d'objet, car c'est toujours la même substance qui l'occupe sous diverses formes, le même principe dans différents effets, le même but dans divers moyens. Tel est le miracle de l'unité variée, que l'esprit change de perspective sans changer d'objet, voit mille choses dans une et retrouve une seule pensée dans mille expressions différentes. Mais si la diversité passe de la surface au fond du spectacle ; si deux substances, deux principes, deux buts, sont découverts, alors l'esprit ne peut songer à tous deux à la fois, il est obligé d'en laisser un pour s'occuper de l'autre. C'est ce qui arrive dans un tableau quand deux actions distinctes y sont représentées. La toile a beau être une, il y a réellement deux tableaux, et comme l'unité de toile et de cadre fait présumer que le peintre a voulu présenter une seule unité, l'esprit s'efforce de la trouver, et pendant qu'il se fatigue dans cette recherche, l'impatience survient et l'effet est manqué. Cette loi de l'esprit prescrit aux artistes de ne pas donner sous les formes de l'unité un sujet double ou triple, car l'attente du spectateur serait trompée, et ce mécompte le rendrait insensible aux beautés de l'ouvrage.

Il importe fort peu au spectateur qu'un artiste fasse un seul tableau ou vingt ; que le poëte fasse une seule comédie ou cent ; le nombre des unités lui est égal ; il les regardera s'il veut l'une après l'autre ; mais ce qui lui déplaît c'est qu'on lui donne comme une comédie ce qui en fait réellement deux, et comme un tableau ce qui fait réellement deux tableaux. Personne ne se fâche en ouvrant La Fontaine de trouver cent fables, mais l'ouvrage déplairait s'il les avait mises bout à bout sous un seul titre.

Telles sont les lois de l'esprit relativement à l'unité et à la variété.

Mais l'unité et la variété sont-elles par elles-mêmes un principe de plaisir, et quelles sont les causes de ce plaisir? Voilà ce qu'il faut à présent chercher.

Trouver l'unité d'une variété, c'est comprendre cette variété ; car c'est trouver la substance des qualités, la cause des effets, le but des moyens. Comprendre ce que nous voyons est un besoin de l'esprit. Le plaisir de trouver l'unité est donc tout simplement le plaisir de comprendre ce que nous voyons.

Ce plaisir est en raison directe de l'étendue de la variété comprise ou de la délicatesse. Ainsi plus l'unité est haute ou délicate, plus le plaisir de l'unité est vif. Ce qui augmente le plaisir dans les deux cas, c'est la difficulté qu'il y avait à comprendre, et le mérite de la découverte. Dans le premier cas, le plaisir s'appelle plaisir du grand, dans le deuxième, le plaisir du fin. Embrasser l'unité d'une vaste chaîne de montagnes, comprendre l'unité du système planétaire, donne le plaisir du grand; trouver un monde dans une goutte d'eau et une tour sur le dos d'un insecte, voilà le plaisir du fin. L'esprit conduit aux découvertes qui donnent le plaisir du fin ; le génie à celles qui donnent celui du grand.

Le grand n'est pas le sublime. Une vaste chaîne de montagnes embrassée d'un regard, voilà un objet grand mais non sublime; couvrez le pied de cette chaîne de montagnes ou enveloppez ses sommets d'un brouillard qui ne vous la laisse voir qu'à demi et tienne le reste caché, la montagne deviendra sublime; le sublime naît de l'indéfini. Un objet peut être sublime sans être grand ; ainsi un petit bois où vous n'avez jamais pénétré, une colline couverte de brume, etc.

Ce qui constitue le sublime ce n'est pas l'absence d'unité; on a l'unité du sublime; mais c'est la variété qui se dérobe en partie; la totalité échappe. Ainsi la mer, on la comprend, on ne l'embrasse point. On embrasse et on comprend le beau, et de même le grand.

Quand la variété d'un objet est nulle, il n'y a plus de difficulté à trouver l'unité. Voir l'objet et le comprendre est la même chose. Le plaisir disparaît donc, l'esprit est tranquille, mais il l'est du premier coup, sans avoir été inquiet ; cette tranquillité lui est indifférente. Bientôt l'objet qui ne lui a pas plu comme un, l'ennuie comme uniforme. Il y a donc deux raisons qui exigent qu'un objet soit varié pour plaire : la première est qu'il ne plaît comme un, qu'autant qu'il est varié pour plaire; la seconde est qu'il ennuie à moins qu'il ne soit varié.

La variété dans l'unité donne le plaisir de comprendre, et préserve de l'ennui que cause à l'intelligence tout objet à elle déjà connu. Il y a, dans la perception de l'unité variée, repos et mouvement, intelligence et intérêt. On comprend, et cependant l'on cherche; la curiosité est toujours en haleine sans que jamais l'intelligence se trouve égarée ou inquiète. Le rapport saisi est toujours le même, et cependant les termes sont toujours nouveaux.

Cependant l'unité et la variété ne constituent pas le beau; autrement, comme nous l'avons dit, tout serait beau; autrement encore, le plaisir du beau serait celui de comprendre ce qui est évidemment faux. Il y a des objets laids sans être variés; nous les comprenons; ils nous donnent le plaisir de les comprendre et d'y saisir l'unité dans la variété; ils ne sont pas beaux pour cela.

Mais l'unité et la variété sont des conditions du beau; car si l'objet beau ne laisse pas apercevoir son unité, l'esprit est inquiet; s'il n'est point varié, il s'ennuie.

Ajoutons que si la variété est trop grande, l'esprit se fatigue. Il y a une certaine mesure de variété qu'il faut du tact pour saisir : trop peu ne suffit pas à l'avidité de l'esprit; trop fatigue sa faiblesse. Un roman en un volume est bien court, ce n'est pas assez prolonger l'intérêt; un en dix est trop long : Clarisse finit par lasser.

Les arts ont chacun leur mesure qui n'est pas la même : car leur variété fatigue plus ou moins. L'oreille peut supporter une certaine quantité de musique, après quoi elle se fatigue aussi bien que l'esprit; les yeux une certaine quantité d'objets peints; l'esprit une certaine quantité de vers ou de prose; moins ne serait pas assez, plus, trop.

Bien que le plaisir de l'unité et de la variété ne soit pas celui du beau, comme l'unité et la variété sont un principe de plaisirs, on peut l'exploiter. Rien n'empêche qu'on n'excite le plaisir du grand et du fin dans les arts aussi bien que celui du beau; les plaisirs comme leurs principes s'unissent fort bien.

## QUINZIÈME LEÇON.

*Que tous les objets présentent de l'unité et de la variété. — Nouvelles preuves du besoin d'unité pour l'esprit. — De l'usage plus ou moins fréquent des différentes unités dans les arts. — Pourquoi les pièces d'intrigue demandent moins de talent que les pièces de caractère. — Idéal du drame.*

Nous avons montré dans la précédente leçon ce que c'est que l'unité; pourquoi l'unité dans la variété nous plaît quand nous la découvrons, et quand nous ne la découvrons pas, nous inquiète.

Rapporter tout ce que nous voyons à quelque chose que nous ne voyons pas, tel est un besoin de l'esprit, et par suite de ce besoin, la variété nous paraît toujours dépendre de l'unité : l'unité, c'est l'invisible; la variété, c'est le visible, et l'esprit ne s'arrête pas aux apparences attributives et phénoménales qui font la variété. L'esprit veut quelque chose de plus; il veut dans les objets, au sein de leur partie perceptible et superficielle, trouver leur partie fondamentale, qui n'est pas perceptible; c'est-à-dire qu'il réduit nécessairement tout ce qu'il aperçoit à l'unité; c'est-à-dire encore qu'il ne conçoit pas d'attributs sans substance, de moyens sans fin, d'effets sans cause; les attributs seuls ne se suffisent pas, ni les moyens seuls, ni les effets seuls. On complète donc les attributs par la conception de la substance qui les revêt, les moyens par celle de la fin qui les attend, les effets par celle de la cause qui les produit; et l'unité est donc ainsi l'achèvement de la variété, son explication, ce sans quoi la variété ne se comprend pas.

Ces définitions bien précisément établies, on reconnaît sans peine que le beau ne consiste pas dans l'unité et la variété.

Les qualités que l'esprit perçoit l'obligent à concevoir la substance; les phénomènes qui se montrent à lui, le principe et la fin; même quand il réussit difficilement du premier coup d'œil à découvrir la substance dans les qualités, le principe et la fin dans les phénomènes, il ne tarde pas longtemps d'y réussir s'il répète ses coups d'œil. En d'autres termes, nous rapportons inévitablement tout ce que nous voyons à quelque chose que nous ne voyons pas. Nous avons besoin, pour entendre le visible, de saisir au travers l'invisible. La variété sans l'unité ne se soutient pas, et nous rattachons bientôt dans tous les cas à l'unité la variété. Tous les objets finissant donc par nous sembler uns et variés, tous ils devraient finir aussi par nous sembler beaux, et les uns néanmoins restent toujours indifférents, les autres toujours laids.

Ainsi l'unité ne constitue pas le beau.

Sans l'unité pourtant, le beau ne paraît pas, ou paraît très imparfaitement et pour un moment. L'absence de l'unité se fait tout à coup sentir, et les apparences du beau, qui nous avaient d'abord séduits, ne nous séduisent plus. L'esprit n'a pas tout ce qu'il lui faut. L'unité nous manque, et nous nous empressons de la découvrir ; jusqu'à sa découverte nous ne jouissons pas du beau, nous ne le goûtons pas ; notre embarras d'esprit nous empêche d'y songer.

De là que suit-il ? C'est seulement que l'unité est une condition du beau.

Ce qui ne signifie pas que l'unité constitue le beau. Si le beau devait absolument se trouver dans l'unité et la variété, ce serait plutôt dans la variété qu'il se trouverait.

Car nous appelons beaux quelques-uns des êtres qui nous entourent ; laids, quelques autres ; et tous ils ont une substance ; tous ils ont des qualités. La substance n'est pas un élément de différence ; ce n'est donc pas par la substance que ces êtres se distinguent ; conséquemment c'est par les qualités ; ces êtres ont tous des qualités. Ces qualités diffèrent, et leur différence les rend beaux ou laids.

Pareillement, tous les phénomènes ont un but, un principe. Pourquoi qualifions-nous ceux-ci de beaux, ceux-là de laids ? Ce n'est pas dans le but ou le principe qu'il en faut chercher la raison, c'est dans l'apparence même des phénomènes.

Toutefois la variété, forme de l'unité, la variété, collection des phénomènes et des qualités, des qualités ou des attributs par lesquels s'exprime la substance ; des phénomènes ou des moyens par lesquels s'élabore le but, et des effets par lesquels se traduit le principe ; la variété n'est encore que la condition du beau. Le beau, sans la variété, ne se goûte pas longtemps ; le plaisir qu'il excite en nous ne dure pas alors ; il fuit rapidement et la variété le prolonge, en multipliant les formes agréables du beau qui l'excite en nous par chacune de ses formes.

Du reste, la variété, comme l'unité, n'est que la condition du beau ; redisons-le pour la dernière fois, ni la variété, ni l'unité, ne constituent le beau.

Reprenons maintenant un point de la leçon précédente, qui mérite considération.

Non seulement, avons-nous dit, l'esprit croit que toute qualité suppose la substance, tout effet la cause, tout moyen la fin ; l'esprit croit encore que tous les êtres se rapportent à la même substance ; et que tous les phénomènes dérivent du même principe, et tendent au même but.

Nous ne prétendons pas, toutefois, expliquer le fait, nous nous bornons à le constater. Les phénomènes différents qui surviennent ici-bas, et que nous attribuons à des causes différentes, émanent, au fond, de la même cause. Les événements variés, qui arrivent sur la terre, et que nous rattachons à des résultats variés, concourent définitivement au même résultat. Les êtres divers qui apparaissent en ce monde et qui se présentent sous l'aspect de réalités diverses, aboutissent radicalement à la même réalité, centre commun qui les embrasse. Nous croyons qu'il en est ainsi ; nous penchons du moins à le croire, et, sans savoir pourquoi, nous y penchons puissamment. C'est un besoin réel, quoique inexplicable. Car ce besoin supprimé, d'où viendrait donc alors que l'esprit, quand il trouve la cause d'un effet, la cause d'un autre effet, la cause d'un autre effet encore, se met à chercher la cause générale de ces trois causes particulières, et quand il la trouve, se met à la rapprocher semblablement de deux ou trois autres causes générales, pour saisir la cause plus générale qui les engendre ?

Si l'esprit n'a pas d'avance la présomption que tout marche au même but, comme tout sort du même principe, qu'est-ce qui ferait donc alors qu'après avoir reconnu le résultat de tel moyen, le résultat de tel autre moyen, le résultat de tel autre moyen encore, il compare ces trois résultats immédiats pour découvrir s'ils ont des caractères communs ; et la communauté de leurs caractères découverte, transforme ces résultats en moyens d'un autre résultat, qu'il faut reconnaître à son tour ?

Si l'esprit ne court pas après le fond commun de toutes les

variétés, comment arriverait-il donc alors qu'il saisît sous diverses qualités différentes substances, et qu'il changeât ces différentes substances en qualités pour leur donner quelque substance plus substantielle? Comment arriverait-il donc qu'il rassemblât les individus dans une espèce, les espèces dans un genre, et les genres dans d'autres genres toujours de plus en plus élevés indéfiniment?

Ce besoin d'unité, qu'on rende ou non compte de son existence, n'en existe donc pas moins. L'esprit croit à l'unité de substance, de principe et de but, il agit en conséquence.

Aussi Kant donne-t-il à l'esprit humain pour catégorie suprême, l'unité : c'est-à-dire qu'en tête des lois qui lui paraissent imposées à l'esprit humain, il a mis l'unité. Réduire tout à l'unité, c'est la loi qu'il assigne à la raison, la plus haute faculté de l'esprit; loi tout aussi nécessaire que celle de supposer la substance sous les qualités, derrière l'effet la cause, au bout du moyen la fin.

Passons maintenant à d'autres remarques; observons que les unités de substance, de principe et de but, ne sont pas également en usage dans les arts.

L'unité de substance paraît dans la sculpture, par exemple, et dans la peinture.

Image d'un être réel, la statue, comme l'être réel qu'on y reproduit, laisse voir le rapport des qualités au fond qui les supporte.

Et rien ne change quand on peint au lieu de sculpter. Il en est d'un tableau comme d'une statue. Toute représentation d'un objet naturel montre en soi, comme cet objet naturel, l'unité de substance.

L'unité de substance paraît aussi dans l'architecture.

Si nous voyons un édifice bien fait, il y a pour nous autre chose en lui que l'unité du but. Ses parties nous semblent des parties ou des formes, se rattachant à quelque fond, sur lequel tout le dehors se dessine.

Mais dans la littérature, l'unité de substance est nulle ou presque nulle. Rien n'en donne l'idée dans un poëme dont chaque partie concourt au même événement. Si néanmoins le poëme est uniformément triste ou gai, sa teinte générale peut en quelque manière passer pour le fond commun de chaque partie, pour le centre à quoi la variété se rattache.

Et dans la musique, ainsi que dans la littérature, l'unité de sentiment peut seule nous rappeler jusqu'à certain point l'unité de substance.

Laissons donc là l'unité de substance, et parlons des deux autres unités qui règnent plus généralement dans les arts, l'unité de principe et l'unité de but.

En littérature, les pièces dramatiques peuvent être unes par l'unité de principe ou par l'unité de but : par l'unité de principe, comme les pièces à caractère, comme le *Misanthrope*; par l'unité de but, comme les pièces d'intrigue, comme le *Mariage de Figaro*.

Un principe est donné; c'est un caractère, c'est celui du *Misanthrope*. Montrer les effets du principe, en développant le caractère du *Misanthrope*, voilà toute l'unité de Molière. C'est à l'unité de principe qu'il sacrifie dans son ouvrage le dénouement et l'action; car le dénouement du *Misanthrope* n'est encore qu'un résultat voulu par le caractère à développer, et l'action cède entièrement la place à l'exposition des autres résultats que le caractère à développer commande également.

Exposer la suite des événements qui produisent un résultat, non plus la suite des résultats qui partent d'un principe, tel est le seul travail de Beaumarchais. Il ne développe pas un caractère dans son ouvrage; il conduit seulement une action; dans le *Mariage de Figaro*, c'est l'action qui fait tout.

Or, on dit du *Mariage de Figaro* : Rien n'est plus intéressant; et du *Misanthrope* : Rien n'est plus parfaitement peint.

Pourquoi donc trouve-t-on qu'il y a dans les pièces d'intrigue, de l'intérêt, et dans les pièces à caractère, de la peinture? Il est aisé de s'en rendre compte.

Soit devant nous le tableau de la *Transfiguration*, nous y voyons un principe et ses effets : le principe, ou l'élévation de Jésus-Christ en l'air; les effets du principe, ou les attitudes variées et les différentes physionomies des autres personnages, expressions du fait principal. Adressons-nous maintenant à la *Lapidation de saint Étienne* : le peintre veut montrer tous les bras concourant au meurtre du saint martyr; et ne semble-t-il pas, au contraire, qu'il prétend montrer tous les bras arrêtés et suspendus à l'aspect du saint qui regarde le ciel? Ainsi la peinture rend parfaitement les effets d'un principe, et ne réussit pas autant, il s'en faut de beaucoup, à rendre le concours des moyens à la fin. Le résultat d'une cause lui convient mieux à reproduire que la poursuite d'un but : c'est que le mouvement seul indique la poursuite d'un but, et qu'on ne peint pas le mouvement; c'est qu'au contraire le résultat d'une cause demeure immobile et fixe. Il n'y a plus là d'action, l'action disparaît; il ne reste plus que l'œuvre qui, une fois accomplie, n'a plus de mouvement. La peinture peut donc représenter la conséquence de l'action, non pas l'action; l'événement produit, non pas la production de l'événement. L'unité véritable de la peinture est donc l'unité de principe.

Or voilà pourquoi l'on trouve de la peinture dans les pièces à caractère, où domine l'unité de principe, et de l'intérêt seulement dans les pièces d'intrigue, qui n'ont que l'unité de but.

Voilà pourquoi aussi les pièces d'intrigue demandent moins de talent que les pièces à caractère. Les unes vivent par l'intérêt; et l'intérêt manque dans les autres. Qu'on m'offre un caractère, j'en prédis aisément et j'en connais d'avance presque tous les effets, presque tous les résultats; qu'on m'offre un événement, je n'en prévois pas le but et mon attention s'y porte; qu'on m'en offre deux, qui s'opposent l'un à l'autre, je sais encore moins ce qui doit s'ensuivre, et naturellement curieux, mon esprit veut le savoir; qu'on m'en offre beaucoup, qui se compliquent et se contrarient, mon doute augmente, et ma curiosité s'en occupe d'autant plus. Elle me presse d'apprendre où vont aboutir tous ces événements qui se croisent. Or, dans la pièce à caractère, on n'intrigue pas; on peint; et pour peindre il faut du génie; pour intriguer, il faut de l'habileté seulement; l'habileté la plus ordinaire bâtit une intrigue, et la mène à bien, pour peu qu'il y ait d'art dans sa conduite. Ne suffit-il pas de présenter une série d'événements, sans en dire le but, pour attirer l'esprit, pour l'attacher, en lui donnant l'envie d'apercevoir comment ils se dénoueront? C'est ce qui fait également qu'on soutient la lecture du roman le plus mauvais.

Après avoir eu des pièces uniquement d'intrigue ou des pièces uniquement à caractère, l'art devenant à chaque pas de plus en plus compliqué, nous avons eu des pièces, qui joignent l'unité de but à l'unité de principe, le développement d'un caractère à la combinaison d'une intrigue, le *Tartuffe*, par exemple. Les deux unités s'allient dans le *Tartuffe*, et le mérite de leur alliance paraît vivement. Car dans le *Tartuffe*, l'intrigue n'est pas très forte, et d'autre part, comme il faut soutenir, lier, disposer tous les fils de l'intrigue, comme conséquemment la peinture dont le peu d'étendue se compense par la vigueur des traits, n'a cependant pour se montrer guère de temps et d'espace, le caractère dans le *Tartuffe* n'est pas aussi longuement développé que dans le *Misanthrope*. Le *Misanthrope* néanmoins se place au-dessous du *Tartuffe*, et cela à cause de l'accord des deux unités qui se trouve dans celui-ci, et manque à celui-là. Quand les résultats d'un principe deviennent les moyens d'un but, c'est le comble de l'art.

Autre complication de l'art. L'auteur disait jadis en commençant : Voilà ce que je me propose, voilà mon but, je vous en avertis ; et l'on n'avait plus alors qu'à considérer les moyens ; maintenant l'auteur pose au début l'état de la question, se gardant bien de laisser pressentir son but ; il s'attache autant à le déguiser aujourd'hui, qu'autrefois on prenait de soin à le signaler : de sorte que l'intérêt de curiosité s'ajoute à l'intérêt du but.

On a même tenté de fonder son succès sur l'intérêt de curiosité seul ; ainsi sont conçus les romans d'Anne Radcliffe ; son talent est de cacher assez son but pour piquer la curiosité, pas assez pour ne pas laisser apercevoir que tout y marche, et Walter Scott possède beaucoup plus encore ce talent.

Mais en fondant le succès de ses ouvrages sur l'intérêt de curiosité, un auteur ne s'embarrasse quelquefois que des moyens et ne songe pas au dénouement ; le dénouement arrive comme il peut ; de façon qu'à la fin de l'ouvrage, nous nous trouvons à notre honte perfidement trompés et dupés ; l'auteur tient moins qu'il n'a promis, et nous lui reprochons le désappointement où nous jette son mensonge.

Ainsi, unité de principe et de but ; but caché jusqu'au dénouement, et but naturel expliquant tous les moyens : tel est pour nous l'idéal d'un drame. Une nouvelle preuve que la beauté n'est pas l'unité, c'est que l'ouvrage qui réunit ces trois mérites se passe de beauté ; l'intérêt y remplace la beauté. Dans les pièces grecques, si l'on sent le beau, c'est qu'on est prévenu d'avance de tout ce qui doit arriver, et qu'on a toute liberté pour le sentir. Dans les romans de Walter Scott, si l'on ne goûte pas le beau de suite, c'est qu'on n'en a pas le loisir ; c'est que l'intérêt s'empare de vous si vivement, si puissamment, que l'impatience vous fait courir sans repos d'un bout du livre à l'autre.

## SEIZIÈME LEÇON.

De quelques autres principes dans lesquels on a résolu le beau. — Opinions de Reid et de Dugald Stewart. — Questions qu'elles soulèvent : 1° L'excellence de nature constitue-t-elle le beau ? — 2° Le beau est-il un ? — 3° Son principe est-il l'association des idées ? — 4° N'y a-t-il de beau que le beau moral ? — Que le principe de l'excellence de nature rentre dans celui de l'ordre et de la proportion.

Nous venons de passer en revue les principes les plus importants sur la nature du beau : l'utilité, la sympathie, la nouveauté, l'habitude, l'ordre et la proportion, l'unité et la variété.

Il se trouve encore, si l'on continue la revue, d'autres principes proposés par quelques philosophes pour expliquer ce que c'est que le beau. Quoique ceux-ci n'aient pas eu un grand succès et n'aient pas fait école, nous en dirons deux mots avant d'aborder nous-mêmes la question.

Demandons, par exemple, aux philosophes écossais, quel est leur avis sur le beau.

Reid, leur chef, ramène tous les plaisirs du goût à trois sources capitales : la nouveauté, la grandeur, la beauté ; en d'autres termes, Reid distingue la nouveauté, la grandeur, la beauté, parmi les choses qui nous affectent le goût, qui nous plaisent autrement qu'à titre d'utiles.

Qu'est-ce que la nouveauté pour Reid? Ce n'est pas une qualité des objets, il le reconnaît, et nous l'avons aussi nous-mêmes fort bien reconnu ; ce n'est qu'un rapport de temps.

Ainsi restent dans les objets comme qualités réelles qui peuvent constituer le beau, la grandeur et la beauté.

Qu'est-ce que la beauté, selon Reid? La beauté, selon Reid, c'est la perfection, c'est l'excellence de nature. Un objet, dit-il, est beau s'il est parfait dans son espèce ; un homme est beau quand sa nature est excellente en lui.

Qu'est-ce que la grandeur maintenant? La grandeur, aux yeux de Reid, c'est la perfection plus parfaite, c'est l'excellence plus excellente, c'est le superlatif de la beauté.

Il n'y a pas là beaucoup de philosophie, sans doute, et c'est qu'une autre pensée préoccupe Reid.

Locke, en rendant compte de la perception par certains intermédiaires qu'il appelle sensations, conduit Berkeley et Hume à nier l'existence du monde extérieur, à le transformer en idées; et Reid veut tirer le monde extérieur de l'intérieur, au sein duquel on le confond ainsi; c'est là qu'il faut chercher Reid; c'est là qu'il déploie un bon sens supérieur pour montrer que nous percevons des objets qui sont réellement hors de nous, non pas des objets qui vivent uniquement par l'imagination et dans nôtre âme.

Or, c'est sous ce point de vue seul que la question du beau l'a frappé. Son but est de prouver que le beau ou ce qui fait le beau consiste dans une qualité de l'objet perçu, qualité qui demeure et subsiste, alors même qu'on ne perçoit plus l'objet. Cela prouvé, Reid ne traite qu'accessoirement la fin de la question. Quand il faut définir le beau, il le définit, comme Addison, comme ses prédécesseurs; il se contente des premières définitions venues.

En même temps néanmoins, Reid tâche de démontrer que dans les sons, dans les couleurs, dans les formes, dans les apparences extérieures d'un objet, il n'y a rien qui soit réellement le beau. Tout ce qui frappe nos sens à la surface des objets s'appelle beau, pense-t-il, à ce seul titre que c'est l'expression de l'âme ou de l'homme qui seul est beau. Ainsi la ligne serpentine nous plaît, non pas comme belle en soi, mais comme ayant rapport à des qualités morales, la souplesse, par exemple, la douceur; de sorte qu'il n'y a pas pour Reid de la beauté matérielle, il n'y a que de la beauté morale, et des symboles de la beauté morale dans la beauté matérielle.

Or, tout ce qui touche nos sens à la superficie des objets n'est-il beau en effet que comme symbole de ce qui seul est véritablement beau, la nature humaine? Voilà ce qu'il faudra très prochainement décider; car cette opinion de Reid ressemble beaucoup à l'opinion que nous avons présentée sur le beau, quand nous l'avons provisoirement placé dans l'analogie de nature.

A Reid succède Stewart, homme d'un esprit pointilleux et fin, qui distingue et ne généralise pas, qui combat l'exactitude des généralités par des distinctions minutieuses et délicates, qui s'attache moins à la composition de l'ensemble qu'à l'analyse des détails, et par conséquent empêche de résoudre les questions plutôt qu'il ne les résout.

Son genre d'esprit le mène à des idées un peu singulières sur le beau.

Stewart prétend que c'est folie de chercher dans les objets qu'on nomme beaux, quelque chose de commun qui soit le principe constitutif de la beauté, sous le prétexte qu'on nomme ces objets du même nom. De ce que nous appelons beaux plusieurs objets différents, il ne s'ensuit pas que tous ces objets possèdent un caractère commun qui soit celui du beau.

Là Stewart expose des considérations fort ingénieuses touchant les termes généraux, à dessein de faire sentir leur inexactitude. Soient, dit-il, trois objets différents, A, B, C ; vous trouvez dans l'objet A certaine qualité ; vous lui donnez en vertu de cette qualité certaine épithète. Vous le surnommez, par exemple, doux, charmant ou beau. Dans l'objet B vous retrouvez la qualité de l'objet A ; vous lui donnez alors, pour la même qualité, la même épithète ; vous transportez l'épithète du premier objet au second. Maintenant, vous découvrez à l'objet C certaine qualité qu'il partage avec l'objet B, et vous appliquez l'épithète de l'objet B à l'objet C. Mais l'épithète de l'objet B est déjà celle de l'objet A, et la qualité commune entre les deux objets B et C n'est pas la qualité commune entre les deux objets A et B, de sorte que vous appelez comme le premier objet le second qui lui ressemble, et comme le premier aussi, le troisième qui ressemble au second et ne ressemble pas au premier.

Par ces raisonnements, Stewart cherche à établir que, dans les objets beaux, il n'y a rien de commun, et par là à jeter le doute sur l'unité du beau. Il va même jusqu'à soutenir qu'il n'y a rien qui soit beau dans les objets de ce monde. Ce qu'on nomme beau, c'est simplement, selon lui, ce qui réveille en nous un plaisir antérieurement éprouvé.

Si je mange un fruit quand j'ai faim, si je me repose à l'ombre d'un arbre quand je suis las, c'est un plaisir pour moi de me reposer et de manger. Si plus tard je revois l'arbre dont le fruit a calmé mon appétit, ou dont l'ombre a réparé mes fatigues, il revient dans ma mémoire le plaisir que, grâce à lui, j'ai goûté, lorsque ayant faim, j'ai mangé son fruit, et que étant las, je me suis reposé sous son ombre ; et ce retour, ce souvenir, me cause l'impression du beau. J'appelle beau l'arbre dont les bienfaits m'ont de la sorte agréablement affecté.

Un objet donc s'appelle beau par cela seul qu'il ramène dans l'esprit un plus ou moins grand nombre d'idées agréables ; et ces idées ne sont pas agréables comme belles ; car il n'y a pas de beau, prétend Stewart, et s'il se trouve des objets qui nous plaisent, ce n'est pas conséquemment en qualité de beaux, c'est en vertu de tout autre titre.

Un clair de lune produit sur nous l'effet du beau, quand il ressuscite en nous le souvenir de quelque aventure heureuse qui nous est arrivée pendant un clair de lune. Il devient laid, au contraire, s'il nous rappelle un événement fâcheux, un assassinat, par exemple, commis à sa faveur.

Ainsi le même spectacle paraît laid ou beau, suivant l'espèce d'idées qu'il fait revivre dans l'âme du spectateur. En un mot, Stewart explique le beau par l'association des idées. C'est à quoi se réduit sa doctrine.

Or, sans doute, l'association des idées est une grande source de sensations agréables ou désagréables. Sans doute les objets ont le pouvoir de réveiller en nous des souvenirs qui nous réjouissent ou qui nous attristent. Mais qu'il n'y ait pas aussi dans les objets quelque chose qui nous plaise, quoiqu'en nous aucun besoin ne soit satisfait, aucun souvenir réveillé ; qu'il n'y ait pas de beau dans les choses, indépendamment de nos souvenirs et de nos besoins, indépendamment de l'association des idées et de l'utilité : voilà ce qui n'est probablement pas, et Stewart aura sûrement détruit la réalité par horreur de la généralité. C'est, au surplus, ce qu'il faudra voir.

Ce court examen des philosophes écossais nous fournit quatre questions à décider ; savoir :

Si l'excellence de nature constitue le beau ;

Si le beau est un ;

Si le principe du beau consiste dans l'association des idées ;

S'il n'y a de beau que le moral.

N'y a-t-il que le beau moral et le beau matériel n'est-il que le symbole du beau moral ? Ce qu'on voit n'est-il beau que comme expression de la beauté, qu'on ne voit pas ? Telle est la base d'un grand système sur le beau ; telle est la plus grave des quatre questions que nous avons maintenant à traiter.

Nous la traiterons avec celle de la sympathie, qui s'en rapproche jusqu'à s'y confondre. Car le beau se résout-il dans le beau moral? le beau moral étant l'homme, le beau moral se résout dans l'analogie de nature, dans la reconnaissance de la nature humaine hors de nous.

Quant à la première des quatre questions, tout ce que nous en dirons, c'est que le principe de l'excellence rentre évidemment dans le principe de l'ordre et de la proportion. Tel être est beau, prétend-on, quand il excelle dans son espèce; en d'autres termes, quand il se trouve parfaitement conformé pour atteindre son but.

Ainsi tous les développements donnés sur l'ordre et la proportion s'appliquent sans difficulté à l'excellence de nature.

Comme il y a deux buts, il y a deux ordres et deux proportions, par conséquent deux excellences. Comme il y a le but terrestre, particulier, il y a l'ordre et la proportion, ou l'excellence particulière ; c'est le rapport des moyens à la fin. Comme il y a le but, pour ainsi dire céleste et général, il y a l'ordre et la proportion, ou l'excellence générale ; c'est le développement infini. Et les différents êtres excellent plus ou moins, non pas selon qu'ils atteignent plus ou moins leur but particulier, mais selon que leur but particulier se rapproche plus ou moins du but général.

# DIX-SEPTIÈME LEÇON.

De l'association des idées. — En quoi elle consiste. — Différentes manières dont les idées s'associent. — Associations *à priori*. — Associations *à posteriori*. — Différentes classes d'associations *à posteriori* : associations communes à tous les hommes ; associations propres à une époque, à un pays, à une profession ; associations individuelles. — De l'art de peindre les mœurs. — Différence du comique et du tragique.

L'association des idées qui va maintenant nous occuper n'est pas plus que la nouveauté, pas plus que l'unité, le principe du beau. Comme la nouveauté, cependant, comme l'unité, elle est pour l'esprit de l'homme une loi dont l'artiste doit tenir compte.

Nous définirons d'abord ce que c'est que l'association des idées. Nous verrons ensuite quelle est la loi que ce phénomène impose à l'esprit. Nous examinerons enfin comment l'artiste doit tenir compte de cette loi, quand il veut produire sur nous l'impression du beau.

Dans la nature tout s'enchaîne : les phénomènes dépendent souvent les uns des autres ; toujours ils dépendent de leur cause ; toujours ils se rapportent à leur but. Les qualités tiennent à leur substance ; les événements se passent au sein du temps ; les choses demeurent au sein de l'espace ; les objets contrastent ou se rapprochent ; une foule de liens rattachent ensemble les objets ou les choses, les qualités et les événements, tout ce qui survient, tout ce qui frappe nos sens, tout ce qui est.

Si donc nous apercevons hors de nous un certain objet, nous l'apercevons en rapport avec le temps, l'espace et les objets qui l'environnent ; nous l'apercevons à une certaine heure du jour, placé dans un certain lieu, près de mille choses diverses.

Or, lorsque après avoir oublié cet objet, à une certaine époque plus ou moins éloignée, nous revoyons quelques-unes des circonstances qui l'entouraient quand nous l'avons vu pour la première fois, il arrive que l'aspect de ces circonstances nous le rappelle avec toutes ses circonstances. De même, lorsque nous voyons un objet qui lui ressemble, nous nous ressouvenons aussitôt de l'objet vu précédemment, et de toutes les relations qu'il soutenait quand nous l'avons vu.

En un mot, la perception d'un objet ou d'un événement ne contient pas seulement la perception de cet objet ou de cet événement, mais encore la perception d'un grand nombre d'objets, d'événements et de circonstances réunies diversement à l'objet, à l'événement que l'on perçoit. De sorte qu'un objet, un événement, une circonstance ne peut nous rappeler cet objet, cet événement qu'on perçoit, sans nous rappeler aussi tous les objets, tous les événements, toutes les circonstances qui s'y joignaient, alors qu'on l'a perçu.

Tel est le phénomène de l'association des idées.

Or, maintenant, comment l'aspect d'un objet nous remet-il un autre objet à l'esprit? Comment l'idée qui nous arrive peut-elle nous rappeler l'idée que nous n'avons plus?

C'est qu'entre ces deux idées, l'une qui vient, l'autre qui revient, il y a quelque chose de commun.

Quand j'ai vu telle personne dans tel lieu, je ne revois pas le lieu sans me ressouvenir de la personne et réciproquement. C'est ici le rapport du contenant au contenu. L'idée du contenu suit l'idée du contenant, et l'idée du contenant ne va pas sans l'idée du contenu.

Tel événement se produit-il à telle heure? Je n'oublie pas l'heure si j'ai l'événement dans la mémoire; je n'oublie pas l'événement, si c'est l'heure qui m'est présente. L'idée de la nuit se joint pour moi nécessairement à l'idée du sommeil et l'idée du sommeil à l'idée de la nuit.

Ces associations peuvent même durer fort longtemps. Si la volonté n'intervient pas dans les idées pour en changer la direction, si nous laissons agir la mémoire, son mouvement commence et continue sans s'arrêter. Si la réminiscence opère en toute liberté, si rien d'étranger n'en vient suspendre les opérations, la chaîne des idées ne s'interrompt pas; la première produit la seconde, qui s'y rapporte; la seconde attire la troisième, qui ne se rapporte plus à la première; la troisième excite la quatrième, qui ne se rapporte plus à la seconde, et ainsi de suite, de telle façon qu'on arrive, pendant quelques minutes, de certaines idées à d'autres idées qui sont loin d'y ressembler. C'est de la sorte qu'un homme peut passer tout un jour à courir d'idées en idées ; c'est de la sorte que nous rêvons.

Cela posé, la loi de l'esprit, quand il associe des idées, se trouve découverte. Cette loi, nous l'énoncerons de la manière suivante:

Étant donnée telle idée, telle autre idée vient nécessairement à sa suite. Une idée qu'on présente à l'esprit ne manque jamais d'en éveiller d'autres.

Une idée ne va pas seule : voilà ce que savent bien les artistes et tous ceux qui prétendent exciter en nous des impressions par tel ou tel moyen, par la parole, par la peinture, etc. Le peintre, quand il nous représente un arbre, n'ignore pas qu'il éveille en nous plus que cette idée de l'arbre représenté. Je veux affecter tristement mon auditoire, et je me sers d'une image triste pour le toucher. Si je ne m'aperçois pas que cette image triste lui rappelle des idées gaies ou comiques, mon auditoire me rit au nez, quand je veux qu'il pleure.

Aussi, afin d'éviter les inconvénients de l'association des idées, ce qu'il importe à l'artiste de connaître, ce sont les lois d'après lesquelles s'associent les idées, les rapports divers qui les lient. Ces rapports étant connus, on sait toujours, du moins à peu près, en excitant une certaine idée dans l'esprit, quelles autres idées il arrivera d'exciter à sa suite. On s'arrangera donc pour produire certaines associations d'idées, et celles-là seulement qui favorisent l'effet qu'on attend et ne le contrarient pas.

Les poëtes, les orateurs, les musiciens, les grands artistes en tout genre ont un tact si délicat qu'ils devinent, sans avoir philosophé, quelles idées accompagneront dans l'esprit l'idée qu'ils présenteront; aussi produisent-ils avec des moyens très simples de très grands effets. Ils choisissent leur idée principale, si bien qu'en nous l'offrant, ils raniment en nous beaucoup d'idées qui concourent à l'impression causée par la présence de l'idée principale. Mais il y a des artistes qui ne réussissent pas aussi parfaitement au choix des idées qu'ils nous présentent et dont les intentions échouent à cause des idées associées qu'ils raniment en nous maladroitement. C'est que ceux là sont gauches; c'est qu'ils n'ont pas de tact.

Telle est la différence entre avoir du tact et n'en pas avoir. Parce qu'on a du tact ou qu'on n'en a pas, l'on peut ou l'on ne peut pas convaincre; parce qu'on a du tact ou qu'on n'en a pas, l'on blesse ou l'on charme dans la conversation les personnes qui vous écoutent; un mot qu'on laisse échapper, rappelle aux uns mille événements pénibles, aux autres mille sensations agréables.

Après cette courte digression, nous allons, non pas énumérer toutes les espèces de l'association des idées, nous ne le pourrions pas, mais en indiquer les grandes divisions, les sources principales; le reste regarde le bon goût, le bon sens et le tact de l'artiste.

Il y a des associations d'idées *à priori* qui ne dépendent pas de l'expérience; il y en a qui dérivent de l'expérience; et parmi celles qui dérivent de l'expérience, il y en a qui sont universelles et nécessaires; il y en a d'autres qui sont particulières à certaines époques, à certains pays, à certaines professions, à certaines corporations; il y en a d'autres enfin, qui sont tout à fait individuelles, c'est-à-dire propres à certains individus.

Nous allons éclaircir par des exemples ce que nous avançons.

Quand on n'avait pas encore trouvé des signes ou des sons pour rendre certaines idées, les hommes se comprenaient cependant. Tel ou tel tour de la figure exprimait la colère ou la joie; tel ou tel mouvement des gestes trahissait le dédain, l'amour, l'admiration; telle ou telle intonation de la voix indiquait la tristesse, la haine. Ces signes naturels de nos passions, l'enfant au berceau les entend déjà; par eux, tous les hommes de tous les pays se communiquent leurs sentiments. L'association d'idées entre les sentiments et les signes naturels qui les manifestent, c'est l'association des idées qui ne dépend pas de l'expérience; c'est la première loi de l'association des idées.

Remarquons l'influence de cette loi dans les arts. Tous les artistes qui savent en profiter, les grands orateurs, les excellents acteurs tragiques et comiques savent remuer les âmes et faire effet. Ces orateurs, ces acteurs saisissent les signes naturels des passions, ils en parlent habilement le langage instinctif, et produisent en nous d'autant plus d'impression que ce langage nous frappe plus rarement, accoutumé qu'on est dans l'état de la société moderne, dans son état de civilisation, à des gestes en quelque sorte civilisés, à des intonations de voix convenues, à des mouvements artificiels de la physionomie. Quand la passion nous agite fortement, c'est alors seulement que nous laissons là les conventions pour le naturel. Quand nous admirons vivement ou quand nous ressentons beaucoup de plaisir, ou quand nous tremblons de crainte, un cri nous échappe naturellement et tous ceux qui sont auprès de nous n'ignorent pas un instant ce qu'il signifie, n'ignorent pas s'il est de frayeur, de plaisir ou d'admiration. L'orateur et l'acteur doivent donc se pénétrer profondément de ce qu'ils disent; autrement les signes de leurs passions restent factices, leurs gestes paraissent froids, les intonations de leur voix prennent le ton académique, et les mouvements de leur physionomie se réduisent à des grimaces.

Viennent maintenant les associations universelles, et ces associations ont besoin de l'expérience pour se former.

Telle est, par exemple, l'association qui s'établit entre l'idée d'un objet et l'idée du lieu qui le contient : association nécessaire, universelle; car aux yeux de tout homme, tout objet se trouve contenu dans un lieu, le rapport de l'objet avec le lieu, la partie de l'espace qu'il occupe ne souffre pas contradiction, rien n'est plus inévitable; puis association qui demande l'expérience pour s'établir; car bien que l'idée d'objet ne se dépose pas en mon esprit sans l'idée de lieu, bien que je sache *à priori* que tout objet est dans un lieu, je ne sais pas *à priori*, par exemple, qu'une chaise est dans une chambre; qu'on me présente la chambre, je ne conçois pas la chaise; qu'on me présente la chaise, je ne conçois pas la chambre; je n'associe pas l'idée de l'objet à l'idée du lieu, si je n'ai vu d'abord l'objet dans le lieu. S'agit-il au contraire des associations naturelles, qu'on me donne l'une des idées associées, et je trouve l'autre sans qu'il me faille expérimenter; ainsi diffèrent ces deux espèces d'associations, celle que l'expérience précède, celle qui se passe de l'expérience.

L'idée de l'événement se joint à l'idée du temps, comme l'idée de l'objet à l'idée du lieu ;

L'idée du moyen se lie pareillement à l'idée du but ;

L'idée de la qualité s'unit à l'idée de la substance ;

L'idée de l'effet tient à l'idée de la cause ;

Ce sont là des associations universelles et nécessaires.

Il y en a d'autres, qui, sans être aussi complétement nécessaires, sont cependant presque universelles ou même tout à fait universelles.

Je vois un jour un certain objet. Si le lendemain je vois un nouvel objet qui ressemble au premier, ce nouvel objet me remet dans la mémoire l'objet de la veille ; la ressemblance associe les idées.

Le contraste également les associe, quand il est bien tranché ; le blanc rappelle en nous le noir, le petit nous fait souvenir du grand.

De même pour le rapport des parties avec le tout ; je ne perçois pas l'arbre sans penser aux branches ; je ne perçois pas les branches sans penser à l'arbre.

Dans ces différentes associations d'idées se trouve l'origine de ce qu'on nomme figures. Si je dis : La fureur du conquérant moissonne les hommes ; la fureur du conquérant, c'est une figure, c'est l'effet mis à la place de la cause ; moissonne les hommes, autre figure, métaphore tirée de la similitude qui paraît entre détruire beaucoup d'hommes, et moissonner un champ de blé ; c'est une association d'idées par ressemblance, association qui s'opère très rapidement. L'association des idées fonde ainsi les figures de rhétorique, la synecdoche, par exemple, qui consiste à prendre la partie pour le tout, la métonymie qui consiste à prendre le contenu pour le contenant, etc. Dans chaque pays, dans chaque temps, ces figures se comprennent ; car dans chaque pays et dans chaque temps, l'idée de la partie se rapporte à celle du tout qui la renferme ; l'idée de l'objet s'attache à celle du lieu qui le reçoit.

Enfin il y a des associations d'idées propres à certains peuples, à certaines époques, à certaines corporations.

Chez les peuples catholiques, il y a des associations d'idées inintelligibles pour les autres peuples non catholiques.

Dans nos époques modernes, les associations d'idées ne sont plus les mêmes qu'aux époques des républiques anciennes.

Ainsi les langues diffèrent ; par exemple la langue des Anglais, qui sont essentiellement marins, comprend une foule de mots et d'expressions qui se rapportent à la marine ; et de la sorte jusqu'à certain point, les figures des langues peuvent indiquer le génie des peuples qui les ont parlées.

Ainsi diffèrent, comme les langues, les littératures. Telles associations d'idées produisirent la littérature du moyen âge. Sous le règne de Louis XIV, telles autres idées se répandent ; telles autres associations d'idées s'établissent, et la littérature change.

La littérature de la France ne ressemble pas à celle de l'Allemagne.

Ainsi diffèrent comme les langues, comme les littératures, la musique, la peinture, tous les arts. Et dans ce sens les arts expriment la société. Les arts en expriment les idées, et les idées s'approprient à ses mœurs, à ses opinions.

Aussi rien de plus difficile que de comprendre l'histoire. Nous ouvrons Tite-Live ou Thucydide; nous y lisons un mot qui, pour les Grecs ou les Romains, éveille un certain nombre d'idées associées à celle que le mot représente. Ce mot, nous Anglais ou Français qui le lisons, nous cherchons la réalité qu'il reproduit; mais cette réalité, maintenant, où la trouver? Nous ne la trouvons évidemment qu'en Angleterre ou qu'en France. Nous mêlons donc à la réalité qu'entend Tite-Live ou Thucydide, la réalité que nous entendons; nous associons inévitablement à l'idée grecque ou romaine les idées de nos époques et de nos pays. Rien donc aussi de plus difficile que composer ce qu'on nomme peinture historique; car la vérité historique n'est que chimère. Nous arrangeons nécessairement à la manière de notre siècle, par l'association d'idées, l'histoire des siècles passés où nous ne vivons pas, et Shakspeare n'a pas pu s'empêcher de transformer les conspirateurs romains en conspirateurs anglais; Racine a dû changer les Grecs en courtisans de Louis XIV. Seulement on met plus ou moins du sien dans l'expression des siècles antérieurs, selon qu'on aperçoit plus ou moins de leur réalité à travers les phases de l'histoire.

Beaucoup d'autres phénomènes résultent encore de ces associations d'idées qui ne regardent qu'un peuple, un pays, une profession.

Pourquoi, par exemple, le blanc est-il en quelques contrées un signe de deuil? Pourquoi le blanc ailleurs est-il un habit de fête? L'association des idées l'explique.

Par la même raison, la croix chez nous inspire des pensées graves et religieuses; la croix en certaines contrées n'a aucun sens.

Quand vous apercevez le soir dans une campagne silencieuse une pauvre chaumière, s'il en sort un peu de fumée, les images les plus riantes vous arrivent; vous vous retracez la famille, la veillée, le repas. Supprimez le peu de fumée qui s'échappe de la chaumière, et tout l'effet s'évanouit ; tout le charme disparaît ; il n'y a plus d'association d'idées.

Nous aimons à contempler un beau château se dessinant avec élégance, la nuit, au clair de la lune ; qu'il apparaisse à deux ou trois fenêtres de ce château quelque lueur rougeâtre, qui nous fait soupçonner l'incendie, le spectacle devient terrible.

Un enfant dort paisiblement, et son sommeil nous plaît. Apercevons-nous quelque chose qui se glisse dans son berceau, comme un serpent, la frayeur aussitôt remplace le plaisir ; nouveau résultat de l'association des idées.

Outre ces associations d'idées qui sont communes à plusieurs individus, il y en a qui sont complétement individuelles.

C'est par cette espèce d'associations qu'on explique, par exemple, pourquoi l'événement que tout le monde trouve terrible, paraît ridicule à tel homme qui se rappelle à propos de cet événement une aventure plaisante de lui seul connue.

Finissons en remarquant que l'art de peindre les mœurs consiste principalement dans l'examen des associations d'idées communes à la nature humaine, si c'est la nature humaine qu'on veut représenter ; dans la connaissance du cours d'idées propre au siècle, à la profession, au caractère de l'individu, si c'est l'individu qu'il faut reproduire. Ainsi Molière, en composant le *Misanthrope*, a dû connaître l'homme d'abord, ses idées habituelles, ses associations d'idées familières ; puis l'homme sous le règne de Louis XIV ; puis encore l'homme du monde sous le règne de Louis XIV, le courtisan, le grand seigneur ; enfin, sous le règne de Louis XIV, le seigneur misanthrope. Voilà comment Molière est descendu des caractères généraux de l'homme aux caractères particuliers de l'individu. S'il avait montré l'individu sans montrer l'homme, il serait tombé dans le défaut qu'on peut reprocher au talent de Picard, qui s'est uniquement occupé des ridicules individuels. Son *comique* eût manqué de profondeur ; non pas qu'il faille prendre l'homme et laisser là l'individu ; car on ne peindrait de la sorte que des êtres abstraits ; le mérite est d'allier adroitement à la peinture de l'homme la peinture de l'individu.

Remarquons encore, avant de finir, qu'on nomme dans les arts imagination féconde, celle en qui s'éveillent promptement et complétement toutes les idées associées à l'idée principale dont il s'agit. Soit un beau clair de lune à peindre : l'imagination la plus féconde sera celle en qui l'on verra le plus promptement et le plus complétement s'élever toutes les idées qui s'associent à l'idée d'un beau clair de lune.

On nomme aussi dans les arts sensibilité délicate celle qui saisit bien à l'aspect, par exemple, d'un clair de lune qu'on lui peint avec ses accessoires, le lien naturel des accessoires à l'idée principale ; c'est celle en qui naît promptement, quand on lui présente la circonstance première, le sentiment des circonstances environnantes qu'on ne lui présente pas.

L'imagination féconde trouve rapidement et complétement les idées qui s'associent à l'idée principale, et la sensibilité délicate sent promptement à propos de l'idée principale toutes les circonstances qui s'y rattachent. L'imagination trouve et la sensibilité sent ; ces deux faits se confondent l'un avec l'autre. Qui sent le plus vivement est le plus capable de trouver dans les arts : si vous avez la sensibilité délicate, vous avez l'imagination féconde.

Or, pour les imaginations fécondes, il y a deux manières de peindre.

Tantôt on expose toutes les circonstances accessoires de l'idée principale, sans rien laisser à deviner, rien à trouver, comme les poëtes du XVIII° siècle, comme Delille. C'est là le genre descriptif.

Tantôt on choisit parmi les circonstances accessoires les plus importantes, qu'on jette autour de l'idée principale, et on abandonne à l'association des idées le soin d'achever le tableau dans l'esprit du spectateur. On ne lui dit pas tout, pour lui donner la satisfaction de découvrir ce qui manque ; c'est là le genre des grands maîtres ; par là brille la littérature du siècle de Louis XIV.

Une dernière observation, c'est que la différence du comique et du tragique, du ridicule et du sublime dépend des mots qu'on emploie. Un récit terrible peut devenir, si l'on en change les termes, ridicule, et réciproquement. La pensée que l'on rend peut devenir comique ou tragique, selon que les expressions employées pour la rendre excitent des associations d'idées graves ou plaisantes. La même chose fait rire ou fait pleurer, quand on la montre sous un aspect qui réveille le souvenir de choses tristes ou gaies. Ainsi, par le changement des mots, on transformerait en discours imposants et sérieux les discours de Sancho Pança. Si, par exemple, au lieu de dire un chapelet de galériens, je dis une chaîne de galériens, l'expression ne prête plus à rire.

D'après ces remarques, nous apercevons aisément combien l'artiste doit avoir égard à l'association des idées.

# DIX-HUITIÈME LEÇON.

*Du symbole. — Caractère propre du symbole. — Tout ce que nous percevons est-il symbolique? — Deux degrés dans la détermination du symbole : 1° Concevoir l'invisible sous le visible; 2° déterminer la nature de l'invisible. — Applications aux mythologies et aux littératures. — Différentes espèces de symboles. — Résumé.*

L'étude du phénomène de l'association des idées nous a conduit à découvrir que si l'on présente à l'homme, soit une idée, soit un objet, il ne s'éveille pas simplement en lui l'idée de cet objet que ses yeux perçoivent, ou celle qu'on offre à son esprit, mais qu'il se réveille en outre l'idée de tels autres objets que ses yeux ne perçoivent pas, ou telles autres idées qu'on ne lui offre pas.

Ainsi tout objet, toute idée, est jusqu'à certain point un symbole. Toute idée que nous saisissons excite effectivement en nous l'idée de ce qu'elle est, et l'idée d'autre chose encore qui n'est pas elle. Tout objet que nous voyons nous donne l'idée de ce qu'il paraît, plus l'idée d'autres objets que nous ne voyons pas. L'art qui nous présente des sons, des formes, des couleurs, ou des paroles, ne provoque pas seulement en nous l'idée de ce qu'il nous présente, mais d'autres idées qui s'y rattachent par association.

Ceci mène à considérer de plus près ce que c'est que le symbole; et si dans la nature tout est, comme on l'a dit, symbolique : question qui touche évidemment à la question de savoir s'il n'y a que du beau moral, s'il n'y a pas du beau matériel.

Cherchons donc ce que c'est que le symbole, et si dans les réalités qui frappent nos sens, tout est symbole.

On entend généralement par symbole ce qui produit une certaine impression sur nous; et la suite de cette impression éveille en nous certaines idées qui elles-mêmes en réveillent d'autres qui s'en distinguent. Ainsi, par exemple, j'entends une série de sons; et je suis d'abord sensiblement affecté. Mon organe auditif reçoit un ébranlement; après je perçois les sons; puis, les sons que je perçois font naître en moi des sentiments moraux. A ce titre, et comme réveillant des sentiments moraux, les sons peuvent être dits symboliques. Ainsi pareillement, si l'on trace une figure ovale devant moi, la figure ovale que l'on trace me frappe les yeux ; voilà l'effet matériel. Autre effet : l'impression produite sur l'œil, il me vient dans l'esprit l'image ou l'idée de la figure ovale. Autre effet encore : la figure ou la ligne ovale, dont j'ai l'image ou l'idée dans l'esprit, y provoque certaines idées morales, les idées de la souplesse ou de la douceur par exemple : nouvel effet.

Or, tout ce qui nous est extérieur est-il symbolique? Lorsque nous percevons quelque chose, n'avons-nous rien de plus dans l'esprit que l'idée de la chose par nous perçue? Voilà maintenant la question.

Il nous semble, quand nous sommes vis-à-vis d'un arbre, que nous ne voyons pas seulement cet arbre; que de plus, il se produit en nous des idées qui ne représentent pas ce que nous avons sous les yeux. Il nous semble qu'il en est de même pour le mouvement, pour les sons, les formes, les couleurs, pour toutes les qualités des objets, pour tous les objets eux-mêmes, pour la pierre, la plante, l'animal. Nous croyons donc qu'il s'élève dans l'esprit à chaque perception d'une chose d'autres idées que l'idée de la chose perçue. Nous croyons, par conséquent, que tout est symbolique. Voici les motifs de notre opinion.

On sait que dans toute chose, par delà sa partie superficielle, extérieure, qui affecte les sens, l'esprit suppose inévitablement sa partie substantielle, intérieure, qui n'affecte pas les sens, et qui fait comprendre la surface en lui donnant un fond, et sert à en compléter l'idée. Nous ne voyons au monde que des qualités ou des événements, et les qualités impliquent la substance que nous ne voyons pas, le sujet; les événements impliquent le principe, le but; et les événements impliquent non seulement le principe, le but, mais de plus le temps et le lieu; les qualités, non seulement le sujet, mais de plus aussi le temps et le lieu; le temps, au sein duquel ce sujet subsiste; le lieu, au sein duquel il réside. Le principe, le but, le temps et le lieu, nous ne voyons pas plus tout cela que la substance. Nous concevons tout cela cependant à propos des qualités et des phénomènes.

Or, ce que nous ne voyons pas, ce que nous concevons, nous

ne le concevons pas pareil à ce que nous voyons. Nous n'assimilons pas ce qui nous apparaît aux apparences qui tombent sous nos sens. Le temps, le lieu, la substance, le principe, le but, ce qui échappe à nos yeux et donne un sens à ce que nos yeux atteignent, voilà du moral, du spirituel; ce qu'il y a de perceptible, de sensible, les formes, les couleurs, les qualités, voilà du matériel (1). Ainsi, quand nous cherchons le sens de ce que nous découvrons au dehors d'un arbre, c'est-à-dire quand nous voulons saisir à travers ses manifestations sa base ou sa substance, ne nous figurons-nous pas une force qui le soutient et l'anime? Quand nous nous demandons le sens de la pierre qui roule à nos pieds, c'est-à-dire quand nous tâchons de pénétrer sous ce que la pierre paraît ce qu'elle est, ne trouvons-nous pas quelque force qui la fait et la constitue?

Telle est la différence qui sépare la moitié perceptible des choses et l'autre moitié qui ne se perçoit pas, le visible et l'invisible; c'est la différence qui sépare la matière de l'esprit; en sorte que le rapport du visible à l'invisible peut s'exprimer de la manière suivante : le visible, c'est la partie matérielle des choses; l'invisible, c'est leur partie spirituelle.

Au surplus, quelle que soit cette doctrine, fausse ou vraie, toujours y a-t-il dans ce qui nous apparaît deux parties, l'une que nous ne voyons pas, l'autre que nous voyons et qui réveille en nous l'idée de celle que nous ne voyons pas.

Tout ce que nous apercevons est donc symbolique, puisque tout ce que nous apercevons excite en nous l'idée de quelqu'autre chose que nous n'apercevons pas.

Aussi l'homme ne voit-il rien qu'il ne veuille comprendre le sens de ce qu'il voit, c'est-à-dire qu'il cherche dans tout ce qu'il voit, l'invisible, la partie fondamentale que le visible exige pour son intelligence; il aspire à déterminer tous les symboles qu'il rencontre.

Or, il y a dans la détermination du symbole plusieurs degrés.

Le premier consiste à concevoir, si nous percevons un phénomène, que ce phénomène possède un principe, un but, se passe

1. Tout principe considéré comme cause d'un événement est une force. Tout but considéré au bout d'un événement, est une idée qu'une intelligence comprend et veut réaliser. Toute substance est un principe; la substance et le principe se confondent.

dans un lieu, dans un temps; si nous percevons une qualité, que cette qualité possède une substance, existe dans un lieu, dans un temps.

Jusqu'ici tout ce que nous savons sur l'invisible, c'est qu'il est, rien de plus. Nous ne connaissons pas du reste sa nature, ou nous ne la connaissons que très vaguement; le peu que nous en savons, c'est qu'il faut distinguer la substance d'avec le principe, le principe d'avec le but, et le but d'avec le temps et le lieu. Nous avons l'idée de quelque chose d'invisible caché sous le visible, et nous séparons les différentes faces de ce quelque chose qu'on ne perçoit pas et qui se trouve derrière ce qu'on perçoit. Nous ne connaissons pas toutefois la nature spéciale de ces différentes faces.

Or, c'est là ce que l'esprit veut connaître; nous ne nous arrêtons donc pas, et l'esprit va plus loin dans la conception de l'invisible, dans l'interprétation du symbole. Quand nous voyons une forme ovale, nous concevons que la forme ovale possède un principe, une substance, existe dans un lieu, dans un temps, voilà le premier degré. Nous identifions alors l'invisible de la forme ovale à l'invisible de la forme carrée. Nous prononçons que ces deux formes représentent également l'invisible. Mais nous en demandons maintenant le sens. Qu'a de particulier l'invisible, quand la forme ovale ou carrée l'exprime? Quel état de l'être peut révéler le son doux ou perçant, la couleur verte ou rouge? Sous les qualités, sous les événements il y a de l'invisible; nous posons donc la question : quel invisible y a-t-il sous les événements, sous les qualités? Nous savons qu'il est, et nous cherchons ce qu'il est; nous en demandons la nature. C'est le second degré dans la détermination du symbole.

Ainsi nous découvrons sous ce que nous voyons les qualités morales de la substance que ce que nous voyons trahit. Quand nous apercevons certaines lignes se produire sur la physionomie de l'homme, nous reconnaissons que l'homme est irrité, mécontent ou joyeux; et ces symboles, ces figures naturels, ne se trouvent pas seulement dans les gestes de l'homme, dans ses intonations de voix, dans ses mouvements de physionomie. La figure des animaux exprime aussi la colère, le mécontentement, la joie. Les uns paraissent essentiellement ridicules, les autres essentiellement imposants, d'autres essentiellement féroces. Même il y a des arbres dont la forme indique la tristesse; il y en a qui nous semblent doués d'élégance et de grandeur. Même encore dans certaines lignes, comme dans la physionomie des hommes, des animaux, des végétaux, nous remarquons qu'il y a de l'expression; la ligne ovale ou spirale nous paraît plus élégante que la ligne interrompue ou brisée. Nous attachons à la ligne serpentine un autre sens qu'à la ligne brisée. Ce que nous disons ici des formes, s'applique également aux phénomènes, aux événements, à tout ce par quoi les choses peuvent se manifester, en sorte qu'il y a dans tout ce qui nous apparaît de l'invisible et tel invisible.

Seulement à ce second degré de détermination tous les symboles ne sont pas également clairs. L'on comprend bien les gestes, les intonations de voix, les mouvements de la physionomie chez l'homme; mais quand il faut déterminer l'analogie morale entre la ligne serpentine et telle qualité de l'âme, le symbole s'obscurcit. De la ligne serpentine si l'on passe à la pierre informe et mal taillée, la clarté du signe disparaît encore davantage, et cependant le signe signifie toujours quelque chose.

Ainsi nous croyons, *à priori*, que tout est symbole; seulement il y a des symboles qui sont clairs à la première vue, les autres s'éclaircissent par l'examen. Il y en a que l'examen voudrait vainement éclaircir.

Et quand on a distingué des symboles qui sont, les uns clairs, les autres moins clairs, les autres inintelligibles; il en faut distinguer encore de précis et de vagues; vagues, ce n'est pas à dire obscurs, mais n'exprimant que des qualités générales, comme les sons qui ne déterminent pas, s'ils expriment la tristesse, quelle modification particulière de la tristesse; s'ils expriment le plaisir, quel état particulier du plaisir. Dans les formes, au contraire, il y a de la précision; les formes font sentir un état général de l'âme, et font en outre sentir sur cet état quelque chose de spécial.

Dans ce que nous voyons, dans ce qui nous tombe sous les sens, nous remarquons donc des signes ou symboles clairs, plus ou moins clairs; et parmi les symboles clairs, au sens desquels on ne se méprend pas, nous en remarquons qui représentent quelque chose de vague, et d'autres quelque chose de précis.

Arrivons de suite aux applications pour qu'on nous entende mieux.

La mythologie du nord diffère de la mythologie du sud ; c'est que l'une parle en symboles vagues et l'autre en symboles précis. La mythologie du sud, pour exprimer l'invisible, prend les formes et tout ce qu'il y a de plus précis dans les symboles naturels ; la mythologie du nord choisit ce qu'il y a de plus vague.

Par la même raison, la poésie grecque diffère de la poésie ossianique. La poésie n'est qu'une suite de symboles présents à l'esprit pour lui faire concevoir l'invisible. Celle du midi s'adresse aux symboles précis, celle du nord aux symboles vagues, qui ne déterminent pas précisément la nature de l'invisible. Ainsi l'on connaît tout ce qu'il y a dans l'Élysée des Grecs, on en sait tous les détails ; le génie des Grecs emploie les plus expressifs des symboles que fournit la nature. Au contraire, on ne comprend rien à l'enfer d'Ossian ; tout y est nuage et brouillard.

Voilà comment il y a des arts vagues ou précis, selon les symboles qu'ils emploient. Le son n'est qu'un symbole vague ; la musique est donc un art vague. La forme est un symbole précis ; la peinture, qui se sert des formes, est donc un art précis. L'on ne peut pas plus faire avec la musique de la précision, que du vague avec la peinture.

La poésie peut à volonté devenir vague ou précise ; les signes du langage en effet sont convenus ; ils reproduisent à l'esprit les symboles naturels ; et comme il y a dans la nature des symboles précis ou vagues, le poëte peut les évoquer à son gré. La poésie peut se faire aussi vague que la musique, aussi précise que la peinture.

Dans le style, dans le discours, ce qu'on nomme image, c'est la représentation de l'invisible par les choses visibles, par les symboles naturels. L'image est juste quand le symbole actuel qu'on emploie pour peindre l'invisible en est le vrai symbole ; dans le cas contraire, l'image est fausse. Les images sont incohérentes quand nous allions, pour exprimer l'invisible, au symbole qui l'exprime un autre symbole qui ne l'exprime pas ; cohérentes quand nous réunissons plusieurs symboles qui tous l'expriment. Tantôt l'on matérialise le spirituel, tantôt l'on spiritualise le matériel. D'abord on représente l'invisible par des symboles matériels ; puis on exprime plus tard la nature matérielle par des images tirées de la nature spirituelle ; c'est là le caractère, l'un des caractères de la poésie de nos jours. Ainsi M. de Châteaubriand compare une colonne qui se montre seule debout dans un désert à une grande pensée qui s'élève dans une âme que le malheur et le temps ont dévastée. Une différence de couleur entre le romantique et le classique, c'est que le romantique préfère les symboles vagues aux symboles précis, et le classique les symboles précis aux symboles vagues. Le romantique est fils de la poésie du Nord; le classique est fils de la poésie ancienne. Une autre différence générale du classique et du romantique, c'est que le romantique tend à spiritualiser la nature matérielle, et le classique à matérialiser la nature spirituelle.

Revenons maintenant à l'interprétation des symboles. Nous en avons signalé deux degrés. Au premier, la chose qui nous apparaît révèle à l'esprit la chose qui ne nous apparaît pas. Au second, nous cherchons dans la chose qui nous apparaît la nature de la chose qui ne nous apparaît pas.

Or, tantôt il y a dans la chose qui nous apparaît assez d'expression pour que tout le monde s'accorde à y trouver la nature de celle qui ne nous apparaît pas. Le symbole est clair alors; et quand le symbole est clair, on lui laisse sa signification naturelle; on est content; on n'imagine rien à son égard.

Mais, quand le symbole n'est pas aussi clair, quand on n'en saisit pas la signification du premier coup d'œil, l'imagination lui donne un sens de son autorité, le force à signifier quelque chose de son invention; non pas que l'imagination ne garde autant que possible la vraisemblance et l'analogie, non pas qu'elle fasse d'un symbole triste le symbole d'un sentiment gai; l'imagination ne fait qu'achever le sens du symbole, donner au symbole précis une précision plus grande, ou donner au symbole qui ne s'explique pas une explication qui l'éclaire, voilà tout son travail; et dans cette interprétation assez arbitraire du symbole, on trouve de la vérité, si le sens qu'on lui impose s'accorde avec ce qu'on en peut comprendre.

Outre le sens que le visible a naturellement, et celui qu'il acquiert par l'imagination, le visible reçoit encore un autre sens de l'association des idées. Un objet se manifeste à nous sous telle ou telle forme; sa forme nous révèle d'abord telle qualité de l'invisible, c'est-à-dire l'existence de quelque chose que le visible suppose; puis, à l'aspect de cette forme, il vient s'associer à l'idée que nous en avons une certaine autre idée que nous sentons se réveiller en nous à son aspect. Ainsi la fumée, qui sort le soir d'une chaumière, nous remet à l'esprit les idées de repas et de famille; c'est un symbole par association d'idées.

Enfin on convient dans la religion d'un pays, dans les mœurs d'un peuple, que telles choses visibles exprimeront certaines choses invisibles; il y a des symboles par convention, comme il y a des symboles par association d'idées et par imagination.

Ainsi donc, pour nous résumer, toutes les choses visibles sont des symboles; toutes les choses visibles révèlent à l'esprit l'existence de l'invisible; toutes les choses visibles aussi déterminent la nature de l'invisible, la déterminent plus ou moins; enfin, parmi les choses visibles qui déterminent le moins la nature de l'invisible, il y en a dont le sens est déterminé par l'imagination; il y en a qui réveillent certaines idées par association; il y en a qui les réveillent par convention.

Telle est une première vue jetée sur les symboles, sur la nature symboliquement considérée.

# DIX-NEUVIÈME LEÇON.

Des symboles par association et des symboles naturels. — Éléments dont se composent les corps : 1° La matière ; 2° la force. — Que les qualités des corps ne sont que des effets ou des symboles de la force. — Utilité de cette manifestation de la force par la matière. — Questions auxquelles les faits précédents donnent lieu.

Il y a deux espèces de symboles : le symbole par association d'idées et le symbole naturel.

Le symbole par association d'idées, c'est la chose dont l'idée se joint accidentellement en nous à l'idée d'autre chose; de sorte que la chose nous apparaissant, l'idée qui nous en vient éveille en nous l'idée de l'autre chose qui s'y joint. Ainsi l'arbre, sous l'ombre duquel je me repose un jour, me rappelle, quand je le revois, le repos qu'un jour j'ai goûté sous son ombre, et toutes les circonstances de ce fait, les événements qui se passèrent alors devant moi, les pensées qui m'occupèrent alors. Cet arbre est symbole par association d'idées.

Le symbole naturel, c'est la chose visible qui révèle à l'intelligence la chose invisible. Ainsi les expressions de la physionomie révèlent à l'intelligence le principe humain qui les produit. Nous lisons l'état intérieur de l'homme dans ses gestes, dans les intonations de sa voix, dans les mouvements de sa figure. La figure est le symbole naturel de l'âme. La figure s'aperçoit, et l'âme ne s'aperçoit pas.

Or nous avons précédemment posé la question de savoir si tous les objets matériels ne sont pas des symboles naturels, et les symboles naturels du même invisible, l'esprit ou la force. Poursuivons l'examen de cette question.

On appelle mal à propos qualités de la matière les qualités des corps; ces qualités des corps ne sont elles-mêmes que des effets de la force. Si cela est vrai, il s'ensuit que les qualités des corps, étant les effets de la force, en sont également les expressions; car la force s'exprime, se manifeste par des effets. Vérifions donc si l'on n'appelle pas mal à propos qualités de la matière les qualités des corps, et si ces prétendues qualités des corps ne sont elles-mêmes que des effets de la force.

D'abord il faut distinguer les corps et la matière. Tout corps est quelque chose de composé. Le sens commun le croit, et l'expérience le prouve. Tout corps a donc des éléments : or l'élément, c'est la matière.

Si nous cherchons maintenant quelles peuvent être les qualités de cet élément matériel, il nous semble qu'il doit se trouver indécomposable; sans quoi ce ne serait plus un élément; et posséder en outre une certaine étendue, une certaine forme, une certaine couleur, une certaine consistance. La consistance, c'est la solidité. Nous regardons l'élément comme une réalité consistante ou solide, indécomposable, étendue, de telle ou telle forme, et quand il est frappé par la lumière, de telle ou telle couleur.

Or ces qualités de l'élément moléculaire matériel diffèrent d'avec les qualités qui nous apparaissent à la surface des corps.

En effet, l'élément moléculaire matériel est étendu, par exemple, et les corps le sont aussi. Mais que l'élément moléculaire matériel qui tient une place dans l'espace cesse de la tenir, et il est détruit, anéanti. L'étendue, c'est une qualité inséparable de sa nature, une condition fondamentale de son existence. D'autre part, l'étendue des corps résulte de l'agrégation. Les éléments matériels se juxta-posent, et leur juxta-position compose l'étendue des corps; étendue qui n'est qu'une somme, un total plus ou moins grand, selon qu'il y a plus ou moins de parties additionnées, de molécules agrégées. La qualité d'étendue, quant aux corps, ressemble conséquemment très peu à la qualité d'étendue, quant à la matière: Si peu même qu'il est possible d'augmenter l'étendue d'un corps ou de la diminuer, sans que la matière puisse aucunement s'altérer. En un mot, l'étendue des corps n'est pas l'étendue de la matière.

La forme des corps n'est pas non plus la forme de la matière.

La forme de l'élément matériel tient de près à son existence, et l'on ne peut pas l'en priver, sans le supprimer, tout comme on le supprime, quand on lui ravit l'étendue. La forme des corps au contraire dérive de la disposition des atomes agrégés qui les composent, et suivant qu'on dispose de telle ou telle façon ces atomes, suivant qu'on dérange de certaine manière leur agrégation, leur assemblage, les corps deviennent ovales, ronds ou carrés.

Voilà donc déjà deux qualités nouvelles des corps et de la matière, qui n'ont entre elles rien de commun que le nom.

De même pour la solidité, la couleur. On ne peut donc pas dire de l'élément matériel qu'il est mou, qu'il est dur ; tandis que les corps, amas d'éléments matériels, sont plus ou moins durs ou mous, selon que ces éléments sont plus ou moins éloignés, ou rapprochés les uns des autres. La couleur de l'atome ne peut pas changer ; et composés d'atomes, les corps changent de couleur, quand on combine diversement les atomes qui les composent, quand on fait subir des altérations à la contexture des molécules, dans la réunion desquelles ils consistent.

A mesure que nous continuons le parallèle, nous voyons donc les qualités de la matière différer d'avec les qualités qui nous apparaissent à la surface des corps.

Mais maintenant l'étendue dont nous voulons parler, quand nous parlons d'étendue, la seule que nous atteignons, l'étendue des corps, si c'est l'agrégation qui la fait, ce qui fait l'agrégation, c'est la force. Allant chercher et prendre les molécules naturellement inactives pour les agréger, la force qui constitue l'agrégation doit donc aussi constituer l'étendue.

Ainsi l'étendue, la principale qualité des corps, est un effet de la force.

De même la forme, la solidité, la couleur sont des effets de la force à l'instar de l'étendue.

La disposition des molécules qui s'agrégent produit la forme. Ce qui produit la disposition de ces molécules, c'est ce qui les agrége ; la force qui les agrége les dispose donc ; la force qui les dispose donne au corps sa forme.

Un corps est solide quand ses molécules sont rapprochées, et ses molécules sont rapprochées quand la force les serre, les condense, leur laisse moins d'indépendance et de liberté les unes à l'égard des autres.

Qui cause la couleur des corps? C'est la combinaison de leurs éléments matériels ; et qui combine ces éléments matériels ? C'est encore la force.

Ainsi donc, en agrégeant la matière, en la disposant, en la

condensant, en la combinant, la force engendre dans les corps, l'étendue, la forme, la solidité, la couleur.

De l'étendue, de la forme, de la solidité, de la couleur, qu'on regarde comme les qualités essentielles de la matière, voulons-nous passer aux autres qualités qu'on dit appartenir à la matière moins étroitement, moins spécialement, la saveur, l'odeur, le froid et le chaud, l'âpre et le doux, le rude et l'uni, nous allons sans doute parvenir encore au même résultat.

Soumettons un corps de telle ou telle saveur, de telle ou telle odeur à certaine décomposition chimique, nous en changeons la saveur et l'odeur. Modifions la combinaison de ses parties élémentaires, combinons-les à différentes proportions, nous le rendons odorant et savoureux, d'inodorant et de non savoureux qu'il était, et réciproquement. Ni la saveur ni l'odeur n'appartiennent donc à la matière; la saveur et l'odeur proviennent du mode d'agrégation.

On ne sait pas trop ce que c'est que le froid et le chaud; toujours sait-on qu'un corps, s'il est froid, peut sans s'altérer devenir chaud; s'il est chaud, sans s'altérer devenir froid. Le calorique abandonne les corps et retourne dans les corps, et il n'en résulte pour eux aucune mutation. Le calorique ne tient donc pas à la matière, il ne tient pas même aux corps.

L'âpre et le doux, le rude et l'uni dépendent entièrement de la manière dont les molécules élémentaires se trouvent agrégées.

Le son n'est pas non plus une qualité des molécules élémentaires; ce n'est pas plus une qualité de leur agrégation; c'est la vibration qu'un corps exprime à l'air, quand on lui donne l'impulsion. Or ce qui donne l'impulsion, ce qui fait par conséquent que le corps imprime à l'air quelque vibration, ce qui produit le son, par conséquent, c'est la force; la force, qui, plaçant de certaine manière les éléments matériels et les arrangeant, les agrégeant de telle ou telle sorte, les uns par rapport aux autres, produit également la saveur et l'odeur, l'âpre et le doux, le rude et l'uni.

D'après tout cela, voici définitivement ce que nous concluons.

Les qualités des corps ne sont pas plus les qualités de la matière que, par exemple, les caractères imprimés sur le papier ne sont les qualités du papier, quoiqu'il n'y ait cependant pas plus de corps sans matière que de caractères imprimés sans papier.

Les qualités de l'agrégation sont l'ouvrage de la force qui agrége et non pas la propriété de la chose qui est agrégée. De même que les qualités d'une maison ne sont pas la propriété des pierres qui composent la maison, mais l'œuvre de l'architecte qui la rend élégante, commode, agréable, toutes les prétendues qualités des corps ne sont ainsi que les effets de la force.

Les sciences naturelles confirment cette manière de voir. Voyez en effet la physiologie végétale ; ce qui l'occupe, c'est de découvrir comment la force produit toutes les qualités d'un arbre, par exemple : comment un germe étant déposé dans la terre, quelque chose d'inconnu, principe ou force, finit par en composer un arbre, c'est-à-dire toutes les apparences de l'être que nous appelons arbre, toutes les qualités visibles qui nous apparaissent à sa surface. Voyez même la minéralogie ; son objet ne consiste-t-il pas à savoir comment les corps inorganisés reçoivent certaines formes ; quelles sont les lois des forces d'après lesquelles ils les reçoivent ; quelles sont les lois de la cristallisation, par exemple ? Ainsi, jusque dans les corps bruts, où la vie ne se montre pas, jusque dans les corps inanimés, la science naturelle reconnaît qu'il faut trouver un principe, la force qui leur donne la forme. Pour le physicien, autant que pour nous, les qualités des corps, des agrégations moléculaires, ne sont que les effets de la force.

Quoi de plus évident ? Le géologue ne se figure pas dans les couches de la montagne qu'il contemple, ses qualités ; il cherche la cause qui préside à la disposition de ces couches, à leur arrangement ; il cherche la force qui les superpose et la loi de cette force. Or, le moindre corps est montagne ; il faut aussi pour le constituer des couches moléculaires, des molécules qui se superposent, des éléments matériels qui se condensent et s'agglomèrent. Il en est d'un petit corps comme d'un grand, comme du monde.

Quoi de plus évident aussi quant aux phénomènes ? Un changement s'opère à l'extérieur d'un corps ; ce changement, ce phénomène résulte clairement d'un principe, de la force ; nous n'en doutons pas. Phénomènes et qualités, tout est donc en ce monde l'effet et le résultat de la force, tout est phénomène. La seule différence des phénomènes et des qualités, c'est que les phénomènes commencent et finissent sous nos yeux, tandis que les qualités, sans appartenir aux corps de si près qu'on ne puisse pas les modifier ou les déduire, ne commencent pas cependant et ne finissent pas sous nos yeux. A cela près, les qualités sont des phénomènes.

Par là nous ne détruisons pas la matière. Il est toujours indispensable qu'il y ait de la matière pour qu'un corps soit fait; seulement ce qui le fait c'est la force. Ce qui fait ses qualités, son étendue, sa forme, sa couleur, c'est la force qui met la matière en œuvre. Les qualités des corps sont produites par la force avec la matière.

Cela posé, que s'ensuit-il?

Ce qui est actif ne se manifeste à nous qu'en agissant. Nous ne connaissons pas le principe productif s'il ne produit pas. Un principe s'exprime donc par ses effets.

Or, les phénomènes et les qualités des corps qui sont les effets d'un principe en sont conséquemment les expressions ou les signes; et ce principe, c'est la force, ou c'est nous; car nous aussi nous sommes force, et toute force est identique, toute force est un principe actif.

Mais les phénomènes et les qualités des corps sont tout ce que nous voyons au monde. Ainsi le monde est pour nous l'expression de notre nature, le symbole de la force. Telle est la conclusion que nous voulions tirer.

Voici maintenant à quoi sert l'expression de la force par la matière.

On comprend et on ne sait pas par expérience, on conçoit, on imagine, que s'il n'y avait pas de matière, les forces ou principes actifs pourraient directement se voir les uns les autres, se parler, s'entendre. Tous ces principes s'aimeraient, s'adoreraient, s'uniraient. Il se passerait entre eux tout ce qu'il est permis d'accomplir à des esprits que la matière cesse d'entourer et de renfermer.

Or, tel n'est pas le fait de l'état actuel. La grande faculté de la force, l'intelligence ne voit ici-bas que par un organe matériel. L'homme ne découvre le monde extérieur que par l'intermédiaire de l'oreille, de l'œil, des sens en un mot, et les sens étant matériels, ils n'atteignent que la matière; ils ne saisissent pas le principe intelligent et productif. Dans l'autre état, l'esprit pourrait immédiatement percevoir l'esprit, toucher la force; dans l'état actuel, au contraire, chose incompréhensible, nous qui sommes esprit, nous ne percevons pas directement l'esprit; nous qui sommes force, nous ne touchons pas de suite la force. La force, l'esprit ne peuvent se percevoir, se toucher, se comprendre que par la matière.

La matière, les qualités de la matière sont donc là comme des langues pour les forces qui veulent se percevoir, se toucher, se comprendre. Ce sont des truchements qui leur servent à faire mutuellement connaissance; les forces prennent la matière, la conforment et s'annoncent en se peignant à sa surface par leurs effets, se signifient et s'interprètent par les qualités qu'elles imposent à la matière. Le monde n'est qu'un symbole matériel qui permet aux forces de se parler et de converser entre elles, de s'exprimer à sa faveur dans quelque langage et de communiquer les unes avec les autres.

Ainsi la matière est à la fois obstacle et moyen; la matière empêche les forces de s'approcher, et les aide à se montrer les unes aux autres.

Or, sur la matière, sur les qualités de la matière ou des corps, qui sont les effets de la force, les hommes se proposent deux questions. Ils se demandent comment la force produit ces qualités, ou quelle est la nature de la force qui produit ces qualités.

Dans le premier cas, ils font de la science, ils expliquent le monde.

Dans le second cas, quand ils cherchent ce qui est exprimé de la force par les qualités des corps, ils sont artistes; ils contemplent la force, ils s'admirent en elle; ils admirent le beau.

Reste à savoir si toutes les expressions de la force ou de l'esprit sont belles; s'il y en a de belles et de laides, si toutes ne sont pas laides.

# VINGTIÈME LEÇON.

Que les choses ne sont autre chose que des expressions de la force. — Ce qui constitue leur face esthétique. — Questions que soulève le fait de l'expression. — Nouvelle position du problème de la beauté. — Que la sympathie est le principe des phénomènes de l'expression.

Nous avons découvert une face nouvelle des choses. Nous avons constaté que tout ce qui nous apparaît dans les objets, tout ce que nous voyons hors de nous, est le produit ou l'effet de la force. De là suit, comme conséquence nécessaire, que tout ce que nous apercevons hors de nous, étant l'effet de la force, en est l'expression.

Le résultat produit par l'action de la force exprime toujours quelque chose de la force qui produit l'action dont il émane. L'effet d'un principe actif est le signe des qualités de ce principe, signe sans lequel, dans les circonstances présentes, le principe resterait ignoré. Nous apercevons directement le principe actif qui nous constitue et nous trouvons immédiatement qu'il possède certaines qualités; mais ces qualités, nous ne les discernerions pas encore très nettement, si le principe ne se traduisait pas par des effets. De ce qu'il pense, nous concluons qu'il est pensant, volontaire, de ce qu'il veut, sensible, de ce qu'il sent. Dans chacun de ses actes se trahit ainsi quelqu'une de ses qualités, qui sont les formes de sa nature et qu'il prend tour à tour. La pensée, la volonté, la sensibilité, c'est la force pensante, volontaire et sensible en action. Dans chacun de ses actes se détaille ainsi pour l'homme son principe actif, qu'autrement il ne connaîtrait qu'en gros et confusément; ainsi s'exprime sa force dans chacun d'eux sous l'une ou l'autre de ses qualités. Il en est de même des autres forces, à cela près que l'homme n'en a pas conscience, et que s'il en reconnaît les qualités, ce n'est pas immédiatement, directement, mais uniquement par le résultat de leur action. Le résultat produit par l'action de la force ou du principe actif se rapporte à ce principe, à la force, et comme l'effet à la cause dont il sort, et comme le signe à la réalité qu'il exprime. C'est un symbole autant qu'un effet. Delà résulte la face nouvelle que nous découvrons aux choses qui remplissent le monde.

Voici les différents aspects que nous y avions jusqu'à présent remarqués.

Soit tel ou tel objet, tel ou tel événement.

L'homme peut d'abord se demander quel est cet objet, quel est cet événement. C'est une des questions de la science, question de l'observation : chercher les qualités de l'objet et de l'événement, apprécier leur manière d'être, les décrire.

Quand l'homme a décrit l'objet et l'événement, il peut se demander quel est le but de cet objet, quel est le but de cet événement. C'est une autre question de la science, question plus haute que celle de l'observation, question de l'ordre : savoir le rôle ou la place de l'objet et de l'événement dans l'état de choses qu'on appelle monde; apprendre d'où ils viennent, où ils vont; signaler leur destination.

Quand l'homme a décrit l'objet et l'événement, quand il a signalé leur destination, il peut en outre se demander : Cet objet me sert-il ou non? Cet événement me sert-il ou non? C'est la question de l'utilité : voir si l'objet et l'événement sont pour lui des secours ou des obstacles; remarquer si leur destination favorise ou contrarie sa destination.

Quand l'homme a décrit l'objet et l'événement, quand il a signalé leur destination, quand il a remarqué si leur destination favorise ou contrarie sa destination propre, il est un nouveau point de vue sous lequel il peut envisager l'objet et l'événement; il peut se demander : Qu'exprime cet objet? Qu'exprime cet événement? C'est la question de l'art; c'est la face esthétique des choses.

L'artiste, lorsqu'un objet lui tombe sous les sens, lorsqu'un arbre, par exemple, lui vient frapper les yeux, ne s'occupe aucunement de découvrir si l'arbre porte des fruits bons ou mauvais; il ne s'embarrasse pas à trouver, comme l'observateur, quelle est la manière d'être de l'arbre et son but. Il cherche ce que l'arbre veut dire; il étudie le sens et la signification de ce symbole; il examine ce qu'il exprime, s'il exprime la tristesse ou la vivacité, s'il donne l'idée de la grandeur ou de l'élégance. L'arbre ne donne-t-il pas d'idées, ne dit-il rien à l'esprit? L'artiste le laisse là, ne l'introduit pas dans son poëme ou dans son tableau.

L'objet et l'événement n'ont donc de prix pour l'artiste qu'autant qu'ils expriment; et ce qu'ils expriment, c'est ce dont ils sont les effets, c'est la force. Car nous savons que les effets de la force en sont aussi les expressions.

Telle est l'idée capitale dont nous nous sommes rendus maîtres. Nous la prenons pour point de départ, et nous traiterons successivement toutes les questions qu'elle va nous suggérer.

Essayons d'abord de distinguer ces questions et de les compter.

Tout ce qui nous apparaît, étant l'effet de la force ou du principe actif, tout ce qui nous apparaît doit donc exprimer quelque chose de la force. Et cependant il est d'expérience que nous ne trouvons pas de sens à tout ce qui nous apparaît. Puis, nous ne trouvons pas toujours le même sens à tout ce qui nous apparaît, quand nous y trouvons du sens; c'est-à-dire qu'il y a deux classes d'objets et d'événements. Les uns n'expriment rien pour nous; nous ne les entendons pas. Nous entendons les autres; ils expriment pour nous quelque chose; et de ceux-ci, les uns nous donnent des idées différentes, les autres des idées analogues.

Démêler dans tout ce que nous apercevons hors de nous les symboles significatifs et les symboles non significatifs; puis, dans les symboles significatifs, éclaircir ce que signifie chacun d'eux; telle est la première question qui se présente; question de l'extérieur, qui conduit à l'interprétation de tous les symboles dont le monde est plein, et par lesquels se parlent mutuellement les forces.

La seconde question qui se présente concerne l'intérieur. Il s'agit de reconnaître quel effet font sur nous les symboles significatifs, quels phénomènes se passent en nous, quand nous contemplons les objets ou les événements qui expriment.

Troisième question : Pourquoi les symboles significatifs font-ils tel ou tel effet sur nous? Comment arrive-t-il que nous soyons affectés par la contemplation des symboles?

Question de savoir la signification des symboles; question de savoir les faits agréables ou désagréables que ces symboles provoquent en nous; question de savoir pourquoi ces symboles provoquent en nous ces faits agréables ou désagréables : voilà trois questions que nous ne pouvons pas séparer, et que nous traiterons d'abord à la fois.

Après avoir de la sorte traité sous ces trois principaux points de vue la question de l'expression, nous chercherons si l'expression constitue ou ne constitue pas la beauté; si cela seul qui exprime est beau.

Et dans le cas où nous trouverions que cela seul qui exprime est beau, reste à chercher si tout ce qui exprime est beau, si toutes les expressions sont belles; s'il n'y en a pas de belles et de laides; s'il n'y en a pas qui, sans être laides, ne sont pas belles et nous agréent; s'il n'y en a pas de sublimes, de tristes, de gaies; si le beau n'est pas alors un mode particulier de l'expression; s'il n'y a pas plusieurs autres modes particuliers de l'expression qui se distinguent du beau, sans nous désagréer.

Nous apprendrons également qu'est-ce que le laid? y en a-t-il? en quoi consiste-t-il? Si tout ce qui exprime est beau, si toutes les expressions sont belles, pourvu qu'elles aient pour nous un sens intelligible, ce qui constitue la laideur n'est-il pas l'absence de l'expression? S'il n'est pas vrai que tout ce qui exprime soit beau, bien que la condition du beau soit l'expression, nous aurons à trouver ce qui constitue la laideur. Nous examinerons les différentes espèces d'expressions agréables, qui, sans être laides, ne sont pas belles.

Il faudra de plus examiner le rapport des expressions naturelles et des expressions artificielles, le rapport de la nature et de l'art, esthétiquement parlant.

L'artiste s'empare des symboles naturels pour produire avec eux l'effet qu'ils produisent eux-mêmes quand nous les apercevons dans la nature; mais l'artiste n'idéalise-t-il pas ces symboles naturels? Ne les perfectionne-t-il pas? Et s'il les perfectionne, quel esprit le dirige dans ce perfectionnement?

Ensuite les arts empruntent à la nature chacun certaines classes de symboles; la musique, par exemple, prend les sons; la sculpture prend les formes; la peinture les formes et les couleurs. Quelle est la portée relative de ces différents symboles?

Enfin nous arrivons à la littérature, qui n'est pas proprement un art, mais la traduction des arts. La littérature, dans son langage convenu, peut rappeler tous les symboles des autres arts et n'en montrer aucun.

Ainsi reparaissent les questions présentées au commencement du cours, et d'aujourd'hui seulement nous en entreprenons la solution; car aujourd'hui seulement nous connaissons la face esthétique des choses, nous savons que ce qui la distingue de leur face utile ou scientifique, c'est l'expression. Les objets et les événements sont esthétiques à titre de symboles. Quand les objets et les événements nous plaisent ou frappent en nous la faculté mal définie qu'on nomme le goût, c'est qu'ils ont la propriété d'exprimer la force, d'en être les effets, d'en trahir plus ou moins les qualités.

Ainsi d'abord nous allons considérer le beau, l'objet du goût, le symbole en lui-même, et nous y chercherons ce qu'il a d'expressif, ce qu'il exprime.

Nous le placerons ensuite devant l'homme, et nous chercherons l'impression qu'il excite en nous.

Enfin, nous examinerons la cause de cette impression.

Ici s'élève la question de la sympathie. C'est la sympathie qui fait que deux forces, à travers la matière qui les enveloppe, agissent l'une sur l'autre, et par leurs effets se parlent, se communiquent par leur expression, se comprennent. C'est la sympathie, c'est l'analogie de nature qui fait que la force s'attriste ou se réjouit à l'aspect de la force. En voulez-vous la preuve? Supposez un homme au sein d'un désert, sans lumière et sans air. Plongé dans ce monde silencieux et mort, où rien n'étant animé, rien ne se meut, rien ne bouge, le plus profond désespoir s'emparera de cet homme. Qu'il arrive dans sa morne solitude un souffle de vent, qu'il survienne un mouvement quelconque qui laisse deviner la force, il sera moins mécontent : la sympathie commencera. De même l'enfant lie amitié avec tous les premiers objets qui l'environnent. De même le prisonnier vivifie les murs de sa prison. De même Robinson, dans son île, anime tout autour de lui, plantes, arbres, animaux. L'homme s'effraie de son isolement; il veut des êtres qui l'entendent et dont il se fasse entendre. De même, à mesure que les effets de la force se traduisent plus expressément, à mesure que nous nous élevons des règnes inférieurs de la nature aux règnes supérieurs, l'expression que produit sur nous le symbole augmente successivement. Nous trouvons plus de nous dans l'homme que dans l'animal, dans l'animal que dans la plante, dans la plante que dans la pierre.

Tout ceci demande des éclaircissements que nous donnerons dans les leçons suivantes.

# VINGT-UNIÈME LEÇON.

A quel point de la recherche du beau nous sommes parvenus. — Points constatés à l'égard de l'expression. — Que la force ne nous émeut pas dépouillée des symboles naturels qui la manifestent. — Faits qui le démontrent. — Différence des figures allégoriques et des figures vraies, de l'analyse et de la peinture, de la poésie, de la philosophie et de l'éloquence. — Pourquoi les symboles naturels de la force sont la condition du sentiment esthétique. — Erreur de l'artiste qui cherche la vérité et non la réalité.

Les objets extérieurs nous affectent de deux manières différentes :

D'abord le plaisir ou la peine qu'ils nous causent provient tantôt de ce qu'actuellement ils aident ou contrarient notre développement, tantôt de ce que nous prévoyons qu'ils peuvent plus tard l'aider ou le contrarier ; et, dans ces deux cas, l'émotion agréable ou désagréable que les objets extérieurs produisent en nous, s'appelle intéressée.

Ensuite les objets extérieurs nous affectent d'une manière désintéressée. Sans favoriser ni gêner notre développement, sans promettre de le favoriser ou de le gêner, ils nous émeuvent; l'émotion se dit alors esthétique. Ce qui la distingue de l'autre émotion, c'est le désintéressement.

Ainsi, dans l'émotion intéressée, l'objet répond à nos besoins, soit qu'il les satisfasse ou non, soit qu'il promette ou non leur satisfaction prochaine; dans l'émotion esthétique, l'objet nous touche sans se rapporter à nos besoins.

Nous rappelons ici ce trait déjà reconnu de l'émotion esthétique, parce que nous allons nous occuper d'en déterminer plus particulièrement les caractères.

Dans l'émotion esthétique, comme dans l'émotion intéressée, il y a deux termes : l'objet qui affecte, et le sujet qui est affecté ; puis, entre les deux termes, il y a le rapport qui fait que l'objet affecte le sujet, et modifie sa sensibilité.

De là trois questions : Quels sont les caractères de l'objet qui cause à la sensibilité l'émotion esthétique ou désintéressée? Quelle est la nature de l'émotion que causent à la sensibilité les caractères de cet objet? Pourquoi les caractères de cet objet causent-ils à la sensibilité telle ou telle émotion? Là se trouve, en ces trois questions, toute la question du beau.

On appelle en général beauté le caractère qui dans l'objet produit sur la sensibilité l'impression esthétique. On appelle goût la faculté qu'a la sensibilité de recevoir l'impression de la beauté, l'impression esthétique, l'impression produite par l'objet qui nous affecte d'une manière désintéressée. Le principe à raison duquel le goût reçoit l'impression de la beauté, nous l'appelons sympathie.

Ainsi beauté, goût, sympathie, voilà trois mots qui représentent la solution de la question du beau dans ses trois grandes divisions; seulement nous ne savons pas précisément ce qu'il faut entendre par ces trois mots, beauté, goût, sympathie.

Les deux premiers mots ne représentent que la solution du sens commun sur les deux premières parties de la question. Le sens commun nomme beauté ce qui dans les objets touche esthétiquement notre sensibilité; le goût, pour le sens commun, c'est ce qui est esthétiquement touché dans notre sensibilité par les objets. Le dernier mot ne représente que la solution provisoirement donnée par nous à la dernière partie de la question. C'est l'opinion probable où nous nous sommes laissés conduire par l'induction. Nous penchons à croire que la sympathie constitue le rapport du goût avec la beauté, sans le croire encore bien affirmativement.

Cela posé, nous n'avons donc jusqu'à présent considéré qu'un point du problème. Nous avons uniquement cherché ce que c'est que la beauté; nous avons voulu déterminer ce qu'il y a dans les objets qui nous affecte d'une manière désintéressée, quels sont en eux les caractères qui provoquent en nous les plaisirs ou les déplaisirs du goût.

Et même nos conclusions sur ce point ont été longtemps négatives. Nous avons successivement examiné dans les objets plusieurs caractères auxquels on a mal à propos attribué les mouvements esthétiques de la sensibilité. Nous avons passé en revue plusieurs principes qu'on a mis en avant pour rendre compte des affections du goût, et nous les avons rejetés. Ces principes allaient à l'encontre des faits.

Enfin cependant, nous avons tout dernièrement découvert un principe, que les faits ne semblent pas démentir, et qui peut expliquer les affections du goût; c'est le principe de l'expression. Le caractère expressif ou symbolique des objets nous paraît le caractère qui nous frappe en eux d'émotions désintéressées.

Continuons maintenant à chercher si l'expression véritablement est le principe de la beauté.

Tout ce qui exprime nous émeut, et tout ce qui apparaît exprime. C'est ce qu'on peut métaphysiquement prendre à la rigueur. Mais réellement tout ce qui apparaît n'exprime pas toujours pour nous. Les apparences extérieures des objets n'indiquent pas toujours la force qui les produit. Toutes sont les effets de la force; toutes en sont par conséquent les symboles; toutes n'en révèlent néanmoins pas explicitement à nos yeux les qualités et l'existence.

Informe et mal taillée, la pierre ne dit rien de la force; du moins nous ne trouvons pas le sens de sa couleur, de sa forme. La figure humaine, au contraire, par ses traits, par ses regards, nous parle évidemment de la force ou de la vie qui l'anime intérieurement. Il y a dans les objets des manifestations muettes qui n'instruisent pas de la force de laquelle elles résultent. Il y en a qui résultent, comme les autres, de la force, et qui pour nous expriment, qui nous transmettent quelque chose de la force.

Tenons-nous-en donc à ce qui pour nous exprime, et disons: Tout ce qui pour nous exprime, nous émeut. Les simples lignes nous émeuvent; elles expriment effectivement pour nous certaines qualités morales de l'âme, la douceur, par exemple, la promptitude, la légèreté. Pareillement, quand on compare les autres qualités de la matière ou des objets, on voit suffisamment que, sans exprimer la même chose, les unes et les autres font effet sur nous. N'importe que la chose exprimée par les unes et les autres, soit agréable ou désagréable, douce ou terrible, belle ou laide; l'objet qui pour nous exprime, nous émeut.

Si nous disons dans ce cas la vérité, l'objet qui pour nous exprime, nous émeut conséquemment d'une manière désintéressée. Car à quoi nous peut servir en lui le doux ou le terrible, la promptitude et la légèreté? Tout cela nous affecte et tout cela pourtant ne s'adresse pas à quelqu'un de nos besoins. L'expression dans les objets est donc une cause d'affections désintéressées, quel qu'en soit d'ailleurs le sens, pourvu que nous l'entendions. La condition qui fait qu'un objet nous touche esthétiquement, c'est qu'il exprime, et qu'il exprime pour nous, en d'autres termes, que l'expression n'en soit pas pour nous inintelligible.

Mais quelle est la condition qui fait que l'expression nous touche? Voici le moment et le lieu d'y songer plus spécialement.

L'expression n'étant que le symbole de la force, il semble que si l'expression nous touche, c'est qu'elle traduit symboliquement la force à nos yeux ; il semble que dans l'âme ou la force gît la véritable cause des émotions esthétiques. Seulement, comme nous ne pouvons apercevoir l'âme qu'à travers les qualités ou les formes matérielles, l'âme ne peut pas nous affecter directement, et nous affecte alors par les signes extérieurs, ses interprètes ou ses truchements, intermédiaires qui seuls font ici-bas communiquer l'esprit à l'esprit. Du reste, c'est l'esprit, l'âme, la vie, la force qui nous paraît la source des affections désintéressées.

Or cette opinion, malgré sa vraisemblance, est contredite par les faits. Supprimez le signe extérieur qui dénote la vie, vous supprimez en même temps les plaisirs du goût. Si vous donnez à comprendre l'âme et ses attributs, la force et ses qualités, sans l'intermédiaire du symbole, l'âme ou la force ne nous émeuvent plus esthétiquement. L'émotion esthétique exige que l'esprit apparaisse à l'esprit d'abord, puis aussi que l'esprit apparaisse à l'esprit au travers d'un symbole.

Fournissons-en la preuve.

L'âme peut être pour nous exprimée de deux façons : par les symboles naturels et par le langage.

Si nous avons devant les yeux un homme qu'agite une passion, la colère, par exemple, la figure de cet homme exprimera naturellement l'état de son âme, son état passionné; et la vue de sa figure nous affectera nécessairement.

Supposons qu'au lieu d'apercevoir ainsi la colère d'un homme dans sa figure, on s'en vienne avec le langage décrire les divers phénomènes intérieurs qui constituent la situation d'un homme irrité, la description de sa colère par le langage ne nous frappera pas, quand sa traduction par les symboles naturels nous a vivement frappés.

La différence vient des moyens d'expression; d'abord on saisit la colère dans les signes qui la rendent naturellement; ensuite on la comprend dans le langage qui la décrit, sans la voir dans ses signes naturels.

Cette différence ressemble à celle des figures allégoriques et des figures vraies. Entendons-nous sur ces mots.

A l'origine de l'art, la sculpture, pour exprimer les forces naturelles ou morales qui la frappaient dans ce monde, employait des figures d'homme ou de femme, qu'elle entourait de différents symboles, indications de ces forces. La justice, par exemple, c'était une femme, la balance à la main; le printemps, c'était encore une femme, couronnée de verdure et de fleurs : telles sont les figures allégoriques. L'esprit à leur aspect comprenait aussitôt ce qu'on voulait lui dire; toutefois la sensibilité ne s'en émouvait pas esthétiquement. L'art se perfectionnant de plus en plus, la sculpture a définitivement débarrassé les figures de tous ces attributs factices; elle a remplacé les symboles artificiels par les symboles naturels; on a cessé de mettre la balance à la main de la justice; on a mis sur son visage les différents traits qui se remarquent sur la physionomie d'un homme juste; on a rendu les qualités des forces naturelles et morales par les signes qui naturellement les rendent.

Or, entre décrire tel ou tel état de l'âme, et l'exprimer par son expression réelle, il y a la même différence qu'entre l'usage de ces deux moyens dont se sert la sculpture pour manifester la force au dehors. Privée de son expression réelle, mise à nu, dépouillée, la force ne touche plus esthétiquement. La condition *sine quâ non* de son effet, c'est qu'il se produise par la voie de ses symboles naturels.

Là se trouve aussi la différence entre analyser et peindre le cœur humain.

Nous pouvons exprimer le cœur humain par le langage, et nous le faisons parfaitement connaître, nous l'analysons alors, et voilà tout. Nous pouvons en outre, dans le langage, évoquer tous les symboles par lesquels il s'exprime naturellement, et nous le peignons; nous provoquons alors l'expression esthétique. Qu'un naturaliste nous explique comment la force végétative produit un arbre, nous comprenons très bien la force qu'il découvre à nos yeux; nous en comprenons les attributs, les effets, mais nous ne sommes pas émus. Nous le sommes, au contraire, quand un artiste nous représente la force cachée dans l'arbre par les symboles naturels, par l'abondance du feuillage, par l'éclat des fleurs, par l'élégance de la forme. Jadis dans les tableaux on plaçait à la bouche des différents personnages qu'on y représentait, des banderolles sur lesquelles on inscrivait leurs passions ou leurs intentions. La lecture de ces banderolles, sans jamais toucher, apprenait positivement ce qui pouvait occuper l'esprit de tous ces personnages. Je veux tuer cet homme qui dort, disait l'un; et l'autre : Je dors innocemment, tandis que cet homme, qui s'avance, veut me tuer. Aujourd'hui l'on fait dormir l'un innocemment, et l'on imprime sur la physionomie de l'autre la pensée d'un assassinat. Mais il en est de ces banderolles, de ces inscriptions, comme il en est de l'analyse. Ce qui se passe au fond du cœur humain ne nous affecte guère, quand, au lieu d'exposer sur la figure de l'homme les agitations de son âme, on les décrit philosophiquement, on les détaille nettement et précisément.

Par là diffèrent la peinture et l'analyse, le poëte et le philosophe. Par là diffèrent Molière et Vauvenargues, Molière et Marivaux. Molière est artiste, il évoque les symboles naturels qui manifestent les passions. Vauvenargues et Marivaux sont philosophes et ne touchent pas comme Molière; ils analysent tous deux le cœur humain; Marivaux est seulement un peu plus artiste que Vauvenargues, en ce qu'il a mis les hommes en action.

Pour qu'il y ait émotion esthétique, il ne suffit donc pas que la force comprenne la force, que l'âme s'offre à l'âme; il faut de plus, absolument, que l'âme s'offre à l'âme par ses signes naturels; qu'à travers les symboles naturels, la force comprenne la force. Il ne faut pas uniquement expliquer l'homme; il faut l'exprimer.

Là se trouve encore le germe de la différence qui sépare l'éloquence de la poésie.

L'éloquence veut démontrer que telle chose est, que telle chose n'est pas. Son but consiste à prouver ce qui est ou n'est pas; et ses preuves se rencontrent dans l'analyse des faits; son moyen se trouve par conséquent dans l'analyse philosophique. La poésie, l'art ont pour but, non pas de prouver ce qui est ou n'est pas, mais d'exprimer ce qui est et de l'exprimer par l'expression naturelle. Faut-il faire savoir qu'un homme est avare? l'artiste ne dira pas : cet homme est avare; c'est là le propre de l'orateur : l'artiste peindra l'avarice de cet homme dans tous ses traits, dans toutes ses habitudes, dans toute sa conduite. Or l'artiste ou le poëte, ou le peintre nous touche; l'orateur, le démonstrateur éloquent nous convainc seulement.

Maintenant si l'on demande pourquoi la force qui nous plaît dans les objets extérieurs ne nous plaît pas dépouillée de ses symboles naturels, voici peut-être ce que nous pourrons répondre : Nous ne voyons jamais la force face à face; nous ne sommes accoutumés à la voir que derrière les formes matérielles qui enveloppent et couvrent ici-bas toutes les forces; nous n'apercevons que la nôtre immédiatement et directement. Quand donc on nous décrit ce qui se passe à l'intérieur d'une force, c'est la nôtre qu'on nous rappelle; c'est en nous qu'on nous force à rentrer; c'est nous qu'on nous retrace; tandis qu'en révélant une force par les symboles naturels, on nous présente la force qui n'est pas nous et qui nous ressemble, la force étrangère avec laquelle nous avons été mis en contact et en sympathie.

De là vient qu'en analysant ce qui se passe dans le cœur humain, l'on instruit et l'on ne touche pas. L'émotion esthétique est un fait entièrement sensible; il faut donc, pour la produire, s'adresser à la sensibilité. Ce ne sont pas des idées qu'il faut mettre en usage, ce sont des moyens sensibles. Les idées affectent l'intelligence seulement, les moyens sensibles affectent la sensibilité, non sans atteindre aussi l'intelligence. Les idées frappent l'intelligence, et ne descendent pas jusqu'à la sensibilité. Les moyens sensibles frappent la sensibilité, puis par la sensibilité, l'intelligence.

On conçoit par là qu'elle est l'erreur des écrivains qui cherchent la vérité sans chercher la réalité. Un homme étant placé dans une certaine situation, ces écrivains racontent parfaitement tous les sentiments opposés qui l'agitent, les combats qu'il éprouve, les déterminations qu'il prend : telle est la manière de Richardson et de l'abbé Prévost. Or, ils ne touchent pas. Le peintre, en effet, ne doit pas dire : Voilà ce qui se passe dans le cœur d'un homme. Le peintre dit : Cet homme change de figure, voilà quelle devient son attitude; voilà les mouvements qui se succèdent sur sa physionomie; voilà les paroles qui lui sortent de la bouche; alors nous atteignons l'âme par ses symboles, nous sentons et nous sommes émus. Telle est la manière de Molière. Richardson et l'abbé Prévost sont vrais de la vérité philosophique; Molière est vrai de la vérité réelle.

La passion laissée à elle-même, la passion dans l'âme d'un paysan, se traduit au dehors par certaines paroles, certains actes, certaines expressions de figure. Ces expressions de figure, ces actes, ces paroles, sont les symboles naturels de la passion. Par ces expressions de figure, par ces actes, par ces paroles, il faut peindre la passion pour la peindre réellement. Ainsi procède l'artiste; autrement procède le philosophe ou l'artiste qui n'entend pas son art. Ils ne représentent pas la passion par ses signes réels; ils en décrivent les mouvements intérieurs; ils font parler l'homme passionné; ils lui font dire, par exemple : Je suis en colère, au lieu de ne le lui pas faire dire et de montrer sa colère dans tous ses actes, dans le moindre de ses gestes. Le philosophe donne à voir, et ne donne pas à sentir.

Aussi l'esprit scientifique ou philosophique est-il contraire à l'esprit du peintre ou du poëte. Quand on a pris la coutume de constater ce qui est, on ne sait plus représenter ce qui paraît. Le philosophe ne peut pas s'arrêter aux traits extérieurs des passions; il ne sait pas que certaine position de l'âme s'exprime par certains gestes, par certains discours, par certaine façon d'agir; ce qu'il sait, c'est l'intérieur, c'est le fond. L'artiste au contraire ne connaît pas le fond, il connaît la surface, l'extérieur, il ne regarde que le symbole, il en apprécie la valeur, il considère comment le dehors exprime le dedans, et comme il s'agit de l'expression dans les arts, l'artiste représente le cœur humain, le philosophe en fait la science. Tel est le philosophe, tel est l'artiste.

Or, l'artiste quelquefois ne peut pas hésiter sur l'emploi des symboles naturels; il n'a pas à choisir entre la science et l'art. Le peintre, proprement dit, par exemple, ne saurait jamais malgré lui devenir philosophe, ses seuls moyens étant les formes, les couleurs, et les formes, les couleurs étant des symboles naturels. D'autres fois l'artiste peut choisir, comme dans la poésie qui peut montrer aussi bien la force que ses symboles, ses phénomènes intérieurs aussi bien que ses manifestations extérieures. Le langage peut en effet devenir philosophique tout comme poétique. Le poëte court donc un danger que ne court pas le peintre. L'un est réduit à l'extérieur, l'autre est dans le cas de préférer à l'extérieur l'intérieur. C'est au poëte particulièrement que s'applique ainsi la distinction de la science et de l'art.

# VINGT-DEUXIÈME LEÇON.

Régularisation des recherches sur l'expression. — Point de départ du cours. — Résumé de la marche suivie et des découvertes obtenues. — Propositions à établir concernant l'expression : 1° Toutes les choses matérielles expriment ; 2° elles expriment la nature immatérielle ou la force. — Preuve *à priori*. — Preuve *à posteriori*. — Que toute apparence sensible élémentaire éveille en nous une idée morale. — Différentes classes d'apparences élémentaires. — — Alphabet des arts. — Pourquoi il y a des symboles inintelligibles.

Après avoir découvert ce fait important que les choses matérielles expriment, j'avais jusqu'ici vainement cherché la méthode à suivre pour exposer les différentes conséquences qui doivent en résulter.

J'entrevois aujourd'hui la manière dont on peut mettre en œuvre ce fait important et fécond, et je vais en commencer l'explication.

Replaçons-nous bien d'abord dans la question d'où nous sommes partis, et qui nous a conduits à découvrir le fait du symbole ou de l'expression des choses matérielles.

Nous avons entrepris d'expliquer les émotions agréables qu'on nomme plaisirs du beau.

Nous avons donc en premier lieu parcouru les divers principes par lesquels on avait déjà tenté d'expliquer ces sortes d'émotions agréables.

Les uns sont entièrement étrangers à leur production; ainsi l'utilité.

Les autres ne nous paraissent que les conditions de leur production ; ainsi l'unité et la variété.

D'autres nous semblent exercer sur leur production certaine influence, l'altérer, la modifier, la suspendre, sans qu'on puisse pourtant les proposer comme les vrais principes des plaisirs du beau; ainsi l'habitude, ainsi la nouveauté.

Le vrai principe du beau, nous ne l'avons pas encore conséquemment trouvé.

Mais nous croyons enfin maintenant posséder ce principe; nous croyons avoir le fait qui doit expliquer les émotions agréables que nous appelons les plaisirs du beau; seulement ce fait n'est pas identique au principe du beau; ce fait le comprend en étant plus général que lui; il explique les émotions que le beau nous cause, et de plus toutes les émotions que l'utile ne nous cause pas. Ce qu'il y a d'étonnant dans le phénomène du beau, c'est que des choses, qui ne nous font et ne nous feront ni bien ni mal, puissent pourtant nous faire plaisir ou peine; c'est que la jouissance par nous ressentie, quand le beau se montre à nous, n'est pas la jouissance que nous ressentons, quand quelqu'un de nos besoins se satisfait ou que nous en prévoyons la satisfaction; c'est qu'en face du beau, nous sommes touchés, sans savoir quel profit nous tirerons du beau, ce qu'il nous en reviendra. Tel est le mystère qu'il faut approfondir. Or le fait de l'expression, croyons-nous, rend compte de l'émotion désintéressée, qu'elle soit agréable ou non, qu'elle soit produite par le beau, produite par le laid, n'importe; il rend compte de toutes les émotions désintéressées possibles, et l'émotion qu'on nomme plaisir du beau, se trouve dans le nombre. Plus général et plus large que le principe du beau, le fait de l'expression le renferme donc; et lorsque nous aurons vu ce que c'est que l'émotion désintéressée, nous aurons à voir ce que c'est que l'émotion désintéressée qui constitue le beau.

Constatons bien ce que nous avançons dans ce préambule.

Tout ce qui nous apparaît au sein de la nature extérieure est un symbole de la nature immatérielle, vivante, active, morale, intelligente, invisible, ou de l'âme : premier point à constater.

Cela posé, reste à reconnaître si le symbole de la nature immatérielle, vivante, active, morale, intelligente, invisible, ou de l'âme, est pour nous réellement une source d'émotions désintéressées : second point à constater.

Après avoir de la sorte remarqué si tout exprime autour de nous, et si l'expression nous affecte de l'émotion sans intérêt, reste à reconnaître le rapport de l'expression et du beau. Le beau n'est-il qu'un mode particulier de l'expression? Quel est ce mode particulier de l'expression?

Nous allons aujourd'hui philosophiquement et méthodiquement établir que tous les objets extérieurs expriment; qu'ils expriment la force, l'âme, la nature spirituelle, productive, énergique.

Or nous pouvons, dans ce but, procéder de deux manières : *à priori*, comme nous avons déjà procédé; puis *à posteriori*, comme nous procéderons dorénavant de préférence.

Déjà nous avons démontré qu'autour de nous se manifestent à nous les qualités des corps et des phénomènes ; que les qualités des corps et les phénomènes sont les effets de la force ou de l'âme, c'est la même chose, ou de la nature spirituelle, productive, énergique, c'est encore la même chose; et qu'ainsi par la conséquence la plus logique, les qualités des corps et les phénomènes qui sont les effets de la force, en sont aussi les symboles.

*A priori* donc, s'il est vrai que tout ce qui nous apparaît, résulte de la force, tout ce qui nous apparaît, en résultant de la force, l'exprime.

C'est la méthode *à priori* de prouver que tout exprime ici-bas.

Employons maintenant la méthode *à posteriori*.

Nous ne pouvons pas expérimenter si les qualités des corps et les phénomènes sont des effets de la force. Nous ne pouvons pas voir la cause qui les produit, la force, leur cause, étant invisible. Mais il est possible, par l'expérience, de montrer si véritablement les qualités des corps et les phénomènes sont les symboles de quelque chose qui ne se saisit pas, et qui a vie et esprit. Nous nous y prendrons de la façon suivante.

Toutes les apparences des objets proviennent évidemment de la réunion d'un certain nombre d'apparences élémentaires, qu'on peut distinguer et déterminer.

La figure humaine, par exemple, se réduit à plusieurs éléments, qu'il est permis de compter : des formes, des couleurs, des mouvements, et de plus, quand l'homme parle, des sons.

De même, tous les objets matériels se décomposent en plus ou moins d'apparences élémentaires, dont les apparences totales sont les combinaisons.

Ces apparences élémentaires, nous allons les énumérer. Voici les principales : la forme, l'étendue, la couleur, le son, le mouvement, l'âpre et le poli, la solidité de surface, etc.

Or, si nous considérons à part quelqu'une de ces apparences ou qualités élémentaires, quelque forme, quelque étendue, quelque son, quelque mouvement, il s'élève en nous, et c'est d'observation psychologique, deux idées distinctes : la première est celle de la qualité que nous apercevons ; la seconde, celle de quelque chose de moral.

Qu'on trace devant nous, par exemple, une certaine ligne ; d'abord nous avons l'idée de cette ligne ; puis, cette image réveille en nous une idée morale ; et l'idée morale que l'image réveille en nous, c'est ce que l'image exprime, c'en est le sens occulte et mystérieux. Voilà ce qui rend les apparences élémentaires des symboles.

Or, maintenant pour apprécier la vertu symbolique de ces apparences élémentaires, il suffit d'en comparer ensemble deux quelconques, deux formes, par exemple, l'ovale et le carré ; deux mouvements, l'un rapide et l'autre lent ; deux couleurs, l'une forte et l'autre douce ; deux sons, l'un grave et l'autre aigu. L'on voit aisément que ces deux sons opposés, ces deux couleurs contraires, se présentent à l'esprit sous deux images différentes, et de plus excitent en lui deux idées morales différentes.

Deux idées morales différentes s'élèvent en nous à l'aspect de l'ovale et du carré, de la ligne droite et de la ligne serpentine. Le son grave ne cause pas en nous l'impression morale qu'y cause le son aigu. Le mouvement rapide ne produit pas sur nous le même effet moral que le mouvement lent, et ainsi de suite.

Comment donc arrive-t-il que quand on oppose ou deux mouvements, ou deux sons, ou deux formes, il s'opère en nous, outre l'introduction de deux images dans l'esprit, la production de deux effets moraux. Deux formes ou deux lignes ne sont donc pas seulement deux formes ou deux lignes, ce sont encore deux expressions de quelque chose que nous ne voyons pas. Après leur sens immédiat et physique, il y a de plus leur sens intérieur et caché.

Quand on oppose ou deux mouvements, ou deux sons, ou deux formes, il s'élève en nous deux impressions morales. Deux formes ou deux lignes, que l'on fait contraster, nous causent deux affections morales très distinctes. Chacune de ces deux lignes, prise à part, doit conséquemment avoir un sens, derrière le sens apparent qu'elle a pour tous les yeux. Peut-être ce sens intime et moral nous ne le reconnaîtrions pas dans chacune d'elles isolément et sans le contraste qui le met en saillie ; toujours est-il

11.

que deux formes qui possèdent chacune leur sens moral quand on les place vis-à-vis l'une de l'autre, ne cessent pas de le posséder quand on les considère l'une et l'autre séparément. L'ovale dont la signification ressort bien, si nous le mettons en face du carré, l'ovale seul signifie cependant quelque chose, puisqu'il signifie quelque chose en face du carré, quoiqu'il semble seul ne rien signifier, parce que sa signification ne ressort pas. Concluons en disant : Toutes les apparences élémentaires ont chacune un sens moral.

Autre preuve. Prenez d'un côté un certain mouvement et d'autre côté un certain son, le mouvement et le son vous causeront le même effet moralement. Le pas lent, solennel, de la procession, par exemple, vous affectera moralement de la même affection que le chant grave de la musique d'église. Quel est pourtant le rapport physique du mouvement et du son? Le mouvement ne ressemble aucunement au son. Pour que le mouvement et le son, qui ne se ressemblent aucunement, produisent la même impression sur nous, il y a nécessairement en eux plus que leurs qualités extérieures, plus que leur sens perceptible; il y a quelque sens expressif et symbolique. Les qualités extérieures ont le pouvoir de représenter l'invisible. Les choses matérielles signifient la chose immatérielle et morale.

Ainsi, décidément toutes les apparences élémentaires dont se composent les apparences des objets, ont chacune un sens moral, par delà leur sens physique.

Mais ces apparences élémentaires, qui toutes ont un sens moral, ne se ressemblent pas, et toutes cependant expriment la même chose. Le son diffère du mouvement; le mouvement diffère de la forme; et l'âme, la nature morale, est représentée par des sons ou collections de sons, par des mouvements ou collections de mouvements, par des formes ou collections de formes. Tous ces symboles expriment la même chose, chacun à sa manière.

De sorte que nous devons considérer ces symboles ou ces différentes classes d'apparences élémentaires comme autant de langues qui rendent, chacune à sa manière, la nature immatérielle, vivante, active, morale, intelligente, invisible.

Ces langues se sont partagées entre les arts qui s'occupent d'exprimer l'âme. La musique a pris les sons, la danse les mouvements; la sculpture les formes, la peinture les formes et les couleurs ; la poésie seule peut évoquer tour à tour tous ces symboles, la poésie parle toutes ces langues.

Ces langues aussi, véritables langues, ont leur alphabet; cet alphabet n'est pas rédigé; toutefois il est fait dans la tête de tous les artistes à leur insu. Le peintre saisit la différence de la forme plus ou moins ovale; c'est comme s'il saisissait la différence de la lettre M et de la lettre N. Pareillement l'alphabet des sons existe dans l'esprit du musicien; l'alphabet des mouvements dans celui du maître de ballets.

Ce qu'il serait intéressant de faire, c'est le tableau comparatif de tous ces alphabets. L'on recueillerait tout ce que sait la peinture sur les formes, la danse sur les mouvements, et la musique sur les sons; puis l'on placerait en regard les signes divers que ces arts emploient pour exprimer l'âme. Alors on connaîtrait la différence de ces arts; on jugerait ce qu'il leur est permis de représenter avec les symboles que chacun d'eux a choisis, avec la langue que chacun d'eux s'est mis à parler. On déciderait alors facilement la destination de chacun d'eux, sa portée, sa limite, grâce à l'alphabet comparé de toutes les apparences élémentaires.

Pour rentrer dans la question, s'il suit de tout ce qui précède qu'en prenant à part les formes, les couleurs, les sons, les mouvements, chaque forme, chaque couleur, chaque son, chaque mouvement a son sens et représente l'âme, il saute aux yeux que les objets et les phénomènes naturels ont aussi leur sens et sont aussi les symboles de l'âme. Les objets et les phénomènes naturels consistent en combinaisons plus ou moins compliquées de tous ces éléments de ces apparences élémentaires. Le bruit du vent et le murmure de l'eau ne manquent pas de sens; phénomènes composés de sons et de mouvements, ils expriment quelque chose. La figure d'un animal et la figure d'un arbre sont des objets symboliques; car les formes, les couleurs les constituent, et quand l'élément signifie, le composé doit signifier, comme les éléments qui y donnent lieu.

Tous les objets et tous les phénomènes naturels ont donc un sens; ils expriment.

Mais le sens qu'ils ont n'est pas toujours intelligible pour nous; nous ne comprenons pas toujours ce qu'ils expriment.

L'homme ne doute pas que tout ne soit symbolique; car l'objet même dont la signification paraît la plus incompréhensible peut avoir un sens, et l'homme qui souvent interroge et consulte la nature, l'artiste cherche ce sens, le sens de la pierre par exemple, comme celui de l'animal ou de l'arbre.

Le caillou qui roule sous nos pieds signifie donc quelque chose, puisqu'on demande ce qu'il signifie; seulement nous ne le découvrons pas toujours.

Pourquoi ne le découvrons-nous pas? Pourquoi comprenons-nous certains symboles et ne les comprenons-nous pas tous? Pourquoi s'en trouve-t-il d'intelligibles et d'inintelligibles? C'est une question.

Si le sens de la pierre ne nous apparaît pas, c'est que dans la pierre chacun des symboles élémentaires qui la composent est peu prononcé, peu saillant. Si la forme, par exemple, était un ovale, un cercle, un octogone parfait, sa signification ne nous échapperait pas; mais sa forme n'est rien moins que précise : sa couleur aussi rien moins que décidée. Tous les autres symboles, qui signifient principalement, le son, le mouvement, ne s'y rencontrent pas; le peu de symboles qui s'y rencontrent restent indéterminés. La pierre exprimera quand vous changerez sa forme et sa couleur, quand vous la sculpterez, même quand vous vous contenterez uniquement d'en régulariser la figure, quand vous lui donnerez l'éclat du diamant. La pierre ne dit pas grand chose, parce que ses signes élémentaires ne ressortent pas assez; c'est un mot griffonné, mal écrit; il y a là des lettres, nous le savons; nous ne pouvons pas néanmoins les déchiffrer.

Ainsi diffèrent les objets et les phénomènes intelligibles des phénomènes et des objets inintelligibles.

Remarquons ici qu'à mesure qu'on s'élève dans l'échelle des êtres, on arrive à des objets de plus en plus intelligibles; on comprend de mieux en mieux le pouvoir symbolique des objets; on parvient effectivement à des symboles plus prononcés et en même temps plus nombreux : ils ressortent tout à la fois et se multiplient. Le règne minéral n'a que la forme et la couleur; le règne végétal a la forme, la couleur, le mouvement et d'autres symboles encore; l'animal et l'homme les ont tous au plus haut degré. Là les symboles s'accumulent, et même ils se succèdent; en sorte que la figure de l'homme n'est pas seulement un mot; tous les symboles s'y réunissent, forme, couleur, son, mouvement, et les autres. Certains symboles s'y succèdent continuellement ; les inflexions de voix changent, les expressions des regards et de la physionomie varient sans cesse, et se lient dans leur variation. La figure de l'homme n'est pas seulement un mot, c'est une phrase complète, c'est un discours.

A ce degré d'expression, on ne doute plus que les objets expriment. On ne conteste pas que la figure de l'homme, par exemple, ait du sens, que nous n'ayons pas uniquement l'idée de sa figure quand nous l'apercevons, que nous ayons encore l'idée de ce qui se passe en lui. Nous lisons sur sa physionomie s'il est en colère, triste ou tremblant ; nous le lisons sans erreur aucune. Or, ce qui constitue l'expression dans la figure de l'homme, ce sont des symboles élémentaires, des formes, des couleurs, des mouvements, et les formes, les couleurs, les mouvements, tous ces symboles élémentaires se retrouvent dans tous les objets possibles, plus ou moins : tout, plus ou moins, exprime donc. Mais nous ne comprenons pas tout ; et si nous ne comprenons pas tout, c'est d'abord, nous l'avons vu, c'est qu'il y a des objets où les symboles élémentaires sont peu prononcés et peu nombreux ; c'est ensuite qu'il y a beaucoup d'objets que nous n'étudions pas assez, et beaucoup d'objets que nous ne regardons pas assez.

Il y a beaucoup d'objets que nous n'étudions pas assez, nous les croyons inintelligibles ; ils ne le sont pas cependant. Un arbre qui ne dit rien du premier coup d'œil, quand nous l'examinons quelque temps, nous commençons à voir qu'il n'est pas sans expression. Les artistes trouvent de l'expression dans le moindre des objets, du sens où nous n'en pouvons pas découvrir ; là pourtant nous aussi nous en pourrions, comme eux, découvrir ; il ne s'agirait que d'apprendre, afin de comprendre tout ce que comprennent les artistes, la langue des symboles. C'est une intelligence qui demande certaine éducation, certaine étude. Il y a beaucoup de symboles que tout le monde entend et devine ; il y en a beaucoup plus dont on ne saisit le sens qu'après l'avoir étudié.

Nous n'étudions pas assez les objets pour en saisir la signification ; nous ne les regardons même pas assez quelquefois ; nous n'y faisons pas assez d'attention ; nous passons à côté d'eux sans y porter les yeux ; nous les croyons inintelligibles, et si nous avions jeté sur eux un coup d'œil, ils auraient montré quelque chose à l'esprit.

Ainsi voulons-nous comprendre, il faut regarder; le regard ne suffit-il pas, il faut étudier; l'étude ne réussit-elle pas plus que le regard, il faut désespérer de comprendre.

A ce compte, il y a donc peut-être des symboles inintelligibles, des objets dont le sens doit nous échapper; toujours est-il que tout a du sens, que tout exprime.

# VINGT-TROISIÈME LEÇON.

Si l'expression, caractère commun de toutes les apparences matérielles, est une source d'émotions? — Diverses classes d'émotions. — Que la forme sensible des objets, indépendamment de leur action actuelle ou possible sur nous, est le principe de l'émotion désintéressée. — Double élément de la forme sensible : la qualité matérielle et l'expression. — Rôle du premier élément. — Exposition et réfutation du système de Burke. — Que l'émotion esthétique prend sa source dans le pouvoir symbolique des choses. — Effets différents produits par l'expression.

Nous avons vu que l'expression est le caractère commun de toutes les qualités des objets matériels. Voyons si l'expression, caractère commun de toutes les qualités des objets matériels, est une cause d'émotions.

Et d'abord revenons sur la différence des émotions que produisent en nous les choses extérieures.

Parmi les émotions que nous éprouvons, il en est qui viennent du dehors, et d'autres qui arrivent du dedans; celles-ci partent de l'homme, celles-là s'y rendent. Pour diviser les émotions d'après leur cause, nous les partagerons donc en deux classes : celles que nous produisons, et celles que produisent sur nous les choses extérieures.

Parmi ces dernières, les unes sont intéressées, les autres désintéressées.

Une chose extérieure nous fait du bien ou du mal, et le bien et le mal qu'elle nous fait, nous cause une émotion : c'est l'émotion intéressée. Une chose extérieure ne nous est pas dans le moment utile ou nuisible; seulement nous prévoyons qu'elle nous fera par la suite du bien ou du mal, et le bien ou le mal que nous prévoyons qu'elle nous fera par la suite, nous cause pareillement une émotion; c'est encore l'émotion intéressée. On comprend parfaitement cette espèce d'émotions. Notre nature, douée de tendances, s'émeut, doit souffrir ou jouir, quand ses tendances sont actuellement ou peuvent être plus tard empêchées ou favorisées.

D'un autre côté, certaines choses extérieures qui ne nous font ni ne se préparent à nous faire du bien ou du mal, nous affectent cependant par cela seul que nous les apercevons, nous causent une émotion. Cette émotion qui n'a pas pour principe la considération de son bien ou de son mal, le retour sur soi, l'égoïsme, c'est l'émotion désintéressée.

Quel est le principe de l'émotion désintéressée? Comment s'en rendre compte? Comment l'expliquer?

Nous l'expliquons par la vertu symbolique des choses extérieures. Si l'on veut constater que telle en est l'explication véritable, il suffit de chercher dans le spectacle que les choses extérieures présentent, les raisons possibles qui font que ces choses excitent en nous l'émotion désintéressée.

Quand il s'agit de l'émotion intéressée, ce qu'il y a de sensible dans les choses extérieures ne contribue en aucune manière à sa production. Le pain, par exemple, la produirait toujours, fût-il de blanc devenu noir, eût-il perdu toutes les qualités qu'il a, pourvu cependant qu'il eût conservé celle de nous rassasier, propriété qui ne frappe aucun de nos sens.

Quand il s'agit, au contraire, de l'émotion désintéressée, la cause doit s'en rapporter entièrement à ce qu'il y a de sensible dans les objets extérieurs, indépendamment de leur action actuelle ou possible sur nous; car abstraction faite de l'effet des choses sur nous, les choses ne sont pour nous que ce qu'elles apparaissent. C'est donc leur aspect seul qui est la source de l'émotion désintéressée; ce n'est pas leur mise en contact avec nous, c'est uniquement leur contemplation.

Or, nous savons maintenant à quoi nous en tenir, sur la partie sensible des choses.

Toute chose, avons-nous dit, se compose de matière agrégée par la force. Il n'y a dans toute chose que matière, force, puis agrégation.

Nous ne voyons pas la matière; nous ne voyons pas la force. La force et la matière ne nous tombent pas évidemment sous les sens.

Que reste-t-il aux choses de sensible? C'est l'agrégation, le mode d'agrégation et ses conséquences, la forme, l'étendue, la couleur, le mouvement, le son, l'âpreté ou la douceur, le plus ou moins d'élasticité.

S'il faut chercher dans la partie sensible des choses, la cause de l'émotion désintéressée, on la trouvera donc dans l'agrégation, dans les qualités apparentes des corps.

Mais dans ces qualités apparentes des corps, nous devons distinguer encore.

Lorsque nous entendons un son aigu, nous en avons d'abord l'idée ; l'image s'en peint à notre esprit. Nous savons que ce son n'est pas une couleur, qu'il est un son ; que ce son n'est pas grave, qu'il est aigu. Dans les qualités apparentes des corps, nous saisissons donc d'abord ces qualités elles-mêmes.

Ensuite ces qualités matérielles et physiques nous révèlent certaines qualités morales, qui ne nous apparaissent pas, et que nous concevons à leur occasion. Dans les qualités apparentes des corps se trouve donc de plus un pouvoir expressif ou symbolique ; de sorte que nous devons y distinguer : 1° Ces qualités elles-mêmes, qualités sensibles qui nous frappent ; 2° le rapport de ces qualités sensibles qui nous frappent avec la force qui ne nous frappe pas, mais se traduit à nous par leur intermédiaire ; en un mot, l'apparence et l'expression.

Or le principe de l'émotion désintéressée que renferment les qualités apparentes des choses, des objets ou des corps, se trouve dans l'un ou l'autre de ces deux éléments ; mais dans lequel ? Ne serait-ce que la sensation produite sur nos sens par les qualités physiques de ces choses ? Ou bien n'est-ce pas l'idée morale que la sensation produite sur nos sens par les qualités physiques de ces choses, provoque en nous et fait concevoir à l'esprit ?

Un écrivain, adoptant la première de ces deux opinions, a soutenu que la sensation produite sur nos sens, par les qualités physiques des objets, que l'effet matériel opéré sur nous par la forme, la couleur, le mouvement, constitue le principe de l'émotion esthétique ou désintéressée, de l'émotion du goût. Cet écrivain est Burke.

Burke distingue deux faits dans la sensation : l'un, fait physique, celui qui vient d'abord ; l'autre, fait moral, qui résulte du fait physique et qui vient à sa suite. Les choses extérieures nous affectent physiquement de deux manières différentes. Le nerf optique, par exemple, est tantôt dilaté, tantôt contracté ; les couleurs douces le dilatent ; les couleurs vives et tranchées le contractent. De même pour le nerf auditif ; les sons heureusement modulés le dilatent ; les sons aigus et brusques le contractent. De même pour tous les autres sens ; contraction ou dilatation, c'est à quoi se réduisent, dit Burke, toutes les impressions matérielles qu'excitent en nous les choses extérieures. Voilà le fait physique.

Voici maintenant le fait moral. Ainsi que certaines passions prennent sur la figure de l'homme certaines expressions correspondantes, ainsi les expressions prises sur la figure de l'homme réveillent en lui les passions qui leur correspondent. Par exemple, quand je suis irrité, je donne à ma physionomie l'expression de la colère ; sans être irrité, quand je donne à ma physionomie l'expression de la colère, je deviens irrité, plus ou moins irrité ; l'expression de la passion amène la passion.

Burke conclut de là qu'il n'est pas indifférent de voir l'effet dont les objets affectent nos sens, nos organes matériels. Le nerf optique, le nerf auditif, les autres nerfs sensibles, sont-ils contractés ou dilatés par les objets ? Les impressions physiques réagissant sur l'âme de la manière que nous avons vue, on peut, à son avis, y trouver la cause de quelques émotions morales. Il y trouve, lui, la cause de toutes les émotions désintéressées. Burke résout toutes les émotions esthétiques ou désintéressées dans l'émotion du sublime et dans l'émotion du beau ; puis il rapporte à la dilatation l'émotion du beau, l'émotion du sublime à la contraction. Les objets produisent sur nos sens, selon leurs qualités, le phénomène matériel de la contraction ou de la dilatation. Ce phénomène de la contraction ou de la dilatation produit sur nos sens, il naît en nous l'émotion du sublime ou l'émotion du beau. Telle est en résumé la manière dont s'élèvent en nous, d'après Burke, les émotions esthétiques.

Il n'y a donc pas besoin, selon lui, que les objets expriment pour qu'ils nous émeuvent ; il leur suffit d'avoir des qualités sensibles ; la cause de l'émotion désintéressée gît dans leur apparence matérielle ; elle n'est que la sensation soulevée par leurs propriétés visibles.

Que cette explication de Burke ne soit pas exacte et complète, qu'il n'y tienne pas compte de tous les faits, rien n'est plus facile à prouver.

D'abord, si toutes les émotions esthétiques résultent de deux faits physiques, la contraction ou la dilatation, toutes les émotions esthétiques se réduisent conséquemment à deux, plus ou moins fortes sans doute, suivant le plus ou moins grand degré de la contraction ou de la dilatation, mais qui ne vont pas au-delà de deux; il ne correspond aux deux faits sensibles que deux émotions dont la vivacité seule peut varier; de manière que dans toutes les émotions esthétiques ou désintéressées, nous devrions retrouver à un degré ou à un autre celle du sublime ou celle du beau. Or, mettons-nous en face d'un acteur qui joue soit la tragédie, soit la comédie; plaçons-nous devant un tableau plein d'expression; n'éprouvons-nous alors que deux émotions dont la vivacité seule varie? N'en éprouvons-nous pas mille différentes? Ne ressentons-nous pas la jalousie, la colère, la pitié, l'amour? Entre la jalousie, la colère, la pitié, l'amour, n'y a-t-il d'autre différence que la différence de la contraction ou de la dilatation? Toutes ces passions ne nous semblent-elles que les degrés divers de deux passions fondamentales? Quand Talma joue la tragédie, nous répétons en notre âme toutes les passions que nous voyons tour à tour s'exprimer sur la figure de l'acteur, et n'en répétons-nous que deux? La figure de l'acteur n'en exprime-t-elle que deux? Évidemment il y en a beaucoup plus; le nombre en est même incalculable, et leurs différences ne sont pas du plus au moins; ce sont des différences de nature, et la langue a pour nommer ces mille émotions différentes, mille noms divers.

D'ailleurs, en nous arrêtant à l'opinion de Burke, pourrions-nous expliquer comment nous sommes affectés de deux façons très contraires, par la figure qui exprime la douceur, et par la figure qui exprime l'hypocrisie? Nous est-il permis de percevoir avec nos organes assez de différence entre la figure hypocrite et la figure douce, pour que la figure hypocrite produise la contraction, et la figure douce la dilatation? Se trouve-t-il assez de différence à sentir entre leurs formes, leurs traits, leurs regards, pour que le nerf optique soit par l'une contracté, par l'autre dilaté? Burke ne peut justifier son opinion qu'en courant aux termes extrêmes. Il ne lui faut rien moins que la ligne des Alpes d'un côté, et de l'autre côté la physionomie d'une femme.

Autre objection plus puissante. La poésie que nous lisons nous cause des émotions esthétiques, et quand nous lisons de la poésie, les qualités physiques des objets qu'évoque le poëte peuvent-elles agir sur nos sens? Quand nous lisons les descriptions d'Homère, les apparences ou les formes des choses qu'Homère nous décrit, peuvent-elles exciter sur nos organes un effet matériel? Ces choses que le poëte nous représente, ce n'est pas l'œil qui les voit, ni l'oreille qui les entend, c'est l'esprit seul qui les saisit ; tout se passe alors dans l'imagination, rien dans les sens qui jouissent du plus parfait repos à la lecture des descriptions poétiques. Les objets n'arrivent pas à l'âme par le moyen des sens ; ils y vont directement sans contracter nos organes, sans les dilater. Au compte de Burke la poésie ne pourrait donc pas absolument nous causer des émotions esthétiques, et la poésie cependant nous en cause sans nul doute.

Ensuite tout objet qu'on voit produit sur l'œil un effet. Nous n'apercevons rien sans que le nerf optique ne soit contracté plus ou moins, ou dilaté. Tout objet doit donc, à admettre le système de Burke, éveiller quelque émotion esthétique; et cependant une foule d'objets n'en éveillent réellement aucune.

Bien plus, à admettre encore le système de Burke, tout objet qui cause quelque émotion esthétique, doit la causer également et semblablement pour tout le monde. Car tout le monde a les oreilles et les yeux faits de la même manière. Et cependant une foule d'objets ne sont pas beaux pour tout le monde. Remarquons en passant que si le système de Burke n'explique pas ces différences, le système de l'expression les explique raisonnablement par la plus ou moins grande intelligence des symboles.

Enfin l'amitié, l'amour, la pitié, comme les émotions du goût, sont des émotions désintéressées ; du moins l'on peut aimer son ami sans retour sur soi. L'amour et la pitié peuvent aller sans égoïsme. Si donc la sympathie paraît à Burke la cause de l'amitié, de l'amour, de la pitié, c'est par la sympathie qu'il faut pareillement expliquer les émotions esthétiques, émotions désintéressées aussi. Car la manière dont un homme nous plaît, nous le verrons, est identique à la manière dont nous plaît un objet de l'art; dans le cas contraire, si les émotions du goût ne dérivent pas de la sympathie, c'est l'amitié, l'amour, la pitié qu'il faut alors expliquer par la cause des émotions ou des plaisirs du goût. Mais le moyen maintenant d'expliquer l'amitié, l'amour, la pitié par la contraction ou par la dilatation du nerf optique?

Concluons que l'apparence matérielle des choses ne rend pas raison des émotions esthétiques ou désintéressées. Ce n'est pas à dire que l'observation de Burke soit fausse ; le fait que Burke établit est vrai ; seulement il n'est pas la cause principale des émotions esthétiques.

Cette cause que nous ne trouvons pas dans l'apparence matérielle des objets, nous devons la chercher et nous ne pouvons plus la trouver que dans le rapport de leurs apparences matérielles avec la force ou la nature spirituelle qui perce au travers. Nous avons eu souvent occasion de le répéter ; il y a pour tout objet trois parties : la force, la matière, et l'agrégation de la matière, des molécules matérielles par la force ; la matière ne se sent pas, la force non plus. Cependant ce qui me cause les émotions esthétiques est sensible, puisque je n'en éprouve plus, si je me bouche les oreilles ou me ferme les yeux. Ce qui me cause les émotions esthétiques est donc l'agrégation. Mais elle-même, l'agrégation, comprend deux parties : les qualités physiques et le pouvoir expressif de ses qualités physiques, leur vertu symbolique. Les qualités physiques de l'agrégation n'expliquant pas les plaisirs du goût, reste et reste seulement l'expression de ces qualités, qui puisse expliquer ces plaisirs.

Peut-on douter que la vertu symbolique des objets ou de leurs qualités ne soit une cause des émotions esthétiques ?

Quand on choisit l'expression à un certain point, cette vérité saute aux yeux. Par exemple, l'émotion que je ressens à l'aspect d'un acteur dans un moment terrible, provient incontestablement de l'expression donnée par l'acteur à sa figure, à ses gestes.

En effet, lorsque les gestes et la figure de l'acteur expriment la colère, c'est la colère qui vient m'animer ; c'est l'amour, si l'acteur exprime l'amour par ses mouvements et sa physionomie. L'amour cependant ne consiste pas en certains modes de mouvements, en certains tours de physionomie ; c'est un fait immatériel, intérieur. Il faut distinguer la passion, de ses manifestations, des apparences qu'elle prend au dehors. L'acteur m'émeut par l'expression.

A mesure que s'augmente dans les objets la force de l'expression, la force de l'émotion s'augmente dans notre âme ; l'intensité de l'émotion décroît avec l'intensité de l'expression. Prenez la figure d'un homme agité de grandes passions, vous serez violemment ému. Changez maintenant, altérez peu à peu la figure de cet homme, vous deviendrez de moins en moins ému ; altérez-la jusqu'à n'en plus faire qu'un caillou, l'émotion va s'éteindre en même temps que l'expression. Voulez-vous revenir progressivement à l'émotion première, voulez-vous parcourir en remontant toutes les gradations, refaites insensiblement avec ce caillou la figure de l'homme, arrivez graduellement à la refaire telle que d'abord elle vous a frappé, symbole de vives passions. L'émotion qui suit l'expression dans tous ses degrés, qui l'accompagne dans son accroissement comme dans son décroissement, qui s'augmente ou diminue proportionnellement à ses variations, l'émotion résulte donc de l'expression.

Ainsi l'expression pour nous est provisoirement, non pas seulement une cause, mais la cause principale des émotions esthétiques.

Un nouveau fait ici s'offre à nous, et suggère une question nouvelle.

En face de l'homme dont la figure exprime certains sentiments, la bienveillance, la pitié, la justice, le dévouement, la fermeté, nous sentons s'élever en nous tous les sentiments exprimés par la figure de cet homme; notre âme se met à l'unisson de la sienne.

Sa figure exprime-t-elle au contraire la ruse, l'hypocrisie, la mauvaise foi, les mauvaises passions? l'accord disparaît; nous ne voulons pas répéter ses mauvaises passions, ainsi que nous avions répété ses bonnes; il s'élève en nous une certaine répugnance qui nous éloigne de lui.

L'expression qui produit toujours un effet ne produit donc pas toujours le même. L'effet en est tantôt sympathique, tantôt antipathique.

Nous nous appesantirons bientôt sur ce phénomène, et nous y trouverons probablement la source de la différence qui sépare le laid et le beau.

## VINGT-QUATRIÈME LEÇON.

Si l'expression, source commune des émotions désintéressées, est la même chose que le beau ? — Des différents sens du mot de beauté. — Beau d'expression. — Beau d'imitation. — Beau idéal. — Beau de l'invisible. — Nouveau point de vue sous lequel la beauté peut être envisagée. — Beau physique. — Beau sensible. — Beau intellectuel. — Beau moral. — Distinctions à faire dans l'appréciation de la beauté des objets. — Définition de la beauté proprement dite. — Comment la beauté se divise depuis l'homme jusqu'au minéral.

Nous avons montré que les objets extérieurs représentent ou signifient les divers attributs ou mouvements de la nature vivante et spirituelle.

Nous avons aussi montré que l'expression, ou cette propriété qu'ont les objets extérieurs de représenter ou de signifier les divers attributs ou mouvements de la nature vivante et spirituelle, est la source commune des émotions dites désintéressées, parce qu'elles ne résultent pas de l'action bonne ou mauvaise des objets sur nos sens.

Nous allons aborder maintenant la question de savoir si l'expression, qui est la source commune des émotions désintéressées, est la même chose que le beau ; ou si le beau, nom que l'on donne à certaines qualités des objets extérieurs qui causent des émotions désintéressées, n'est qu'un mode particulier de l'expression. Nous essaierons toutefois de déterminer auparavant le sens de ce nom que l'on donne à certaines qualités des objets extérieurs qui causent des émotions désintéressées; car ce nom comporte mille acceptions différentes; et suivant que nous adoptons l'une ou l'autre de ces acceptions, de ces interprétations, nous en venons à conclure que l'expression tantôt est la même chose que le beau, tantôt ne l'est pas.

Lorsque nous contemplons les objets extérieurs, sans que ces objets nous soient utiles ou nuisibles, nous sommes affectés agréablement ou désagréablement.

Or, nous avons un double mot pour désigner le caractère des

objets extérieurs, qui fait que lorsque nous les contemplons, sans qu'ils nous soient utiles ou nuisibles, nous sommes affectés; quand nous le sommes agréablement, c'est le mot beau; quand nous le sommes désagréablement, c'est le mot laid. Ainsi, dans l'art, dans la nature, et même, s'il se peut, hors de la nature et de l'art, tout ce qui nous cause l'émotion désintéressée agréable, nous l'avons appelé du mot générique beau; tout ce qui nous cause l'émotion désintéressée désagréable, du mot générique laid.

Parcourons donc les différentes définitions possibles de ces deux mots.

Supposez un homme ivre devant vos yeux; tous ses traits, toute son attitude, ses yeux, sa voix, expriment l'état troublé et avili de son âme. A côté de cet homme mettez un caillou informe; il est évident que l'un de ces objets vous parle, vous dit quelque chose, tandis que l'autre ne vous dit rien. Parce que l'un vous dit quelque chose, a un sens pour votre entendement, exprime en un mot, il vous attache, tandis que l'autre, parce qu'il ne vous dit rien et n'exprime pas, vous est indifférent. Cependant l'homme ivre vous répugne, tandis que le caillou ne vous répugne pas; et néanmoins, malgré la répugnance que l'homme ivre vous cause, sa vue vous retient, vous intéresse, tandis que celle du caillou ne vous retient pas. Ici paraît la force de l'expression dégagée de toute autre attraction. La chose exprimée ou l'invisible a beau vous être antipathique, tout en répugnant à la chose exprimée, l'expression vous plaît comme expression; c'est un spectacle qui a un sens pour vous, et par cela seul, quoique le sens soit désagréable en lui-même, vous vous intéressez au spectacle. L'expression par elle-même et indépendamment de la chose exprimée, malgré même la répugnance que la chose exprimée vous inspire, est donc pour vous une cause de plaisir. De là vient que quelques-uns ont défini le *beau* l'expression, soutenant que partout où il y avait *expression* il y avait *plaisir*, et par conséquent *beauté*.

Nous croyons que l'expression est par elle-même une source de plaisir esthétique; nous reconnaissons donc qu'il y a un *beau d'expression*. Mais nous n'admettons pas qu'il n'y ait que ce beau-là. C'est une première acception du mot beau que nous constatons; ce n'est pas la seule.

Supposons en effet qu'au lieu d'un homme ivre réel, nous ayons sous les yeux le Silène antique, qui est la représentation en marbre d'un homme ivre. Ici l'expression de l'invisible parle comme dans l'homme réel, et m'intéresse comme elle faisait dans l'homme vivant. Le beau d'expression subsiste, et le plaisir qu'il me cause se produit. Mais outre ce mérite commun à la statue et à l'homme réel, j'en trouve deux autres dans la statue : le premier est celui de l'*imitation*. Je me plais à voir comment l'artiste a fidèlement reproduit la nature. S'il l'avait mal imitée, j'éprouverais du déplaisir; il l'a bien imitée, j'éprouve du plaisir. L'*imitation* est donc par elle-même une cause d'émotions esthétiques, comme l'*expression*; elle en est une, indépendamment de l'expression, puisque je distingue ces deux causes, que je les apprécie à part, que je démêle les deux émotions qu'elles me causent, et puisque l'imitation me plairait encore, quand la chose imitée serait sans expression, comme un caillou, par exemple, une plume, un cahier de papier. Il y a donc un beau d'*imitation* comme il y a un beau d'*expression*; car je puis dire de l'imitation et de l'expression qu'elles sont belles ou laides, selon que l'imitation est fidèle ou infidèle, selon que l'expression est claire, vive, nette, ou obscure, confuse, indécise. Voilà donc une seconde acception du mot *beau*.

Un autre mérite que le Silène a, et que ne peut avoir l'homme ivre vivant, le voici. Dans le Silène, l'artiste a bien puisé dans la nature les traits expressifs de l'ivresse; mais il ne les a pas reproduits sans altération et sans choix. D'une part il a écarté des données de la nature tous les détails inutiles ou insignifiants, tous les traits étrangers à l'idée qu'il voulait exprimer; et d'autre part, ceux qu'il a gardés comme allant au but, il les a perfectionnés, c'est-à-dire les a rendus plus expressifs, c'est-à-dire encore plus clairs, plus significatifs; en un mot, ce n'est pas un homme ivre qu'il a reproduit, c'est l'ivresse personnifiée. Il a *idéalisé* la nature, ou, ce qui revient au même, il a modifié la nature de manière à la rendre un symbole plus simple et plus clair à la fois de l'idée d'ivresse qu'il voulait rendre; et il y est parvenu : 1° en supprimant dans l'homme réel tout ce qui n'était pas de l'homme ivre; 2° en rendant plus significatif l'homme ivre naturel. Or ce perfectionnement, cette *idéalisation* nous charme et nous plaît; c'est encore une source de plaisir pour nous de retrouver l'expression naturelle simplifiée et éclaircie; c'est un mot que nous lisons mieux que de coutume, grâce à l'habileté de la main qui l'a tracé. Nous jugeons un ouvrage de l'art sous ce point de vue comme sous celui de l'imitation. Nous le déclarons plus ou moins bien, plus ou moins mal fait, selon que l'artiste a plus ou moins réussi à idéaliser son sujet, ou plus ou moins manqué ce but. Voici donc une troisième beauté; celle de l'*idéal* est une troisième acception du mot beau.

Dans l'art donc il peut y avoir trois beautés différentes : deux qui lui sont propres, le *beau d'imitation* et celui de l'*idéal*, une qui lui est commune avec la nature, le *beau d'expression*.

La nature peut être belle de la *beauté d'expression*, mais non de celle d'*imitation* ni de celle de l'*idéal*.

L'art et la nature peuvent posséder ces trois espèces de beautés, indépendamment de la beauté de l'invisible, quand même l'invisible exprimé nous répugne, comme il arrive dans l'exemple que nous avons choisi.

Mais on sent facilement que les trois espèces de beautés que nous venons de distinguer ne sont pas toutes les beautés possibles, et que l'invisible peut aussi avoir la sienne. Cela même ressort de l'exemple que nous avons choisi, celui d'un homme ivre. L'ivresse nous répugne; en soi elle nous déplaît. Qu'on substitue à un fait invisible exprimé par la nature dans l'homme ivre, par l'art dans le Silène, un autre fait qui nous agrée, il est évident qu'outre le plaisir de l'*expression*, la figure vivante qui exprimera ce fait invisible et agréable, nous causera un second plaisir qui viendra de la nature agréable de l'invisible exprimé. Il est évident de même qu'outre les trois plaisirs de l'*expression*, de l'*imitation* et de l'*idéal*, la statue sortie des mains de l'artiste nous causera un quatrième plaisir qui viendra de la même source. L'*invisible* est donc, comme l'*expression*, l'*imitation* et l'*idéalisation*, susceptible de nous plaire ou de nous déplaire par lui-même, et indépendamment de toute autre cause. Il y a donc aussi une beauté de l'invisible, quatrième espèce de *beauté*, quatrième acception du mot *beau*.

Supposez maintenant quatre amateurs se promenant dans un salon d'exposition; admettez que chacun d'eux ait adopté l'une des quatre définitions du beau, qui sortent de l'analyse précédente : il est évident que pour l'un l'imitation sera tout; pour l'autre l'expression; l'idéalisation pour le troisième; l'invisible pour le quatrième. Chacun, enfermé dans son point de vue, portera des jugements absolus, contradictoires aux jugements également absolus de ses compagnons. Ces quatre personnes ne s'accorderont pas, et cependant auront également raison. Mais une cinquième qui les entendra, ne voyant que l'opposition de leur décision, et ne sachant pas que ces décisions ne sont diverses que parce que les quatre juges parlent de choses différentes qu'ils appellent du même nom, en conclura qu'il n'y a rien de beau en soi, et que tout dépend des goûts et des caprices de celui qui juge.

Il faut donc élargir l'acception du mot de beauté, et l'étendre à tout ce qui nous agrée d'une manière désintéressée. Et quant à la question de savoir si l'expression est la même chose que le beau, on voit qu'elle est susceptible de solutions opposées, selon le sens qu'on attache au terme de beau, selon qu'on parle du beau d'imitation, du beau idéal, du beau de l'invisible, ou de l'invisible exprimé et manifesté.

Ici se présente un nouveau point de vue sous lequel la beauté peut être considérée.

Au nombre des choses qu'expriment, par exemple, les traits de la figure humaine, il y a d'abord la vie du corps, l'énergie vitale et physiologique, la plus grossière des manifestations de l'âme. Or quand nous apercevons un homme chétif et maigre, cet homme nous répugne; non pas qu'en comparaison de la pierre nous ne l'aimions pas, que nous ne lui portions pas affection; mais, pour un homme, il nous paraît faible; son corps nous semble épuisé, las, sans vigueur, et par là nous ne sympathisons pas avec lui. Nous sympathisons, au contraire, avec l'homme dont le corps, vigoureux et plein de santé, nous atteste la circulation de la vie la plus facile et la plus abondante. Nous sympathisons avec l'Hercule qui n'exprime que la pure force; c'est déjà de la force effectivement, et nous sympathisons; nous nous plaisons à certaines apparences de la vie physiologique, et ces apparences constituent le beau vital ou le beau physique.

Puis, après la vie corporelle, paraît la vie sensible, la sensibilité bonne ou mauvaise. Nous ne sympathisons pas avec les sentiments malveillants et violents, comme la colère, la haine, l'inhumanité. Nous sympathisons avec les sentiments bienveillants et doux, comme l'amitié, l'amour, la pitié; et là se trouve le beau sensible.

Ensuite, après la vie corporelle et la vie sensible, vient l'intelligence et ses facultés, la vie intellectuelle exprimée plus ou moins vivement par les traits de la figure humaine. Exprimée faiblement par la figure humaine, si l'intelligence ne s'y montre que lourde, pesante et presque étouffée sous les enveloppes matérielles qui la chargent, nous sommes à cet aspect désagréablement affectés; nous souffrons : cet aspect nous blesse. Fortement signifiée par la physionomie de l'homme, si l'intelligence y jaillit en toute liberté, si le rapide et vaste développement en éclate sur tous les points, nous jouissons alors. Et plus l'intelligence est fortement signifiée, plus nous jouissons, plus nous trouvons sur la physionomie de l'homme le beau intellectuel.

Enfin au-delà de l'intelligence, au-delà du beau et du laid intellectuel se rencontre la volonté, le beau et le laid moral. Les habitudes vicieuses, volontairement contractées, et qui se peignent sur la physionomie d'un homme, sont pour nous antipathiques et laides. Un noble dévouement, un grand courage, une ferme résolution dont l'empreinte est marquée sur un visage humain, voilà ce qui nous agrée, voilà pour nous du beau moral.

Ainsi l'âme se dédouble, ainsi elle se traduit par la figure, ainsi l'on a pu nommer les différentes passions qui l'agitent.

Or, nous ne confondons pas, qu'on le remarque bien, les qualités morales, les qualités intellectuelles, les qualités sensibles, les qualités physiques; nous les distinguons parfaitement. Quand je trouve chez un homme l'expression d'une âme stoïque et celle de l'intelligence, de la sensibilité, je sympathise avec le beau moral qu'il me présente, et je sympathise également, ce qui n'est pas cependant pour moi la même chose, avec le beau intellectuel et le beau sensible qu'il me présente en même temps que le beau moral. Quand je trouve au front d'un homme de génie la marque des plus mauvaises habitudes morales et sensibles, la marque de la faiblesse vitale, je ne sympathise en lui qu'avec le beau intellectuel; tout le reste m'est antipathique. Quand je trouve dans la figure d'un homme l'empreinte d'un cœur doux et bienveillant, je suis agréablement entraîné vers cet homme, n'y eût-il d'ailleurs en lui ni beau intellectuel, ni beau moral. A défaut de ces qualités de plus en plus relevées, quand je trouve le signe de la force vitale, quand je rencontre un Hercule, ma sympathie s'exerce encore, quoique l'Hercule ne possède que le beau physique simplement, sans beau moral, sans beau intellectuel, sans beau sensible.

Lors donc qu'on définit le beau, le beau moral, on le définit trop étroitement. Lors même qu'on le définirait, le beau moral, intellectuel, sensible et physique, ce avec quoi nous sympathisons, ce n'en serait pas moins toujours lui imposer une acception trop restreinte, car alors la moitié des objets beaux disparaît; toute l'école flamande n'est plus belle. Il faut songer qu'il n'y a pas seulement du beau invisible; il y a dans les arts du beau d'imitation : nous nous récrions à l'aspect d'un tableau, fidèle reproduction de la réalité des êtres vivants; il y a du beau d'expression : quand on a vu le tableau de Locuste, on a dit que Locuste était belle d'expression; il y a du beau d'idéal : on a dit que le sein pendant de Locuste était beau d'idéal.

D'après ces principes, si je veux analyser la beauté de deux statues, celle du Silène, par exemple, et celle de l'Apollon du Belvédère, j'établirai grand nombre de distinctions : je distinguerai d'abord la beauté de la nature; ces deux statues la possèdent. Puis je distinguerai toutes les beautés de l'art, l'imitation, l'expression, l'idéal, ces deux statues les possèdent encore; ces deux statues reproduisent également la nature vivante perfectionnée. Je distinguerai de plus toutes les beautés de l'invisible, le beau moral, le beau intellectuel, le beau sensible et le beau physique; la statue de l'Apollon me les offre tous; son corps exprime la force, la légèreté, son visage la sensibilité, son front le courage et le génie. La statue du Silène en est complétement privée; ni le courage, ni le génie ne s'y montre, ni même la sensibilité, ni même la vigueur du corps.

Aussi les ouvrages de l'art qui sont beaux comme ouvrages de l'art, sont différemment beaux, quant à l'invisible; nous sympathisons avec l'Apollon du Belvédère et nous répugnons au Silène.

Entre ces deux termes extrêmes, se placent plusieurs termes moyens. Ainsi, indépendamment des vers de Racine, je sympathise sous certains rapports avec l'amour de Phèdre, sous d'autres rapports j'y répugne; l'antipathie se mêle à la sympathie. Tantôt la sympathie surpasse l'antipathie. D'autres fois l'antipathie domine la sympathie. Il y a à cet égard une foule de degrés et de nuances.

Si maintenant il nous fallait choisir parmi toutes les acceptions du mot beau, nous dirions, sans vouloir toutefois empêcher les hommes d'appeler beau ce qui leur fait plaisir dans les objets artificiels et naturels, sans nier que l'imitation, l'expression et l'idéal ou le perfectionnement ne leur fassent plaisir, nous dirions cependant que le beau, qui existe par soi-même, le beau dont l'absence détruit le beau de l'imitation, le beau de l'expression, le beau de l'idéal ou du perfectionnement, le beau réel, c'est le beau spirituel, c'est le beau de l'invisible, c'est conséquemment ce avec quoi nous sympathisons.

Voici donc pour nous la définition véritable et philosophique du beau. Le beau, c'est ce avec quoi nous sympathisons dans la nature humaine exprimée par les symboles naturels qui frappent les sens.

Or, observons que les différents degrés du beau de l'invisible, vont s'effaçant de plus en plus, à mesure qu'on descend l'échelle des êtres, depuis l'homme jusqu'à la pierre. Dans l'homme, on trouve le beau physique, le beau sensible, le beau intellectuel et le beau moral; dans l'animal, on aperçoit quelques signes extrêmement faibles de beau moral, plusieurs signes assez peu prononcés d'intelligence, des signes évidents de vitalité, puis surtout des signes très marqués de sensibilité; la sensibilité paraît vivement en lui; elle n'est pas effectivement contrariée par l'intelligence, et de son côté la volonté ne combat pas les passions, et jamais figure d'homme ne porte aussi profondément l'empreinte de la ruse et de l'hypocrisie que la figure du chat. Dans la plante paraît la vitalité; plus d'intelligence, plus de moralité, quelques signes seulement de sensibilité. Dans les corps bruts, il ne reste que la vie; quelques phénomènes qui se passent à la surface l'indiquent assez bien; la régularité de quelques-uns d'entre eux signifie la force dont ils sont les effets.

Ainsi tous les différents degrés du beau de l'invisible ne vont qu'en s'éparpillant chez les différents êtres, depuis l'homme qui les a tous, jusqu'à la pierre qui n'a que le beau vital.

# VINGT-CINQUIÈME LEÇON.

Résumé de la leçon précédente. — Nécessité d'étudier les différentes espèces de beauté. — De la beauté de l'invisible. — Question préalable : si l'invisible dépouillé de toute forme plairait? — Faits qui semblent prouver que par lui-même l'invisible possède la vertu de nous émouvoir esthétiquement. — Cas où nous le saisissons à part de ses formes : observation intérieure, description par le moyen du langage. — Impossibilité de déterminer les effets de l'invisible pur. — Que dans l'état actuel il n'y a que l'invisible exprimé qui nous émeuve. — Conséquences pratiques.

Nos recherches sur la cause des émotions esthétiques nous ont conduits à distinguer au sein de cette cause trois éléments divers : l'invisible pur et dégagé de formes, l'invisible sous les formes naturelles, l'invisible sous les formes artificielles.

Au-delà des formes naturelles qui frappent nos sens, au-delà des formes artificielles qui les frappent également, il y a quelque chose qui peut par soi nous émouvoir agréablement ou désagréablement, hors toute considération d'intérêt. Ce quelque chose, qui ne nous apparaît pas immédiatement, et qui se traduit à nous dans les objets de la nature par les qualités de la matière, dans les objets de l'art par ces qualités de la matière que l'art en les reproduisant idéalise ou perfectionne, ce quelque chose, nous l'avons nommé l'invisible ou le fond.

Or, dépouillé de formes et réduit à lui-même, le fond, l'invisible peut par soi nous agréer ou nous répugner. Revêtu de formes naturelles, il peut encore par soi nous agréer ou nous répugner; mais en outre, dans ce cas, il nous cause le plaisir de l'expression; l'expression nous agrée, l'expression, c'est-à-dire l'interprétation du fond, de l'invisible par les formes naturelles. Représenté sous les formes de l'art, il peut nous donner le plaisir qu'il nous donne dépouillé de formes, et le plaisir qu'il nous donne revêtu de formes naturelles; il cause de plus le plaisir de l'imitation et le plaisir de l'idéal; l'imitation et l'idéal nous agréent; l'imitation, c'est-à-dire la reproduction des formes naturelles qui interprètent le fond, l'invisible ; l'idéal, c'est-à-dire le perfectionnement de ces formes.

Quand donc on demande ce que c'est que le beau, la réponse à faire n'est pas simple. Il faut indiquer en répondant toutes les sources possibles de l'émotion désintéressée, de l'émotion esthétique.

Il faut distinguer d'abord le fond de la forme, puis la forme naturelle de la forme artificielle.

Il y a donc le beau et le laid de l'invisible, du fond ; le beau et le laid de l'expression naturelle ; le beau et le laid de l'expression artificielle ; le beau et le laid de l'imitation ; le beau et le laid de l'idéal,

Delà viennent tous les jugements très contradictoires qu'on porte sur les statues, sur les tableaux, sur les objets de l'art.

Nous envisageons exclusivement l'un ou l'autre de ces beaux divers, et nous plaçons ainsi le beau, par exemple, dans l'imitation ; l'idéal alors devient le laid ; nous aimons mieux un tableau flamand, où la nature est fidèlement imitée, qu'une statue grecque où la nature est reproduite idéalement. Mettons-nous au contraire le beau dans l'idéal? Nous préférons la statue grecque au tableau flamand. Voilà comment on prend du beau les idées les plus différentes. A la représentation expressive d'une figure hypocrite ou haineuse par un objet de l'art, ceux pour qui tout le beau consiste dans le beau d'expression, ceux qui ne jouissent qu'autant que les passions qu'on exprime se trouvent bien exprimées, vivement rendues, ceux-là diront: Cet objet de l'art est beau ; ceux au contraire qui s'occupent uniquement du beau de l'invisible ; ceux qui n'ont de plaisir qu'autant qu'ils sympathisent avec les passions qu'on exprime, ceux-là diront : Cet objet est fort laid, et ces deux avis sont tous deux raisonnables. Ni la haine, ni l'hypocrisie ne nous agréent ; nous nous plaisons cependant à l'expression de la haine et de l'hypocrisie, deux sentiments en eux-mêmes désagréables. Voilà comment s'expliquent les jugements contradictoires qu'on porte sur les objets de l'art.

Pour étudier complètement le beau, nous devons donc décrire séparément et tour à tour analyser ces différentes sortes de beau ; tel est le plan qui s'offre naturellement à nous.

Comme le beau de l'invisible nous paraît le principe de tous les autres, nous commencerons par lui ; nous décrirons l'àme humaine et nous l'analyserons; nous la séparerons de ses formes extérieures, sensibles, matérielles; et nous chercherons d'abord ce qu'elle renferme de beau et de laid; ensuite les espèces de beau et de laid qu'elle renferme, le beau et le laid physique, le beau et le laid sensible, le beau et le laid intellectuel, le beau et le laid moral; ensuite les degrés de ces espèces, le beau, le sublime, le joli, l'agréable, moral, intellectuel, sensible, physique; enfin les divisions et les subdivisions de ces degrés; il y a dans le beau, le sublime, le joli, l'agréable, moral, intellectuel, sensible, du comique et du tragique; dans le comique et le tragique, du naïf et du noble, etc. La décomposition du beau de l'invisible, principe de tous les autres beaux, tel est conséquemment le but où tendent maintenant toutes nos recherches.

Mais préalablement s'élève une question que nous avons abordée sans la traiter, et qui mérite examen, la question de savoir si véritablement l'invisible pur et dégagé de formes peut nous émouvoir esthétiquement; si l'invisible ou le fond dépouillé de formes extérieures, sensibles, matérielles, et réduit à lui-même, peut par lui-même, hors de toute considération d'intérêt, nous agréer ou nous répugner.

D'abord l'invisible peut par lui-même nous émouvoir esthétiquement; rien de plus facile à constater.

Supposons deux figures : l'une exprime l'envie, sentiment qui nous est antipathique; l'autre exprime l'amour, sentiment qui nous est sympathique; et l'une exprime l'envie tout juste avec autant de vivacité que l'autre exprime l'amour; ces deux figures possèdent conséquemment au même degré le beau d'expression. D'où vient cependant que l'une de ces figures nous répugne, tandis que l'autre nous agrée? C'est évidemment de ce que l'invisible agit sur nous; de ce que, par delà l'expression, la chose exprimée nous affecte, et provoque en nous, indépendamment du beau d'expression, tantôt l'antipathie, tantôt la sympathie. L'invisible a donc en soi le pouvoir de nous faire plaisir ou peine.

Nouvelle preuve. Supposons que pour nous l'invisible n'existe plus. Il faut alors supprimer le beau de l'invisible; or, sans le beau de l'invisible, il n'y a plus ni beau naturel, ni beau artificiel. Dans la nature, le beau de l'expression disparaît; l'invisible ou le fond n'ayant plus de sens, la forme n'en a pas non plus, la forme n'exprime plus rien; ce n'est plus qu'un mot insignifiant.

Dans l'art aussi, le beau de l'expression disparaît; la copie d'un mot insignifiant ne peut être significative; la traduction d'une forme, qui n'exprime rien, ne peut rien exprimer elle-même. Puis tombe encore le beau de l'idéal; car idéaliser c'est éclaircir une expression; et là où il ne se trouve pas d'expression, l'éclaircissement de l'expression ne peut pas avoir lieu. Reste seulement le beau de l'imitation, le plaisir que produit l'exactitude de la traduction, la fidélité de la copie; toutefois nous verrons bientôt ce qu'il faut penser du beau de l'imitation. L'invisible a donc non seulement en soi le pouvoir de plaire; l'invisible peut encore, quand on le prive du pouvoir de plaire, priver du même pouvoir la nature et l'art.

Ainsi l'invisible peut certainement par lui-même nous émouvoir esthétiquement; et même dans l'invisible ou le fond réside la seule véritable source des émotions esthétiques. Si les formes naturelles, si les formes artificielles, si la nature, si l'art nous causent quelques-unes de ces émotions, c'est uniquement grâce à l'invisible, grâce au fond, grâce à la vertu qu'il a de nous affecter d'une manière désintéressée.

Néanmoins l'invisible qui peut par lui-même nous donner des émotions esthétiques, nous en donne-t-il dépouillé des formes naturelles ou des formes artificielles? Le fond agit-il esthétiquement sur nous sans la forme?

Pour le savoir, nous avons d'abord cherché des cas où le fond agit sur nous sans la forme, et nous avons cru en trouver.

Quand j'éprouve une certaine passion, bienveillante ou malveillante, j'ai conscience de la passion que j'éprouve; je la sens en moi très immédiatement. Il n'y a pas de formes matérielles entre mon intelligence et l'invisible que je saisis alors, comme il y en a, lorsque je regarde un homme, un animal, un arbre, un objet extérieur dont je ne devine l'invisible qu'à travers les apparences corporelles qui l'enveloppent. L'invisible dans ce cas est en rapport direct avec mon intelligence; je le vois face à face. Je n'ai plus alors qu'à reconnaître s'il agit esthétiquement sur moi, si, pur et dégagé de formes, il me cause des émotions désintéressées.

Mais il arrive que, quand j'éprouve une certaine passion, je ne peux pas en même temps éprouver la passion, puis sentir l'effet désintéressé que la passion produirait sur moi, si j'étais, au lieu d'acteur, spectateur. Ainsi, quand je suis envieux, j'ai bien conscience de l'envie qui m'anime; je juge bien encore que l'envie mérite répugnance, je ne peux pourtant pas lui répugner; car c'est moi qui suis envieux; le sentiment qui me possède ne peut pas me devenir antipathique; je peux seulement l'apprécier. Ainsi pareillement quand je me surprends dans un état ridicule, je connais mon état; je sais que je suis risible; je ne peux pourtant pas rire; car c'est moi qui me surprends dans un état ridicule.

Nous croyons toutefois qu'il existe un moyen, quand on éprouve une certaine passion, pour sentir, en même temps qu'on l'éprouve, son effet désintéressé : par exemple quand on est envieux, pour sentir l'impression de l'envie; quand on est dans un état ridicule, pour sentir l'impression de cet état.

Ce moyen consiste à placer ailleurs qu'en soi la passion qu'on éprouve, à la concevoir extérieure. L'on ne peut pas répugner à l'envie qu'on ressent, ni rire du ridicule où l'on est; mais qu'on se représente un homme dans cet état, et le rire viendra; qu'on imagine un homme envieux, et la répugnance naîtra.

Mais alors aussi l'on ne verra plus l'invisible face à face. Pour transporter au dehors ce qui survient en soi, l'on ne manque pas de créer un homme que l'on passionne de sa passion, que l'on met dans son état, et ce n'est plus l'invisible pur qu'on aperçoit; c'est un homme qu'on fait à son image, c'est un homme tout entier; il nous apparaît sous les formes humaines; avec les traits humains, nous en saisissons les regards expressifs et la physionomie. L'invisible ne se manifeste pas alors à nous immédiatement, il se manifeste par l'intermédiaire de cet homme que nous inventons.

De même, lorsque nous nous sommes surpris dans un état ridicule, ou que nous avons ressenti l'envie, si le souvenir après quelque temps nous en revient, nous pouvons rire de nous, nous pouvons nous répugner; mais alors même nous n'apercevons pas encore l'invisible pur. C'est nous que nous voyons à certaine distance devant nous; c'est nous qui nous apparaissons hors de nous; c'est nous que nous évoquons à nos yeux, nous, personnages de chair et d'os, personnages réels et vivants, placés dans un état ridicule ou ressentant la passion de l'envie.

Dans le cas que nous avons choisi, nous ne pouvons donc pas, ainsi que nous l'avons cru, dégager l'invisible de ses formes. Nous n'avons pas conscience de l'invisible tout seul; et par conséquent, ce cas ne prouve rien; nous n'en pouvons rien conclure.

Cherchons s'il n'y a pas un autre cas où l'intelligence voie effectivement l'invisible, sans l'intervention des formes matérielles.

Au moyen du langage abstrait, par exemple, n'est-il pas possible de se représenter un état quelconque de l'âme, sans l'intervention des formes matérielles. Qu'on laisse de côté les effets extérieurs de l'amour, de l'envie, leurs phénomènes apparents, leurs manifestations visibles, et qu'on s'occupe à décrire philosophiquement l'amour et l'envie, c'est-à-dire qu'on peigne purement et simplement ce qui se passe au sein du cœur humain, quand ces deux passions l'agitent; qu'un métaphysicien vienne fidèlement analyser les divers mouvements de l'âme que l'amour ou l'envie possède, et ces analyses offrent à l'intelligence l'invisible tout seul et dépouillé de formes.

Mais, dans ce cas-là, l'invisible n'agit pas esthétiquement sur l'intelligence. L'on s'armerait de la métaphysique la plus ingénieuse; l'on étalerait les analyses les plus fines et les plus délicates de ce qui se passe au sein du cœur humain, l'émotion esthétique ne se produirait pas cependant en nous. Lisons toutes les descriptions métaphysiques possibles, et nous ne ressentons rien. Si parfois néanmoins nous sentons quelque chose, c'est que nous nous mettons à construire en imagination sous nos yeux un homme possédé par les passions dont nous lisons les descriptions analytiques ou métaphysiques; c'est qu'alors nous animons un personnage, et que dans les traits, dans les regards, dans la contenance de ce personnage, nous voyons s'exprimer et se traduire les passions que nous lui prêtons. Voilà pourquoi nous sentons quelque chose de l'émotion esthétique. Bornons-nous à la simple description métaphysique, et rien de semblable n'arrive. Tout ce qu'il y a, c'est un jugement de l'intelligence sur la bonté de la passion, qu'on décrit métaphysiquement, ou sur sa méchanceté; nous jugeons que la passion qu'on décrit peut répugner ou plaire; du reste, en nous ni répugnance, ni plaisir. Nous savons que l'état du cœur humain, qu'on analyse, nous est antipathique ou sympathique, mais nous n'éprouvons réellement pas plus d'antipathie que de sympathie; nous n'éprouvons rien.

Dans ce cas, en effet, nous ne voyons pas plus que dans l'autre, à proprement parler, l'invisible face à face. Quand on nous décrit métaphysiquement le cœur humain, nous ne voyons pas; nous comprenons, et comprendre n'est pas voir.

Ainsi les deux seuls exemples que nous avons pu présenter ne prouvant rien, l'un parce que ni la sympathie ni l'antipathie ne se déclarent du même au même; l'autre, parce qu'il faut voir et non pas comprendre, nous ne saurions, jusqu'à nouveau renseignement, décider la question de savoir si véritablement l'invisible pur et *dégagé de formes* peut nous émouvoir esthétiquement; si l'invisible ou le fond, dépouillé de formes extérieures, sensibles, matérielles, et réduit à lui-même, peut par lui-même et hors toute considération d'intérêt, nous agréer ou nous répugner.

Nous dirons toutefois qu'il n'y a dans l'état actuel que l'invisible exprimé qui nous émeuve; non pas que l'expression fasse tout; loin de là, si l'invisible en soi ne parlait pas, l'expression ne dirait rien non plus; les objets expressifs de la nature et de l'art ne nous touchent qu'à cause de l'invisible qu'ils expriment; et cependant, source première, principe fondamental de l'affection esthétique, dans les objets de la nature et de l'art, l'invisible ne peut pas seul ici-bas nous affecter esthétiquement. Le fond ne peut pas actuellement nous toucher sans la forme, l'invisible sans le visible. Nous ne saisissons jamais l'âme indépendamment de ses apparences artificielles ou naturelles. Comment les descriptions poétiques mêmes parviennent-elles à nous émouvoir? N'est-ce pas en provoquant chez nous la reproduction des réalités que la poésie décrit? Il faut absolument dans l'état actuel pour nous émouvoir l'alliance de la forme et du fond.

Or, s'il est vrai que l'invisible, le fond ou l'âme dépouillée de forme, ne puisse pas actuellement nous procurer le plaisir esthétique, de ce principe il suit une foule de conséquences importantes qui concernent l'art.

Il suit, par exemple, que l'art doit s'occuper non moins de la forme que du fond. L'artiste ne doit pas tant faire comprendre l'invisible que le montrer, et le montrer, c'est le revêtir de formes matérielles. Vainement un homme distinguera profondément les replis du cœur humain, ses mouvements les plus cachés, ses passions les plus secrètes; si cet homme ignore de quelles manières les passions s'expriment par les traits, par les attitudes, par les yeux, par tous les signes ou symboles qui traduisent et trahissent l'invisible, par les gestes, par les actions, par les intonations de la voix; s'il ne connaît pas le cœur humain complet, s'il ne connaît que le cœur humain de la métaphysique, cet homme n'est pas artiste; il analysera philosophiquement l'invisible, sans jamais le réaliser, le perfectionner; et c'est l'invisible réalisé, perfectionné, qui seul nous touche esthétiquement. Cet homme est métaphysicien, cet homme est Condillac ou Descartes, et ni Descartes ni Condillac ne produisent en nous les plaisirs du goût.

# VINGT-SIXIÈME LEÇON.

*Résumé de la leçon précédente. — De l'école de l'Idéal et de l'école de la réalité. — Point de départ de l'école de l'Idéal. — Son procédé : effacer les formes. — Application à la peinture, à la statuaire, à la musique, à la littérature, à l'art théâtral. — Caractère de la poésie de Racine. — Point de départ et procédé de l'école de la réalité : respect de la forme. — École intermédiaire.*

L'invisible peut-il nous émouvoir esthétiquement, s'il n'est pas revêtu des formes par lesquelles il se manifeste actuellement à nous ? Haute et vaste question pour l'art ; qu'on y réponde affirmativement ou négativement, et l'artiste, musicien, peintre, statuaire, ou poëte, suivra différentes règles dans l'idéalisation et dans la représentation des hommes et des choses.

Nous verrons bientôt comment la différence de la solution qu'on donne au problème proposé, fait la différence des règles à suivre, quant aux compositions littéraires, et quant aux productions des arts plastiques.

Reprenons auparavant un peu le principe que nous avons établi. Nous y rattacherons les conséquences que nous voulons en tirer (1).

---

(1) *Note de l'Éditeur.* — Le commencement de cette leçon n'étant guère que la répétition d'une partie de la précédente, j'ai cru devoir la mettre en note.

« Quand nous voyons un objet naturel qui exprime, nous éprouvons ce que nous nommons l'émotion esthétique.

« L'émotion esthétique a une double cause.

« D'abord nous sommes esthétiquement émus d'une manière agréable, parce que l'objet exprime, quelle que soit d'ailleurs la nature de ce qu'il exprime.

« Ensuite nous sommes esthétiquement émus d'une manière agréable ou désagréable, selon que ce qu'il exprime nous est antipathique ou sympathique.

« Or, l'invisible se trouve être la double cause de l'émotion esthétique.

« C'est l'invisible qui produit le plaisir de l'expression ou l'émotion agréable, qui s'élève par cela que l'objet exprime.

« C'est l'invisible encore qui produit le plaisir ou la peine de l'*exprimé*, pour ainsi dire, ou l'émotion tantôt agréable, tantôt désagréable, qui s'élève par cela que ce qu'exprime l'objet nous est tantôt antipathique, tantôt sympathique.

« D'abord effectivement l'objet n'exprime-t-il pas ? nous ne sommes pas émus.

Faute de pouvoir vérifier par l'expérience si l'invisible, dépouillé de formes, agissait sur nous esthétiquement, on est resté dans l'indécision.

Les uns ont pensé que puisqu'il était évident que dans les objets extérieurs, c'était l'invisible qui agissait sur nous, il fallait en conclure qu'en dépouillant l'invisible de ses formes extérieures, cet invisible continuerait d'agir, et même agirait sur nous d'une manière plus énergique.

L'objet exprime-t-il ? nous concevons à travers ses formes matérielles ce qu'il exprime, quelque chose que nous ne voyons pas, l'invisible. La conception de l'invisible éveille en nous un plaisir ; et ce plaisir, plaisir de la découverte, plaisir de l'expression, nous le ressentons, avons-nous dit, quelle que soit d'ailleurs la nature de ce que l'objet exprime. Effectivement à l'aspect de deux figures, dont l'une indique la haine et l'autre l'amour, sans parler de l'antipathie qui nous éloigne de la haine et de la sympathie qui nous attire vers l'amour, nous jouissons d'apercevoir l'empreinte de la haine sur l'une de ces figures et celle de l'amour sur l'autre ; nous jouissons, dès qu'un objet exprime à nos yeux la nature vivante et spirituelle, quelque chose que nous ne voyons pas, l'invisible. L'invisible, voilà donc la cause de l'émotion esthétique dans le premier cas.

« Ensuite, quand nous allons au-delà des formes matérielles qui expriment ; quand nous arrivons à ce qu'expriment les formes matérielles, si nous sommes alors affectés, l'affection vient évidemment de l'invisible. L'invisible encore, voilà donc la cause de l'émotion esthétique dans le second cas.

« Ainsi des éléments constitutifs de l'objet complexe, à la vue duquel nous éprouvons ce que nous nommons l'émotion esthétique, des éléments qui composent sa complexité, des formes et de l'invisible, l'invisible seul est le principe qui nous touche. L'invisible est tout. Les formes ne sont rien et n'exercent pas, sans lui, d'impression sur nous. Ainsi l'invisible seul nous émeut esthétiquement.

« Maintenant de ce fait que l'invisible seul nous émeut esthétiquement, conclurons-nous que l'invisible peut nous émouvoir, s'il n'est pas revêtu des formes par lesquelles il se manifeste actuellement à nous ?

« La conclusion n'est pas invraisemblable.

« On peut dire en effet que débarrassé des formes matérielles qui l'enveloppent et qui le traduisent dans l'état actuel, l'invisible continuera d'agir sur nous et même qu'il agira sur nous plus fortement ; que les formes matérielles étant des signes et les signes étant moins clairs que les choses signifiées, elles doivent amortir, altérer, atténuer l'effet du fond qu'elles entourent, et que l'invisible mis à nu, contemplé face à face agira toujours et plus complètement, plus vivement.

« Mais il faut justifier la vérité de cette conclusion.

« Or c'est ce qu'il est impossible de faire au moyen de l'expérience.

« Il n'y a qu'un seul cas où nous voyons l'invisible face à face ; il n'y a qu'une force qui se montre immédiatement à notre intelligence, c'est la nôtre ; et quand nous sommes en face de notre force, quand nous en avons conscience, il est impossible que l'émotion esthétique se produise, parce que nous ne

D'après ce principe, ont procédé dans l'art un certain nombre d'artistes en tout genre ; ces artistes composent l'école de l'idéal.

D'autres, au contraire, préoccupés de la pensée que le beau, vu la condition de l'émotion esthétique, était nécessairement un mélange de la forme et du fond, ont procédé dans l'art d'après un principe tout différent ; ceux-ci composent l'école de l'imitation de la nature.

sommes jamais désintéressés à l'égard de nous-mêmes et de ce qui se passe en nous.

« Supposons que nous soyons agités d'une passion, de l'envie, par exemple. Notre intelligence regarde notre sensibilité agitée par la passion de l'envie ; elle juge que cette passion est bonne ou mauvaise moralement ; que cette passion dans une autre personne excite notre répugnance ou notre sympathie. Mais ce n'est là que le jugement de notre intelligence. Notre sensibilité ne peut éprouver ni répugnance, ni sympathie pour la passion qui l'agite. Elle ne peut pas ressentir à la fois l'envie et y répugner, être envieuse et sentir en même temps que l'envie est mauvaise. On ne peut pas aimer et haïr la passion qu'on éprouve. Tout se borne au jugement de l'intelligence qui déclare que la passion éprouvée est mauvaise, digne de répugnance.

« On parle beaucoup des passions contraires qui agitent en même temps le cœur humain, du combat des passions : ce combat n'existe pas. Il n'y a jamais à la fois qu'une passion dans le cœur humain. Seulement, à côté de cette passion, il y a l'intelligence qui la trouve bonne ou mauvaise. Ainsi, au moment où j'éprouve la passion de l'envie, l'intelligence peut calculer qu'il est contre mon intérêt d'obéir à cette passion. Il y a combat alors, mais combat entre le moi sensible et le moi intelligent, entre le moi sensible qui, d'un côté, ressent la passion de l'envie et le moi intelligent qui, d'un autre côté, juge que cette passion est contraire à mon intérêt. Mais il n'y a pas à la fois en moi la haine et le sentiment de l'envie. C'est l'intelligence qui, dans mon intérêt, calcule qu'il est mauvais que je m'abandonne à la passion de l'envie.

« Le combat des devoirs et des passions présente un caractère analogue. J'éprouve une passion contraire au bien moral : mon intelligence juge qu'elle est contraire à la justice. Je blâme donc cette passion d'une part, et d'autre part, je l'éprouve. Mais je ne ressens pas le sentiment moral contraire à cette passion et cette passion elle-même. Il n'y a pas en moi d'autres sentiments que celui de la passion. Le reste se passe dans l'intelligence.

« Et supposez même qu'il me fût possible d'éprouver à la fois une passion comme l'envie, et le sentiment que cette passion est contraire à mon bonheur, le sentiment que cette passion est contraire à mon bonheur serait intéressé ; ce serait dans l'intérêt de mon bonheur que je l'éprouverais ; ce ne serait pas sous un point de vue esthétique.

« Pareillement si j'éprouvais un sentiment moral en même temps que la passion que je ressens, ce sentiment moral ne serait pas le sentiment esthétique. Il suffit pour s'en convaincre, de se mettre en présence d'un homme qui fait une belle action. L'artiste juge cette action d'une autre manière que le mora-

Arrêtons-nous un peu sur les principes de ces deux écoles et les conséquences de ces principes.

S'il est vrai que dans la figure de l'Apollon du Belvédère, ce qui nous émeut, n'est pas le marbre que nous voyons, ni ses formes, ni sa couleur, mais ce que ce marbre exprime, l'âme cachée sous sa figure, il s'ensuit que, plus cette œuvre nous appa-

liste. Le sentiment qu'éprouve l'artiste en face de cette action est distinct de celui que le moraliste éprouve. Quand on considère une action sous le point de vue moral, il se produit un sentiment d'approbation ou d'indignation morale, différent de la répugnance ou de l'amour esthétique qu'inspire cette action. Le sentiment moral d'amour ou de répugnance est la suite du jugement qui déclare que l'action est conforme ou contraire aux lois de la morale. Par suite, la sensibilité s'indigne ou applaudit. Au contraire, quand on considère l'action sous le point de vue esthétique, on sympathise immédiatement avec elle, quand elle est belle, sans savoir si elle est contraire ou non aux lois de la morale.

« Ce qui se passe en moi, quand je me souviens d'un certain état dans lequel je me suis trouvé, ne démontre pas moins clairement qu'il est impossible que je sois pour moi-même un objet esthétique.

« Quand je me suis trouvé animé d'une passion mauvaise ou bonne et que je m'en souviens au bout d'un certain temps, il faut, pour que le spectacle de moi-même dans cet état passionné me cause une émotion désintéressée ou esthétique, que je m'efforce d'oublier que l'être agité de la passion était moi. Si je me souviens que cet être était moi, il ne me fait plus un effet esthétique, mais un effet intéressé ou moral. Je souffre de l'état moral dans lequel il se trouvait. J'éprouve de l'orgueil et non de l'admiration pour ma beauté passée, pour ma laideur passée, de la honte et non de la répugnance. Je me reporte au moment où l'être moi était dans un état beau ou laid, et je suis honteux ou glorieux de cet état-là. Pour être affecté de l'émotion esthétique, il faut que j'oublie que l'être agité de la passion était moi. Mais on ne rompt pas ainsi facilement avec soi-même. Il est difficile de pousser l'oubli de soi-même assez loin pour que l'émotion soit purement désintéressée, purement esthétique, sans honte et sans orgueil.

« Et remarquez que quand je me considère comme un étranger, ce n'est pas encore l'invisible pur que je vois. C'est l'homme extérieur que j'aperçois. Je vois cet être qui fut moi et que j'ai oublié, je le vois faire une action belle ou laide et placé parmi les spectateurs de moi-même, je ressens de l'admiration ou de la répugnance. Mais dès que je vois au-delà des formes extérieures, dès que je me reporte au spectacle intérieur, alors la honte ou l'orgueil reviennent. Je sens l'identité du moi d'à présent avec le moi d'autrefois ; je me retrouve dans ma conscience par le souvenir, et il n'y a plus alors d'illusion ; je me sens honteux de mon infamie ou orgueilleux de ma gloire. Je ne peux m'oublier moi-même qu'autant que je m'arrête au spectacle extérieur.

« En résumé donc, il n'y a qu'un cas où l'invisible puisse apparaître à notre intelligence, dégagé de formes, et dans ce cas-là même, l'émotion que nous éprouvons ne saurait être parfaitement désintéressée, elle est mélangée d'émotions intéressées ; elle n'est pas l'émotion esthétique pure. »

raîtra clairement, plus elle s'exprimera d'une manière nette et décidée sur la figure de l'Apollon, plus elle produira sur nous une émotion forte.

Dans cette hypothèse, ou plutôt sous ce point de vue, les formes sont un obstacle à l'émotion esthétique, et non pas un auxiliaire de cette émotion. C'est malgré les formes que l'invisible apparaît et agit sur nous; en sorte que si l'on supprimait les formes, l'âme de l'Apollon agirait sur la mienne d'une manière beaucoup plus forte et plus nette.

Il s'ensuit qu'il faut effacer les formes le plus possible, ou les abstraire au point qu'elles expriment l'invisible le plus nettement possible; et si on ne peut pas s'en passer dans les arts plastiques, il faut du moins les rendre si transparentes, qu'on les fasse oublier en quelque sorte, de manière que le fond seul et l'invisible paraissent agir sur nous.

Cela posé, l'on en a conclu que, dans l'art, il fallait d'abord simplifier le plus possible les signes naturels; car en les simplifiant, on les rend plus clairs et plus nets, puisqu'on leur permet ainsi de donner une idée plus précise, et qu'on les débarrasse en outre des détails qui les surchargent dans la nature et qui pourraient distraire l'attention de l'esprit.

On en a conclu pareillement que pour obtenir la plus grande clarté possible, il fallait se borner à exprimer un seul sentiment, parce que l'attention étant ainsi concentrée sur la seule chose exprimée, cette chose agit avec plus d'énergie.

Il est résulté de là que dans un tableau, par exemple, on a cru qu'il ne fallait chercher à reproduire qu'une action, et par un seul groupe, ou même par une seule figure, si cela était possible; supprimer tous les détails, se borner à la seule chose exprimée, la rendre par les traits les moins nombreux et les plus simples, rejeter les signes naturels et vagues pour s'attacher aux signes les plus précis et les plus clairs, telle a été la règle qu'on a posée.

On reconnaît cette école dans la statuaire antique; on la reconnaît aussi dans la musique antique; car cette musique ne songe qu'à être claire; par une mélodie simple, elle exprime, aussi clairement que possible, les sentiments naturels de l'homme. On retrouve cette école en peinture dans l'école de Raphaël et dans celle de David, quoiqu'il y ait entre elles d'ailleurs de grandes différences. On la retrouve dans la musique de Grétry, musique à la manière des anciens, qui méprise l'harmonie, et s'attache à rendre la mélodie si claire, que l'on comprenne avec une netteté parfaite les sentiments qu'elle veut exprimer.

Le principe de cette école n'a pas pu, dans les arts plastiques, être poussé jusqu'à ses dernières conséquences, parce que les arts ne peuvent pas se passer des signes naturels; ils les simplifient, mais ils ne peuvent pas les détruire. Le statuaire, par exemple, ne peut pas se passer des formes, des lignes, des signes par lesquels l'invisible se manifeste. Le statuaire idéaliste les simplifie, les rend aussi clairs que possible, en ne laissant rien de vague dans le sentiment qu'il veut rendre; mais il ne peut les supprimer.

Il n'en est pas de même dans la littérature.

Au moyen des mots, on peut exposer également et l'invisible et le visible. On peut séparer l'invisible de ses formes naturelles pour le présenter tout nu, comme on peut aussi ne présenter que l'extérieur, ou le mélange de l'extérieur et de l'invisible. Avec la langue qui exprime tout, on peut pousser jusqu'à ses dernières conséquences le principe de l'idéal. On peut donner à l'art pour but de présenter l'invisible pur et dégagé des formes qu'il revêt dans la nature. Quelques-uns ont tenté de le faire. Ils ont retracé la métaphysique du cœur humain. Écarter l'idée de l'extérieur de l'homme pour ne présenter que l'intérieur, tel a été leur objet constant, et quand il leur est arrivé de peindre les passions, d'en reproduire les formes extérieures, ils l'ont fait au moyen de traits simples et généraux, sans tomber dans aucun détail. Ainsi procède Racine.

Quand un de ses personnages parle, on ne voit que l'état intérieur de son âme; il n'y a rien qui représente les formes naturelles par lesquelles s'exprime extérieurement la passion qu'éprouve le personnage mis en scène. Figurez-vous une femme réelle dans la situation de Phèdre; cette femme ne parlera jamais comme Phèdre; car Phèdre s'occupe à analyser ce qui se passe en elle, au profit du spectateur. L'auteur n'a pas songé à nous représenter une femme qui parle une certaine passion; il n'a songé qu'à nous représenter l'état intérieur de cette femme agitée de cette passion. Un homme que cette passion agiterait la rendrait naturellement par une certaine forme de langage; mais cette forme de langage ne serait pas la description de la passion intérieure. Jamais cela n'arrive dans la nature; jamais le langage de l'homme passionné n'est l'analyse de ce qui se passe en lui. Eh bien, au lieu de faire parler Phèdre comme parlerait une femme agitée de la passion de Phèdre, Racine fait décrire à Phèdre ce qui se passe en elle. Il sépare le fond de la forme; il prend le fond tout seul.

Tel est le caractère de l'école idéaliste en littérature.

De même que dans les arts plastiques, de même que dans la littérature, il y a pareillement sur la scène une école idéaliste; il y a une manière idéaliste de jouer la tragédie ou la comédie.

On peut ne pas étudier la physionomie et les gestes par lesquels se manifeste naturellement telle passion dans l'homme, et se borner à étudier ce qui se passe dans le cœur de l'homme à ce moment-là, pour chercher à le traduire par ses regards et sa physionomie. Supposez une personne agitée par la passion de l'envie. Il y a deux manières de jouer ce personnage : c'est de composer sa figure de manière à lui donner le plus possible l'expression de l'envie, ou de remarquer quelle figure a dans la circonstance donnée une personne envieuse. Dans le premier cas, l'acteur ne songe qu'à faire comprendre au spectateur qu'il est envieux; dans l'autre, il cherche à reproduire la physionomie de la personne envieuse, dans telle ou telle circonstance; ce qui n'est pas la même chose; car les gestes d'une personne agitée d'une passion ne sont pas toujours les gestes les plus propres à traduire cette passion; son langage n'est pas toujours l'analyse de ce qu'elle éprouve; souvent même c'est tout le contraire; la personne que la passion agite fait alors tous ses efforts pour ne la trahir ni par sa figure, ni par ses gestes, ni par ses traits. Il y a cependant des acteurs empressés de faire connaître au spectateur leur passion, comme si jamais il n'y avait d'autre passion qui vînt à la traverse de la passion principale pour la modifier. Voilà la différence entre jouer dans l'idée de faire comprendre par sa figure le plus clairement possible la passion éprouvée, ou jouer de manière à donner à sa figure l'expression qu'a naturellement la personne passionnée.

Or, de ces deux manières de jouer, l'une se rattache à l'école de l'idéal, c'est celle dont le but est de faire comprendre nettement au spectateur l'invisible, et non pas de revêtir l'invisible de ses formes naturelles.

A côté de l'école de l'idéal s'élève une autre école qui part d'un principe opposé, et qui, sans se rendre compte du problème que nous avons agité de la part qu'a l'invisible dans l'émotion esthétique, ne songe qu'à imiter la nature, la forme, qui, loin d'être préoccupée du fond, et de modifier la forme pour rendre le fond plus clair, ne s'attache qu'à copier la nature telle qu'elle est.

Ainsi, pour peindre la figure d'un homme agité d'une certaine passion, l'école de la nature cherche une figure réelle qu'agite cette passion, et la peint dans tous ses détails. S'agit-il de mettre sur la scène tel ou tel personnage? l'école de l'idéal le simplifiera pour ne nous montrer que les circonstances principales, afin d'attirer exclusivement notre attention sur le fond; l'école de l'imitation reproduira non seulement les circonstances principales, mais encore toutes les circonstances de détail jusqu'aux plus insignifiantes.

La nature telle qu'elle se montre même accidentellement, l'école de l'imitation la copie; le drapeau de cette école est la réalité; représenter les choses ainsi qu'elles paraissent, voilà son principe.

Elle n'est pas métaphysique comme l'école de l'idéal qui, séparant le fond du visible, ne montre que le fond et supprime le visible; loin de là, elle ne songe qu'à rendre la forme et la rend dans tous ses détails. Il n'y a dans ses tableaux que l'imitation plus ou moins fidèle de la nature. Elle n'a pas la prétention de faire mieux que la réalité, de manifester l'invisible à sa manière. Elle respecte ce qui est, et reproduit la forme scrupuleusement.

De deux principes différents découlent ainsi deux poétiques différentes.

Il y a des artistes qui se sont placés entre ces deux écoles.

Reproduire la réalité, sans se faire cependant scrupule de la modifier, pour rendre plus claire l'expression de l'invisible; rendre l'expression de l'invisible plus claire, sans modifier toutefois la réalité au point qu'elle puisse être méconnue, adopter ainsi une méthode intermédiaire entre les méthodes exclusives des deux écoles de l'idéal et de l'imitation, tel a été le but, telle a été la pensée de ces artistes.

Ils composent une école qui a eu ses représentants dans la peinture, dans la musique, dans la littérature et dans tous les genres de littérature.

# VINGT-SEPTIÈME LEÇON.

Retour sur la leçon précédente. — Parallèle de l'école de l'idéal et de l'école de la réalité.

Nous avons fait voir, dans la leçon précédente, comment deux manières différentes de comprendre la représentation de l'invisible avaient donné lieu dans les arts à deux écoles opposées, l'école de l'idéal et l'école de la réalité. Nous reviendrons aujourd'hui sur ce sujet.

Examinons d'abord la marche de ces deux écoles à partir de leurs principes respectifs. Nous verrons comment la nécessité logique qui gouverne à leur insu, même les hommes qui semblent les moins logiciens, a tiré des deux principes opposés deux poétiques conséquentes à ces principes et non moins différentes qu'eux.

Supposez deux artistes convaincus, l'un que la source de l'émotion esthétique est dans l'invisible, l'autre qu'elle est dans la forme. Le premier est préoccupé de l'invisible, l'autre de la forme par laquelle il se manifeste; ce que l'un veut montrer, c'est le fait interne; ce que l'autre veut reproduire, c'est le signe extérieur.

De là deux directions d'études opposées. Naturellement le premier dirigera toutes ses observations sur le spectacle intérieur, l'autre sur le spectacle extérieur; l'un saura parfaitement tous les mouvements internes de la jalousie ou de l'amour; l'autre saura parfaitement tous les signes extérieurs par lesquels ces deux passions se manifestent en dehors.

Pour l'un, l'amour sera la suite des mouvements intérieurs de l'amour, la passion telle que la convenance la veut; pour l'autre l'amour sera l'homme amoureux, c'est-à-dire la suite de discours passionnés, de gestes, de regards, d'expression de physionomie par lesquels l'amour se montre dans l'individu amoureux. L'un sent, comprend l'amour, l'autre le voit, l'entend; parce que l'amour pour l'un, c'est la passion en elle-même, et pour l'autre, l'homme passionné. La passion est insensible au dehors, l'homme passionné seul est visible. L'une se sent, se comprend, l'autre se voit, s'entend.

Ces études faites dans des directions si différentes, mettons ces deux artistes à l'œuvre. Il est évident que chacun d'eux exposera ce qu'il sait, et que l'un aura pour tendance de manifester la passion, l'autre, de montrer l'homme passionné.

Voici maintenant où ils seront conduits dans l'exécution par la force du principe.

Pour le réaliste, l'amour, c'est l'être amoureux; peindre l'amour, c'est peindre l'être amoureux; c'est un objet visible que son imagination est obligée de se représenter sous une image matérielle; il faut qu'il voie l'être amoureux dans son esprit pour le peindre. Or, dès qu'il voudra se le représenter, il lui apparaîtra avec une robe ou un habit, c'est-à-dire avec un sexe; car extérieurement l'être amoureux est un homme ou une femme; et comme l'amour ne se manifeste pas de même chez les deux sexes, il sera conduit à descendre de l'être amoureux à l'homme ou à la femme amoureux. Mais la même nécessité le forcera à lui donner un âge; car extérieurement l'homme ou la femme amoureux ont tel ou tel âge; et comme l'amour ne se manifeste pas de la même manière dans tous les âges, ce ne sera pas seulement une femme amoureuse qu'il se représentera, mais une jeune ou une vieille femme amoureuse. Cette femme aura un rang, une condition comme un âge. Elle sera Française ou Chinoise; Française du XVIII<sup>e</sup> siècle ou du XIX<sup>e</sup>, Française de l'Empire ou de la Restauration. Elle sera catholique ou protestante, dévote ou philosophe; elle sera placée dans telle ou telle position, entourée de telle ou telle façon. Elle habitera un certain lieu; elle s'y montrera dans une certaine saison, etc., etc.; car, dès que c'est l'être amoureux et non l'amour qu'on veut peindre, c'est un personnage matériel qu'on se représente, et dès lors, à mesure que l'imagination le détermine plus exactement, cet être prend non seulement un âge et un sexe, mais une condition, une patrie, une date historique, une religion, un caractère, une demeure, un entourage, un visage, une taille, toutes circonstances qui modifient sa forme matérielle, et sur cette forme l'expression de la passion. C'est ainsi que, par la force de son point de départ, l'artiste réaliste sera conduit à la reproduction successive de tous les détails de l'apparence extérieure ou du signe, à une reproduction fidèle de la réalité visible, telle que la nature nous la montre. Or cette reproduction est ce que l'on appelle l'imitation de la nature; cette reproduction est pareillement le caractère de l'école qu'on a nommé de la *réalité* ou de l'*imitation de la nature*.

L'art dans cette route n'arrive pas immédiatement à cette complète fidélité, mais une fois qu'il y est engagé, la force du principe l'en rapproche tous les jours davantage. C'est le progrès dans cette école de descendre toujours plus avant dans la reproduction des détails de la réalité visible, et par là de pousser toujours plus loin l'individualisation des personnages. De Molière, de Gil-Blas à W. Scott, ce progrès est sensible. W. Scott pousse jusqu'à l'extrême la reproduction des détails. On sait tout de ses personnages, jusqu'à la couleur de leurs habits et à la forme de leurs souliers.

L'autre principe conduit à des conséquences toutes différentes. Pour l'idéaliste, il ne s'agit pas de l'homme amoureux, mais de l'amour. Ce n'est pas de l'être extérieur tel qu'il se montre aux yeux qu'il est préoccupé, c'est du fait interne qu'il sent en lui.

Or, l'amour considéré dans la conscience n'a point de sexe, point d'âge, point de pays, point de religion, point de condition; nous voulons dire que le sexe, l'âge, le pays, l'époque, le rang, la croyance changent peu le phénomène interne de l'amour, et certainement bien moins qu'ils ne changent la manifestation extérieure de l'amour. Le phénomène interne se passe en vertu des lois immuables de la nature humaine; la volonté a peu d'empire sur ce développement fatal de mouvements irrésistibles; mais elle en a beaucoup sur les manifestations qui dépendent d'elle; ce qui fait que selon qu'elle est influencée par les principes de telle ou telle éducation, de telle ou telle croyance, civilisation, condition, par les inclinations de tel ou tel sexe, de tel ou tel âge, elle contient, réprime, modifie de telle ou telle façon l'expression extérieure, tandis que le fond reste le même.

Nous ne nions pas cependant que toutes ces causes ne modifient le fait interne, mais peu et bien moins, je le répète, que le signe extérieur.

Mais ces modifications elles-mêmes, l'artiste ne peut les apprécier; car il faudrait pour cela qu'il assistât au spectacle de plusieurs consciences dans différents sexes, dans différents âges, dans différents pays, à diverses époques. Or, il n'assiste qu'au spectacle de la sienne, et il est toujours, au moment où il s'observe, à un âge et d'un sexe, d'un pays, d'une époque, d'un rang, d'une croyance déterminés et uniques. Toutes les modifications qui peuvent opérer sur le fait interne, toutes ces causes lui échappent donc.

C'est ce qui fait premièrement que ceux qui prennent pour base de tout la reproduction de l'invisible, n'offrent dans leurs peintures que l'image d'eux-mêmes. L'homme chez eux, c'est toujours eux; il est toujours homme ou femme, du même sexe qui est le leur, ancien ou moderne, du même temps qui est le leur, vieux ou jeune, du même âge qui est le leur, animé des mêmes sentiments qui sont les leurs. En un mot, on ne trouve point dans leurs productions cette variété de caractères qu'on trouve dans celles de l'école opposée. On n'y trouve qu'un seul caractère prêté à tous les personnages possibles; c'est celui de l'amour.

Une autre conséquence, c'est que ces artistes ne voyant que l'intérieur qui n'a ou du moins ne peut avoir pour eux ni âge ni sexe, ni condition, ni pays, n'individualisent jamais l'invisible; ce n'est pas l'homme passionné, c'est la passion qu'ils peignent. Ce n'est pas, à plus forte raison, une femme plutôt qu'un homme, un Anglais plutôt qu'un Français, un vieillard plutôt qu'un jeune homme, un dévot plutôt qu'un incrédule, un grand seigneur plutôt qu'un homme du peuple, toutes ces nuances qui sont plus extérieures qu'intérieures, que l'on saisit par le dehors et non pas en dedans, leur échappent. Ils peignent l'amour, la jalousie, jamais l'individu, encore moins tel ou tel individu amoureux ou jaloux.

Ainsi l'art, dans la route de l'idéal, ne peut reproduire que la passion et non l'homme passionné; il ne peut reproduire que la passion telle qu'elle est dans l'artiste et non la passion dans toutes ces modifications que mille circonstances lui font subir.

L'objet de l'art, dans l'école de l'idéal, est intérieur, dans l'école de la réalité, il est extérieur; voilà la source des différences. Cette cause posée, les conséquences suivent, et les principales sont: 1° que l'école de l'idéal ne peint que la passion, tandis que l'autre peint l'homme passionné; 2° que la première ne peignant que la passion qui subit moins et bien moins que la forme, l'action des circonstances modifiantes, produit des peintures où les nuances résultant de cette action ont disparu, où l'on reconnaît bien la passion, mais où on ne reconnaît ni son sexe, ni son âge, ni son pays, ni sa condition, etc ; tandis que la deuxième peignant l'être passionné et non la passion, arrive nécessairement à toutes ces nuances, en sorte que dans ses peintures il y a non seulement la passion, non seulement l'être passionné, mais l'âge, le sexe, la condition, le pays, la croyance de cet être; 3° enfin que l'artiste de l'école idéale n'ayant qu'un seul modèle, sa propre conscience, ne peint et ne peut jamais peindre que les passions qui sont en lui ou y ont été, et telles qu'elles y sont ou y ont été, ce qui resserre prodigieusement le domaine de l'art, ce qui le réduit à la peinture d'un seul être et d'un certain nombre de passions.

## VINGT-HUITIÈME LEÇON.

Résumé des leçons précédentes. — Retour sur les deux écoles de l'imitation et de l'idéal. — Comment on remplace les signes naturels de l'invisible par d'autres formes. — A quelles conditions la peinture de l'invisible peut nous toucher esthétiquement. — Pourquoi on applaudit les tragédies de Racine.

Voyons où nous en sommes; voyons où nous allons; et pour cela revenons un peu sur la marche que nous suivons depuis quelque temps.

Nous avons cherché dans les objets extérieurs le caractère qui leur donne la vertu de nous émouvoir esthétiquement.

Nous avons examiné différents caractères, qui semblaient nous causer par eux-mêmes l'émotion esthétique.

Nous avons fini par découvrir que vraisemblablement ce qui nous causait en eux l'émotion esthétique, c'est la propriété qu'ils ont d'exprimer l'invisible.

Mais l'expression et la beauté sont-elles choses identiques? Faut-il entendre par beauté la vertu qu'ont les objets de nous émouvoir en exprimant? ou faut-il n'accorder à ce mot qu'une acception plus restreinte? L'expression seule nous touche; la beauté qui nous touche ne comprend donc pas l'expression; mais l'expression ne comprend-elle pas la beauté? La beauté est-elle la même chose que l'expression? ou la beauté n'est-elle qu'un mode particulier de l'expression? Voilà ce qu'il s'agissait alors de savoir.

Auparavant néanmoins, nous avons dû nous occuper de l'expression en général. Nous avons dû faire passer sous nos yeux toutes les questions qui se rapportent à l'expression, sans concerner spécialement la beauté.

Parmi toutes ces questions, il s'en élève d'abord une, vaste et capitale, dont la solution peut influer beaucoup sur les procédés de l'art. L'invisible nous émeut-il indépendamment des signes naturels qui le traduisent à nos sens?

Ce qui nous émeut fondamentalement, et par soi-même, nous

a-t-il paru, c'est l'invisible. Supprimons l'invisible, en effet, et la nature, l'art ne continuent pas de nous émouvoir. Quand l'expression naturelle ne nous émeut pas, l'expression artificielle, sa copie, ne nous émeut pas davantage, qu'il s'y trouve ou non de l'idéal, c'est-à-dire du perfectionnement. Mais l'invisible n'étant plus, l'expression naturelle ne nous émeut plus, l'expression naturelle ne nous émouvant que comme expression de l'invisible. Les qualités de la matière, les formes matérielles qui ne nous touchent qu'à titre de signes, cessent de signifier, puisqu'on supprime ce qu'elles signifient, et cessent aussi conséquemment de nous toucher, le symbole n'ayant de valeur qu'en considération de ce qu'il représente.

Il semble qu'on puisse conclure de là que l'invisible, dépouillé de ses apparences matérielles, nous remuerait encore autant et peut-être davantage. Nous avons tenté la voie de l'expérience, pour savoir ce qu'il en est.

L'expérience directe ne nous l'a point appris. En effet, il n'y a qu'un seul cas où nous voyons face à face l'invisible; c'est le cas où nous sommes en conscience de nous; et de nous à nous, il n'y a pas de sympathie, pas d'antipathie.

Il a fallu nous servir alors de l'expérience indirecte.

Parmi les artistes, les uns partent du principe que l'invisible ne nous émeut pas indépendamment de ses signes naturels; les autres du principe qu'indépendamment de ces signes naturels l'invisible émeut.

De là deux poétiques, deux écoles différentes; la poétique, l'école de l'imitation, et la poétique, l'école de l'idéal.

D'un côté, c'est par dessus tous W. Scott qui pousse jusqu'aux plus minutieux détails la description des signes naturels, marques de l'invisible. Quand W. Scott peint un personnage, il en indique la figure, les traits, le son de voix, la démarche, les tours de physionomie, les habits même, etc. W. Scott conduit à son dernier point la représentation des formes naturelles de l'invisible.

D'un autre côté, c'est Marivaux, c'est l'abbé Prévost, c'est Richardson, qui poussent jusqu'aux détails les plus minutieux la description de l'invisible, dégagé des signes naturels qui l'interprètent. L'on a ainsi poussé très loin, vers la fin du XVIIIe siècle, l'exposition purement métaphysique du cœur humain. L'on a conduit au dernier degré l'analyse du cœur humain seul et dépouillé, du moins autant que possible, des formes naturelles qu'on ne peut pas entièrement anéantir.

Or, qui produit le plus d'effet, qui nous touche le plus, du système de l'idéal ou du système de l'imitation ? Voilà maintenant la question.

Nous n'envisagerons que littérairement ici ces deux systèmes. Nous les considérerons ailleurs relativement aux arts plastiques.

Ces deux systèmes d'abord démontrent également une vérité que nous avons déjà reconnue : l'âme humaine seule nous touche ; il n'y a que l'invisible qui nous émeuve.

Montrer l'âme humaine, manifester l'invisible, telle est effectivement la tendance commune des artistes qui s'attachent au procédé de l'idéal ou à celui de l'imitation.

Seulement ils manifestent l'invisible, montrent l'âme humaine de diverses façons. Ils emploient les signes naturels ou les négligent pour y substituer d'autres signes. Or, substituer aux signes naturels d'autres signes, ce n'est pas uniquement décrire l'âme humaine en métaphysicien, ce n'est pas analyser en philosophe l'invisible.

On remplace encore de plusieurs manières les signes naturels.

On les remplace premièrement par des signes d'invention, signes factices qui ne sont d'aucune époque et d'aucun pays, formes sans réalité, filles capricieuses de l'imagination.

Puis on remplace les signes naturels, qui rendent l'invisib'e à telle époque, dans tel pays, par les signes qui le rendent à telle autre époque, dans tel autre pays. On met au lieu des formes naturelles d'un temps et d'un peuple, les formes d'un vieux temps et d'un peuple étranger.

Ainsi sur la scène tragique, on représente l'âme humaine sous les formes de la Grèce ou du siècle de Louis XIV.

On remplace enfin les signes naturels qui manifestent l'invisible à telle classe de la société, par les signes qui le manifestent à telle autre classe. L'âme humaine s'exprime à travers certaines formes pour les gens d'un certain monde, et ces formes restent étrangères aux gens qui ne sont pas de ce monde et réciproquement.

Ainsi l'âme n'apparaissait pas au peuple avec les formes qui la représentaient à la cour de Louis XIV, et réciproquement l'âme ne se montrait pas à la cour de Louis XIV avec les formes populaires.

On supprime donc les signes naturels qui signifient l'invisible tantôt en le décrivant seul, nu, sans formes, tantôt en le revêtant de formes particulières, soit à l'imagination de l'auteur, soit à une certaine époque, à un certain pays, ou à certaines classes de la société.

Mais dans tous ces cas, il arrive que le spectateur ou le lecteur peut ne pas comprendre, et s'il ne comprend pas, s'il ne reconnaît pas l'invisible derrière les signes dont on l'enveloppe, il n'éprouve pas l'émotion esthétique.

Le spectateur ou le lecteur, quand vous laissez à l'invisible les signes qui le font ordinairement sentir à ses yeux, le reconnaît au premier abord, et l'impression se produit sur lui. Le grand point c'est de lui montrer clairement cela seul qui nous émeut, l'invisible, l'âme humaine; c'est de réussir à couvrir l'âme de formes naturelles, pour qu'aussitôt il l'aperçoive et soit ému. La couvrez-vous au contraire de formes peu naturelles ou de signes étrangers à ceux qui regardent ou qui lisent, ils ne l'aperçoivent pas et restent sans émotion.

Delà vient que l'effet esthétique ne nous est pas causé par la manifestation de l'âme humaine, purement et simplement, sans formes, ni par sa manifestation sous les formes d'un autre temps ou d'un autre pays, ni par sa manifestation sous les formes d'une autre classe de la société.

Qu'on nous offre la description pure et simple d'une passion, son explication philosophique ; quand nous n'avons pas éprouvé cette passion, nous ne sommes pas émus et nous ne la comprenons pas. Quand même nous l'aurions éprouvée, quand même alors nous la comprendrions, nous n'ignorons pas d'ailleurs que nous ne serions pas encore émus; nous aurions conscience de la passion, nous la répéterions en nous, et de nous à nous il n'y a pas de sympathie, pas d'antipathie.

Qu'on nous offre, non plus la description d'une passion, mais celle d'un homme passionné, nous sommes émus, quand nous avons aperçu précédemment tel ou tel homme possédé de la passion qui possède l'homme passionné qu'on nous décrit, tout autant que quand nous ne l'avons pas aperçu. Telle est la clarté des signes naturels, qu'au premier coup d'œil, grâce à leur intervention, nous atteignons l'invisible qu'ils expriment, nous le saisissons comme si nous l'avions déjà découvert ; l'avons-nous déjà découvert, nous le comprenons. Nous connaissons la passion ; nous voyons en outre l'homme passionné. Cet homme se montre à nous, il paraît devant nous, et de nous à lui la sympathie, l'antipathie peuvent s'exercer. La sympathie, l'antipathie se déclarent entre deux individus dont l'un agit, parle, et l'autre écoute, regarde.

Au lieu de décrire psychologiquement l'âme humaine, donnez-lui des formes et que ces formes soient d'un autre temps et d'un autre pays, nous continuerons à rester insensibles, car nous ne comprendrons pas encore.

Ainsi qu'on nous représente en tragédie les Scandinaves, leurs mœurs et leurs sentiments ; ce qu'il y a de particulier, de vraiment scandinave dans l'expression de leurs sentiments et de leurs mœurs ne sera nullement compris par le Français d'aujourd'hui, nulle émotion ne s'élèvera.

Cependant, dira-t-on, W. Scott nous émeut. Mais d'abord ce qui nous émeut, quand nous lisons W. Scott, c'est ce qu'il y a d'invariable parmi les signes naturels ; c'est la partie de ses descriptions qui concerne la nature humaine en général ; c'est une foule de traits pareils à ceux dont Molière sème ses comédies, traits éternels et communs de l'humanité. Les traits purement écossais ne nous touchent guère, ils piquent seulement et intéressent la curiosité ; pas d'effet esthétique de la part des formes purement écossaises ; ce sont les formes humaines qui nous affectent esthétiquement ; car elles sont les seules que nous entendions bien.

D'ailleurs nous comprendrons toujours mieux les formes écossaises que les formes scandinaves. Les Écossais de W. Scott ne sont pas pour nous des hommes étrangers comme les Scandinaves ; les Écossais nous ressemblent sous plus d'un rapport. Les Écossais ont la religion de la France, les Écossais sortent à peu près, ainsi que les Français, du régime féodal ; les Écossais sont des montagnards, et ceux des Français, qui vivent sur les montagnes, entendent le plus grand nombre des traits. Nous connaissons mieux les Écossais que les Scandinaves, les Calédoniens, les héros des anciens temps, et nous ne sommes pas touchés par les poésies d'Ossian comme par les romans de W. Scott.

Chez Ossian, de même que chez W. Scott, ce qui nous touche, c'est ce qu'il y a d'éternel parmi les signes naturels ; ce sont les symboles immuables de la nature humaine. Il y a chez Ossian plusieurs traits généraux de passion qui nous émeuvent et quelques expressions de mœurs communes à l'humanité. Mais il nous échappe d'ailleurs un grand nombre d'images et de signes appartenant à la civilisation de l'époque, à ses croyances, à ses habitudes, à sa religion. Une foule de traits sont pour nous inintelligibles et sans effet. Les guerriers qu'Ossian peint errants sur les nuages, par exemple, nous émeuvent-ils beaucoup? Ils nous étonnent; l'étrangeté de l'image nous surprend et ne nous émeut pas, nous ne l'entendons pas.

On distingue donc parfaitement dans les poésies ou peintures historiques le plaisir produit par l'invisible, quand il revêt des formes intelligibles, ou quand il se traduit en formes inintelligibles qui ne font que nous intéresser à titre de nouvelles ; et cet autre plaisir, qui n'est pas le plaisir esthétique. Le plaisir de la nouveauté, voilà le seul qui se produise, lorsqu'on supprime les signes naturels que nous comprenons, pour adopter des signes que nous ne comprenons pas.

Au lieu d'envelopper la nature humaine des formes historiques d'une époque ou d'un pays, qu'on la présente à une certaine classe de la société sous les formes que lui reconnaît particulièrement une certaine autre classe, c'est comme si nous l'offrions aux hommes d'un siècle et d'une contrée, sous les formes d'un autre siècle et d'une autre contrée.

Ainsi le peuple ne goûte pas la *Métromanie*; elle le laisse froid; il n'y comprend effectivement rien que certains traits généraux de passion.

Ainsi le peuple ne sent pas les pièces où la nature humaine emprunte les formes de la haute société. Le peuple ne reconnaît les passions que d'après l'expression populaire, la seule qui lui soit connue familièrement.

De tout ce que nous avons dit, quelle conclusion tirer? C'est que l'âme décrite métaphysiquement n'émeut pas ; c'est que l'âme n'émeut qu'exprimée par des signes et par des signes qui signifient, qui fassent comprendre nettement la chose signiflée, de sorte que le spectateur puisse sympathiser avec le personnage qu'on lui représente. Voilà tout le mystère de l'art : il faut rendre l'invisible en signes intelligibles qui provoquent soit la sympathie, soit l'antipathie; l'interpréter en signes qui ne s'entendent pas, n'est pas le moyen d'émouvoir; autant vaudrait l'analyser psychologiquement, ce qui n'émeut pas davantage.

On objectera peut-être que le peuple applaudit aujourd'hui vivement les tragédies de Racine, et ces tragédies n'offrent pas de traits populaires, ni de traits propres au pays que nous habitons, au temps où nous vivons; Racine a adopté des formes, qui sont tantôt celles de la Grèce, tantôt celles de la cour et du siècle de Louis XIV.

Mais il y a, remarquons-le, plusieurs espèces d'applaudissements. Il y a d'abord des applaudissements critiques. Le spectateur applaudit la conformité des pièces de Racine avec certaines règles qu'il porte dans sa tête. Puis, il y a des applaudissements pour l'éloquence; le spectateur applaudit certaines tirades éloquentes de Racine, comme les discours de tribune, quand ils sont clairs. Nous sommes émus alors par Racine de même que par celui qui démontre nettement ce qu'il veut démontrer, de même que par l'orateur dont les paroles persuadent, de même que par l'avocat qui justifie son client; mais l'émotion que nous ressentons alors n'est pas esthétique. Il y a de plus des applaudissements pour la morale; on applaudit les sentiments moraux, les pensées généreuses qu'un personnage manifeste; et l'on applaudit alors au nom du bien, non plus au nom du beau; l'on applaudit en qualité d'homme moral, non plus en qualité d'homme de goût. Les applaudissements vraiment esthétiques s'adressent à quelques mots francs et naturels, qui se trouvent mêlés dans Racine aux tirades éloquentes et jetés parmi les manifestations des sentiments moraux; ce sont quelques mots, signes réels et simples de la passion, comme le *qu'en dis-tu* de Manlius, comme le qu'*il mourût* du vieil Horace, comme le *pourquoi ne pas m'aimer, madame l'impudente*, d'Arnolphe. Voilà de ces traits qui vous affectent d'une manière esthétique; traits énergiques, frappants, expressifs, qui vous remuent profondément; et Molière, plus éternellement artiste que Racine, Molière en est plein.

N'oublions pas aussi qu'on applaudit les acteurs; on applaudit leur jeu, qui rend naturels et clairs les signes obscurs et factices de l'invisible que le poëte a voulu signifier; on applaudit leur manière de dire, et non pas ce qu'ils disent.

Nous ne sommes donc pas toujours esthétiquement émus, quand nous applaudissons; nos applaudissements ne sont pas toujours esthétiques, bien qu'ils ne soient jamais injustes, bien que nous n'ayons jamais tort d'applaudir.

Ainsi l'invisible ne nous émeut qu'exprimé par des signes, et par des signes intelligibles.

Or il y en a de deux espèces. Il y en a d'éternels, d'immuables, qui signifient dans tous les temps, dans tous les lieux, à toutes les époques, et que comprend l'Africain comme l'Européen; puis il y en a d'accidentels et de conventionnels, qui n'appartiennent qu'à tel temps, qu'à tel lieu, et que ce temps, ce lieu seuls peuvent comprendre.

D'après cela, voulez-vous composer des peintures historiques, vous ne devez pas exclusivement vous servir des signes du moment, des signes particuliers au siècle, au pays que vous prétendez peindre. Pour que vos ouvrages durent, il faut employer les signes éternels de tous les siècles et de tous les pays, et ce n'est qu'en les employant que vous pouvez faire passer les signes particuliers, moins intelligibles, que vous introduisez. Autrement, si vous ne vous attachez qu'aux formes momentanées et variables de l'humanité, sans vous occuper de ses formes absolues et perpétuellement reconnaissables, vous élevez un monument curieux, et voilà tout; vous ne touchez pas; vous n'êtes pas senti. Les traits de vos ouvrages restent étrangers à ceux qui les lisent.

De là tant de peintures historiques qui ne touchent plus. Les auteurs y faisaient preuve d'érudition; malheureusement ils n'étaient pas compris, parce qu'ils négligeaient trop les formes invariables du cœur humain. C'est le privilége de Molière et de Walter Scott qui l'égale dans la représentation de la nature humaine, dans la science des traits éternellement communs de l'humanité, c'est leur privilége de se faire partout entendre et partout émouvoir.

Voici donc, en nous résumant, ce que nous concluons :

L'invisible seul émeut; mais l'invisible, qui seul émeut, ne peut émouvoir que s'il est compris; et pour qu'il soit compris, il faut l'exprimer par des signes intelligibles; ces signes intelligibles sont les signes naturels, ceux dont le sens n'échappe à personne au monde, et les signes habituels du pays et du temps où l'on vit.

# VINGT-NEUVIÈME LEÇON.

Conditions que doit remplir tout objet de l'art pour toucher. — De la vérité de l'invisible et de la vérité de l'expression. — Double procédé que l'imitation peut suivre : 1° Tout reproduire fidèlement ; 2° Ne reproduire qu'en traits essentiels. — Nouvelle manière d'entendre la doctrine de l'idéal. — Avantages et inconvénients de ces deux procédés. — Si l'idéal consiste dans la noblesse des formes. — De la poésie de Racine.

De tout ce que nous avons dit dans les dernières leçons, il résulte ce qui suit :

L'invisible seul peut nous émouvoir esthétiquement.

Mais l'invisible ne peut nous émouvoir esthétiquement qu'en se manifestant à nous ; et l'invisible ne se manifeste pas à nous immédiatement.

L'invisible ne peut donc nous émouvoir esthétiquement qu'en se manifestant à nous par des signes.

Or il y a deux espèces de signes.

Les uns sont abstraits, conventionnels, et ceux-là ne servent qu'à la description de l'invisible ; ils le font seulement comprendre ; ils ne le montrent pas, et ne causent pas conséquemment l'émotion esthétique.

Les autres sont naturels. L'homme traduit instinctivement la passion qui l'anime par certains discours, par certains gestes, par certaines expressions de physionomie. Ces expressions de physionomie, ces gestes, ces discours, voilà les signes naturels ; et ceux-là ne font pas seulement comprendre l'invisible, ils le montrent, et l'émotion esthétique a lieu.

L'invisible ne peut donc nous émouvoir esthétiquement qu'en se manifestant à nous par les signes naturels.

Il sort de là pour l'art deux règles fondamentales.

D'abord, si l'invisible seul peut nous émouvoir, il faut que l'art, sous peine de manquer son but, fasse dans ses ouvrages apparaître l'invisible.

Tout ouvrage de l'art doit donc, pour toucher, représenter l'invisible. En d'autres termes, tout ouvrage de l'art doit, pour plaire, exprimer. Telle est sa loi suprême.

Cette première règle en engendre une seconde.

Si l'artiste, qui, sous peine de manquer son but, fait dans ses ouvrages apparaître l'invisible, le fait sans vérité ni clarté, c'est comme s'il ne faisait rien; il manque encore son but.

Tout ouvrage de l'art doit donc, pour toucher, représenter l'invisible par des formes intelligibles et claires. Tout ouvrage de l'art doit, pour plaire, exprimer par des expressions vraies.

L'expression et la vérité de l'expression, ou la représentation et la représentation claire de l'invisible, voilà donc les deux règles importantes et souveraines de l'art, voilà ses deux grands principes.

Ne confondons pas toutefois la vérité de l'expression avec la vérité de l'invisible.

L'artiste qui veut émouvoir l'esprit de son lecteur ou de son spectateur, en rendant la passion, peut et même doit être vrai, de deux façons différentes.

D'abord l'artiste rend-il la passion, et son développement, ses degrés, ses progrès, conformément à ce qui se passe dans le cœur de l'homme, il est vrai, quant au fond, quant à l'invisible. Ainsi Racine décrit très bien tous les mouvements passionnés qui se succèdent, par exemple, dans l'âme de Phèdre; le spectateur ou le lecteur reconnaît la manière dont la passion procède.

Ensuite l'artiste rend-il la passion, et son développement, ses degrés, ses progrès par les signes naturels, il est vrai, quant à la forme, quant à l'expression. Les signes sont-ils factices, le spectateur ou le lecteur ne reconnaît plus la manière dont la passion s'exprime. Ainsi Racine, qui décrit très bien tous les mouvements intérieurs de la passion dans l'âme de Phèdre, ne les reproduit pas toujours en signes naturels ; il ne fait pas toujours parler Phèdre comme les situations l'exigeraient.

La vérité de l'expression ne ressemble donc pas à la vérité de l'invisible. Il y a vérité de l'expression lorsqu'on emploie, pour exprimer l'invisible, des signes qui ne sont pas inventés ou factices, qui sont naturels ou réels.

De toutes ces remarques on conclura peut-être que l'art doit se borner, dans la représentation de l'invisible, à l'imitation la plus exacte des signes par lesquels naturellement l'invisible se représente.

Ainsi, croira-t-on peut-être, il faut que l'artiste, quand il veut peindre la passion de l'amour, observe l'homme amoureux; qu'il étudie quelles expressions de physionomie l'amour lui fait prendre; quels discours il lui fait tenir; quels actes il lui fait produire; puis, qu'il rassemble toutes ces expressions de physionomie, tous ces discours, tous ces actes, pour les retracer le plus fidèlement qu'il peut.

A ce compte, l'art doit rendre soigneusement les apparences des passions, telles que nous les apercevons réellement autour de nous, sans oublier leurs moindres détails, et sans les modifier le moins du monde. L'art doit copier servilement les formes naturelles de l'invisible, et le comble de l'art serait l'entière servilité de la copie.

C'est en quoi consiste la doctrine des partisans de l'école d'imitation; mais ils exagèrent, et nous allons dire comment.

D'abord distinguons deux manières d'idéaliser, c'est-à-dire deux manières d'entendre l'idéal.

Soit à reproduire telle ou telle passion.

Quelques-uns pensent que c'est la passion, sans l'homme passionné, qu'il faut montrer. Or, nous le savons, montrer la passion sans l'homme passionné, c'est offrir l'analyse de la passion, sa description métaphysique. Et les descriptions métaphysiques, les analyses laissant le spectateur froid, ne satisfont pas à la condition essentielle de l'art.

Ainsi, l'idéal par lequel on entend le fond purement et simplement, le fond sans la forme, cet idéal n'est qu'un faux idéal. On doit montrer l'homme passionné, non pas seulement la passion.

Or, pour montrer l'homme passionné, pour montrer l'homme passionné d'amour, par exemple, faut-il étudier toutes les expressions de physionomie que l'amour lui fait prendre, tous les discours qu'il lui fait tenir, tous les actes qu'il lui fait produire, et retracer ces expressions de physionomie, ces discours, ces actes, le plus fidèlement qu'il peut? L'art doit-il rendre scrupuleusement tous les signes réels de la passion? L'art doit-il copier servilement toutes les formes naturelles de l'invisible? L'art doit-il imiter minutieusement la nature? Voilà maintenant la question à résoudre.

Parmi les signes que porte en réalité la figure de l'homme passionné, quelques-uns manifestent la passion qui l'anime; beaucoup d'autres ne la manifestent pas. Car il est rare que l'homme n'offre pas sur sa figure, au moment où une certaine passion s'élève dans son âme, certains traits qui ne s'y rapportent pas, certains signes insignifiants, restes des passions précédentes qui l'ont habituellement animé.

Pour montrer l'homme passionné d'amour, quoi donc de plus inutile que laisser subsister, à côté des signes qui reproduisent l'amour, les signes qui ne le reproduisent pas? L'artiste doit les supprimer; ils distrairaient malheureusement l'attention.

De plus, parmi les signes qui manifestent la passion sur la figure de l'homme passionné, les uns la manifestent énergiquement et les autres faiblement. L'artiste doit donc encore supprimer les signes faibles de l'amour, et n'en laisser subsister que les signes énergiques.

L'artiste, par toutes ces suppressions, donne à la figure de l'homme passionné d'amour plus de simplicité, plus d'unité; tout concourt alors vers l'effet; tout reproduit l'amour, et rien que l'amour.

Or, c'est là véritablement l'idéal; et dans ce sens, on doit idéaliser, ont pensé quelques artistes; idéaliser, c'est-à-dire montrer l'homme passionné sous les seuls signes naturels qui manifestent énergiquement sa passion. L'art ne doit pas calquer platement la nature.

L'art doit imiter minutieusement la nature, ont au contraire pensé quelques artistes, qui produisent de grands effets esthétiques; et ceux-là tiennent comme à honneur de toujours entourer les traits saillants, qui marquent la passion, des détails indifférents qui les entourent chez l'homme naturel.

Ainsi, W. Scott ne craint pas, on peut le dire, les inconséquences. Il ne se contente pas des traits caractéristiques qui désignent suffisamment la passion de ses personnages; il y joint des traits étrangers qui, tout en individualisant ses personnages, tout en les faisant ressembler davantage aux personnages réels, ne concernent aucunement la passion dont il s'agit.

Ces deux procédés ont chacun leurs avantages et leurs inconvénients.

Concentrer l'attention sur un point, la fixer sur la passion, sans distraction, sans préoccupation ; causer conséquemment plus d'effet ; voilà l'avantage de l'idéal.

Mais en idéalisant, l'artiste court un péril, et le voici : il risque de retomber dans le faux idéal, quand il pousse trop loin l'idéalisation, quand il sépare trop la passion de l'individu, quand il détache trop les formes principales de la passion d'avec les formes étrangères ou secondaires qui l'accompagnent réellement. Il écarte l'esprit de la réalité pour le porter sur une idée purement abstraite ; il ne montre que la passion, du moins il ne peint plus l'homme ; il peint l'homme que l'invisible efface et remplace, l'homme consacré presque entièrement à l'expression de l'amour, par exemple, et devenu le moyen, l'instrument, le langage dont il se sert, afin d'étaler la métaphysique de l'amour.

Au contraire, quand on conserve, près des formes principales de la passion, les formes étrangères ou secondaires qui l'accompagnent réellement, la réalité paraît alors, l'homme subsiste ; et ce n'est pas la passion sèche et nue que l'artiste prétend peindre.

Mais, distrait par les signes insignifiants qui prennent trop de place, l'esprit peut aussi ne plus songer aux signes essentiels et fondamentaux. L'unité restant comme étouffée sous la variété, la physionomie des personnages que l'artiste nous offre ne se détermine pas assez positivement.

Ainsi lisez les ouvrages de W. Scott, non pas toutefois ses grands ouvrages où les traits de deux ou trois passions prédominent presque exclusivement, mais les romans moins supérieurs où pour plus de réalité les passions accessoires ne se dégagent pas nettement de la passion capitale, il arrivera que vous hésiterez souvent sur le caractère de ses personnages ; votre incertitude viendra de leur extrême individualité.

Entre l'idéal et l'imitation minutieuse de la nature, il y a donc à garder un juste milieu. Guidé par son goût particulier, l'artiste ne doit ni trop imiter ni trop idéaliser.

Quand on voit les tableaux flamands, on y trouve trop d'imitation. La nature est en eux si soigneusement imitée, qu'ils inspirent un certain déplaisir, tant il s'y rencontre de traits inutiles et n'allant pas au but !

Quand on voit la statue de l'Apollon du Belvédère, on y trouve trop d'idéal, et l'effet esthétique ne se produit pas complétement ;

on demeure froid; on voudrait dans l'Apollon quelque chose qui réalisât plus l'homme et rappelât au spectateur qu'il contemple un corps humain, des traits, des yeux, et non pas seulement la passion qu'expriment la vivacité de ces yeux, le mouvement de ces traits, les attitudes de ce corps.

Avant de finir, mentionnons encore un idéal, qui n'en est pas un toutefois, à proprement parler.

Soient telles ou telles passions dans l'âme d'un homme du peuple et dans l'âme d'un homme de la haute société.

Chez l'homme de la haute société, les passions se traduisent par certains actes, certains discours, certains signes, et par certains autres actes, certains autres discours, certains autres signes chez l'homme du peuple.

Or, dit-on, les signes par lesquels se traduisent les passions chez l'homme de la haute société, sont élégants et nobles, ceux par lesquels se traduisent les passions chez l'homme du peuple, ont quelque chose de bas et de trivial. Puis l'on nomme réalité ces signes qui sont bas et triviaux, l'on nomme idéal ceux qui sont élégants et nobles.

La différence pourtant n'est ici que de la noblesse du signe à la trivialité; la différence n'est pas du tout de l'idéal à la réalité.

Pourquoi nomme-t-on triviaux les signes par lesquels se traduisent les passions chez l'homme du peuple, et nobles ceux par lesquels se traduisent les passions chez l'homme de la haute société?

Nous ne déciderons pas la question : il n'y a pas effectivement plus de trivialité dans les uns que de noblesse dans les autres. Tout ce qu'il y a, c'est que l'homme de la haute société ne rend pas ses passions par des signes aussi vivement prononcés que l'homme du peuple. L'homme de la haute société ne s'abandonne pas, l'homme du peuple s'abandonne; quand il exprime ses passions, il est plus déréglé, plus expansif; il se contient moins et ne devient pas pour cela moins noble. La retenue ne fait pas la noblesse.

Peut-être cependant que la retenue, quand on exprime ses passions, semble indiquer l'empire sur soi, la force morale, et qu'alors on trouve de la noblesse à l'homme de la haute société qui se possède, tandis qu'on n'en trouve pas à l'homme du peuple qui se livre et se laisse aller.

Toujours est-il que, s'il y a plus de noblesse dans les uns, plus de trivialité dans les autres, il n'y a pas du moins plus d'idéal que de réalité.

L'idéal n'est pas plus dans les formes nobles des passions que dans leurs formes triviales, dans les comédies du Théâtre-Français que dans les comédies des Variétés.

Seulement on idéalise les formes nobles des passions comme leurs formes triviales, lorsque parmi les traits qui rendent les passions chez l'homme de la haute société, comme chez l'homme du peuple, on choisit les principaux pour les faire paraître et saillir, en négligeant tous les accessoires et tous les secondaires. Tant qu'il n'y a pas choix, il n'y a pas idéal ; il n'y a qu'élégance et noblesse, ou bassesse et trivialité.

Un modèle d'élégance et de noblesse, par exemple, c'est Racine. Toutes ses expressions sont puisées à la cour de Louis XIV ou tirées de la Grèce, et la Grèce n'a pas, dans ses statues, dans ses monuments, exprimé les passions par des traits énergiques et sans mesure, comme les exprime le peuple aujourd'hui. La Grèce les a exprimées plus simplement, avec plus de réserve, parce que probablement la masse des Grecs possédait plus de lumières, et que les artistes ne s'adressaient pas à la portion esclave des Grecs pour y trouver les formes des passions, mais les empruntaient à la classe des personnes libres. Combinant donc les expressions propres de Sophocle et d'Euripide avec les expressions françaises de la cour de Louis XIV, Racine a composé des poésies où les expressions se soutiennent toujours élégantes et nobles.

Élégantes et nobles, les expressions de Racine sont de plus idéales. Racine, en effet, s'arrête aux traits principaux des passions qu'il décrit, il n'ajoute pas un mot qui n'y tienne, il impose partout souverainement l'unité, de sorte qu'à l'aspect des personnages de Racine, l'on oublie presque qu'ils ont un corps, et l'on ne songe qu'à la passion qui les anime.

De plus quand Racine, dans quelques-unes de ses pièces, jette quelques traits réels qui ramènent l'esprit à la représentation d'un personnage vivant ; ces traits, il trouve encore moyen de les idéaliser tellement par l'expression, qu'il ne réalise pas, tout en réalisant.

Ainsi, quand Phèdre se plaint de l'*importune main qui prit soin sur son front d'assembler ses cheveux,* tel est l'effet de l'expression que Racine lui prête, qu'il ne nous semble pas du tort voir des cheveux frisés. Racine a présenté si simplement tout ce qu'il voulait dire sur ces cheveux, il a si soigneusement supprimé tous les détails accessoires, que la plainte de Phèdre, loin de nous reporter à la réalité, nous paraît un ornement poétique où brille seulement l'imagination de l'auteur. Nous ne pensons aucunement à des nœuds ou des boucles de cheveux : le visible devient invisible par l'idéalisation que l'expression produit.

Le caractère de Racine, c'est donc l'idéal, et l'idéal de toutes les espèces, le vrai, le faux et celui qui n'est au fond que l'élégance et la noblesse.

Racine est donc extrêmement peu réel; Corneille l'est beaucoup plus que lui.

# TRENTIÈME LEÇON.

*Résumé.* — Distinction des signes naturels et des signes conventionnels comme le langage. — Distinction correspondante de la littérature et des autres arts. — Pourquoi la représentation de l'invisible sous ses formes naturelles est la seule qui nous touche. — Différence de l'art dramatique et de la littérature proprement dite. — Définition de l'art et de ses règles. — Est-il permis d'altérer les signes naturels? — Question de l'idéal.

Nous avons traité à peu près les plus importantes questions qui se rapportent à l'expression.

La marche que nous avons suivie va nous conduire à la recherche particulière de ce que c'est que le beau.

Mais avant de passer à cette question, il est bon de résumer les principaux résultats auxquels nous ont conduit nos recherches sur l'expression, et d'en tirer encore quelques conséquences (1).

---

(1) *Note de l'Éditeur.* — Dans un cours parlé, comme celui-ci, les résumés, les répétitions même sont souvent très utiles; dans un cours écrit ils n'ont pas toujours le même avantage, ou du moins le même intérêt. C'est pourquoi j'ai cru devoir, en plus d'un endroit, non pas les supprimer précisément, mais les rejeter dans les notes; c'est le parti que je prends ici.

« Nous avons constaté, c'est le fait qui nous a servi de point de départ, que toutes les qualités matérielles qui nous touchent dans les objets, n'ont aucun pouvoir sur nous comme apparences sensibles, et qu'elles en ont seulement comme signes.

« Ainsi la forme, les couleurs, les sons, les discours, les mouvements, les expressions de la physionomie, rien de tout cela ne nous émeut qu'en tant que tout cela exprime quelque chose que nous ne voyons pas.

« Puisque les apparences matérielles n'ont sur nous de vertu, d'action et de pouvoir que comme signes, il s'ensuit qu'elles tiennent ce pouvoir de la chose qu'elles signifient, et que c'est dans cette chose, dans l'invisible, que réside le vrai pouvoir esthétique; il s'ensuit que l'invisible est le vrai pouvoir esthétique, et qu'en lui réside ce caractère, cette puissance qui fait qu'à la vue de certains objets nous sommes émus d'une émotion désintéressée.

« L'invisible étant le pouvoir esthétique, nous avons dû chercher comment ce pouvoir agissait sur nous, et si son action sur nous n'était pas soumise à certaines lois.

« Nous avons trouvé que pour que l'invisible agît sur nous, il fallait qu'il se manifestât, et que pour qu'il se manifestât de manière à produire sur nous

# TRENTIÈME LEÇON.

Il y a, comme nous l'avons vu, deux espèces de signes qui expriment l'invisible : les signes naturels et les signes de convention.

J'appelle signes naturels ceux par lesquels l'invisible se traduit dans les objets naturels.

Les signes de convention sont le langage.

A cette différence répond celle qui existe entre les arts en général et l'art particulier, qu'on nomme la littérature.

La littérature, en effet, ne produit pas son action sur nous de la même manière que les autres arts.

Supposez un objet naturel, un homme, par exemple : il y a, dans cet homme animé d'une passion, deux choses : l'invisible, et certains signes naturels par lesquels l'invisible se manifeste à nous et produit son effet sur nous.

Or, en général les arts ne font que reproduire cette expression naturelle de l'invisible. Ainsi la sculpture ne fait que reproduire les formes, la physionomie, le mouvement, l'attitude de l'homme réel; de même la peinture; de même les autres arts.

Mais la littérature ne peut se faire comprendre que par des

---

l'émotion désintéressée, il fallait qu'il se manifestât par les formes matérielles des objets.

« En effet, l'invisible ne se manifeste immédiatement à nous qu'en nous-mêmes, et là il ne donne pas lieu à l'émotion esthétique. J'en ai déduit les raisons : j'ai montré que, quelle que soit la passion qui nous agite, l'état dans lequel nous nous trouvions, la conséquence de cette passion, de cet état, était bien une émotion, mais non pas une émotion esthétique, désintéressée.

« Pour que l'invisible nous émeuve esthétiquement, il faut qu'il se manifeste à nous dans les objets extérieurs.

« Or, quand l'invisible se manifeste à nous dans les objets extérieurs, il n'apparaît pas immédiatement ; il n'apparaît qu'à travers les qualités matérielles qui le signifient.

« Il s'ensuit que tout objet qui a le pouvoir de nous donner l'émotion esthétique, est un objet complexe renfermant deux éléments : l'élément invisible qui seul a la vertu de nous émouvoir esthétiquement, et l'élément visible qui exprime l'élément invisible par le moyen duquel l'objet agit sur nous ; il s'ensuit, en un mot, que tout objet esthétique est composé de deux éléments : un élément matériel, le signe, et un élément invisible, la chose qui nous émeut.

« Quant à la question de savoir si l'invisible nous apparaissant immédiatement dans les objets extérieurs, agirait encore sur nous, s'il agirait sur nous plus ou moins vivement, si, agissant sur nous, il produirait la même émotion que celle qu'il produit en passant par les formes matérielles; l'expérience ne fournit à cet égard aucune solution.

« Seulement l'induction nous porte à croire que l'invisible possédant, et pos-

mots, par des sons qui n'ont en eux-mêmes aucune vertu esthétique, qui ne viennent que de la convention. La littérature ne peut pas nous montrer, comme les autres arts, la figure même de l'homme, ses mouvements, ses attitudes, etc.; elle ne peut pas nous exposer directement l'invisible sous ses signes naturels. Alors elle prononce des mots qui rappellent à notre mémoire l'invisible tel que nous l'avons vu sous ses signes naturels. Elle prononce le mot homme, au lieu de nous montrer l'homme lui-même; elle prononce le mot regard, au lieu de nous montrer un œil qui regarde : elle prononce le mot mouvement, au lieu de nous montrer le mouvement réel que fait l'homme : elle emploie un signe qui réveille dans l'imagination l'image du signe naturel.

Cette différence, dans les moyens d'expression, sépare entièrement la littérature des autres arts.

Cette différence a produit, en outre, dans la littérature deux écoles distinctes.

sédant seul la vertu esthétique, il produirait encore une émotion sur nous, s'il était dégagé des formes matérielles qui le traduisent, puisque ce qui a la vertu de nous émouvoir resterait alors tout entier.

« L'induction nous porte à croire également que cette émotion serait plus vive, attendu que les formes à travers lesquelles passe l'invisible ne font qu'atténuer, amortir son action.

« Mais l'induction ne dit pas si l'invisible, pur et dégagé des formes matérielles, produirait sur nous la même action que celle qu'il produit quand il apparaît à travers ces formes.

« L'émotion esthétique n'a-t-elle pas un caractère déterminé par le mélange de l'invisible avec les formes matérielles, et ce caractère serait-il modifié, si ce mélange cessait d'exister? Si presque tout vient du fond dans la nature de l'émotion esthétique, n'y a-t-il pas cependant quelque chose aussi qui vient de la forme?

« Sur ce point, l'induction n'apprend rien non plus que l'expérience.

« Quoi qu'il en soit, en nous renfermant dans l'état actuel, sans nous occuper de ce qui arriverait dans un autre état où l'invisible nous apparaîtrait seul et dégagé de formes, c'est une vérité de fait que l'objet esthétique est toujours un objet complexe, composé de l'invisible qui nous émeut esthétiquement, et de la forme matérielle qui traduit l'invisible.

« D'où il suit que le caractère nécessaire, inévitable de l'objet esthétique, c'est d'être un objet expressif; il faut, pour que l'objet nous donne l'émotion esthétique ou désintéressée, qu'il nous traduise quelque chose de l'invisible, qu'il nous parle de lui.

« D'où il suit encore que la première loi de l'art, qui a pour but de reproduire en nous, par le moyen des œuvres qu'il produit, l'émotion que donnent les objets naturels, que cette première loi est l'expression. »

La littérature ayant à son service des signes de convention qui peuvent tout exprimer, et n'étant pas contrainte, comme les autres arts, à présenter l'invisible sous ses formes naturelles, une de ces écoles a essayé d'exprimer l'invisible immédiatement, tandis que l'autre s'est bornée à éveiller dans l'imagination les signes naturels de l'invisible, pour nous faire comprendre l'invisible lui-même par ces signes naturels.

Or, toutes les fois que la littérature a voulu représenter l'invisible dégagé de ses formes, elle n'a pas produit d'effet; elle n'a produit que des analyses métaphysiques, et les analyses métaphysiques ne causent pas d'émotion esthétique.

Au contraire, quand la littérature s'est bornée à employer des mots qui évoquaient l'invisible sous ses signes naturels, elle a produit le même effet que les arts qui représentent l'invisible de la même manière.

Cette différence dans les résultats des deux procédés tient à une cause bien simple : c'est qu'il n'y a que les sens qui sentent, et que l'intelligence ne sent pas. C'est avec les sens que nous percevons les différents objets qui nous donnent ou qui peuvent nous donner l'émotion esthétique; pour éprouver cette émotion, il faut qu'avec leur secours nous saisissions hors de nous l'objet complexe, composé de l'invisible et du visible, qui seul nous émeut esthétiquement. Quand donc la littérature, dans sa langue abstraite, éveille les souvenirs de la conscience, nous ne ressentons rien; le spectacle de la conscience ne nous fait rien éprouver. Mais quand elle éveille les souvenirs sensibles, quand elle évoque les images des objets sensibles dans l'imagination, l'image, rappelant l'objet, produit le même effet que l'objet sur la sensibilité, c'est-à-dire l'émotion esthétique.

Ainsi s'explique la méprise que commettent les littérateurs, quand ils veulent représenter l'invisible lui-même avec leur langage de convention; voilà comment ils encourent le reproche de nous laisser insensibles et froids.

Je ne dis pas cependant qu'il y ait eu jamais une école littéraire qui ait représenté l'invisible entièrement dégagé de toutes formes matérielles ; je dis qu'en littérature, il y a eu des écrivains qui ont eu pour tendance, pour système de peindre plutôt l'intérieur séparé de ses formes que l'intérieur sous ses formes naturelles, tandis que d'autres ont eu pour tendance de montrer au contraire l'invisible sous les formes qu'il revêt ; je dis que, sans peut-être comprendre la loi qui les conduisait, ces deux classes d'artistes ont existé dans la littérature.

En résumé, de tout ce que nous venons de dire, il résulte :

1° Que l'art particulier qu'on nomme la littérature diffère des autres arts dans ses moyens d'agir sur nous ;

2° Que cet art, qui seul de tous les arts peut représenter l'invisible dégagé de ses formes, ne doit cependant pas le représenter ainsi ; qu'en le faisant, il fait mal et manque son but ; qu'il doit employer les moyens des autres arts pour nous montrer directement l'invisible sous ses formes réelles, ou du moins évoquer l'image de l'invisible sous ses formes réelles ; qu'autrement il n'atteint pas son but et ne produit pas l'émotion esthétique. La littérature doit être matérielle et non métaphysique.

Il est une distinction importante que nous sommes conduits à faire ici.

C'est que les mots qui sont les signes littéraires, comme la couleur et le dessin sont les signes de la peinture, les mots sont quelquefois par eux-mêmes des signes naturels.

Ainsi, bien que primitivement les hommes n'aient aucune langue, quand une fois ils en ont une, les mots de cette langue sont des signes naturels tout aussi significatifs immédiatement que la physionomie, les regards, les intonations de la voix, etc. Un homme animé d'une passion, et possédant un langage, a un moyen de plus de traduire aux autres hommes l'état intérieur de son âme : il le traduit esthétiquement par ses discours tout comme par ses gestes, par les intonations de sa voix, par les mouvements et les attitudes de son corps.

Or, lorsque la littérature reproduit dans ses œuvres les discours par lesquels les passions se manifestent chez l'homme, dans ce cas-là, elle est comme les arts plastiques ; elle nous montre directement l'invisible sous ses formes naturelles. Quand elle exprime l'invisible sous tout autre signe, par exemple, sous le signe de la physionomie, sous le signe de la forme, elle ne présente pas immédiatement l'invisible sous ce signe ; elle prononce un mot qui nous rappelle le signe de l'invisible. Mais quand elle reproduit les discours par lesquels l'âme humaine s'exprime, elle nous montre directement l'âme humaine.

## TRENTIÈME LEÇON.

C'est pourquoi l'art dramatique diffère de l'art littéraire proprement dit.

La littérature proprement dite ne représente pas immédiatement l'invisible sous ses signes naturels; elle évoque seulement, au moyen des mots, l'image des signes naturels par lesquels il s'exprime. Ainsi, quand je dis : un regard furieux, cela éveille dans notre esprit une image de l'homme lançant un regard exprimant la fureur.

L'art dramatique, au contraire, ne se sert pas de mots pour évoquer les signes naturels; il montre le signe naturel lui-même, et sous ce signe, nous percevons directement l'invisible.

Ainsi, l'art dramatique se distingue de l'art littéraire. L'art dramatique est un art plastique qui agit immédiatement sur nos sens; l'art littéraire doit passer par l'imagination et la mémoire. L'art dramatique nous présente tout de suite la réalité, de même que la peinture, la musique, la danse, la sculpture, de même que tous les arts qui nous présentent immédiatement la réalité; l'art littéraire en évoque seulement le souvenir.

Dans les paroles que prononce une personne dans une conversation, dans une pièce de théâtre, il y a trois choses : il y a le son que j'entends et qui frappe mon oreille; il y a le sens du son que j'entends, que l'esprit comprend; il y a enfin le rapport entre ce sens et la passion qui agite la personne qui parle. Quand Arnolphe, dans l'*École des Femmes*, dit :

Pourquoi ne pas m'aimer, madame l'impudente?

Qu'y a-t-il dans ce vers? des mots, d'abord; puis il y a le sens littéral de ces mots; ce sens littéral se fait comprendre à mon esprit; mais l'effet esthétique n'est produit que par le rapport du sens de ces mots, avec la passion de l'homme qui les prononce : là seulement se trouve la vertu esthétique. Écoutez le vers de Molière, isolé, hors de la pièce où il est, ce vers ne fera pas rire; on en comprendra le sens littéral, mais voilà tout. Ce qui fait rire quand on l'entend, c'est le rapport du sens de ce vers avec la passion du personnage qui parle.

Ainsi, tout objet naturel qui produit en moi l'émotion esthétique ne produit en moi cette émotion que parce que ses qualités extérieures expriment l'invisible.

L'art ne fait que représenter l'invisible sous ses formes naturelles empruntées aux objets naturels.

La littérature, au lieu de nous représenter directement les signes naturels comme les autres arts, ne fait qu'évoquer dans notre imagination l'image ou la reproduction de ces signes naturels. Son procédé est plus long.

Mais une fois l'imagination en possession de l'image, la littérature se trouve placée sur la même ligne que les autres arts; seulement elle agit par une image, au lieu d'agir par les signes réels.

De là suit la définition commune; de là suivent les lois communes de tous les arts.

La définition la plus haute de l'art, c'est que l'art est l'expression de l'invisible par les signes naturels qui le manifestent.

Ainsi tout objet esthétique n'agit sur moi que parce qu'il exprime; l'expression est le caractère fondamental de tout objet esthétique, naturel ou artificiel; voilà la première loi.

Une seconde, c'est qu'il ne suffit pas que les objets esthétiques expriment pour qu'ils agissent sur nous et nous émeuvent; il faut encore qu'ils expriment par les signes naturels, et cette loi s'applique tant aux objets naturels qu'aux objets artificiels.

L'expression d'abord, puis l'expression naturelle ou vraie, ou réelle, voilà les deux conditions de l'émotion esthétique, que l'émotion soit produite par un objet naturel ou par un objet artificiel.

Or, on peut dans l'art violer cette loi de l'expression vraie ou naturelle, non seulement en littérature, en s'attachant à reproduire l'invisible séparé de ses formes naturelles, mais encore dans les autres arts, en employant des signes qui ne soient pas naturels, des signes qui soient faux.

C'est ce qui arrive quand l'art se sert pour exprimer l'invisible de formes ou de signes qui sont de l'invention de l'artiste et qui ne sont pas dans la nature. Alors l'invisible ne produit pas son effet; car à travers les signes dont il est recouvert, l'esprit ne le saisit pas.

L'art peut également manquer son but et violer sa loi, en employant pour traduire l'invisible, non pas seulement des signes d'invention et qui n'existent pas dans la réalité, mais encore des signes qui n'appartiennent pas au pays, au temps, aux mœurs des gens à qui il s'adresse.

En effet, les signes naturels par lesquels l'invisible s'exprime sont différents selon le pays, le temps, les mœurs, la civilisation : s'il existe une trop grande différence entre le pays, le temps, les mœurs et la civilisation où nous vivons et le pays, le temps, les mœurs, la civilisation auxquels l'art emprunte les signes qu'il emploie, ces signes nous sont inintelligibles; ils sont pour nous comme faux.

L'art peut donc violer sa loi de trois manières différentes, soit en supprimant les signes de l'invisible, soit en employant des signes de son invention, soit enfin en se servant de signes naturels, mais empruntés à une réalité trop éloignée de nous pour être intelligibles.

Afin de rester fidèle à sa loi, l'art doit exprimer l'invisible et l'exprimer par des signes non seulement réels, mais encore intelligibles, et pour cela puisés au sein de la réalité dans laquelle nous nous trouvons.

Cette dernière règle cependant n'est pas absolument inflexible; ainsi, par exemple, je ne proscris pas les romans historiques; il n'est pas défendu à l'art de se revêtir des formes historiques, et c'est ce qu'il a même fait avec une grande puissance; mais il ne faut pas que les signes auxquels il a recours en ce cas soient assez différents des signes actuels, pour que nous ne les comprenions pas; il faut que ces signes réels soient encore intelligibles; il faut qu'ils soient empruntés à une réalité que nous comprenions, qui soit de notre temps, ou du moins d'un temps pas trop éloigné du nôtre.

Arrivés à ce point de nos recherches, nous voyons de nouvelles questions s'élever devant nous.

La loi de la réalité du signe une fois posée, il s'agit de savoir si l'art consiste à copier exactement les signes naturels par lesquels l'invisible se manifeste, ou s'il peut et doit altérer ces signes, sans toutefois les détruire.

Cette question est en d'autres termes celle de l'idéalisation et de l'imitation.

Deux écoles dans la littérature se sont attachées, l'une à représenter l'invisible sous ses formes naturelles, mais en les altérant; c'est l'école de l'idéal; l'autre à reproduire exactement les formes naturelles telles qu'elles apparaissent; c'est l'école de l'imitation.

Or, laquelle de ces deux écoles a raison, celle qui altère les signes réels, ou celle qui les copie fidèlement?

Cette question repose tout entière sur celle de savoir si le signe naturel est le plus parfait possible, c'est-à-dire s'il est le signe qui exprime l'invisible de la manière la plus complète et la plus intelligible.

Si le signe naturel représente l'invisible de la manière la plus complète et la plus intelligible, il ne faut pas l'altérer; il faut l'altérer, s'il est susceptible de perfectionnement; en d'autres termes, si l'intelligence de l'homme est en cela supérieure aux œuvres de la nature, il faut que l'homme perfectionne la nature. Si au contraire, la nature est supérieure à l'intelligence de l'homme, l'intelligence de l'homme doit se prosterner et laisser la nature telle qu'elle est.

La question de savoir si l'on doit idéaliser ou imiter la nature une fois résolue, reste à rechercher quelles sont les lois à suivre en idéalisant, dans quel sens et dans quel esprit on doit perfectionner le signe naturel.

Cette seconde question dépend de la solution de la première.

L'une et l'autre, quel est l'idéal? quelle est la loi de l'idéal? sont deux questions fort graves.

## TRENTE-UNIÈME LEÇON.

En quoi consiste le beau. — Différence du beau de l'invisible et des autres genres de beauté ; il est le seul auquel corresponde de la laideur. — Que l'attrait sympathique qui accompagne l'expression, l'imitation et l'idéal dans les objets naturels ou artificiels, ne s'adresse qu'à l'invisible. — Différences du plaisir que produit l'invisible, et de celui qui découle de ces autres sources.

Nous avons trouvé le principe véritable de l'émotion esthétique.

Reste à déterminer ce que c'est que le beau.

Car le beau et le principe de l'émotion esthétique diffèrent entre eux ; nul doute.

Nous trouvons laids certains objets qui nous émeuvent esthétiquement, sans considération d'intérêt ; nous trouvons laids, par exemple, certains animaux qui nous émeuvent et ne peuvent pas nous nuire, ni nous servir.

Qu'est-ce donc que le beau ?

Le nom de beau s'applique à tout ce qui nous plaît esthétiquement ou sans considération d'intérêt.

Ainsi l'expression dans les objets naturels nous agrée ; l'imitation, l'idéal, dans les objets artificiels nous agréent pareillement : l'expression, l'imitation, l'idéal nous émeuvent favorablement sans utilité pour nous et nous disons : Le beau de l'expression, le beau de l'imitation, le beau de l'idéal.

Alors le mot beau désigne la cause quelconque du plaisir esthétique ou désintéressé.

Mais ce mot a deux acceptions : il ne s'entend pas toujours de la même façon.

Le mot beau prend un autre sens quand nous comparons au beau le sublime, l'agréable ou le joli.

Outre le beau de l'expression que renferment les objets naturels, outre le beau de l'imitation et le beau de l'idéal que les objets artificiels possèdent, il se rencontre encore très souvent dans tous ces objets artificiels ou naturels, le joli, l'agréable, le sublime ou le beau.

Alors le mot beau ne désigne plus la cause quelconque du plaisir esthétique ou désintéressé ; ce mot indique une certaine face de la cause du plaisir esthétique, quelqu'une des nuances particulières qui la modifient, comme la nuance du sublime, comme celle de l'agréable, comme celle du joli.

Cela posé, nous allons développer plusieurs faits qui donneront par la suite, aussi précisément que possible, la signification du mot beau, la définition du beau.

Remarquons d'abord qu'il y a pour le beau de l'invisible un laid correspondant et qu'il n'y en a pas pour le beau de l'expression, ni pour le beau de l'imitation, ni pour le beau de l'idéal. Examinons un peu ce fait.

Soit un objet naturel ou artificiel qui signifie.

La vertu significative de cet objet nous plait et nous y reconnaissons le beau de l'expression.

Soit un objet artificiel, copie ressemblante d'un objet naturel.

La ressemblance de l'original avec la copie nous plait et nous y proclamons le beau, le beau de l'imitation.

Soit un objet artificiel, copie perfectionnée d'un objet naturel.

Le perfectionnement de l'original par la copie nous plait et le beau de l'idéal nous apparaît.

Supposons maintenant que l'objet naturel ou artificiel ne signifie plus.

Supposons que l'objet artificiel ne soit plus la copie ressemblante ni la copie perfectionnée de l'objet naturel.

Alors le beau de l'expression qui se perd, fera-t-il place au laid de l'expression.

Le laid de l'imitation et le laid de l'idéal remplaceront-ils pareillement le beau de l'imitation et le beau de l'idéal qui disparaissent ?

Lorsque nous supprimons l'expression, lorsque, par exemple, nous changeons la figure humaine qui manifeste certaines passions en un objet qui n'exprime plus rien, en une pierre, le beau de l'expression se perd à la vérité. La vertu significative qui nous plaisait s'évanouit ; il y a conséquemment pour nous un plaisir de moins.

Mais l'expression nous émeut agréablement et la non expression ne nous émeut pas désagréablement; l'objet qui nous plaît quand il signifie, ne nous déplaît pas quand il ne signifie plus. Il n'y a pour nous qu'un plaisir de moins; il n'y a pas déplaisir.

De même, lorsque nous supprimons l'imitation et l'idéal, lorsque nous anéantissons d'un côté, s'il s'agit encore, par exemple, de la figure humaine, la reproduction fidèle des signes qui s'y rencontrent, l'image et la représentation scrupuleuse des traits qui la composent, d'un autre côté, la simplification et la clarification de ces signes, la réduction de ces traits aux plus caractéristiques d'entre eux; le beau de l'imitation et le beau de l'idéal se perdent; la ressemblance de l'original avec la copie qui nous plaisait, et le perfectionnement de l'original par la copie, qui nous plaisait également, s'évanouissent; il n'y a plus conséquemment plaisir; mais il n'y a pas positivement déplaisir. L'imitation nous réjouit; l'idéal nous réjouit aussi. Détruisons l'idéal, détruisons l'imitation, nous cessons de nous réjouir, voilà tout. La jouissance finit, la douleur n'arrive pas. Nous ne sommes pas douloureusement affectés, toutes les fois que l'art n'est pas l'imitation ou l'imitation idéale de la nature.

En un mot l'absence de l'expression, de l'imitation, et de l'idéal nous ravit un plaisir, sans provoquer en nous un déplaisir.

L'absence de l'expression, de l'imitation, de l'idéal ne provoquent un déplaisir en nous, que quand l'artiste prétend exprimer, imiter, idéaliser, et que son ouvrage n'est pas significatif, ressemblant, perfectionné. Nous sommes alors à son aspect douloureusement affectés et nous ne le sommes pas toutefois, parce qu'il manque à son ouvrage la vertu significative, la ressemblance, le perfectionnement; nous le sommes, parce que nous sentons l'inutilité des travaux de l'artiste, et que nous n'aimons pas à voir des travaux inutiles. Tout effort qui n'atteint pas son but, nous déplaît, nous fait peine; l'impuissance nous blesse.

L'absence de l'expression, de l'imitation, de l'idéal ne constitue donc aucune laideur : cela n'est pas laid, qui n'est pas significatif, qui n'est pas ressemblant, qui n'est pas perfectionné. Il n'y a pas pour le beau de l'expression, un laid correspondant; il n'y en a pas pour le beau de l'imitation; il n'y en a pas non plus pour le beau de l'idéal; il n'y en a que pour le beau de l'invisible.

Nous pouvons rendre cette vérité encore plus évidente.

Soient devant nous deux figures également expressives, mais dont l'une exprime un certain sentiment, et l'autre un certain autre sentiment. Soient devant nous un singe, par exemple, et à côté un bel oiseau, une colombe.

Dès le premier coup d'œil, nous répugnerons au singe et nous aimerons la colombe. Nous éprouverons de la répugnance pour ce qu'expriment les traits du singe et nous serons attirés vers ce qu'expriment les formes de la colombe. Nous sentons de la répulsion pour l'un, et de l'amour pour l'autre. Nous trouverons du beau dans la colombe et du laid dans le singe.

Or, ici ce n'est pas simplement l'absence du beau qui constitue le laid; il y a quelque chose de plus. La répugnance que produit le laid de l'invisible ou le laid moral est un sentiment aussi positif que l'amour que l'on ressent à la vue du beau moral ou du beau de l'invisible. Ces deux sentiments sont tous deux réels au même degré; l'un n'est pas la négation de l'autre; la négation du plaisir du beau c'est l'absence de ce plaisir uniquement. Il y a autre chose que l'absence de ce plaisir dans le sentiment de déplaisir que nous cause le laid; ce sentiment est aussi réel, aussi positif que l'autre.

Ainsi, pour ce qui est du laid, nous n'en reconnaissons qu'un seul, celui de l'invisible : l'invisible seul est susceptible de nous causer une sensation esthétique désagréable.

Cette observation nous conduit à penser qu'il se pourrait bien qu'il n'y eût que l'invisible qui fût vraiment susceptible de beau, de beau positif, réel, absolu, et que toutes les autres causes de plaisir auxquelles nous attribuons l'épithète de beau, pourraient bien n'être que des causes de plaisir semblables à celles dont nous avons parlé déjà, comme l'habitude, la nouveauté. C'est une question à examiner. Faisons à ce sujet quelques remarques.

Oublions qu'il y a un beau artificiel. Supposons qu'il n'y a que du beau naturel.

A la vue d'un objet naturel, ce qui nous frappe d'abord, c'est une chose avec laquelle nous sympathisons, si l'objet naturel est beau, et s'il est laid, c'est une chose à laquelle nous répugnons.

Ainsi, mettez un homme d'un peuple quelconque en présence

d'un singe, cet homme s'écriera tout aussitôt que cela est laid, que cela est vilain.

Et cependant il y a dans le singe une grande beauté d'expression, si l'on doit appliquer à l'expression le nom de beau. Il n'y a pas de figure, qui, plus que celle du singe, rende nettement, énergiquement certaines qualités morales, bonnes ou mauvaises.

Donc, à la vue d'un objet naturel avec lequel nous sympathisons, ce n'est nullement le beau de l'expression qui nous frappe; c'est le beau de l'invisible ou le beau moral.

Maintenant au singe substituons une chose insignifiante, une chose qui manque d'expression, une pierre, par exemple; nous allons voir la différence qu'il y a entre l'expression du laid et l'absence de toute expression.

Bien que le singe nous répugne, bien qu'il nous arrache cette exclamation : qu'il est laid! le peuple néanmoins reste les yeux longtemps attachés sur le singe, il le contemple toujours avec plaisir, tandis que, si nous mettons devant lui la pierre à la place du singe, il ne regardera pas la pierre : la pierre, en effet, n'attirera pas son attention, n'excitera pas son intérêt.

Il s'ensuit qu'il y a un plaisir que nous n'apercevons pas à la première vue de l'animal dont nous venons de parler, du singe, parce que ce plaisir est effacé par le déplaisir que nous cause le laid moral, mais qu'en remplaçant le singe par la pierre, la chose qui exprime par celle qui n'exprime pas, nous découvrons qu'il se trouve dans la contemplation même du laid moral, un plaisir qu'on ne démêle pas au premier moment, le plaisir de l'expression.

Or, cette qualité d'exprimer doit-elle être appelée du nom de beau dans la nature?

Cela ne serait pas conforme au langage ordinaire.

Personne ne donne le nom de beau ou de laid à cette vertu qu'ont les objets d'exprimer. La seule chose à laquelle nous appliquons ces mots, c'est le fait moral; c'est la nature morale, invisible, exprimée par les formes matérielles, qui nous attire ou nous repousse; c'est à cela seul que nous attachons immédiatement le nom de beau ou de laid. Il ne s'agit pas pour nous immédiatement de l'expression et du plaisir qu'elle cause. Ce n'est qu'ensuite, par réflexion, que nous pouvons attribuer ces épithètes à l'expression ; mais naturellement, au premier coup d'œil, c'est à l'invisible seul que nous les attribuons.

Dans l'art, c'est autre chose.

Au lieu d'un singe réel et vivant, supposez un singe peint, copié sur une toile.

Deux choses alors se disputeront l'attention du spectateur : d'abord, l'imitation, la vérité de l'imitation, ensuite, le beau et le laid de l'invisible.

Ainsi, le singe, comme singe réel, nous répugne comme dans la nature; comme objet imité, comme reproduction, comme portrait, il nous plaît.

Ici, le beau de l'imitation est parfaitement distinct au premier coup d'œil.

Aussi, devant le portrait du singe, l'homme du peuple sera frappé de deux choses : le laid de l'animal et l'imitation ; l'imitation lui plaît, le laid de l'animal lui répugne. Du reste, il ne s'occupe pas plus de l'expression dans l'objet peint que dans l'objet naturel ; ce qui le frappe, c'est le spectacle de l'imitation qui lui fait plaisir, et le laid moral de l'animal dont il voit l'image, du singe.

Quant à l'idéal dans les objets de l'art, le peuple ne le remarque pas du tout ; il trouve l'objet plus ou moins beau, plus ou moins laid, mais il ne remarque pas si les formes naturelles de l'objet sont simplifiées, perfectionnées, si les traits accessoires ont été supprimés, s'il n'est resté que les traits caractéristiques. Que l'imitation soit exacte ou idéalisée, il n'y fait pas attention ; ce qui le frappe seulement, c'est l'imitation et le beau ou le laid moral.

Ceux qui se connaissent aux procédés de l'art, ceux qui y ont réfléchi, distinguent bien l'imitation et l'idéal ; ils apprécient l'idéal, car cet idéal leur fait plaisir, comme l'imitation fait plaisir à l'homme du peuple. L'homme éclairé aperçoit donc quelque chose de plus que l'homme du peuple dans les objets de l'art.

Dans les objets naturels comme dans les objets de l'art, l'homme éclairé remarque aussi l'expression, mais moins que le beau ou le laid naturel de l'invisible, que l'imitation, que l'idéal. L'expression est pour tous la chose la moins remarquable dans le beau naturel ou artificiel. Le sens est ce qui frappe le plus. Le signe et le perfectionnement du signe ne frappent pas autant.

Ces distinctions ont pour but de montrer les différents caractères qui nous affectent agréablement dans les objets naturels ou artificiels, sous le rapport esthétique.

On voit que ce qui frappe principalement, ce qui agit d'abord sur nous, c'est le beau ou le laid de l'invisible.

On voit ensuite que tout le reste ne vient qu'accessoirement. L'expression ne vient qu'accessoirement; de même l'imitation et l'idéal. Ce sont autant de principes particuliers que nous trouvons après coup.

Or, nous ne sommes attirés ni par l'expression, ni par l'imitation, ni par l'idéal; le fait de l'attrait sympathique ne s'adresse qu'à l'invisible. De même, nous n'éprouvons aucune répulsion pour l'expression, l'imitation, l'idéal. Le fait de la répulsion ne s'adresse non plus qu'à l'invisible.

Cependant, quand on découvre l'expression dans la nature, elle produit toujours un plaisir remarqué ou non. Pareillement, dans le sentiment que nous éprouvons à la vue des objets de l'art, il y a quelque chose qui vient de l'expression, de l'imitation de l'idéal.

Reste à savoir si le sentiment excité en nous par l'expression, par l'imitation, par l'idéal, est de même nature que le sentiment produit en nous par l'invisible.

Or, au premier coup d'œil, l'invisible nous cause non seulement du plaisir, mais encore de l'amour, de la sympathie. Nous sommes affectés agréablement, et de plus, nous sommes attirés vers l'objet qui nous affecte agréablement, tandis que l'expression, l'imitation, l'idéal nous causent uniquement un plaisir, sans attrait vers l'objet, sans amour. C'est un plaisir qui est purement d'esprit; c'est une remarque faite par l'esprit, et qui, lorsque l'esprit l'a faite, l'affecte agréablement, le réjouit, le contente. Ce n'est pas un mouvement de la sensibilité vers l'objet, indépendant de toute conception intellectuelle, comme les mouvements que produit l'invisible. L'invisible étant donné, c'est-à-dire exprimé, nous sommes attirés ou repoussés, indépendamment de toute conception de l'esprit, de la raison. Au contraire, il faut que notre esprit saisisse l'expression, l'imitation, l'idéal, pour que ces choses nous agréent. Le sentiment de plaisir qu'elles nous causent, consiste dans un plaisir d'esprit plutôt qu'en un mouvement du cœur vers l'objet; ce qui est bien différent.

Autre remarque.

Plus on est éclairé, plus on goûte l'expression, l'imitation, l'idéal. A mesure que l'esprit s'éclaire, le plaisir augmente. La source de ce plaisir est l'esprit; ce plaisir est relatif. Il peut finir par disparaître complétement; il peut s'éteindre dans un esprit tombé jusqu'à un certain degré d'ignorance. Au contraire, le plaisir causé par la manifestation de l'invisible reste le même. Mettons un homme qui n'entende rien aux arts devant une belle figure idéalisée, il ne comprendra pas l'idéal; il n'en sera pas touché. Il faut donc un certain travail de l'esprit pour que l'expression, l'imitation, l'idéal nous fassent plaisir; tandis que, exprimé dans les objets naturels ou artificiels, l'invisible nous touche toujours et tout d'abord.

Enfin, il faut ajouter que l'invisible nous cause le plaisir ou son contraire, l'amour ou la répugnance, suivant qu'il est beau ou laid; ce que ne fait ni l'expression, ni l'imitation, ni l'idéal.

Toutes ces remarques doivent nous conduire à distinguer les différentes causes du plaisir que l'on peut rencontrer dans l'art.

Elles doivent également nous conduire à juger de la valeur des deux sens du mot beau, des deux acceptions qu'il reçoit; l'une, arbitraire, qui reconnaît comme beau tout ce qui nous fait plaisir, l'autre, plus vraie, plus fondée, d'après laquelle l'invisible qui excite notre amour est seul beau, et beau d'une beauté ayant un opposé, un laid correspondant : ce qui est aussi la propriété de l'invisible, et sa propriété exclusive.

# TRENTE-DEUXIÈME LEÇON.

Sens divers du mot de beauté. — Son acception générale; — son acception particulière. — Différence du beau envisagé comme ce qui peut plaire, sans aucune vue d'intérêt et du beau, envisagé comme propriété de l'invisible : 1° Le beau de l'invisible seul a pour contraire la laideur; 2° peut devenir sublime ou joli; 3° est une qualité permanente des objets. — Son caractère : il est propre à exciter la sympathie. — Ses variétés.

Nous voici parvenus à la question qui doit déterminer positivement et scientifiquement le sens du mot de beauté.

Cette question, nous l'avons déjà posée tout au commencement du cours. Il s'agit encore aujourd'hui, comme alors, de savoir qu'est-ce qu'on entend dire, quand on dit : Cela est beau; de même que dans le cours de morale il s'agissait de savoir qu'est-ce qu'on entend dire, quand on dit : Cela est bien.

Mais de même aussi, que dans le cours de morale pour savoir ce qu'on entend dire, quand on dit : Cela est bien, nous avons été préalablement forcés au développement de plusieurs considérations accessoires, de même nous avons dû nous livrer à quelques recherches préliminaires, pour savoir ce qu'on entend dire, quand on dit : Cela est beau.

Ces recherches préliminaires, nous les avons maintenant épuisées; nous avons séparé le beau de ce qui n'est pas lui. Nous avons vu ce que le beau n'est pas.

Nous avons donc à voir maintenant ce qu'il est.

Cette question, ce qui la rend très difficile, c'est qu'on a pris le mot beau dans un grand nombre de sens. Nous allons ici raconter comment les choses probablement se sont passées.

Le beau se manifeste à nous par une affection ou émotion agréable qu'il produit en nous, par un plaisir qu'il nous cause.

Et tel est le signe caractéristique du plaisir que le beau nous cause en se manifestant à nous : il n'a point l'intérêt du plaisir que nous cause l'utile, il est désintéressé.

Or, le sens commun a distingué par des noms différents le

principe différent de ces deux plaisirs, par le nom de beau le principe du plaisir désintéressé, le principe du plaisir intéressé par le nom d'utile.

Cela fait, le sens commun n'a pas été plus loin. L'opinion populaire n'a pas distingué les différents genres de plaisirs désintéressés, mais les a tous uniformément confondus en un seul, désignant du nom commun de beau tout ce qui nous affecte agréablement, sans considération d'intérêt, tout ce qui produit en nous une émotion agréable désintéressée, tout ce qui nous cause un plaisir désintéressé.

Voilà l'acception générale du mot beau.

Quand donc un objet, parce qu'il nous rappelle des idées qui nous réjouissent, ou parce qu'il est nouveau pour nous, ou parce que nous sommes accoutumés à lui, ou parce qu'il exprime l'invisible, ou parce qu'il imite la nature, ou parce qu'il idéalise la nature qu'il imite, quand un objet, à quelqu'un de ces titres, nous cause un plaisir désintéressé, nous nous écrions : Cet objet est beau.

L'association des idées, la nouveauté, l'habitude, l'expression, l'imitation, l'idéal, ce sont donc là des principes de plaisir désintéressé auxquels la langue vulgaire applique indistinctement le nom de beau.

La langue vulgaire a raison, si l'on doit appeler du nom de beau tout ce qui nous cause un plaisir désintéressé.

Le sens commun, toutefois en même temps qu'il prend le mot de beauté dans ce sens général et vague, prend aussi ce mot dans un autre sens. Donnons-en la preuve.

Quand un objet, parce qu'il nous rappelle des idées qui nous réjouissent, ou parce qu'il est nouveau pour nous, ou parce que nous sommes accoutumés à lui, ou parce qu'il exprime l'invisible, ou parce qu'il imite la nature, ou parce qu'il idéalise la nature qu'il imite, quand un objet, à quelqu'un de ces titres, nous cause un plaisir désintéressé, nous nous écrions souvent néanmoins en même temps : Cet objet est laid.

Or, d'après l'acception ci-dessus du mot beau, puisque nous devons appeler beau l'objet qui nous cause un plaisir désintéressé, parce qu'il nous rappelle des idées qui nous réjouissent, ou parce qu'il est pour nous, soit nouveau, soit habituel, soit expressif, soit ressemblant, soit idéal, nous écrier à l'aspect d'un objet idéal, ressemblant, expressif, habituel, nouveau : Cet objet est laid ; c'est nous écrier en même temps : Cet objet est beau, cet objet est laid.

Et lorsque nous portons deux jugements si contraires, nous obéissons pourtant à la langue. Car la langue dit : Ce portrait ressemble, mais il est laid ; ce visage exprime, mais il est laid. Preuve que dans la langue vulgaire, après le sens du mot beau qui s'applique à tout ce qui nous affecte agréablement, sans considération d'intérêt, le sens commun prend le mot beau dans un autre sens plus restreint qu'il faut déterminer.

Cet autre sens plus restreint du mot beau s'applique évidemment à l'invisible. Il s'agit de l'invisible, lorsque nous disons d'un objet habituel ou nouveau, par exemple : C'est laid. En d'autres termes nous reconnaissons dans l'objet dont nous disons : C'est laid, deux pouvoirs divers qui nous frappent diversement ; la nouveauté qui nous agrée ; puis l'objet lui-même qui nous répugne, et nous répugne parce que nous répugnons à l'invisible qu'il traduit ; car le mot laid ne signifie rien, quand on ne l'entend pas de l'invisible ; l'invisible seul est susceptible de laideur.

Ainsi le mot beau, qui s'applique d'abord dans son sens général à tous les principes du plaisir désintéressé, s'applique ensuite dans son sens plus restreint à l'un de ces principes, l'invisible, quand il nous touche favorablement

Ainsi donc voilà deux acceptions du mot beau.

Par le mot beau, l'on entend tout ce qui nous affecte agréablement, sans considération d'intérêt, tout ce qui produit en nous une émotion agréable désintéressée, tout ce qui nous cause un plaisir désintéressé.

Par le mot beau, l'on entend également un état particulier de l'invisible, qui nous cause un plaisir désintéressé en se manifestant à nous, qui nous affecte agréablement sans considération d'intérêt.

Actuellement montrons les caractères qui séparent le principe particulier du plaisir désintéressé, qui se nomme proprement beau dans l'acception la plus restreinte du mot ; et les autres principes du plaisir désintéressé qui se nomment beaux par extension, l'association des idées, la nouveauté, l'habitude, l'expression, l'imitation, l'idéal.

16.

Un caractère qui sépare l'association des idées, la nouveauté, l'habitude, l'expression, l'imitation, l'idéal et l'invisible, c'est que l'invisible peut être beau et laid; c'est que, cause de plaisir désintéressé, beau conséquemment, l'invisible peut devenir cause de déplaisir, laid; tandis que l'association des idées, la nouveauté, l'habitude, tous ces principes de plaisir, ne peuvent pas être laids, ne peuvent pas devenir principes de déplaisir.

Effectivement l'absence de l'association des idées, l'absence de la nouveauté, celle de l'habitude, celle de l'expression, de l'imitation, de l'idéal, la soustraction de tous ces principes de l'émotion agréable désintéressée nous ravit un plaisir, sans nous apporter un déplaisir.

Même tous ces principes de l'émotion agréable désintéressée, n'ont pas de contraire. Nous chercherions vainement le contraire de l'association des idées, de la nouveauté, de l'expression, de l'imitation. Supprimez la nouveauté, plus de nouveauté, voilà tout; le contraire de la nouveauté n'est pas. Un visage beau, parce qu'il exprime, ne se change pas en laid, dès qu'il n'exprime plus. Un portrait ressemblant nous plaira, comme ressemblant; qu'il cesse de ressembler, il ne nous plaira plus; il ne nous déplaira pas cependant.

Les principes du plaisir désintéressé qui se nomment beaux par extension, n'ont donc pas de laid correspondant; tandis que l'invisible peut devenir le contraire de ce qu'il est quand il nous agrée.

Parmi les principes de plaisir désintéressé, il n'y en a qu'un qui puisse devenir principe de déplaisir, et conséquemment se nommer laid. — C'est l'invisible.

De plus, il n'y a pareillement que l'invisible qui puisse devenir sublime ou joli.

On dira d'un objet nouveau, expressif, ou ressemblant : Cet objet est beau; et l'on ne dira pas de cet objet qu'il est, comme expressif, comme nouveau, comme ressemblant, sublime ou joli.

L'invisible seul a la propriété de provoquer en nous l'émotion du sublime et l'émotion du joli; l'invisible, qui seul est susceptible de devenir laid, l'invisible est seul aussi susceptible de devenir sublime et joli.

Enfin, lorsque nous appelons beau l'objet nouveau, expressif ou ressemblant, nous ne l'appelons beau que très improprement; nous lui attribuons très faussement le plaisir que nous ressentons, le beau qui nous frappe. Ce plaisir ne vient pas de lui ; ce beau ne lui appartient pas. S'il est nouveau, expressif, ressemblant, c'est en lui la nouveauté, l'expression, la ressemblance qui nous émeuvent agréablement, et ni la nouveauté, ni l'expression, ni la ressemblance ne réside en lui, comme qualité. La ressemblance, c'est un rapport entre le portrait et l'original ; que l'original se modifie, change, vieillisse, et le portrait, qui n'a pas varié, ne ressemble plus; il cesse de plaire; il n'est plus beau. L'expression, c'est un rapport entre l'objet et l'invisible que l'objet exprime; sans altérer les formes matérielles de l'objet, qu'on retire de son sein l'invisible, et le plaisir disparaît; la beauté fuit. La nouveauté, c'est également un rapport entre l'objet et quelque chose qui n'est pas l'objet; laissez couler un peu de temps, et l'objet, demeuré le même, ne sera plus nouveau.

Ainsi, lorsqu'on appelle du nom de beau, dans son acception générale, tout ce qui nous affecte agréablement sans considération d'intérêt, nous ne disons pas : Cela est beau, de l'objet; nous le disons du rapport qui existe entre cet objet et quelque chose qui en diffère.

Or, ce rapport, c'est l'esprit qui le conçoit. Si l'esprit ne le concevait pas, il n'y aurait conséquemment plus de beau, par exemple, pour l'homme endormi. Chose variable et pure chimère, le beau n'existerait pas. Il ne nous toucherait pas par lui-même. Il n'y aurait pas de beau, s'il n'y avait que le beau de la nouveauté, de l'expression ou de l'imitation.

Mais il y a le beau de l'invisible, et celui-là nous touche par lui-même. Il n'est pas chose variable; il existe par soi ; il persisterait, quand même l'homme aurait perdu l'esprit et la sensibilité. Qualité permanente et fondamentale de l'objet dont il fait partie, le beau de l'invisible y demeure constamment et n'en sort pas; il y reste intrinsèquement attaché. Le beau de l'invisible est donc le seul qu'on puisse appeler du nom de beau sans inconséquence.

Ainsi, parmi tous les principes du plaisir désintéressé, il n'y en a qu'un seul qui soit par lui-même réellement et positivement beau, c'est l'invisible.

Ainsi donc, il y a dans la langue deux acceptions du mot beau : il y a dans la réalité deux espèces de beau.

L'un, c'est tout ce qui nous cause un plaisir désintéressé. L'autre, c'est la vertu qu'a l'invisible de nous causer un plaisir désintéressé.

Voilà les deux définitions du beau ; voilà l'explication des deux acceptions du mot beau.

Maintenant il faut nous occuper spécialement de l'invisible et l'approfondir.

Nous ne savons encore de l'invisible rien, sinon qu'il est.

Examinons donc d'abord la vertu qu'il a de nous affecter agréablement ; examinons comment il doit être fait pour nous affecter agréablement et désagréablement ; puis, pour nous affecter agréablement d'une manière sublime et jolie.

Nous allons ici nécessairement changer de méthode.

Jusqu'à présent nous n'avons pas eu besoin de rentrer en nous-mêmes et de consulter les différences des émotions, que produisent en nous la nouveauté, l'habitude, l'expression, l'imitation ; pour séparer ces différents principes. Nous n'avons pas distingué l'extérieur par l'intérieur ; l'extérieur se distinguait assez bien lui-même ; la nouveauté se sépare assez de l'expression par ses caractères apparents, l'expression, de l'imitation.

Mais lorsqu'on arrive à l'invisible, et qu'il faut distinguer dans l'invisible le beau, le laid, le sublime, le joli ; l'esprit alors se perd. Le regard n'est plus assez fort. Il faut recourir aux émotions que l'invisible nous cause dans telle ou telle situation. Les émotions sont alors plus claires que l'objet.

Nous ne chercherons donc pas comment est fait l'invisible, quand il nous cause l'émotion du beau ou du laid ; nous chercherons quelle émotion l'invisible nous cause, quand nous l'appelons beau ou laid.

Et par les différences des émotions, nous reconnaîtrons les différences du beau et du laid dans l'invisible.

Or, le signe caractéristique du beau dans l'invisible, c'est qu'il excite la sympathie ; le signe caractéristique du laid, c'est qu'il excite l'antipathie.

Et d'après ces différentes émotions, les langues ont distingué dans l'invisible le beau et le laid.

Pareillement le signe caractéristique du sublime dans l'invisible, c'est qu'il excite en nous un amour qui se mêle à des sentiments opposés. Le sublime attire et repousse en même temps. Le signe caractéristique du beau comparé au sublime, c'est qu'il excite en nous un amour pur et sans mélange.

Et d'après ces émotions différentes, les langues ont aussi distingué dans l'invisible, le sublime et le beau.

Pareillement encore le signe caractéristique du joli, c'est qu'en excitant un amour pur et sans mélange de sentiments opposés, comme le beau, il l'excite cependant plus sensible, plus physique, plus extérieur, plus sensuel et moins platonique, pour ainsi dire.

D'après ces émotions différentes, on distingue les nuances de l'invisible.

Là se trouve notre point de départ.

# TRENTE-TROISIÈME LEÇON.

Nuances diverses de la beauté et de la laideur. — Méthode à suivre pour les déterminer. — Observations préliminaires. — Diffusion de l'activité et de l'inertie dans l'univers. — Conditions où peut se trouver la nature active. — Caractères qui la rendent agréable chez l'homme, — chez les autres êtres. — Degrés correspondant de la sympathie et de l'antipathie.

Nous avons montré qu'un objet peut nous rappeler des idées agréables ; qu'il peut être nouveau, habituel, expressif, ressemblant, idéal, et qu'il peut aussi néanmoins se trouver en même temps laid ou insignifiant.

Par là se révèlent deux sens différents du mot beau que nous avons déterminés (1).

---

(1) « Dans l'un de ces sens, on appelle beau tout objet qui nous émeut agréablement d'une manière désintéressée par une cause quelconque.

« Dans l'autre de ces sens, on appelle beau l'objet seulement qui nous émeut agréablement, d'une manière désintéressée, par la sympathie qu'excite en nous l'invisible qu'il exprime, la nature immatérielle et vivante qu'il manifeste.

« Nombre d'exemples confirment la réalité de ces deux sens différents du mot beau.

« Soit une figure, une statue, un tableau qui représente quelques mauvaises passions, la ruse, l'hypocrisie. L'expression de la ruse, de l'hypocrisie, de ces mauvaises passions, nous plaît ; il y a pour nous plaisir de l'expression ; et parce que ces objets, à titre d'expressifs, nous émeuvent agréablement d'une manière désintéressée, nous les appelons beaux. Or, en même temps que nous appelons beaux ces objets qui, par leur expression, nous affectent d'une émotion agréable, nous les appelons aussi laids, parce que nous ne sympathisons pas avec les mauvaises passions, la ruse, l'hypocrisie, que représente la figure, la statue, le tableau.

« Le mot beau doit donc avoir deux sens différents, car ces objets ne sont pas beaux et laids au même titre.

« Et ce qui constitue leur laideur, c'est évidemment l'invisible, aux qualités duquel nous répugnons.

« Car changez les qualités de l'invisible, que rend la figure, la statue, le tableau ; substituez aux mauvaises passions, que ces objets représentent, des sentiments généreux, et ces objets alors nous les appelons beaux ; nous les appelons beaux sans distinguer le beau de l'expression et le beau de l'invisible, l'invisible et l'expression ne se contredisant pas, et nous causant à la fois des sensations agréables.

Nous nous étions ensuite proposé de reconnaître les différentes modifications que l'invisible peut subir, et qui le rendent tour à tour à nos yeux, beau, laid, sublime, agréable, joli.

Ici nous déterminerons plus positivement ce qui constitue le beau, ce qui constitue le laid dans leurs diverses nuances.

Or, avons-nous dit, il y a deux manières d'arriver à cette détermination. L'on peut partir des émotions que l'invisible, dans ses différentes modifications, produit en nous, et déterminer les modifications de l'invisible, par les différences de l'émotion. On peut d'autre part considérer l'invisible lui-même, indépendamment des émotions qu'il produit en nous, et déterminer les différentes modifications qu'il peut subir.

Nous suivrons la première de ces manières, plus claire, quoique moins directe, parce qu'avec notre conscience nous distinguons

« Ainsi, c'est un fait constant et général que, quand l'intelligence trouve du laid dans tel ou tel objet qui nous touche agréablement, sans considération d'intérêt, le laid que l'intelligence trouve provient de l'invisible; nous n'éprouvons pas d'antipathie pour ce qui n'exprime pas un sentiment auquel nous répugnons. Il n'y a laideur ou antipathie que de nous à quelque chose qui nous ressemble; la sympathie est un rapport dont les deux termes sont analogues. Entre moi et la nouveauté, entre moi et l'imitation, pas de sympathie. La sympathie n'existe qu'entre moi et moi, moi et l'invisible, moi et ma nature, que les objets extérieurs expriment, manifestent, reproduisent.

« Sympathie, antipathie, voilà ce qui constitue le caractère principal de l'émotion que nous cause l'invisible. Il y a non seulement en nous, quand l'invisible se manifeste à nous, plaisir et déplaisir; il y a encore dans le cas où l'invisible agit sur nous, le plaisir de la sympathie, si c'est un plaisir que l'invisible nous cause, et si c'est un déplaisir, l'antipathie.

« Le caractère commun de tous les pouvoirs esthétiques, c'est donc de provoquer en nous un plaisir désintéressé; mais le caractère spécial du pouvoir esthétique invisible, c'est de provoquer en nous la sympathie ou l'antipathie.

« Ainsi, ce qui nous cause un plaisir désintéressé, voilà le beau, dans l'acception générale du mot; ce qui nous cause un plaisir désintéressé, puis en outre un mouvement sympathique, voilà le beau, dans l'acception restreinte du mot.

« Le laid ne se rencontre jamais dans les pouvoirs esthétiques qui ne sont pas l'invisible; le laid a pour caractère principal d'exciter en nous un sentiment désagréable et une affection antipathique.

« Ainsi donc, maintenant, voulez-vous reconnaître les pouvoirs esthétiques et ceux qui ne le sont pas, examinez si ces pouvoirs vous causent un plaisir désintéressé; s'ils le causent, ils sont esthétiques. Voulez-vous reconnaître si le principe qui vous affecte est le principe esthétique, et de plus le principe esthétique, qui est l'invisible, examinez s'il vous cause un plaisir désintéressé, si de plus il provoque en vous des mouvements sympathiques ou antipathiques.

« Voilà la différence que nous avons déjà dernièrement établie. »

mieux les nuances qui séparent les différentes émotions. Nous trouverions moins facilement dans l'objet le caractère qui le distingue, quand il présente telle ou telle modification. L'objet, dans ce cas, est moins clair que l'émotion; l'émotion est plus facile à distinguer dans ses différentes nuances, que l'objet dans ses modifications.

Cependant il y a des observations générales à présenter sur l'objet, indépendamment de l'émotion qu'il produit en nous.

Ce que nous avons nommé jusqu'à présent l'invisible, n'est autre chose que la nature active aux divers degrés de son développement. Partout où il y a dans la nature extérieure des effets produits, partout il faut reconnaître une cause qui les produit; et cette cause consiste dans un principe actif. C'est là ce qu'il y a de commun, d'essentiel, entre tous les principes actifs possibles. Tout principe actif agit et produit; voilà ce qui caractérise la nature active et la sépare du principe inerte, de la matière. L'élément moléculaire, comme nous le concevons, est inactif; il ne fait rien; il n'agit pas; tel est son caractère, telle est son essence.

Or, en parcourant l'échelle des êtres, on retrouve partout l'élément actif et l'élément inerte.

Considérons d'abord l'élément actif. Il apparaît dans la plante, dans l'animal, dans la pierre, dans tous les êtres créés; mais il n'apparaît pas partout au même degré de développement. Dans quelques-uns, il ne manifeste que certaines qualités; dans d'autres, il ne conserve que sa qualité fondamentale, sans laquelle il retomberait dans l'élément matériel; il ne conserve que la qualité d'être actif. Partout où il se manifeste, il garde sa qualité essentielle, qui est de produire des effets, d'agir. Mais cette qualité essentielle se mêle à d'autres qualités, quand on s'élève de la pierre à l'homme, quand on s'élève du bas de l'échelle des êtres à son sommet. Dans l'homme, non seulement le principe actif est actif, il est encore intelligent, sensible, libre; nous ne voyons pas la force dans un état plus développé, que quand elle se montre à nous dans l'espèce humaine. A mesure que l'on descend de l'homme aux êtres inférieurs, on voit s'évanouir quelques-unes des qualités accessoires de la force; puis on ne trouve plus dans la force que l'activité pure et simple. Or c'est cette nature, susceptible de différents degrés de développement, mais dans tous ses degrés de développement toujours active, productive d'effets, c'est cette nature que nous appelons l'invisible.

C'est la nature active ou l'invisible qui se manifeste à travers les formes matérielles sous les symboles naturels; c'est la nature active qui provoque en nous la sympathie ou l'antipathie.

Or, quand la nature active excite en nous la sympathie, nous la disons belle; quand elle excite l'antipathie, nous la disons laide. C'est là le caractère distinctif de l'émotion du laid et de l'émotion du beau.

Si donc on distingue par les émotions qu'ils causent en nous, le beau et le laid de l'invisible, on dira le beau de l'invisible, c'est la nature active produisant en nous les émotions sympathiques; le laid de l'invisible, c'est la nature active produisant en nous les émotions antipathiques.

Maintenant s'élève la question de savoir en quelles conditions se trouve l'invisible, quand il excite en nous l'émotion sympathique, et quand il excite l'émotion antipathique. Cherchons donc comment doit être faite la nature active pour exciter la sympathie dans un cas, dans un autre l'antipathie.

Si l'on détermine les conditions de l'invisible antipathique et sympathique, on aura distingué dans l'objet lui-même, dans l'invisible, les caractères distinctifs du beau et du laid.

Or, pour arriver à cette détermination, nous remarquerons d'abord que l'invisible ne se manifeste pas à nous, sans exciter au premier moment de sa manifestation, la sympathie. L'invisible, qui produit le plus en nous, quand nous l'avons examiné, l'émotion antipathique, au premier moment où il se manifeste, excite notre sympathie. Son premier effet est de nous attirer à lui; nous nous portons vers lui. Dès que la nature active se manifeste dans les objets extérieurs d'une manière quelconque, le premier mouvement est sympathique.

Mais dès que cette apparence, cette manifestation commence à se développer, à se déterminer, alors la sympathie première s'éteint, remplacée par la sympathie ou l'antipathie, qu'on peut nommer secondaires.

Prenons un exemple. Supposons que nous nous trouvions dans un lieu où ne se manifeste aucun signe d'activité, ni de vie, dans les objets environnants; supposons qu'aucun mouvement de vitalité, que rien de la force ne nous apparaisse, qu'arrive-t-il? c'est que nous restons dans un état complet d'indifférence. Qu'il se manifeste maintenant de la force, de la vie, du mouvement, nous nous réjouissons ; nous sympathisons ; notre nature nous apparaît d'une manière quelconque, dans l'isolement profond où nous étions ; nous éprouvons une sensation agréable. Supposons que l'objet qui excite ainsi notre sympathie, parce qu'il nous manifeste notre nature, exprime de la nature humaine certaines qualités particulières qui nous soient désagréables, à la sympathie qu'excite en nous d'abord la nature humaine, succède l'antipathie qu'excitent en nous ces qualités particulières de la nature humaine. Vient-il donc à nous dans notre solitude un homme vivant, nous sympathisons avec lui. Que cet homme porte sur sa physionomie le signe de quelque méchante qualité, de quelque mauvaise passion, à la sympathie que produit en nous la seule vue de l'homme, succède alors l'antipathie. Que cet homme porte sur sa physionomie le signe de la bonté, de la douceur, de quelques bonnes qualités, à la sympathie qu'excite en nous la seule vue de cet homme, succède alors la sympathie pour les qualités, dont il porte le signe sur sa physionomie, et cette sympathie spéciale ne détruit pas du tout la sympathie primitive causée par cet homme comme homme. De même, à l'aspect d'un bel arbre et d'un chétif buisson, il y a dans l'apparence du bel arbre quelque chose avec quoi nous sympathisons ; mais nous répugnons au chétif buisson ; nous ressentons pour lui de l'antipathie, et c'est de l'antipathie secondaire. Je sympathiserais autant avec le buisson qu'avec le bel arbre, si le buisson m'apparaissait à un moment donné, dans un lieu où rien de la vie ne se manifestât.

Maintenant quels sont les caractères qui rendent à nos yeux la nature active agréable ou désagréable? C'est ce qu'il faut chercher.

Or d'abord, en prenant l'homme pour point de départ, voici ce que nous trouvons. De même que la nature active, qui nous apparaît, excite en nous la sympathie, de même les caractères de cette nature active, qui nous apparaissent, excitent aussi en nous la sympathie ; et comme ces caractères fondamentaux se réduisent à quatre, la capacité de sentir, ou la sensibilité, la capacité d'agir, de produire, ou la force, la capacité d'entendre, de connaître, ou l'intelligence, la capacité de disposer de soi-même, ou la liberté, lorsque, dans un objet extérieur, il se manifeste à nous à travers les signes matériels, ou la force, ou la liberté, ou la sensibilité, ou l'intelligence, cette manifestation de la sensibilité, de l'intelligence, de la liberté, de la force, excite en nous la sympathie; d'où il suit que la sensibilité, la liberté, la force, l'intelligence sont choses avec lesquelles nous sympathisons; et l'on peut poser comme résultat général esthétique que, partout où se manifeste la force, l'intelligence, la liberté, la sensibilité, la sympathie s'élève dans l'âme du spectateur; l'émotion esthétique se produit.

Or, comme la nature active ne se manifeste à nous que sous l'un de ces caractères, ou plusieurs, la nature active doit toujours exciter ma sympathie. En effet, une nature dont l'essence est d'être active, sensible, libre, intelligente, cette nature ne peut apparaître que sous l'un ou l'autre de tous ces caractères; donc toutes les natures actives doivent exciter ma sympathie.

Ce qui fait qu'elles n'excitent pas toujours ma sympathie, et qu'elles excitent mon antipathie, c'est que, bien que la force puisse exciter fondamentalement en nous la sympathie, cependant, quand nous sommes accoutumés à voir un être parvenir à certain degré de développement, et que nous apercevons qu'il n'atteint pas ce degré de développement, cet être nous semble alors dans un état imparfait, incomplet, et nous sommes affectés désagréablement à son aspect, nous lui répugnons.

Par exemple, soit un homme malade, impotent; soit un oiseau vif et léger. L'oiseau, tout vif et tout léger qu'il est, a mille fois moins de force que l'homme tout malade et tout impotent qu'il est; et nous sympathisons cependant avec l'oiseau, nous répugnons à l'homme. L'explication de ce fait, c'est que l'émotion sympathique ne se mesure pas à la quantité moyenne de force développée par un être. Dans un homme dont l'intelligence est lourde et engourdie, il y a plus d'intelligence que dans l'animal qui provoque ma sympathie. Je sympathise pourtant plus avec l'animal qu'avec l'homme. C'est qu'il y a une différence entre la quantité d'intelligence que l'homme est naturellement appelé à développer, terme moyen, et la quantité d'intelligence que cet homme développe. Quand le terme moyen du développement est dépassé dans l'homme, je sympathise avec lui; s'il est dépassé de beaucoup, je sympathise beaucoup. Au lieu d'être dépassé, si le développement reste en deçà du terme moyen du développement humain, j'éprouve un sentiment d'antipathie. De même, ce n'est pas la quantité d'intelligence développée qui fait que la qualité intellectuelle me répugne ou m'attire dans un être. Il y a un terme moyen de développement pour une espèce d'êtres, et quand nous apercevons un être de cette espèce rester en deçà du terme moyen, l'antipathie s'élève. Ce qui ne m'empêche pas, partout où il y a de l'intelligence, d'éprouver de la sympathie; car il y a une sympathie fondamentale pour l'intelligence, indépendamment de la sympathie que telle quantité d'intelligence peut nous causer.

Supposons un homme chez qui la quantité moyenne de force qu'il est appelé à déployer n'est pas atteinte; voilà le vice ou le défaut esthétique de faiblesse. Supposons un homme qui ne développe pas la quantité moyenne d'intelligence, commune à l'espèce; voilà le vice ou le défaut esthétique de stupidité. Supposons un homme qui n'a pas sur lui l'empire ordinaire que les hommes ont sur eux; cet état constitue en lui un défaut esthétique, la faiblesse morale. Un homme qui n'a pas la quantité de sensibilité commune à l'espèce, on dit de lui qu'il est lourd, insensible.

Puis, il y a pour chacun de ces vices fondamentaux, des subdivisions, de même que les qualités fondamentales correspondantes à ces vices ont aussi leurs nuances.

Prenez la faiblesse, par exemple; la faiblesse se décompose en beaucoup de vices ou défauts particuliers, tous nuances ou conséquences du défaut principal qui excitent notre antipathie, parce qu'elles se manifestent dans l'espèce humaine.

De même, supposons un homme qui dépasse le terme commun du développement de la force. La propriété d'avoir plus de force que le commun des hommes va se traduire en beaucoup de forces secondaires. Ainsi, la force produit la souplesse, la légèreté, la vivacité, toutes conséquences de la propriété fondamentale d'avoir plus de force que le commun des hommes; or, toutes ces qualités dans lesquelles se trouve cette propriété fondamentale nous sont sympathiques, et de même pour la liberté. Qu'un homme n'ait pas sur lui-même le degré d'empire ordinaire, aussitôt paraît le défaut de la faiblesse morale, et avec tous les vices moraux, tous les défauts esthétiques; qu'un homme ait sur lui-même un degré d'empire extraordinaire, cette propriété lui donne une foule de qualités, conséquences de la qualité principale.

Tel est l'ordre de la sympathie et de l'antipathie.

La nature vivante se manifeste, et nous sympathisons avec elle. Mais cette nature a des qualités essentielles, la force, l'intelligence, la sensibilité, la liberté, qui n'existent réunies que dans l'homme. Dans les êtres inférieurs, on en trouve deux ou une, et aux derniers degrés de l'échelle, on ne trouve que la force simple, ou le pouvoir de produire des effets. Or, toutes ces qualités essentielles à la force excitent en moi de la sympathie, et de la sympathie fondamentale pour chacune d'elles. Mais chaque espèce d'êtres possède à un certain degré moyen chacune de ces qualités; tous les êtres de cette espèce qui n'arrivent pas au terme moyen de leur espèce excitent mon antipathie. A ce titre seul qu'ils sont une nature vivante comme la mienne, ils me plaisent. Quand je considère le degré de développement de l'une de ces qualités, ils me plaisent ou me déplaisent. De plus, les défauts ou les qualités correspondant à l'excès ou au défaut du développement de chacune de ces qualités, engendrent une foule de défauts et de qualités accessoires.

Il faut maintenant dépouiller toutes ces observations de la forme géométrique dont nous les avons couvertes, et réaliser par des exemples les lois générales que nous avons établies.

# TRENTE-QUATRIÈME LEÇON.

Des variétés du sentiment esthétique. — États divers dans lesquels l'âme peut se trouver. — Faits qu'ils déterminent : 1° Dans la sphère de la sensibilité; 2° Dans celle de la raison. — Comment nous imitons sympathiquement les états représentés par les objets matériels. — Parallèle de l'émotion sympathique et de l'émotion personnelle. — A quoi tiennent les variétés du sentiment esthétique. — Rapports et différences du beau, du joli et du sublime.

Le sentiment esthétique fondamental, c'est le sentiment sympathique.

A l'aspect de la figure qui exprime la colère ou l'amour, le spectateur subit les premiers mouvements de la colère ou de l'amour, se livre aux commencements de ces passions, prend la disposition de reproduire en soi l'un ou l'autre de ces états. Or, la disposition à reproduire ou à répéter en soi ces états de la nature vivante, de l'âme humaine que les objets extérieurs manifestent, cette disposition, c'est la sympathie; et ressentir l'effet de la sympathie, reproduire, répéter, imiter en soi l'état extérieurement manifeste de la nature vivante, c'est ressentir l'effet esthétique fondamental que l'expression produit sur le spectateur; c'est éprouver ce sentiment.

Mais le sentiment esthétique fondamental se modifie de diverses manières, et devient sentiment du beau, sentiment du laid, sentiment du sublime, sentiment du joli, sentiment du comique, sentiment du tragique, selon qu'il s'y mêle tel ou tel sentiment accessoire.

Nous voulons donc à présent déterminer par quel mélange de sentiments accessoires le sentiment esthétique fondamental modifié devient sentiment du beau, sentiment du laid, sentiment du sublime, sentiment du joli, sentiment du comique, sentiment du tragique. Nous devons, pour cela, examiner plus profondément le sentiment sympathique.

L'âme se trouve successivement dans différents états.

Quand l'intelligence cherche une vérité, l'âme se trouve dans un état. Quand l'intelligence découvre la vérité qu'elle cherche, l'âme se trouve dans un autre état. Quand la sensibilité s'anime d'amour, l'âme se trouve encore dans un certain état. Quand la sensibilité s'anime de haine, l'âme se trouve dans un certain autre état.

Voilà ce que nous entendons par les différents états dans lesquels se trouve successivement l'âme.

Ces différents états peuvent se partager, d'après les principales facultés de l'âme, en états intellectuels, physiques, moraux et sensibles.

L'intelligence, faculté dont le but est de connaître, tâche vainement de parvenir à ce but et ne connaît pas, ou tente heureusement d'y arriver et connaît. L'état de puissance et l'état d'impuissance, tels sont les deux principaux états intellectuels.

Faculté conquérante comme l'intelligence, la force, proprement dite, l'énergie physique et productrice du mouvement par le corps se développe facilement ou difficilement. La force peut ou ne peut pas. L'état de victoire et l'état de défaite, tels sont aussi ses deux principaux états.

La volonté dirige la force vers l'accomplissement de l'ordre ou vers sa violation. La liberté fait bien ou mal, se rapproche ou s'éloigne de la loi morale. L'état de moralité et l'état d'immoralité, tels sont les deux principaux états moraux.

Les passions qui s'emparent de la sensibilité, se divisent en passions bienveillantes ou malveillantes.

L'état de bienveillance et l'état de malveillance, tels sont les deux principaux états sensibles.

Voilà donc la classification des différents états dans lesquels se trouve successivement l'âme, sous le quadruple rapport de l'intelligence, de la force, de la volonté, de la sensibilité.

Or maintenant, lorsque l'âme se trouve dans l'un de ces états, et que nous en avons le spectacle, notre sensibilité souffre ou jouit de cet état.

Par exemple, quand nous voyons l'âme dans l'état de moralité, notre sensibilité s'épanouit de plaisir.

Quand l'âme se trouve dans l'état d'immoralité, elle se resserre de douleur.

La sensibilité reçoit le retentissement de tout ce qui survient au développement de la volonté.

Quand l'âme se trouve intellectuellement dans l'état de puissance, la sensibilité se réjouit; quand l'âme se trouve intellectuellement dans l'état d'impuissance, la sensibilité s'attriste.

Ainsi la sensibilité souffre ou jouit de l'état intellectuel physique, moral ou sensible, dans lequel se trouve l'âme.

De plus, en même temps que la sensibilité souffre ou jouit de cet état, la raison le juge.

Par exemple, au spectacle de la volonté se dévouant à l'accomplissement du devoir, la raison qui juge dit : Cela est bien. Et quand, au contraire, la volonté laisse aller la force au caprice de la passion, quand l'âme se trouve dans l'état d'immoralité, la raison qui juge dit : Cela est mal.

Quand l'intelligence triomphe des résistances du dehors et s'exerce énergiquement, quand l'âme se trouve intellectuellement dans l'état de puissance, la raison qui juge dit : Cela est heureux, selon l'ordre. Quand l'intelligence s'arrête dominée par les obstacles extérieurs, et s'efforce inutilement de saisir la vérité, quand l'âme se trouve intellectuellement dans l'état d'impuissance, la raison qui juge dit : Cela est malheureux, contre l'ordre ; l'intelligence ne doit pas succomber sous le poids des empêchements qui l'entourent.

Ainsi la raison juge l'état intellectuel, physique, moral ou sensible, dans lequel se trouve l'âme et dont la sensibilité souffre ou jouit. La souffrance ou la jouissance, tel est le jugement de la sensibilité.

Ainsi se passent en nous les choses.

Mais transportons actuellement la scène hors de nous. Supposons que l'âme en question ne soit pas la nôtre et réside au sein des objets extérieurs qui l'expriment par leurs apparences. Il arrive alors ce qui suit :

L'état intellectuel, physique, moral ou sensible dans lequel se trouve l'âme que les objets extérieurs expriment par certaines apparences, se répète, se reproduit en nous.

Apercevons-nous sur le front élevé d'un homme le triomphe de l'intelligence, notre front se relève aussi, notre intelligence triomphe.

Apercevons-nous sur le front abaissé d'un homme la langueur de l'intelligence, notre front s'abaisse aussi, notre intelligence languit.

Voyons-nous le visage d'un homme respirer la bonté, signifier les passions bienveillantes, la bonté vient animer aussi notre visage, les signes des passions bienveillantes s'y répandent.

Voyons-nous le visage d'un homme attester les passions malveillantes, et s'enflammer de haine, la haine vient rougir aussi notre visage, les indices des passions malveillantes s'en emparent.

Nous reproduisons donc, nous imitons tous les états de l'âme que les objets extérieurs représentent ou manifestent. L'état dans lequel nous nous trouvons alors, ne nous est plus personnel, mais il nous est sympathique; nous n'y sommes pas nous-mêmes, nous n'y sommes que par imitation.

Or maintenant, lorsque nous nous trouvons sympathiquement dans un état intellectuel, physique, moral ou sensible, comme lorsque nous nous y trouvons personnellement, la sensibilité souffre ou jouit de cet état.

Par exemple, à l'aspect du visage qui respire la bonté, quand la bonté vient animer aussi notre visage, quand nous répétons en nous la bonté, quand nous nous trouvons sympathiquement dans l'état de bonté, nous éprouvons la dilatation, l'expansion, l'impression agréable; la sensibilité jouit.

A l'aspect du visage qui s'enflamme de haine, quand la haine vient rougir aussi notre visage, quand nous reproduisons en nous la haine, quand nous nous trouvons sympathiquement dans l'état de haine, nous éprouvons la contraction, le resserrement, l'affection désagréable; la sensibilité souffre.

Ainsi la sensibilité souffre ou jouit de l'état intellectuel, physique, moral ou sensible, dans lequel nous nous trouvons sympathiquement, comme lorsque nous nous y trouvons personnellement.

De plus, en même temps que la sensibilité souffre ou jouit de cet état sympathique, la raison juge encore cet état sympathique.

Quand nous nous trouvons sympathiquement dans l'état de bonté, la raison, qui juge comme auparavant, dit : Cela est heureux, selon l'ordre.

Quand nous nous trouvons sympathiquement dans l'état de haine, la raison qui juge dit : Cela est malheureux, contre l'ordre.

17.

Ainsi la raison juge l'état intellectuel, physique, moral ou sensible, dans lequel nous nous trouvons, et dont la sensibilité souffre ou jouit, lorsque nous nous y trouvons sympathiquement, comme lorsque nous nous y trouvons personnellement.

Jusqu'ici tout se ressemble; voici maintenant la différence.

Le sentiment de l'état sympathique est sympathique, et le sentiment de l'état personnel, personnel.

Or, le sentiment personnel se distingue très bien du sentiment sympathique; le retentissement sensible de l'état personnel se distingue profondément du retentissement sensible de l'état sympathique.

Il y en a des exemples frappants.

Quand nous nous trouvons personnellement dans l'état de haine, nous sommes violemment inquiétés et tourmentés; quand nous apercevons l'homme que la haine inquiète et tourmente violemment, nous suivons sympathiquement tous ses mouvements passionnés; nous les imitons, nous les répétons en nous, nous ressentons aussi la haine, et parce que nous la ressentons sympathiquement, nous la ressentons plus douce; nous n'en ressentons qu'un effet.

De la sorte, les états, qui personnels, nous causeraient l'émotion la plus douloureuse et la plus insupportable, nous les supportons assez facilement lorsque nous nous y trouvons sympathiquement; nous les recherchons même; nous nous plaisons à des spectacles déchirants.

Le sentiment sympathique est donc plus doux que le sentiment personnel; telle est la différence qui les sépare.

Nous découvrirons bientôt pourquoi le sentiment sympathique est plus doux que le sentiment personnel. Achevons ici le tableau commencé.

De même que le sentiment, le jugement de l'état sympathique est sympathique, et le jugement de l'état personnel, personnel.

Or, de même encore que le sentiment, le jugement sympathique se distingue très bien du jugement personnel. Le retentissement rationnel de l'état sympathique se distingue profondément du retentissement rationnel de l'état personnel.

Le jugement personnel tombe sur nous, et le jugement sympathique tombe sur l'objet extérieur.

A l'aspect d'un visage qui manifeste l'hypocrisie ou la générosité, quand nous nous trouvons sympathiquement hypocrites ou généreux, le jugement que la raison porte concernant la laideur morale de l'hypocrisie ou la beauté morale de la générosité, ce jugement ne s'adresse pas à nous, comme quand nous nous trouvons hypocrites ou généreux personnellement. Ce jugement s'adresse à l'homme dont le visage manifeste l'hypocrisie ou la générosité.

Et ce jugement, en tombant dans l'état de sympathie sur l'objet extérieur, au lieu de tomber sur nous, ce jugement fait différer le sentiment personnel du sentiment sympathique. Ce jugement fait soutenir une foule d'états, qui, personnels, ne se soutiendraient pas.

Là se trouve le germe de toutes les différences qui séparent le sentiment esthétique et le sentiment personnel.

Là se trouve aussi le germe de la détermination des phénomènes par le mélange desquels le sentiment esthétique fondamental modifié devient sentiment du beau, sentiment du laid, sentiment du sublime, sentiment du joli, sentiment du tragique, sentiment du comique. Un certain état intérieur, le retentissement sensible de cet état ou le sentiment qu'il occasionne dans la sensibilité, le retentissement rationnel de cet état ou le jugement qu'il provoque dans la raison, voilà les trois éléments, qui, se combinant de diverses manières, composent tous ces sentiments, nuances du sentiment esthétique fondamental.

Mais suivant quelles proportions précisément, et sous quelles conditions ces trois éléments doivent-ils se combiner pour composer chacun d'entre eux?

L'objet que je vois, et dans l'état duquel je me trouve sympathiquement, m'affecte-t-il plus péniblement que l'état sympathique par lui-même ne m'affecte agréablement? le sentiment pénible l'emportera sur le sentiment agréable; et nous nous écrierons: cet objet est désagréable, s'il est esthétique.

Vois-je un homme en proie aux plus cruelles tortures? je me sens me plier à tous les tourments que cet homme subit; je partage son mal et ses souffrances corps et âme; j'éprouve sympathiquement ses douleurs; et la peine que je ressens de sa peine prévaut-elle sur le plaisir que me donne la sympathie? je suis frappé de l'émotion esthétique désagréable.

A la vue d'un objet avec lequel je sympathise, la sensation désagréable que sa situation produit en moi, l'est-elle assez pour surpasser le plaisir que produit en moi l'état de sympathie? cet objet me paraît esthétiquement désagréable.

Or, là ne pouvons-nous pas reconnaître le sentiment du laid, et par opposition le sentiment du beau?

Autre indication qui ressort de toutes les observations précédemment exposées.

Vois-je, hors de moi, dans un objet, le bonheur, l'état de contentement et de joie? ma sensibilité jouit, et ma raison dit : Cela est heureux. Vois-je dans cet objet, au lieu du bonheur, le bien, l'empire sur les passions, le triomphe moral? ma sensibilité jouit encore; et ma raison dit : Non plus cela est heureux, mais cela est bon, cela est dans l'ordre.

Or, l'un de ces états a quelque chose de variable, de changeant; et l'autre quelque chose d'absolu, de fixe. D'un côté, c'est la raison qui joue le grand rôle; de l'autre, c'est la sensibilité.

Là, peut-être, est la différence du beau et du joli. Seulement, il faudra décider plus nettement la part de la raison dans le beau, la part de la sensibilité dans le joli.

Enfin, vois-je un objet qui se développe de manière que mon intelligence comprend tout son développement et se le représente? je saisis l'étendue de ce développement et je suis agréablement affecté. Voilà le sentiment du beau. Si mon intelligence ne comprend pas le développement de l'objet que je vois, si elle ne se le représente pas complétement, tant il a de largeur et de dimension, si elle n'en saisit pas le bout, pour ainsi dire, je suis moitié agréablement, et moitié désagréablement affecté. Voilà le sentiment du sublime. Dans le beau, l'objet n'accomplit que ce qu'il m'est aussi permis d'accomplir, et laisse embrasser à mes yeux son développement. Il y a dans le sublime, quelque chose dont l'immensité fatigue mes yeux, leur échappe, et m'épouvante en dépassant ma portée.

# TRENTE-CINQUIÈME LEÇON.

*Principe général de la philosophie du beau. — Toute expression d'un état de l'âme produit en nous une émotion sympathique. — Comment on peut expliquer les exceptions apparentes que souffre cette règle. — Éléments que renferme tout état de l'âme : 1° un fait principal ; 2° une modification de la sensibilité ; 3° un jugement de l'intelligence. — Différences de l'état sympathique et de l'état personnel. — Sources des plaisirs de la sympathie ; qu'ils proviennent : 1° de la curiosité satisfaite ; 2° du développement de notre activité ; 3° du passage d'un état à un autre.*

Le fait esthétique résulte toujours du rapport de deux termes différents, l'objet et le sujet : l'objet qui, par l'expression, agit sur le sujet ou le spectateur ; le sujet ou le spectateur qui, par la sympathie, reçoit l'action de l'objet.

L'expression, c'est, dans l'objet, la manifestation d'un certain état de l'âme. La sympathie, c'est, dans le sujet, la répétition d'un certain état de l'âme que l'objet manifeste.

La manifestation dans l'objet d'un certain état de l'âme ou l'expression, c'est le pouvoir esthétique. La reproduction dans le sujet du certain état de l'âme que l'objet manifeste ou la sympathie, c'est le sentiment esthétique.

Or, ces deux termes donnés, l'objet et le sujet ; dans l'objet, la manifestation d'un certain état de l'âme, l'expression ; dans le sujet, la reproduction du certain état de l'âme que l'objet manifeste, la sympathie ; dans l'objet, le pouvoir esthétique, dans le sujet, le sentiment esthétique, nous établissons une règle générale, fondamentale, base de la philosophie du beau. Le pouvoir esthétique, l'expression, la manifestation dans l'objet d'un certain état de l'âme produit infailliblement sur le sujet le sentiment esthétique, la sympathie, la répétition plus ou moins complète, plus ou moins énergique du certain état de l'âme que l'objet manifeste.

Commentons maintenant la règle que nous venons d'établir et rendons compte de quelques exceptions qu'elle paraît souffrir.

D'abord, il arrive presque toujours qu'un moment d'hésitation précède la sympathie, le sentiment esthétique.

Soit un objet expressif, de la nature ou de l'art ; presque toujours le spectateur qui l'apercevra va s'émouvoir, s'agiter, avant de prendre une position fixe ; flotter, balancer, avant de se mettre à l'unisson avec l'état de l'âme que manifeste l'objet expressif de la nature ou de l'art.

Or, voici l'explication de ce phénomène. Quand l'état de l'âme que manifeste l'objet expressif de la nature ou de l'art, n'est pas manifesté clairement et nettement, l'intelligence, ne sachant pas ce que l'objet veut dire, ne reconnaissant pas ce qu'il signifie, ne saisissant pas la situation de l'invisible à travers les formes de l'objet, l'intelligence du spectateur, incertaine, irrésolue, ne peut pas déterminer le sens de l'expression, préciser l'expression de l'objet ; et, pressentant l'invisible sans découvrir sa situation, le spectateur attend pour sympathiser que son intelligence, délivrée de l'incertitude et de l'irrésolution, puisse préciser l'expression de l'objet, déterminer le sens de l'expression ; c'est alors seulement qu'il se prononce et se décide sympathiquement.

Le moment d'hésitation qui précède presque toujours la sympathie ne fait donc pas exception à la règle.

Il arrive souvent aussi que le sentiment esthétique ne se produit pas, parce qu'un sentiment personnel plus fort le combat.

A la vue d'un objet expressif, à l'aspect d'un animal qui peut nous blesser, d'un lion, par exemple, quoique la figure du lion soit éminemment expressive, un sentiment personnel naît en nous, et la crainte, ce sentiment personnel, étouffe le sentiment esthétique.

Le sentiment personnel s'élève-t-il à côté du sentiment esthétique, le sentiment esthétique n'a pas lieu parfaitement ni sans trouble, et le sentiment personnel prévaut-il, le sentiment esthétique n'a pas lieu, ou s'il a lieu, il cesse d'avoir lieu. Supprimons à la vue d'un objet expressif la crainte, l'espérance, tout sentiment personnel, mettons une barrière entre nous et le lion ; sûrs alors que l'animal ne peut pas nous blesser, rendus au sentiment de la sécurité, nous éprouvons le sentiment esthétique.

La règle souffre donc en ce cas exception. Le pouvoir esthétique, l'expression, la manifestation dans l'objet d'un certain état de l'âme, ne produit pas dans le sujet la sympathie, le sentiment esthétique, lorsqu'un sentiment personnel plus fort combat le sentiment esthétique.

Il arrive souvent encore que la sympathie ne s'élève pas, parce que l'expression dans l'objet nous frappe moins que la nouveauté, par exemple, ou telle autre des qualités qu'il présente.

Quand nous apercevons un objet qui exprime, objet nouveau, qui s'offre à nos yeux pour la première fois, si nous sommes plus touchés de ce qu'il s'offre à nos yeux pour la première fois que touchés de ce qu'il exprime, le sentiment que nous éprouvons n'est pas le sentiment ou le plaisir esthétique, c'est le plaisir de la nouveauté. Le plaisir de la nouveauté coupe court à la sympathie.

De même, quand nous apercevons un objet qui exprime, objet qui nous rappelle aussi par l'association des idées une foule de souvenirs agréables ou désagréables, si le rappel de ces souvenirs nous préoccupe aux dépens de l'expression, nous ne sympathisons pas.

La nouveauté, l'association des idées et les autres principes de ce genre que nous connaissons, peuvent empêcher de songer à l'expression dans l'objet, empêcher conséquemment d'éprouver la sympathie que cause l'expression.

Or, en ce cas, la règle se confirme; car l'expression ne cause la sympathie qu'autant qu'on saisit l'expression, et nous ne saisissons pas en ce cas l'expression; notre esprit se porte ailleurs; l'expression qu'on ne saisit pas n'existe donc pas, l'objet expressif est comme s'il n'exprimait pas; il n'exprime pas pour nous, du moins. L'expression ne manque donc pas sur nous son effet; c'est plutôt nous qui manquons à l'effet de l'expression.

Il arrive souvent enfin que le sentiment esthétique ne se produit pas, parce qu'on cherche trop de précision dans l'expression.

En effet, l'objet signifie telle situation de l'âme vague ou précise, plus ou moins vague, plus ou moins précise.

La musique, par exemple, ne peut pas signifier une situation précise de l'âme; les sons ne peuvent en signifier qu'une situation vague.

Or, le sujet ou le spectateur qui répète en soi plus ou moins complétement, plus ou moins énergiquement la situation de l'âme ou de la nature invisible signifiée par l'objet, le spectateur, si l'objet signifie telle situation vague de la nature invisible, tombe sympathiquement dans une situation vague, et sympathiquement dans une situation précise, si l'objet signifie telle situation précise de la nature invisible; mais généralement, hors le cas où l'imagination et la sensibilité vivifiant l'objet, lui prêtant l'expression qu'il n'a pas, ou déterminant l'expression qu'il a, jettent par sympathie le spectateur dans une situation fixe et particulière, la situation que répète en lui le spectateur, la situation dans laquelle il tombe sympathiquement, est plus vague que la situation de l'âme ou de la nature invisible signifiée par l'objet.

Maintenant prétendons-nous trouver dans l'objet qui ne signifie qu'une situation vague de l'âme, une situation de l'âme précise; cherchons-nous plus de précision qu'il n'y en a dans l'expression? le sentiment esthétique que l'expression vague produirait, ne se produit pas. Cherchons-nous, par exemple, dans la musique une expression précise, une situation précise de la nature invisible? le sentiment esthétique que produirait la musique n'a pas lieu.

Il n'y a donc pas là véritablement exception. Nous sommes détournés du sens de l'expression, quand nous y cherchons trop de précision, comme nous sommes détournés de la perception de ce sens quand la nouveauté dans l'objet nous frappe plus que l'expression. La règle demeure donc. L'expression dans l'objet doit absolument causer au spectateur la sympathie.

Les deux termes du fait esthétique reconnus, et le rapport de ces deux termes établi, nous allons examiner tour à tour ces deux termes et considérer plus profondément les différentes circonstances ou nuances de l'action qu'ils exercent l'un sur l'autre.

Soit tel ou tel état de l'âme.

Cet état se compose de trois éléments. Il y a d'abord le fait principal qui constitue fondamentalement l'état de l'âme. Quand, par exemple, l'intelligence découvre une vérité, l'âme se trouve dans un état, et la découverte de cette vérité par l'intelligence, voilà le fait dominant de cet état.

Il y a ensuite deux autres faits que le fait principal engendre, le fait sensible et le fait rationnel. Tout état de l'âme, intellectuel, physique, moral ou sensible, retentit dans la sensibilité, qui s'en attriste ou s'en réjouit, et retentit aussi dans la raison qui le juge immoral ou moral.

Le fait principal et les accompagnements du fait principal, le fait sensible, le fait rationnel, voilà donc les trois éléments qui constituent un état de l'âme.

Or, l'agrément, l'indifférence et le désagrément proviennent du fait sensible. Nous ne sommes pas dans un état agréable, indifférent ou désagréable, parce que tel ou tel phénomène se passe en nous; nous y sommes parce que le phénomène qui se passe en nous, produit sur nous une émotion agréable ou désagréable, ou n'en produit pas. De même la moralité ou l'immoralité proviennent du fait rationnel. Nous ne sommes pas dans un état moral ou immoral, parce que telle ou telle détermination de la volonté se prend; nous y sommes parce que telle ou telle détermination de la volonté qui se prend, est jugée par la raison morale ou immorale.

Telle est l'analyse de ce que nous nommons un état de l'âme.

Revenons maintenant au sujet.

A la vue d'un objet qui manifeste un certain état de l'âme, le sujet ou le spectateur se met par sympathie dans cet état; et le fait principal qui constitue l'état que l'objet manifeste, reparaît alors avec les deux faits, accompagnements du fait principal, le fait sensible et le fait rationnel.

Sous ce point de vue général, l'état sympathique n'est donc que la copie, la reproduction de l'état que manifeste l'objet, ou de l'état personnel.

Cependant ces deux états diffèrent notablement.

L'état personnel ne se reproduit pas fidèlement dans l'âme du spectateur; l'état sympathique n'est pas égal à l'état personnel.

Supposez que personnellement j'éprouve certaines passions, la haine, l'amour. Quand j'éprouve personnellement ces passions, il se produit dans ma sensibilité, certaines émotions agréables ou désagréables; il se forme un certain jugement dans ma raison qui blâme la haine comme immorale, et approuve l'amour comme bienveillant, comme social. Au lieu d'éprouver la passion personnellement, si j'aperçois l'objet qui l'exprime, alors le fait principal, l'amour et la haine, se reproduit en moi avec les deux autres faits accessoires ; mais l'amour ou la haine et leur accompagnement dans l'état sympathique, n'égalent pas l'amour ou la haine et leur accompagnement dans l'état personnel.

Première différence. Dans l'état sympathique, les sensations qui accompagnent le fait principal sont infiniment moins vives que dans l'état personnel. Autre chose est le plaisir éprouvé, quand je suis animé d'une affection bienveillante; autre chose est le plaisir éprouvé, quand je ressens par sympathie cette affection bienveillante. Il en est de même de toutes les affections qui accompagnent, dans la sensibilité, un état sympathique quelconque elles sont moins vives que dans l'état personnel.

Seconde différence. Le jugement qui naît dans ma raison, quand je suis dans tel ou tel état personnel, tombe sur moi parce que cet état m'est personnel, parce que j'en suis responsable. Ainsi, quand je suis dans une disposition bienveillante, c'est moi qui suis déclaré moral, parce que c'est moi qui suis dans cette disposition. Si nous n'éprouvons de disposition bienveillante que par sympathie, si je ne m'y trouve qu'à l'aspect d'un objet de la nature ou de l'art qui exprime la bienveillance, le jugement tombe sur l'objet extérieur.

Enfin, troisième différence. Toutes les circonstances qui accompagnent l'état personnel disparaissent dans l'état sympathique. Ainsi la crainte, l'espérance, les souffrances, les inquiétudes, les agitations, qui accompagnent tout état personnel, disparaissent dans l'état sympathique. La peine, l'effort, toutes choses qui naissent en moi quand je me trouve personnellement dans un état, disparaissent quand je n'y suis que sympathiquement.

Ce sont ces différences et surtout la dernière, qui séparent l'état dans lequel me jette un objet expressif, et l'état que j'éprouve si je suis personnellement dans l'état que cet objet exprime. Dans l'état sympathique, les sentiments sont moins vifs et le jugement tombe sur l'objet extérieur, en sorte que je ne suis pas, comme dans l'état personnel, inquiété des suites de l'approbation ou de la désapprobation morale. Dans l'état sympathique, enfin, toutes les circonstances qui accompagnent l'état personnel disparaissent.

Ainsi, l'état esthétique diffère de l'état personnel quoiqu'il n'en soit cependant au fond que la copie, et à mesure que nous nous occuperons de constater les différents caractères qui distinguent les sentiments du beau, du sublime, du comique et du tragique, nous déterminerons certains faits de détail qui montreront mieux la différence de ces deux états. Je me borne à dire aujourd'hui qu'il y a entre eux de grandes différences, après avoir constaté les chefs principaux sous lesquels on peut les ranger.

Ainsi donc, pour nous résumer, un état dans lequel se trouve un objet est immoral ou moral, agréable ou désagréable. Cet état se reproduisant en moi sympathiquement, s'y reproduit agréable ou désagréable, moral ou immoral, doué de tous les caractères qu'il avait dans l'objet extérieur. Ce n'est donc pas moi qui fais que cet état, dans lequel me jette sympathiquement un objet, est agréable ou désagréable, moral ou immoral; cet état arrive tel en moi. Ce qui constitue les différences, ce sont les circonstances accessoires, qui se reproduisent en nous, et qui font que le sentiment esthétique ou l'état dans lequel nous nous trouvons sympathiquement, s'appelle sentiment du beau, sentiment du sublime, sentiment du comique, sentiment du tragique. Ce n'est pas nous qui le rendons comique, tragique; il vient tout fait en nous. Il est accompagné dans l'objet de certaines circonstances qui le caractérisent; il garde tous ses caractères quand il arrive en nous; il est agréable ou désagréable, comique ou tragique, et cependant, chose remarquable, il n'est pas dans l'objet ce qu'il est en nous; il n'est pas dans l'objet comique, tragique, agréable, désagréable, esthétiquement parlant. Éprouvez un certain état; trouvez-vous personnellement dans un état; l'agrément ou le désagrément qui l'accompagnent ne feront pas pour vous de cet état une chose agréable ou désagréable esthétiquement, sublime ou belle, comique ou tragique; ce sentiment est personnel.

Mais voyez l'état personnel dans un de vos semblables, et reproduisez par sympathie cet état en vous, il entraîne toutes les circonstances accessoires qu'il avait. Ces caractères accessoires le rendent en vous sentiment du sublime ou du beau, du comique et du tragique; en un mot si l'état que je répète sympathiquement, est moral ou immoral, agréable ou désagréable, il était dans l'objet extérieur moral ou immoral, agréable ou désagréable. C'est de la différence des circonstances qui naissent de cet état que sont produits les différents caractères que cet état prend, et les différents noms qu'on lui donne.

Maintenant un fait mérite d'être remarqué.

Un état est répété en nous sympathiquement, cet état reste comme il est dans l'objet extérieur, selon sa nature, agréable ou désagréable, bon ou mauvais. Il a donc naturellement, et par lui-même, certaines conséquences sensibles et intellectuelles qui le rendent le sentiment du sublime en nous, ou le sentiment du beau. Mais, quelle que soit la nature propre de cet état, quelles que soient les conséquences sensibles et rationnelles qu'il entraîne, il suffit que je me trouve dans un état sympathique, les conséquences en fussent-elles désagréables, pour que je sois agréablement affecté.

Supposons un objet qui est dans un état par soi-même désagréable, je suis mis dans cet état sympathiquement ; cet état produit en moi, quoique adoucies, ces circonstances désagréables. Par sa nature, cet état est désagréable, et néanmoins je suis agréablement affecté, par cela seul que je suis dans cet état sympathique. Il importe peu que tel état esthétique soit agréable, désagréable, ou indifférent ; par cela seul que je suis dans cet état esthétique, que je n'y suis pas personnellement, par cela seul, je ressens du plaisir.

Il y a donc un plaisir qui dérive immédiatement de la sympathie. Il y a un plaisir purement esthétique, étranger à la nature de l'état dans lequel je me trouve, qui se produit invariablement, quand à la vue de l'objet expressif, l'état esthétique se produit en moi.

Ainsi au spectacle, au théâtre, j'ai beau voir des caractères dont la reproduction m'est pénible, des passions désagréables ; dès que j'éprouve le fait de la sympathie, par cela seul que mon âme se met à répéter ce que je vois, je suis agréablement affecté, j'éprouve du plaisir à reproduire cet état, quoiqu'il soit désagréable en lui-même et entraîne des conséquences sensibles désagréables, des jugements moraux désapprobatifs, par cela seul que je suis mis dans cet état, j'éprouve du plaisir ; c'est le plaisir fondamental de l'expression, le plaisir fondamental de la sympathie.

Il s'agit de savoir d'où vient ce plaisir et pourquoi il se produit en nous, quoique l'état dans lequel je me trouve soit désagréable ; ce plaisir en effet est produit, quand même l'état est désagréable ; il s'ajoute, si l'état est agréable. A la vue d'un objet expressif qui me jette dans un état sympathique de soi-même désagréable, il y a en moi un plaisir qui résulte de ce que je suis dans cet état. Il faut expliquer ce plaisir fondamental de la sympathie.

La première chose qui semble contribuer à faire trouver du plaisir dans l'état sympathique, quel que soit cet état, c'est que, quand nous sommes dans cet état sympathique, à travers les signes matériels, les formes extérieures, les symboles de l'invisible, notre intelligence découvre l'invisible, une nature semblable à la nôtre, une nature qui n'est pas par elle-même visible, et qui ne le devient que parce que l'enveloppe matérielle qui la cache devient expressive. Le plaisir qu'il y a à découvrir à travers la matière la nature active et animée, si différente de la matière, le plaisir qu'il y a à suivre les mouvements de cette nature, de son état, les mouvements de la haine, de l'amour, c'est le plaisir de la curiosité. Découvrir l'invisible nous plaît. Suivre en détail les mouvements de l'invisible est un plaisir de curiosité. Tel est le premier élément de ce plaisir fondamental que nous avons, quand nous sommes jetés dans un état sympathique par les objets expressifs.

Le second, c'est de nous mettre en mouvement nous-mêmes, sans aucun effort de notre part, d'être jetés dans un état d'activité, sans qu'aucune impulsion vienne de nous. Nous ne sommes pas dans l'état personnel sans effort, sans volonté, sans dépense de force. A la vue d'un objet expressif, quand nous sommes jetés dans l'état sympathique, cet état n'exige rien de nous; nous sommes mis en mouvement, en activité, sans que nous nous en mêlions; l'activité ne vient pas de nous.

A la vue d'un arbre balancé par les vents, le mouvement qui se produit tout seul en nous, à la vue de cet objet expressif, ce laisser-aller, cette impersonnalité nous plaît profondément. Être actif, lorsque nous sommes actifs par nous-mêmes, nous plaît déjà; c'est vivre, et vivre est pour nous un grand plaisir. Mais être mis en activité, vivre sans nous en mêler, par le seul fait du spectacle, est un redoublement de plaisir. Quand nous sommes fatigués de mouvements physiques, de passions, d'idées, de déterminations morales, quand par l'influence des objets extérieurs, ces différents mouvements se produisent en nous, faire tout cela sans nous en mêler, vivre sans que la vie vienne de nous, c'est un grand plaisir, d'autant plus grand, qu'alors tout ce qui se passe en nous ne charge pas notre responsabilité. Nous avons beau haïr sympathiquement, l'immoralité de la haine ne retombe pas sur nous. Nous avons beau aimer, les mauvaises conséquences de l'amour ne nous regardent pas. Nous avons le plaisir de tous les mouvements intellectuels, sans aucun de leurs mauvais résultats. Nous ne sommes pas troublés comme dans l'état personnel. C'est un grand bonheur de se sentir ainsi dans l'état sympathique, sans crainte, sans responsabilité, sans trouble.

Enfin je suis sûr de faire cesser, quand je le veux, cet état; je peux le rejeter au premier moment, et cette assurance, cette sécurité, cet abandon sont un des grands principes du plaisir fondamental de l'état esthétique.

Outre ces causes, on peut en ajouter une autre, qui contribue au plaisir qu'il y a à se trouver dans l'état sympathique, c'est que cet état est un changement pour nous.

Si, par exemple, nous sommes fatigués d'activité quand nous apercevons un objet extérieur qui exprime le calme, le repos, la paix, le laisser-aller, involontairement, sans y penser, par la seule puissance de la sympathie, nous nous sentons répéter le calme. Nous étions tendus par le travail, nous faisions effort; nous étions passionnés, irrités; la seule vue d'un objet expressif qui respire le repos, nous repose, et nous nous mettons à l'unisson avec lui. Animés d'une passion malveillante, nous ne pouvons pas par nous-mêmes faire naître à la place de la haine, l'amour; plaçons-nous devant une figure qui exprime la bienveillance, la douceur, alors la sympathie vient à notre secours. La sympathie va nous faire passer à l'état d'amour, de bienveillance. Sommes-nous animés de sentiments bienveillants? il y a un certain plaisir mêlé d'horreur à voir les passions malveillantes se manifester dans les objets extérieurs; il y a du plaisir à se placer, sans se compromettre, dans tous les différents états de l'âme.

Aussi, c'est surtout quand les objets expressifs nous présentent l'expression d'un état autre que celui dans lequel nous sommes personnellement, c'est alors que nous sommes très susceptibles d'éprouver le sentiment esthétique.

Et quand bien même le beau ou le pouvoir esthétique ne fait pas passer d'un état personnel à l'état contraire que nous ressentons par sympathie; quand bien même à un homme triste on présenterait des images tristes, il y a encore du changement ou du repos. Il y a pour lui plaisir à continuer cet état de tristesse. A voir une personne triste, quand on est triste, il y a véritablement repos; le sentiment de tristesse sympathique que vous éprouvez, est moins amer que le vôtre; il efface le vôtre, il le chasse.

Ainsi la sympathie agit fatalement sur vous. Fatalement vous êtes jeté dans le même état que les objets extérieurs. Si vous êtes dans un état personnel, la sympathie qui le détruit, vous fait passer dans un autre état; et quand la sympathie vous fait passer de la tristesse personnelle à la tristesse sympathique, elle plaît, moins cependant que quand elle fait passer de la tristesse personnelle à la joie sympathique.

Le changement donc, qui est une condition pour bien sentir les objets esthétiques, est encore une des causes du plaisir que les objets esthétiques nous donnent.

# TRENTE-SIXIÈME LEÇON.

Retour sur les variétés du sentiment esthétique. — Faces diverses du développement des choses : côté physique, d'où le beau physique ; côté intellectuel, d'où le beau intellectuel ; côté moral, d'où le beau moral. — En quoi consiste le beau. — En quoi consiste l'agréable. — En quoi consiste le sublime. — Du sentiment du merveilleux ; qu'il se rapproche du sentiment du sublime et s'éloigne du sentiment du beau.

S'il est des états de l'âme qui n'excitent pas la sensation agréable ou désagréable dans la sensibilité, qui ne provoquent pas de jugement approbatif ou désapprobatif de la part de la raison, qui laissent ces deux facultés complétement indifférentes, de pareils états, exprimés au dehors par les symboles naturels, font peu d'effet sur nous, n'excitent presque pas la sympathie. Les états qui seuls excitent la sympathie ou l'excitent vivement, sont ceux qui, étant éprouvés personnellement, émeuvent la sensibilité agréablement ou désagréablement, et provoquent un jugement approbatif ou désapprobatif de la part de la raison ; en sorte que nous pouvons considérer tout état de l'âme éprouvé personnellement comme accompagné, dans la sensibilité d'une émotion agréable ou désagréable, dans la raison, d'un jugement approbatif ou désapprobatif.

Remarquons encore que quelquefois l'état dans lequel nous nous trouvons se trouve indifférent à la raison, sans se trouver indifférent à la sensibilité. Il excite dans la sensibilité une émotion agréable ou désagréable, et ne paraît pas digne à la raison d'approbation ou de désapprobation. Le cas contraire n'arrive pas ; nous ne pouvons pas nous trouver dans un état qui excite un jugement approbatif ou désapprobatif dans la raison, sans éprouver dans la sensibilité une émotion quelconque.

Représentez-vous donc un être semblable à vous, qui se trouve dans un état donné, cet état est accompagné d'une émotion dans la sensibilité, et d'un jugement dans la raison. Or, quand vous apercevez cet état manifesté par les symboles extérieurs, il se passe en vous un fait singulier ; la sympathie vous met dans la même disposition, et cette disposition, dans laquelle vous vous trouvez sympathiquement, vous est agréable dans tous les cas possibles, à moins qu'un sentiment personnel ne contrarie l'effet ordinaire de l'état sympathique. L'état sympathique nous est généralement agréable ; il nous plaît ; le plaisir qu'il nous procure est le plaisir esthétique par excellence.

Maintenant l'état qu'on répète sympathiquement est par lui-même, dans l'être extérieur que nous apercevons, agréable ou désagréable, et jugé selon l'ordre ou contre l'ordre. Alors que cet état se reproduit en nous, il arrive accompagné de l'émotion qui l'accompagne dans l'être extérieur, et du jugement qui l'accompagne aussi. Or, ce sont ces deux éléments qui accompagnent l'état dans lequel nous nous mettons sympathiquement, qui fait varier le sentiment esthétique et le rendent tour à tour sentiment du beau, sentiment du laid, sentiment de l'agréable, sentiment du désagréable, sentiment du sublime, sentiment du tragique, sentiment du comique.

Il s'agit maintenant d'examiner dans quelles circonstances, par quelles combinaisons le sentiment esthétique se transforme dans l'un des sentiments ci-dessus désignés.

Nous ne prétendons pas déterminer exactement et sans appel, les caractères essentiels de chacun des sentiments du beau, du laid, du sublime, de l'agréable, du désagréable ; nos idées ne sont pas encore assez arrêtées à cet égard. Cependant nous croyons entrevoir les principaux caractères, les caractères constitutifs et fondamentaux de chacun de ces sentiments, et nous allons dire provisoirement ce que nous en pensons ; plus tard nous reviendrons sur les bases que nous posons aujourd'hui, pour en revoir la solidité.

Il nous semble que c'est la nature de l'émotion sensible, s'attachant à tel ou tel état, qui, lorsque cet état se reproduit sympathiquement en nous, rend le sentiment esthétique agréable ou désagréable. Il nous semble que c'est l'élément rationnel, s'attachant à certains états, qui, lorsque ces états se reproduisent sympathiquement en nous, donnent au sentiment esthétique le caractère du beau ou du laid. Nous croyons que c'est dans la contradiction de l'émotion avec le jugement, de l'élément sensible avec l'élément rationnel que réside le sentiment du sublime.

18.

Ainsi, d'après nous, si un certain état éprouvé sympathiquement est agréable et en même temps indifférent à la raison, le sentiment éprouvé est purement le sentiment de l'agréable, et quand nous éprouvons ce sentiment, quand nous nous trouvons dans cet état, nous appelons alors l'objet purement agréable, et non beau. Nous disons, quand un état éprouvé par nous sympathiquement est accompagné naturellement d'une sensation désagréable, et reste indifférent à la raison, le sentiment éprouvé, l'état dans lequel nous nous trouvons est le sentiment du désagréable, et nous appelons désagréable, purement désagréable, l'objet extérieur; nous ne l'appelons pas laid. Si l'état dans lequel nous nous trouvons est accompagné d'un jugement, qui déclare que cet état est selon l'ordre dans l'être extérieur, le sentiment que nous éprouvons est le sentiment du beau; l'objet extérieur est appelé beau, et nous distinguons le caractère du beau dans l'objet du caractère de l'agréable. Si l'état dans lequel nous nous trouvons est jugé contre l'ordre, dès lors l'état dans lequel nous nous trouvons est le sentiment du laid; l'objet extérieur est dit laid. Nous distinguons ainsi le laid du désagréable, comme le beau de l'agréable. Quand il y a contradiction entre l'émotion et le jugement, quand le jugement prononce que l'état que nous répétons en nous sympathiquement est selon l'ordre, et que cet état cause dans la sensibilité une émotion pénible, l'état dans lequel nous nous trouvons est le sentiment du sublime; l'objet extérieur, qui nous met dans cet état, est appelé sublime. Si la contradiction est inverse, si l'état dans lequel nous nous trouvons est accompagné dans la sensibilité d'une sensation agréable, et que la raison prononce que cet état est contre l'ordre, l'état dans lequel nous nous trouvons n'a pas de nom dans la langue; nous nommerons ce sentiment le contraire du sentiment du sublime, et l'objet d'art qui me fait éprouver ce sentiment, qui me met dans cet état, le contraire du sublime.

Expliquons maintenant ce que nous venons de dire par des exemples, pour en démêler la vérité.

L'invisible n'est autre chose que la nature spirituelle ou la force, et la destination de la force ou de la nature active, quelle qu'elle soit, étant de se développer le plus complétement et le plus facilement possible, l'ordre pour la force, pour l'invisible, la loi de la force, de l'invisible, c'est le développement le plus grand et le plus facile possible. Que la force qui nous apparaît soit enveloppée d'une écorce, comme dans l'arbre, ou revêtue de membres, comme dans les animaux, ou enveloppée du corps humain, peu importe ; partout où elle se manifeste, sous quelque symbole qu'elle se montre, sa loi reste la même; son ordre reste le même ; sa loi, son ordre, c'est le développement le plus grand et le plus facile possible.

Considérons la force dans l'homme ; le développement de la force dans l'homme s'opère de deux façons, par l'activité corporelle ou par l'activité intellectuelle. L'ordre, pour la force humaine, c'est le plus grand et le plus facile développement de la force corporelle et de la force intellectuelle. De plus, le développement de la force en nous ne s'opère pas fatalement. Il s'opère par nous, par notre propre volonté, c'est-à-dire que nous avons la puissance de nous emparer de notre force, et de la développer, malgré les obstacles, qui bornent ici-bas son développement; nous pouvons la prendre en main, la maîtriser, la diriger. Ainsi l'ordre pour la force humaine consiste en ce que cette force s'empare d'elle-même librement, et en vertu du pouvoir qu'elle a sur elle-même, opère son développement intellectuel ou physique ; toute force humaine qui, maîtresse d'elle-même, se sert de son empire sur elle pour connaître et faire le plus possible, est dans l'ordre et sur la voie de sa destination.

Au delà du développement intellectuel et du développement physique, et de la liberté qui préside à ce double développement, il y a en nous un quatrième fait, la sensibilité.

Il arrive que notre force, en se développant, rencontre des obstacles qui la font souffrir, des facilités qui la font jouir; ces facilités ou ces obstacles excitent en elle des passions qui autrement n'y naîtraient pas; car s'il n'y avait ni obstacle ni facilité dans la vie actuelle, si nous nous développions en pleine liberté, et autant que notre nature le comporte, sentirions-nous le bonheur, sentirions-nous la souffrance ? Ni l'un ni l'autre. Pas de joie ou de douleur sans facilité et sans obstacle, et si nous n'avions ni joie, ni douleur, nous n'aurions pas de passions bonnes ou mauvaises ; le fait sensible disparaîtrait complétement, il ne resterait que de la bienveillance ou de la sympathie pour les forces semblables à nous ; en sorte que, dans la recherche de l'ordre, de la loi de notre nature, le fait sensible n'entre pour rien. Dans l'idéal de l'ordre pour notre nature, il n'y aurait ni joie, ni douleur, ni passions.

La raison, qui aperçoit la force humaine dans un état quelconque, apprécie jusqu'à quel point cette force est dans l'ordre ou dans le désordre. Si, par exemple, nous voyons un homme laisser languir en lui son activité physique, nous reconnaissons, en vertu de l'idée d'ordre qui est dans notre esprit, et nous prononçons qu'il y a là désordre. Au contraire, à la vue de la force physique se développant énergiquement ou facilement dans un corps humain, nous prononçons en vertu de la loi à nous connue de l'ordre pour cette nature, qu'il y a là ordre. De même, si nous voyons l'intelligence d'un être semblable à nous se développer avec activité et facilité, nous prononçons que cet être est dans l'ordre, qu'il est soumis à sa loi, qu'il l'exécute ; si loin de là, cette intelligence demeure hébétée, languissante, nous prononçons avec certitude qu'il y a là désordre. Si nous apercevons un développement très grand de force intellectuelle ou de force corporelle, mais si nous apercevons que cette force ne se développe pas volontairement, librement, guidée dans son développement par la volonté, nous prononçons qu'il y a là désordre. Si nous apercevons l'activité intellectuelle ou corporelle se développant librement, volontairement, nous prononçons qu'il y a là ordre. Voilà sur quoi portent les jugements d'ordre et de désordre dans la force, dans l'invisible, dans l'objet esthétique.

Ainsi, l'activité, dans le développement de la force corporelle et de la force intellectuelle, voilà de l'ordre aux yeux de la raison. La facilité de l'activité, dans le développement de la force intellectuelle ou corporelle, voilà encore de l'ordre aux yeux de la raison. Enfin, la direction de ce développement actif et facile à la fois, ou seulement actif sans facilité, cette direction est de l'ordre. Le contraire, c'est-à-dire l'absence de la direction, de l'empire sur soi-même, sur le développement de la force intellectuelle ou corporelle, voilà ce qui est contre l'ordre ; cela est mauvais en soi aux yeux de la raison. L'inactivité dans le développement de la force intellectuelle et corporelle, voilà encore un désordre. Enfin, bien que la non facilité dans le développement intellectuel et corporel ne soit pas un désordre, parce que cette non facilité ne dépend pas de nous ; cependant, il y a plus d'ordre, quand il y a développement facile, heureux, s'accomplissant sans peine. Voilà la différence entre l'ordre et le désordre, dans une force quelconque ; une force quelconque, disons-nous, car si nous ne supposons pas la liberté dans la force animale, ce n'est qu'un élément d'ordre de moins ; il reste toujours à apprécier l'activité et la facilité du développement de la force, soit intellectuelle, soit physique ; et si le développement intellectuel disparaît dans l'arbre, il reste le développement de la force physique, et cette force peut être lâche ou active, d'une énergie difficile ou facile. Ainsi, tant que nous trouvons de la force dans un être, nous jugeons si, dans son développement, cette force est conforme ou contraire à l'ordre.

Or, je dis que quand un jugement d'ordre peut être porté sur un être quelconque, ce jugement équivaut à un jugement de beauté. Dans un être quelconque, quand je reconnais l'énergie du développement de la force ou la facilité de ce développement, que cette force soit à la fois physique et intellectuelle, ou seulement physique, ou seulement intellectuelle, il y a beauté, il y a ordre. Cette beauté est d'autant plus grande, que l'ordre est plus complet. Cette beauté est plus grande dans l'animal, en qui j'aperçois, outre le développement de la force physique, un commencement de développement intellectuel, que dans la plante où je n'aperçois que le développement de la force physique. Cette beauté est très grande dans l'homme, où j'aperçois, outre le développement physique et intellectuel, l'empire sur soi, la liberté, la direction donnée au développement par la liberté. Ainsi croît la beauté, à mesure qu'on s'élève de la plante qui végète, à l'homme qui est intelligent et libre.

Il suit de tous ces principes, que l'élément du beau dans un objet quelconque, c'est l'élément d'ordre qui est apprécié par la raison : en sorte que, si j'aperçois, dans la forme extérieure d'un homme, tout ce qui trahit ou manifeste le développement corporel et la facilité de ce développement, ou l'élégance, la grâce, il y a dans sa forme extérieure l'élément du beau ; la raison trouve qu'il y a dans ce développement actif et facile à la fois, un rapport absolu avec l'ordre, l'activité et la facilité du développement. Ainsi, dans le corps humain, indépendamment de l'expression morale ou intellectuelle, je ne reconnais d'autre élément du véritable beau que la force et l'élégance, le signe de l'activité corporelle et le signe de la facilité. L'activité corporelle est manifestée par la force, par les traits qui rappellent la puissance dans le corps de l'homme, et la facilité du développement est trahie par la grâce, par l'élégance, dans les formes du corps de la femme. Ces deux signes, ces deux caractères, qui se trouvent dans le corps humain, peuvent se rencontrer dans tous les êtres qui vivent, dans les animaux et dans les végétaux; aussi, l'arbre qui par sa forme extérieure atteste la force simplement, ou la facilité réunie à la force, la force élégante et gracieuse, peut être considéré comme beau, et absolument; mais, dans l'arbre, il n'y a de manifeste que cette espèce de beauté, celle de la force physique.

Si, dans un homme, j'aperçois les signes qui, sur son front, dans ses yeux, sur son visage, attestent l'activité de l'intelligence, et si, outre cette activité, outre le symbole qui la manifeste, je retrouve le signe qui atteste la facilité de l'intelligence, je prononce que cet homme est beau, d'une beauté intellectuelle, fût-il faible physiquement, eût-il toutes les infirmités possibles. Il suffit que le signe de l'activité et de la facilité du développement intellectuel paraisse, pour qu'il soit beau intellectuellement. Enfin, au delà de la beauté intellectuelle, si je découvre dans un homme quelque chose qui annonce l'empire de la volonté sur sa force, qui annonce la domination morale, je prononce absolument que cet homme est beau de la beauté morale, de la beauté du caractère, qui se distingue de la beauté physique et de la beauté intellectuelle.

Apercevant un homme qui se manifeste à moi dans un état où existe l'un de ces trois éléments de l'ordre, si je répète en moi sympathiquement cet état, le jugement qui s'y attache l'accompagne; ce jugement me cause le sentiment du beau, et constitue le beau dans l'objet extérieur. Ici rien de sensible; le point de départ du jugement qu'un objet est beau, se trouve dans la raison. Quand le jugement d'ordre a été porté sur l'état de l'objet, quand cet état a été répété en nous, seulement alors la sensibilité s'émeut, et s'émeut du sentiment de l'admiration; il n'y a dans ce sentiment rien qui rappelle l'agitation du sentiment de l'agréable ou du désagréable : c'est le sentiment pur du beau. Que si au contraire en présence d'un objet extérieur, nous portons un jugement de désordre, si nous disons : Cela est contre l'ordre, alors l'objet est jugé laid, et l'état dans lequel je me trouve, à la vue de cet objet, est le sentiment du laid.

Maintenant, ayant exposé ce que nous croyons être le

fait caractéristique du sentiment du beau et du laid en nous, et du beau et du laid au dehors, passons au fait caractéristique du sentiment de l'agréable en nous, de l'agréable au dehors.

Il arrive que l'état dans lequel se trouve un être que nous apercevons est un état purement sensible; que devant nous, par exemple, un homme est agité d'un sentiment ou d'une passion, qui n'entraîne dans la raison aucun jugement approbatif ou désapprobatif; dès que j'aperçois un être dans cet état, l'état correspondant se produit sympathiquement en moi, et, selon que cet état de sa nature est agréable ou désagréable, ma sensibilité s'émeut agréablement ou désagréablement. Si ma sensibilité s'émeut désagréablement, j'éprouve le sentiment du désagréable; si ma sensibilité s'émeut agréablement, j'éprouve le sentiment de l'agréable; puis je prononce dans un cas, que l'objet est agréable; dans l'autre cas, qu'il est désagréable; et, comme l'intelligence trouve que cet état n'est ni dans l'ordre ni contraire à l'ordre, l'état est purement agréable ou purement désagréable; il n'est ni beau ni laid, et l'objet de même. Quand donc nous nous trouvons dans un état agréable ou désagréable sympathiquement, et qu'aucun jugement de la raison n'apprécie dans cet état l'ordre ou le désordre, le sentiment que nous éprouvons est purement le sentiment de l'agréable ou du désagréable, et l'objet extérieur est purement agréable ou désagréable.

Il arrive quelquefois que le jugement d'ordre, porté sur un objet extérieur, paraît accompagné d'une émotion agréable dans la sensibilité; il arrive que l'élément du beau et l'élément de l'agréable se rencontrent ensemble, de sorte que l'objet est beau et agréable, et que le sentiment que nous éprouvons se compose du sentiment du beau et du sentiment de l'agréable. Il arrive aussi que le jugement de désordre porté sur l'objet, paraît accompagné d'un sentiment désagréable en nous, de sorte que le sentiment du laid et du désagréable se réunissent, et que l'objet est à la fois désagréable et laid.

Or, quand nous trouvons ainsi l'élément rationnel d'accord avec l'élément sensible, ni le sentiment du sublime ni le sentiment correspondant ne naissent en nous; mais, mettons en contradiction ces deux éléments, opposons l'élément rationnel à l'élément sensible; alors naît le sentiment du sublime ou le sentiment correspondant.

L'état dans lequel vous êtes est selon l'ordre; le développement de votre âme s'opère avec énergie; je vous trouve beau de la beauté intellectuelle; si en même temps le développement n'atteint pas ce qu'il cherche, s'il est arrêté par un obstacle, si vous luttez en vain, la vue de votre lutte m'affecte péniblement, vos efforts font souffrir ma sensibilité. A la vue d'un être où la raison juge qu'il y a de l'ordre, et qu'il fait tout son possible pour se développer intellectuellement, son effort étant impuissant et vaincu par les obstacles, je suis désagréablement affecté, je souffre, et je souffre en reproduisant sympathiquement votre état; il s'élève dans ma sensibilité une sensation désagréable. Je juge donc l'objet extérieur beau et désagréable, j'éprouve le sentiment du beau et le sentiment du désagréable qui se mêlent, et ce complexe, c'est le sentiment du sublime. A la vue de la nature vivante empêchée dans son développement, quoique faisant tout son possible pour se développer, l'état que je répète sympathiquement c'est ce sentiment; et, dans ce cas seul, il y a tout à la fois jugement d'ordre et sentiment du désagréable. Dans ce seul cas, où l'être que nous apercevons lutte contre l'obstacle qu'il ne peut vaincre, où l'être actif qui veut développer son activité ne peut pas surmonter les entraves qui l'empêchent, dans ce seul cas, cet être est sublime, car il est seulement alors beau et souffrant.

L'état opposé du sublime est celui dans lequel il y a un mélange du sentiment de l'agréable et du jugement du désordre. Le spectacle que Télémaque trouve dans l'île de Chypre quand il y débarque, rend l'idée qu'on peut se faire d'un pareil état. Supposez un être en proie à des passions agréables, et supposez-le en même temps dans un état qui n'est pas selon l'ordre, vous aurez l'idée de ce sentiment. Vous en aurez l'idée à l'aspect de la Didon, par exemple; la passion que Didon ressent est agréable, il y a du plaisir à la répéter; on conçoit pourtant que cette passion l'énerve, l'entraîne loin de sa destinée, et la raison la désapprouve; vous ressentez le sentiment contraire du sublime. Comparée à l'être qui lutte pour se développer sans pouvoir opérer son développement, Didon est le contraire du sublime.

Remarquons encore un autre sentiment, un autre état qui diffère de tous les sentiments et de tous les états que nous venons d'analyser.

Supposez un vent furieux qui pousse et balaie les nuages dans le ciel, supposez un vent d'orage. Il se produit en nous à son aspect un phénomène singulier; nous nous mettons en mouvement à la suite de ce vent d'orage qui trouble l'atmosphère; mais nous ne pouvons pas répéter complétement l'activité que nous voyons au dehors; la sympathie est impuissante pour se mettre à l'unisson avec ce que nous voyons, attendu que la force que nous découvrons se développe de manière que l'imagination ne peut pas se figurer toute l'étendue de son développement, ni la raison le comprendre. Alors, dans cet essai malheureux de sympathie, nous avons conscience de notre condition misérable, de notre impuissance, et nous avons l'idée d'un pouvoir merveilleux que la raison ne comprend pas et que l'imagination ne se figure pas; c'est le sentiment du merveilleux. Tout ce qui fait éprouver à la sympathie, au moment où elle essaie de se développer, un sentiment d'impuissance qui tienne, soit à l'imagination, soit à la raison, tout cela nous jette dans le sentiment du merveilleux.

L'état du merveilleux diffère de l'état du beau, du laid, de l'agréable, du désagréable; cependant, si on peut le rapprocher de l'un de ces états, c'est plutôt de l'état du sublime. Dans l'état du sublime, nous sommes en effet aussi ramenés à la conscience de notre impuissance et de notre condition misérable. Le beau nous en éloigne; le beau, c'est l'activité couronnée de succès. Il faut, pour qu'un objet soit beau, qu'il manifeste la puissance et la puissance heureuse; il faut la force, et avec la force, la grâce, la facilité. Ainsi, l'Apollon du Belvédère est beau; il y a en lui le signe de la puissance et de la puissance facile; il y a la puissance et la grâce. Dans le Laocoon, il n'y a pas grâce, élégance, il n'y a que puissance, et puissance qui s'efforce; le Laocoon est sublime. Vous voyez un arbre se développer abondamment; il s'élève alors en vous le sentiment du beau; il y a dans l'arbre effectivement force et succès, de la force et de la facilité. Dans l'arbre placé sur le sommet de la montagne, et tourmenté par les vents, il y a puissance, et puissance malheureuse; cet arbre est sublime. La puissance impuissante, c'est le sublime; la puissance puissante, c'est le beau. La puissance et la facilité, la puissance et l'effort, voilà la différence du sublime et du beau.

Dans un caractère, voyez-vous la volonté dominer facilement les passions et les maîtriser, comme dans le caractère de Fénelon ? voilà le beau moral. Un caractère, ou la volonté, qui lutte inutilement à dominer les passions, un caractère, qui combat les inclinations perverses, ce caractère est sublime. Il y a là puissance et puissance luttant. Un caractère n'est pas beau quand il lutte, il est beau quand il triomphe; un caractère n'est pas sublime quand il triomphe, il est sublime quand il lutte.

## TRENTE-SEPTIÈME LEÇON.

Trois manières différentes dont les objets peuvent nous affecter. — Double degré, soit de la connaissance, soit du jugement, soit du sentiment : 1. Connaître, juger et sentir l'effet produit sur nous par l'objet ; 2. Connaître, juger et sentir l'objet même. — Comment nous passons du premier degré au second. — Détermination du point de vue esthétique. — Par où il diffère du point de vue subjectif et du point de vue moral. — Confusion de l'élément rationnel et de l'élément sensible dans les jugements du vulgaire sur la beauté.

Nous avons montré qu'un objet quelconque nous affecte toujours de trois façons différentes : il affecte notre intelligence proprement dite, notre raison, ou faculté de juger, et notre sensibilité, ou faculté de sentir. Nous saisissons un objet quelconque de trois manières diverses : par l'intelligence, le jugement et la sensibilité ; nous le connaissons, nous le jugeons et nous le sentons.

Or, dans ce triple fait que déterminent en nous les objets extérieurs, on distingue deux degrés ; nous connaissons successivement les objets de deux manières ; nous jugeons successivement les objets de deux manières aussi : nous les sentons, et cela de deux façons. Dans tout objet connu, jugé, senti, nous distinguons l'une après l'autre deux parties distinctes.

D'abord, notre intelligence ne saisit dans un objet que sa forme, sa partie sensible et extérieure ; puis, tout à coup, cette forme extérieure apparaît à l'esprit comme la manifestation, le signe, l'effet d'une partie intérieure qui ne frappe pas les sens et que la forme fait concevoir subitement. Telles sont les deux parties de l'objet saisies l'une après l'autre ; tels sont les deux degrés de la connaissance. Au premier degré, l'objet n'est saisi qu'à moitié ; nous n'en percevons que la surface. Au second degré, nous le connaissons en entier ; car, sous la surface qui frappe nos sens, nous connaissons le fond que les sens n'atteignent pas, et même le rapport entre la surface et le fond, entre l'effet et le principe. Telle est la manière dont nous connaissons l'objet ; avec nos sens, nous n'en saisissons que la partie extérieure; puis, nous en découvrons la partie intérieure, ainsi que le rapport qui lie ces deux parties entre elles.

Il y a donc, de la sorte, deux degrés dans la connaissance de l'objet.

Voici maintenant la raison qui vient apprécier l'objet et le juger.

Ce point de vue diffère de celui de la connaissance; car, notre faculté de connaître ne cherche qu'à connaître l'objet : la faculté de juger, ou la raison, cherche à l'apprécier, à porter sur lui un jugement en bien ou en mal.

Or, de même qu'il y a deux degrés dans la connaissance de l'objet, il y a aussi deux degrés dans son appréciation.

D'abord, nous connaissons l'objet par sa forme extérieure et matérielle; nous le connaissons sous l'apparence de cette forme extérieure, et à moins que cette forme ne nous affecte de plaisir ou de peine, qu'elle ne satisfasse ou contrarie nos besoins, nous n'en disons rien. Quand elle nous affecte, nous supposons dans l'objet la qualité révélée par l'effet produit sur nous : nous disons que l'objet est utile ou nuisible; cela veut dire simplement que l'effet qu'il produit sur nous est bon ou mauvais. Tant que nous en sommes au premier degré de la connaissance, nous ne pouvons pas porter un jugement qui tombe sur l'objet : le jugement tombe seulement sur l'effet que nous éprouvons, et rapportant l'effet à l'objet, nous attribuons un caractère à celui-ci; nous le jugeons utile ou nuisible.

Au moment où nous connaissons l'objet tout entier, dans ses deux parties, avec leur rapport, l'objet devient clair. Il ne nous paraît plus qu'une force qui agrège certaines molécules matérielles, et qui, en les agrégeant, produit une certaine forme extérieure. Il n'y a plus, dans l'objet, que le rapport de la force à son effet, c'est-à-dire le développement de la force qui produit certains phénomènes. Or, nous connaissons la force; nous sommes une force nous-mêmes; nous savons la loi d'une force; nous savons que cette loi est le développement, et suivant que la force, dans l'objet, nous paraît conforme plus ou moins à la loi de toute force, suivant qu'elle se développe plus ou moins facilement, nous jugeons que l'objet est plus ou moins bon en soi. Ce jugement ne tombe pas sur l'effet de l'objet, mais sur l'objet lui-même. Dans le premier jugement que nous portons, nous n'atteignons que la qualité de l'objet; dans cette seconde critique, c'est l'objet lui-même que nous atteignons. Ces deux points de vue sont différents.

Arrivons maintenant au double degré du sentiment des objets.

Quand nous ne connaissons que la forme extérieure d'un objet, que sa partie extérieure, cette partie extérieure peut produire sur nous un effet agréable ou désagréable. Ainsi, certaines formes font souffrir le nerf optique; d'autres le dilatent. Certaines surfaces me blessent; d'autres sont douces à mon toucher. Mais ces effets agréables ou désagréables reviennent, en dernière analyse, au fait de satisfaire ou de contrarier nos besoins, au fait de l'utilité ou de la nuisibilité. Qu'une couleur blesse mon nerf optique : l'objet me fait mal; que les aspérités d'un objet blessent ma main: c'est un effet nuisible qui est produit sur moi. L'objet affecte en pareil cas un de nos besoins; il nous est directement utile ou nuisible; le plaisir ou le déplaisir que nous éprouvons est le résultat de son utilité ou de sa nuisibilité. Même quand il n'affecte pas directement un de nos besoins, soit en bien, soit en mal, il ne peut encore nous être agréable ou désagréable que de cette manière. Réduisez la forme d'un arbre à ce qui nous en apparaît, n'y voyez aucun symbole, ne concevez pas de force qui l'anime, ne saisissez que la qualité extérieure de l'invisible, cette forme n'excitera pas en nous d'autre plaisir que celui qui se rattache à l'idée de l'ombre que nous pouvons goûter, du bois à chauffer que l'arbre peut nous fournir, des fruits que nous pouvons manger; voilà le seul sentiment que fait alors naître en nous la vue de l'objet. Nous n'en recevons pas une impression qui vienne de lui; nous ne recevons qu'une impression agréable ou désagréable, résultat de l'effet utile ou nuisible qu'il produit ou peut produire sur nous.

Au lieu de connaître seulement la forme extérieure de l'objet, si vous pénétrez au delà, vous saisissez une force qui produit ce que vous voyez; vous connaissez complétement l'objet, et parce qu'il y a entre l'objet et vous identité de nature, il s'élève entre vous et lui le fait de sympathie, qui nous rend susceptible d'éprouver du plaisir ou de la peine à la vue de l'objet. Dès que vous comprenez que cet objet est une force comme vous, la sympathie commence. Le développement de la force que vous voyez excite le développement de la vôtre. Si elle paraît souffrante, elle vous fait souffrir; si elle se développe facilement, gaiement, vous vous mettez à l'unisson avec elle; vous vous égayez; vous partagez tout ce que cette force semble sentir; vous êtes sensible en elle.

Ainsi dans le sentiment des objets, comme dans leur connaissance, comme dans leur critique, il y a deux degrés et je viens de les indiquer.

Ceci est important et doit nous servir à distinguer le point de vue esthétique ou désintéressé.

Il en résulte que dans la connaissance, dans le jugement, dans le sentiment, un caractère général distingue le premier point de vue du second.

Dans le premier point de vue, c'est l'effet produit sur nous par l'objet que nous connaissons, que nous jugeons, que nous sentons. Dans le second, nous connaissons, nous jugeons, nous sentons l'objet lui-même. La connaissance, la critique, le sentiment de l'objet, au premier degré, ne se rapporte qu'à ce qui est produit sur moi par l'objet, dès que l'objet m'apparaît. Au second degré, c'est l'objet lui-même que nous connaissons, l'objet lui-même que nous jugeons, l'objet lui-même que nous sentons. Nous ne nous arrêtons plus à la manifestation seule de l'objet; nous atteignons l'objet lui-même; nous le saisissons en entier, dans son principe comme dans ses effets, nous le connaissons, nous le jugeons, nous le sentons en lui-même.

C'est le fait de l'expression qui est le moyen de transition du premier point de vue au second. Dans le premier point de vue, nous ne parvenons pas jusqu'à la perception de la partie intérieure de l'objet; nous n'atteignons pas sa partie invisible comme sa partie visible. Mais sa partie visible est expressive; elle est le signe, le symbole de sa partie invisible et c'est par ce moyen que nous pouvons passer du visible à l'invisible, de l'effet à la cause, du premier point de vue au second. C'est à l'aide de l'expression que je lie ce qui ne m'apparaît pas à ce qui m'apparaît, et qu'ainsi je parviens à connaître, à juger, à sentir l'objet en lui-même.

Or, dès que j'atteins l'objet lui-même, ma science s'étend; elle découvre de nouvelles perspectives; au lieu de rester purement descriptive, elle devient philosophique.

Une plante étant donnée, tant que nous n'allons pas au delà des apparences extérieures de la plante, la science ne peut que décrire ces apparences extérieures. Mais dans ces apparences, quand nous avons découvert le symbole de la force qui les produit et constitue la plante, quand nous avons conçu par la vertu symbolique des formes extérieures de cette plante, la force qui l'anime, alors la science atteint la plante elle-même et vise à une autre découverte. Cette découverte est la loi du développement de cette force, la loi physiologique de cette plante, de la force qui anime cette plante. Je sais la loi de toute force, mais je n'en sais pas les détails. Je sais que toute force se développe, mais je ne sais pas le mode de développement de chaque force. Je ne sais pas les circonstances particulières qui gênent ou facilitent le développement de la force. Il ne suffit pas de dire que la loi de la plante est de se développer, que sa loi est de croître; il faut déterminer le caractère particulier de l'accroissement de la plante, et je ne puis arriver là qu'après que j'ai découvert la force, qu'après que j'ai dépassé le premier point de vue. Je ne puis arriver de la partie descriptive à la partie philosophique de la science qu'après que j'ai reconnu, par la vertu symbolique de la plante, la force qui la constitue.

Voilà jusqu'où va la science, quand à travers la force elle parvient au fond, à la force qui anime les objets.

Elle s'applique à découvrir la loi particulière de la force comprise dans chaque objet particulier.

Or, nous savons que toute force se développe; mais nous avons dans l'esprit une idée immense, supérieure, absolue du développement de la force. Une force étant donnée, son essence est de se développer et notre raison ne trouve pas de motif pour qu'une force dont l'essence est de se développer, ne se développe pas infiniment et sans obstacle. La facilité et l'infini du développement, voilà l'ordre absolu, la loi absolue de la force.

Quand donc j'ai découvert une force quelconque, puis que j'ai reconnu comment cette force se développe, avec quel degré de facilité et jusqu'où, je compare ce développement plus ou moins gêné avec la loi absolue, l'ordre absolu du développement de la force, et dès lors je dis que cette force est plus ou moins dans l'ordre, plus ou moins bonne ou mauvaise en soi. Ainsi je porte un jugement sur l'objet lui-même; ce jugement ne se rapporte pas à moi, mais à l'objet; c'est l'objet que je critique; je le soumets à l'idéal que j'ai conçu; je compare son développement à la loi suprême de la force et je vois de combien il en diffère. Je juge de la sorte le plus ou moins de bonté du développement de cette force. Auparavant je ne pouvais rien dire de l'objet, sinon qu'il me faisait du bien ou du mal, qu'il m'affectait agréablement ou désagréablement.

Quand j'ai porté ainsi un jugement de bonté ou de méchanceté sur la force elle-même, et découvert en elle plus ou moins d'ordre absolu, le sentiment de sympathie qui s'est élevé en moi à la découverte de la force, se modifie de différentes manières, selon que la loi de la force a été découverte telle ou telle, et jugée telle ou telle. S'il y a dans la force un développement facile ou gêné, j'éprouve tel ou tel sentiment particulier qui modifie le sentiment fondamental que la force a d'abord, comme force, excité en moi. A la première découverte de la force, je sympathise; quand j'ai aperçu la loi de la force et son degré d'ordre ou de désordre, le sentiment fondamental sympathique se modifie. Si j'ai découvert un développement facile, le sentiment sympathique prend une certaine couleur; si j'ai découvert un développement difficile, ce sentiment prend une certaine autre couleur; de même, si le développement est faible, mou, languissant; de même, s'il est énergique et fort. Toutes les nuances, toutes les particularités découvertes dans le développement de la force, modifient, altèrent le sentiment fondamental sympathique qui s'est élevé en moi à la découverte de la force.

Voilà le jugement et le sentiment esthétiques.

Or, ce jugement, ce sentiment diffèrent du jugement que nous portons, du sentiment que nous éprouvons, quand nous jugeons, quand nous sentons l'utilité ou la nuisibilité de l'objet. Dans ce dernier cas, c'est l'effet de l'objet que nous jugeons et que nous sentons. Dans le point de vue esthétique, nous ne jugeons pas, nous ne sentons pas l'effet de l'objet; nous jugeons, nous sentons l'objet lui-même. Quand je sors de l'apparence pour pénétrer le fond, ce n'est plus relativement à moi que je juge l'objet, je le juge en lui-même. De même, il ne s'agit plus de moi, quand je sens l'objet esthétiquement; ce sentiment n'a plus rien de subjectif; c'est l'objet lui-même que je sens, indépendamment de ce qu'il me fait sentir.

Ainsi le point de vue esthétique diffère du point de vue empirique, subjectif. Il diffère aussi du point de vue moral qu'il surpasse en étendue. Le point de vue moral n'est en effet, comme on va le voir, qu'un cas particulier du point de vue esthétique.

Il y a des forces, qui, placées dans telle ou telle condition déterminée, ont reçu la faculté de se développer autant qu'il leur plaît et comme il leur plaît. La loi de toute force étant son plus grand développement possible, il s'ensuit que quand ces forces deviennent tout ce qu'elles peuvent, quand elles se développent le plus possible, ces forces sont dans l'ordre. Quand elles se développent moins, elles sont dans le désordre, et nous reconnaissons qu'elles sont immorales, déméritantes, pour n'être pas devenues tout ce qu'elles pouvaient devenir. De même, lorsqu'elles se développent le plus possible, nous les déclarons morales, méritantes; nous les approuvons d'avoir fait tout ce qu'elles pouvaient faire.

Voilà le jugement moral. Ce jugement n'est d'ailleurs applicable qu'aux forces que nous reconnaissons au dehors de nous être intelligentes et libres. Là où manquent l'intelligence et la liberté, le jugement moral est impossible. Il faut que la force soit chargée de l'accomplissement de sa destinée pour qu'elle puisse être déclarée méritante ou déméritante.

Or, le jugement moral n'empêche pas le jugement et le sentiment esthétiques.

En effet, lorsque nous voyons une force libre et intelligente se développer autant qu'elle le peut, cela ne nous empêche pas de comparer ce développement borné avec le développement absolu et de juger le rapport qui existe entre la facilité et l'étendue de ce développement et le développement infini et infiniment facile.

En outre, si vous considérez la force humaine, vous trouverez des hommes chez qui le développement est plus facile et plus vaste que chez d'autres. Or, ceux qui, placés dans des circonstances moins heureuses et moins favorables, font cependant tout ce qu'ils peuvent, reçoivent notre approbation. Nous approuvons leur développement; mais nous l'approuvons sous le point de vue moral seulement, nous ne l'approuvons pas sous le point de vue esthétique; nous l'approuvons sous le point de vue moral, parce que, bien qu'elle se soit peu développée, la force humaine a fait néanmoins tout ce qu'elle a pu ; nous ne l'approuvons pas esthétiquement, parce que, bien qu'elle ait fait tout ce qu'elle a pu, la force humaine s'est toutefois peu développée. C'est ainsi qu'il y a des hommes également vertueux et inégalement beaux par la vertu.

En un mot, il ne s'agit dans le point de vue esthétique que de comparer le développement particulier d'une force quelconque avec le développement idéal, absolu de la force, et de juger de combien il s'en écarte, de combien il s'en rapproche.

Telle est la différence du point de vue esthétique et du point de vue moral.

Maintenant, il faut avouer qu'il n'est pas à la portée de toutes les intelligences de comparer avec l'idéal du développement de la force, les développements particuliers des forces que nous découvrons ici-bas, pour en déduire par une espèce d'opération arithmétique la valeur absolue, le degré d'ordre absolu qui se trouve dans le développement de chaque force particulière. Aussi, dans le langage ordinaire, dans les idées ordinaires des hommes, on ne considère pas le degré d'ordre mathématique qui se trouve dans le développement de la force : on considère plutôt l'effet sensible que la vue du degré d'ordre aperçu produit sur nous. On envisage beaucoup plus l'effet excité dans la sensibilité par le développement de la force, que le jugement auquel la vue de ce développement donne lieu.

Ainsi prenez un objet quelconque, un arbre, par exemple ; nous saisissons dans cet arbre la force qui s'y développe et produit toutes ses apparences extérieures. Nous trouvons que cette force se développe dans une certaine quantité, et se développe avec un certain degré de facilité ou de difficulté. C'est là un jugement que nous portons. J'appelle cette partie du fait qui se passe en nous à la vue de l'arbre, la partie rationnelle du fait, sa partie mathématique. Mais en même temps que je juge ce qu'il y a d'ordre ou de désordre dans le développement de cette force, la vue de ce développement a excité ma sympathie. La facilité de ce développement a déterminé en moi le sentiment du beau, et je donne à l'arbre le nom de beau, plutôt parce qu'il a déterminé en moi le sentiment, que, parce que je trouve avec ma raison, que le développement facile de l'arbre est beau ; je l'appelle beau sous le point de vue sympathique plutôt que sous le point de vue critique.

Cependant le point critique est étroitement lié au fait sympathique : ils naissent tous deux de la même chose. Je ne puis pas apercevoir un objet sans connaître la force que cet objet renferme. Je ne peux pas connaître une force, sans la sentir et la juger en même temps. Seulement, ce qui s'aperçoit le plus est le sentiment ; le jugement paraît moins.

Quand l'objet est jugé, on dit qu'il y a en lui de l'ordre plutôt que de la beauté, tandis que lorsqu'il est senti, il est plutôt appelé beau.

Quand on considère plus particulièrement le jugement rationnel d'ordre ou de désordre dans les objets, leur face esthétique s'efface pour faire place à leur face philosophique.

Juger l'ordre ou la beauté dans l'invisible, c'est la même chose. Seulement ces deux mots s'appliquent, selon que l'on fait plus d'attention au jugement porté sur l'invisible, ou au sentiment que l'invisible nous inspire, selon que l'on a plus égard à l'effet sensible qu'il produit sur nous, ou au jugement que nous portons sur lui ; sentiment et jugement qui sont d'ailleurs tous deux objectifs.

Maintenant il me reste à exposer plus clairement ce qui est encore confus et caché dans toutes ces observations ; il me reste à montrer les différentes nuances du sentiment que produit sur nous l'invisible envisagé sous sa face esthétique ; car lorsque les hommes disent des objets qu'ils sont beaux, sublimes, agréables, comiques ou tragiques, ces expressions répondent aux différentes nuances, aux différents degrés du sentiment sympathique que les objets excitent en nous.

# TRENTE-HUITIÈME LEÇON.

Résumé de la leçon précédente. — Caractère que revêt le développement de la force libre : unité. — Caractère que revêt le développement de la force passionnée : variabilité. — Faits à l'appui. — Différence du *Télémaque* et de l'*Allemagne* de madame de Staël. — Opposition de la conduite d'un enfant et de celle d'un homme mûr. — De l'élégance et de la proportion des formes. — Des arts ; qu'il faut y distinguer l'expression de l'auteur et l'expression des objets qu'il imite. — Ode. — Art dramatique. — Sculpture et peinture. — Musique.

Nous avons démontré que l'objet esthétique est toujours le signe de quelque chose d'invisible ; en sorte qu'il y a dans tout objet esthétique deux éléments, le signe qu'on saisit, élément visible, et la chose signifiée, élément invisible.

De ces deux éléments, celui qui agit sur nous esthétiquement, c'est l'invisible. Peut-être cependant l'invisible n'agirait-il pas sur nous esthétiquement, si nous pouvions le voir face à face, et dépouillé de formes ; du moins dans l'état actuel, l'invisible qui seul nous émeut, doit, pour nous émouvoir, se manifester par des formes ou par des signes matériels.

Or, à l'aspect d'un objet extérieur quelconque où l'invisible se manifeste par des formes, quel que soit l'invisible, il arrive que la sympathie, pouvoir mystérieux, non encore défini métaphysiquement, mais pouvoir incontestable, nous jette dans l'état de l'invisible qui se manifeste à nous, et comme cet état est accompagné dans l'objet extérieur de telle ou telle émotion, de tel ou tel jugement, l'émotion et le jugement qui l'accompagnent dans l'objet extérieur, l'accompagnent en nous. Voilà fondamentalement le fait esthétique.

Or, ce fait, quand il se reproduit en nous, nous touche agréablement. Nous ne tombons pas dans la situation esthétique, sans que nous soyons émus et d'une émotion agréable. Voilà fondamentalement le plaisir esthétique.

Ce qui nous émeut étant l'invisible et non pas le visible, en d'autres termes, le fond et non pas la forme, les différences qu'on remarque dans l'objet esthétique, et pour lesquelles on nomme cet objet beau ou laid, agréable ou désagréable, naïf ou sublime, ces différences viennent de l'Invisible et non pas du visible, du fond et non pas de la forme.

Reste donc à déterminer quelles sont, dans l'élément invisible de l'objet esthétique, les circonstances qui rendent cet élément invisible, beau ou laid, agréable ou désagréable, naïf ou sublime, tragique ou comique; c'est de quoi nous nous occupons.

L'invisible n'est autre chose que la force ou la nature spirituelle, dont le type est en nous. C'est donc en nous qu'il faut étudier les différentes circonstances ou les différents états qui varient la condition, la situation de notre nature, et qu'il faut reconnaître les caractères de notre nature qui, manifestés dans l'objet extérieur, le rendent à nos yeux beau ou laid, agréable ou désagréable, sublime, comique, tragique ou naïf. La question se ramène ainsi à une question psychologique.

Si l'invisible était invariable, l'objet esthétique serait toujours le même, et par conséquent nous ne lui donnerions pas différentes dénominations, il ne produirait pas sur nous différents effets; mais si l'objet esthétique est tantôt beau, tantôt laid, tantôt agréable ou désagréable, tantôt comique ou tragique, ce qui constitue l'objet esthétique, le fond, la nature humaine, l'invisible varie donc, et pour observer les variations possibles de la nature invisible, de la nature humaine, il faut revenir en nous; c'est en nous que nous trouverons la nature humaine face à face; c'est en nous que nous constaterons les différents états qu'elle peut subir.

Telle est la méthode que nous avons suivie.

Nous avons cherché quelle différence il y a entre l'état beau et l'état agréable, et nous avons démontré que ce qui constitue en nous un état, c'est le mode de développement du moi, de la force qui nous constitue; car, comme cette nature, dont il faut constater tous les états possibles, est une force, et que l'état fondamental de la force est le développement, c'est dans son mode de développement que se trouvent tous les états variés de cette force.

Et comme dans le développement de la force ou du moi il y a deux modes fondamentaux, l'un, le développement libre, l'autre, le développement passionné ou involontaire, ces deux grandes différences, qui se manifestent à nous du premier coup quand nous recherchons les différents états dans lesquels notre force peut se traduire, ces deux grandes différences doivent être examinées. Il faut voir si elles ne constituent pas quelques-unes des différences de l'état esthétique.

Il nous a paru que la différence qu'il y a entre le développement libre et le développement passionné est la différence qu'il y a entre le beau et l'agréable dans un objet; en sorte que toutes les fois qu'un objet manifeste la nature invisible qu'il cache tout en l'exprimant, et nous la montre dans un état de développement libre et personnel, cet objet est beau ou laid. Quand l'objet nous manifeste la nature invisible, quand il l'exprime dans un état involontaire, passionné, cet objet est agréable ou désagréable.

Reste à savoir si ces assertions sont vraies.

Or, pour découvrir si ces assertions sont vraies, nous avons observé ce qui se passe en nous à la vue d'un objet appelé beau et agréable. Nous avons reconnu qu'il y a des objets dont on ne peut rien dire, sinon qu'ils nous causent une certaine émotion agréable ou désagréable, et qu'il y en a d'autres qui, tout en nous causant une certaine émotion agréable ou désagréable, peuvent être appelés beaux ou laids, comme étant selon l'ordre ou contre l'ordre.

Cette observation du double effet que produisent en nous certains objets, nous a fait chercher comment la raison peut reconnaître dans la situation de la nature spirituelle, de la nature humaine, tantôt de l'ordre ou du désordre, et tantôt l'absence de l'un et de l'autre.

Il s'agissait donc pour nous de résoudre la question de savoir ce que c'est que l'ordre ou le désordre pour la nature humaine.

Or, nous avons trouvé que l'ordre pour la nature humaine, c'est le développement libre et personnel; le désordre, c'est, non pas l'absence du développement, mais le mauvais usage de la liberté qui doit opérer le développement, le développement faux opposé au développement vrai.

Quant à l'autre espèce de développement, le développement involontaire, spontané, nous avons reconnu que ce développement n'est ni selon l'ordre ni contre l'ordre; il est fatal en nous.

Là nous avons vu les deux grandes différences remarquées dans l'état de la nature humaine, correspondre et coïncider avec les différences que nous remarquons entre l'objet beau et l'objet agréable, entre certains objets esthétiques; car il y a certains objets esthétiques, pour le redire, qui ne sont rien aux yeux de la raison; il y en a qui sont quelque chose. Dans ces deux espèces d'objets, c'est toujours l'invisible qui est regardé par l'intelligence; c'est donc l'invisible qui est tantôt quelque chose et tantôt rien aux yeux de la raison.

Ce qui est donc selon l'ordre et contre l'ordre aux yeux de la raison, c'est le développement libre et personnel; ce qui est indifférent, c'est le développement spontané ou passionné.

Il s'ensuit que la manifestation par l'objet extérieur d'un état passionné quelconque n'est susceptible ni de beau ni de laid, et est purement agréable ou désagréable. La manifestation d'un état libre et volontaire dans un objet extérieur est susceptible aux yeux de la raison de beauté ou de laideur.

Ainsi, ce qui rend un être susceptible de beau et de laid, c'est cet être se développant volontairement; ce qui le rend purement agréable, c'est cet être ne se développant plus volontairement, mais en proie aux passions fatales qui naissent en lui. La passion, c'est pour ainsi dire le sujet de l'agréable ou du désagréable; la liberté, c'est le sujet du beau ou du laid.

Maintenant, pour constater, pour reconnaître tous les caractères accessoires de ces deux formes fondamentales du beau et de l'agréable, il suffit de rechercher quels caractères revêt le développement de la force quand ce développement est libre, et quels caractères il revêt quand il est passionné. Pour constater par quels caractères se manifeste à nous le beau et l'agéable, il suffit d'examiner par quels caractères se manifestent au dedans de nous, et même à l'extérieur, le développement libre ou la liberté, et le développement spontané ou la passion. Les caractères de la passion ou ceux de la liberté, voilà les caractères de l'agréable et du beau; c'est là ce qu'il s'agit de montrer.

Toutes les fois que notre force s'empare d'elle pour agir, le caractère spécial, éminent, que revêt notre nature et son activité, c'est l'unité. En effet, tout ce qu'il y a de force en nous se trouve comme condensé dans la main de la liberté, pour travailler au but que l'intelligence a posé; de sorte qu'il y a alors unité parfaite;

cette unité est à la fois au point de départ, dans le développement et dans le but ; au point de départ, nous nous sommes emparés de notre force pour un motif un, dans le but qui est donné comme un par l'intelligence; dans le développement, tous les actes successifs partent d'une seule intention pour arriver à un seul but. L'unité est le caractère que revêt notre nature dans l'état de liberté.

Le caractère d'unité entraîne avec lui non seulement l'intentionalité, la finalité, mais encore la conséquence, la suite dans tous les actes qui s'opèrent.

Ainsi, le point de départ et le but étant posés, quel que soit le nombre d'actes qui s'opèrent, quels que soient tous les détours du développement, la variété de ces actes, ils se rapportent tous, aboutissent tous au même terme. Le développement va depuis son point de départ, s'agrandissant et s'élargissant toujours, pour se rassembler vers un point un, comme le point de départ vers son but. Toute la variété possible remarquée dans nos actes ne fait pas perdre à chacun de ces actes le caractère qu'il a et doit avoir de partir d'une même intention et de tendre à un même but. Ces actes sont marqués du même cachet d'intentionalité et de fin. La variété de ce développement est donc une; tous ses éléments portent le caractère de l'unité.

Le caractère d'unité entraîne le caractère de conséquence; aucun de ces actes n'est isolé; chacun tient à celui qui le précède; qui le suit ou l'avoisine ; tous concourent à la même fin, tous sont suivis; il n'y a pas là de caprice, rien d'imprévu, rien de décousu.

L'unité et toutes les idées qui en dérivent, l'intentionalité, la finalité, la correspondance des éléments de la variété, la conséquence de ces éléments, leur suite, tels sont donc les caractères du développement libre.

Maintenant, examinons de même ce qui se passe quand notre force, au lieu de se développer librement, est abandonnée à elle-même et livrée à ses tendances fatales et passionnées. Le caractère éminent de cet état, c'est incontestablement la variabilité. Toutes les passions qui naissent en nous, n'y naissent pas par notre volonté, d'après une certaine intention, pour un certain but; mais selon que vous êtes diversement affectés par les objets extérieurs, la sensibilité devient la proie d'une foule de mouvements divers, qui n'ont entre eux aucun rapport ni de principe ni de fin, qui n'ont pas de conséquence, qui sont de purs caprices, s'il n'y avait pas encore de l'intention dans le caprice. Tout développement passionné porte tous les caractères opposés à ceux du développement libre; et comme le caractère fondamental du développement libre, c'est l'unité, le caractère du développement passionné, c'est la variabilité, avec l'inconséquence, le décousu, le capricieux, l'absence d'un raisonnement allant droit au but.

Maintenant que ces caractères sont constatés, traduisons à l'extérieur, par des signes quelconques, ces deux états opposés; nous verrons se reproduire tous les caractères de ces deux états, et nous sentirons la différence qu'il y a entre l'agréable et le beau.

Il faudrait ici parcourir toutes les espèces de manifestations, ou de formes, ou de signes qui peuvent traduire au dehors l'état passionné et l'état libre. Je vais essayer de présenter quelques exemples.

Un homme se traduit au dehors par ses conceptions intellectuelles, par sa conduite et par son développement physique ou par l'aspect que prend son corps quand il s'en sert. De ces trois modes dont l'intérieur d'un homme se manifeste au dehors, si nous prenons le premier, les conceptions de l'esprit, nous y trouvons le reflet, la manifestation du double état que nous avons décrit, du double état intérieur, et nous y reconnaissons la différence de l'agréable et du beau.

Supposons d'abord deux ouvrages, deux livres produits par deux hommes; l'un peut porter tous les caractères de l'ordre, tel est, par exemple, *Télémaque;* il y a dans cet ouvrage une suite, une conséquence, un ordre, un ensemble parfait; on sent en le lisant une détermination libre, un projet unique, une fin unique, et la combinaison de mille moyens pour produire l'effet voulu. Ce livre porte tous les caractères du développement libre, de la détermination libre, d'une suite de mouvements raisonnés, conséquents; c'est un reflet de l'état de liberté appliqué à l'intelligence.

Opposez à ce livre quelque ouvrage où l'auteur court, selon les caprices de l'intelligence, à travers mille idées différentes, toutes brillantes, toutes spirituelles, et qui toutes vous plaisent, vous aurez l'idée d'un livre qui exprime, qui traduit au dehors l'état passionné appliqué aux travaux de l'intelligence : lisez l'*Allemagne* de madame de Staël; c'est un livre agréable; chaque chapitre est un sentiment particulier; mais d'un chapitre à l'autre on change de sentiment. Une inspiration produit le premier chapitre, une seconde inspiration le second. Cette variété plaît; mais cette variété n'est qu'agréable; c'est l'image de la sensibilité ou de la passion inspirant l'esprit et le faisant parler. Le *Télémaque* au contraire est l'image de la raison ou de la détermination libre, dirigeant l'esprit vers un but unique par des moyens ordonnés et proportionnés. Ainsi l'on reconnaît dans certains ouvrages le caractère de la raison, dans certains autres le caractère de la liberté.

Ce qui paraît dans les ouvrages qui manifestent leurs auteurs, paraît dans les conversations. Il y a entre le *Télémaque* et l'*Allemagne* la même différence qu'entre une conversation sage, soutenue, harmonieuse, pour ainsi dire, et une conversation pétillante, variée, abondante en traits d'esprit, mais qui manque de suite. L'une plaît plus que l'autre. Il y a plus de plaisir à lire l'*Allemagne* que le *Télémaque*. Mais l'impression de ces ouvrages est différente; et la raison ne dit rien des ouvrages spirituels, rien des conversations spirituelles, sinon que ces conversations et ces ouvrages sont agréables. La raison dit des autres ouvrages et des autres conversations, que ces conversations sont belles, que ces ouvrages sont beaux; la raison y reconnaît la volonté libre et un projet conçu avec liberté.

Les mêmes différences se retrouvent dans ce que nous appelons le caractère, et par là nous entendons la suite des déterminations qui président à la conduite d'un homme; en sorte que ses déterminations et ses actes sont la manifestation de son caractère.

Or, entre la conduite de l'enfant qui est purement livré à la sensibilité, et la conduite de l'homme fait qui est gouverné par sa raison, il y a la différence de l'agréable et du beau. Les mille caprices de l'enfant, ce qu'il y a comme d'inspiré et de brusque dans ce qu'il fait, trahissent la passion; dans la suite de ses actes, il y a tout le décousu, tout le manque de plan qui apparaît dans la passion; c'est le signe naïf et vrai de la passion. Les personnes éminemment passionnées se conduisent comme des enfants.

Opposez aux caprices d'un enfant, aux caprices d'une femme très passionnée, la conduite d'un homme sage et raisonnable, qui conçoit un but unique, et trace un plan de conduite pour y arriver, vous observerez l'unité qu'on remarque dans le développement libre, dans les produits du développement libre.

Dans l'homme, la passion et la raison ou la liberté ne se traduisent pas seulement par l'intelligence ou par le caractère, ils se traduisent même par les mouvements corporels. Chez certaines personnes il y a dans toutes les parties de leur corps une singulière harmonie, un accord, une correspondance générale; tout marche à l'unisson; c'est l'élégance et la perfection des mouvements.

Il y a chez d'autres personnes une diversité dans les mouvements du corps qui trahit le passage subit d'une passion à une autre qui a lieu dans la sensibilité.

C'est une observation plus délicate à faire que les deux précédentes; mais elle est toujours aussi vraie; il y a de l'harmonie, de la conséquence, et pour ainsi dire du calcul dans les mouvements du corps chez certaines personnes, et du décousu, du capricieux, du variable, du divers dans les mouvements du corps chez certaines autres personnes.

L'aspect d'une personne dont les mouvements corporels sont harmonieux, calme l'esprit, le repose, lui inspire toutes les idées de raison et d'ordre; tandis que les mouvements brusques, divers, spontanés, variables, inconséquents de certaines autres personnes toujours en agitation, vous jettent dans une agitation passionnée.

Nous faisons aujourd'hui peu d'attention à ce développement; mais on y prenait garde dans l'antiquité. L'orateur de l'antiquité devait donner de la conséquence et de la proportion à ses mouvements; autrement il aurait paru très ridicule au peuple éminemment esthétique qui l'écoutait.

Nous allons dire maintenant quelque chose sur l'élégance et la proportion des formes, qu'il ne faut pas confondre avec la proportion et l'harmonie des mouvements.

Un homme bien fait, dont toutes les parties sont bien proportionnées, qui se meut facilement, légèrement, avec grâce, cet homme heureusement fait nous plaît; nous apercevons de l'harmonie dans ses formes extérieures.

On pourrait demander d'où vient que ces formes extérieures, qui ne dépendent pas de l'âme qu'elles enveloppent, sont pour nous une source de plaisir, puisqu'elles ne traduisent pas la nature invisible qu'elles contiennent.

Ce fait tient à deux causes.

D'abord ces formes sont l'œuvre d'un maître qui les a faites; c'est une œuvre, et l'œuvre trahit l'ouvrier; quand un être est bien fait, sa forme exprime la sagesse, la liberté de celui qui l'a faite.

Mais ce n'est pas de cette seule manière que ces formes proportionnées, ces formes harmonieuses expriment l'invisible.

Nous admettons que les formes qui expriment une âme sont le produit de cette âme; s'il y a une grande proportion dans le corps d'un homme, nous nous figurons qu'il doit y avoir une grande élévation dans l'âme que ces formes enveloppent. Nous sommes souvent désappointés; mais alors nous reportons sur la nature ou sur Dieu les qualités attribuées à l'âme. Ainsi, quand nous voyons un arbre bien proportionné, nous nous plaisons à lui supposer une âme qui se traduit par ses formes, qui produit ses branches et son feuillage; puis, quand nous découvrons que la force dans l'arbre est fatale, notre admiration passe alors à la nature ou à Dieu qui l'a produit, et de la sorte nous arrivons toujours à un être intelligent et sage, qui a ordonné les formes que nous apercevons, qui les a proportionnées.

Passons maintenant aux arts.

Je remarque dans les ouvrages de l'art qu'il y a deux invisibles différents, manifestés en même temps.

L'ouvrage de l'art est d'abord le signe de son auteur, sa manifestation; puis cet ouvrage lui-même est destiné à exprimer quelque chose, une certaine âme dans un certain état, et conséquemment est le signe de cette âme, le signe de cet état.

C'est une idée féconde en esthétique que celle qui distingue dans les ouvrages de l'art la part d'admiration qui s'en va à l'auteur, et la part d'admiration qui s'en va à ce que l'auteur veut peindre.

Il y a des ouvrages de l'art qui n'expriment que leur auteur, l'ode, par exemple : l'auteur qui la produit est derrière son œuvre, et nous ne jugeons que lui. En lisant une ode, nous ne disons pas : le personnage représenté est d'un agréable ou d'un beau caractère; nous disons : l'auteur est agréable, ou l'auteur est beau. L'ode n'est que l'expression de son auteur.

Mais la comédie, par exemple, est l'expression de son auteur et des personnages représentés. Si la comédie est bien ordonnée, bien conduite, si l'on y aperçoit une idée suivie d'un bout à l'autre, la gloire en est à l'auteur. Dans une tragédie bien conduite, sagement conduite, c'est l'auteur souvent qu'on applaudit. L'invisible exprimé n'est pas l'invisible des personnages de la tragédie, c'est l'invisible de l'auteur, c'est la nature de l'auteur, qui paraît calme, raisonnable, et peut devenir la proie de la passion.

Restent ensuite les personnages qui sont exprimés chacun par des expressions particulières, et selon que le personnage représenté est un personnage dont le développement s'opère librement ou passionnément, nous jugeons leurs caractères agréables ou beaux.

Ainsi, certains personnages capricieux, passionnés, comme on en voit souvent à la scène, sont purement agréables ; certains autres personnages calmes, sages, raisonnables, comme on en voit encore souvent à la scène, sont beaux, ou peuvent être beaux, si l'auteur fait bien.

Par là, nous voulons montrer qu'il faut distinguer dans les ouvrages de l'art, l'expression de l'auteur et l'expression des personnages que l'auteur veut peindre, et qui sont agréables ou beaux, selon qu'ils se développent librement ou fatalement.

Dans les arts dramatiques, dans la comédie et dans la tragédie, il faut encore distinguer les discours et les actes exprimant les personnages que l'auteur a voulu représenter, et les discours, les actes de l'acteur, qui expriment, non pas les personnages que l'auteur a voulu représenter, mais l'idéal que l'acteur s'est mis dans la tête, et les expriment par les moyens qui sont à sa disposition, après les discours et les actes, c'est-à-dire les gestes, le son de la voix, le jeu de la physionomie. Il suit de là que dans les représentations dramatiques, il y a deux personnages, celui de l'auteur et celui de l'acteur; car l'acteur entre rarement dans le personnage de l'auteur; il le crée par ses attitudes, ses gestes, et l'exprime comme il le crée, tandis que l'auteur l'a créé et conséquemment exprimé d'une autre manière; ce qui amène une dissonance et une contradiction entre les attitudes, les gestes, le jeu de physionomie de l'acteur, et les actions, les discours du personnage que l'acteur doit reproduire.

Dans la sculpture et la peinture, il y a bien toujours l'expression de l'auteur et l'expression du personnage représenté. Mais le personnage représenté n'a plus pour lui les actes et les discours; l'expression se réduit à des gestes, des attitudes, des mouvements de physionomie. Le signe se resserre; par ce signe, cependant, il est facile d'indiquer, dans différents personnages, tantôt le développement passionné, tantôt le développement libre. Ainsi, dans les figures de Greuze et de l'école hollandaise, c'est la passion qu'on exprime; d'autres peintres, comme Raphaël, ont surtout manifesté le développement libre et moral. Dans les figures de Raphaël il y a une profonde liberté; dans les figures de Rubens il y a, au contraire, une grande agitation sensible; c'est l'état sensible que Rubens exprime. Il y a bien aussi de la passion dans Raphaël; mais ce n'est pas la passion turbulente et vive, c'est l'émotion paisible qui accompagne le développement raisonnable et réglé de la liberté. Quoi qu'on puisse dire sur la justesse de ces remarques, toujours est-il que si l'on prend deux figures d'un tableau, que l'une soit agréable et l'autre belle, on distinguera les deux états dont il s'agit.

Nous ajouterons quelques mots sur la musique. Elle ne peut pas exprimer directement le développement libre ou moral de l'homme; elle n'a pas de signe pour exprimer la différence de la passion et de la liberté, mais elle s'en tire autrement; elle exprime l'émotion du beau, et nous jetant dans l'émotion calme du beau, elle nous dispose au développement libre. Ainsi, certains morceaux de musique ne nous agitent que passionnément; il y en a d'autres qui sont d'un caractère plus sévère, plus calme, et qui nous enlèvent à la sensibilité, qui nous plongent dans la région morale. Ainsi donc, ce n'est pas, comme certains autres arts, par une suite d'actions et de discours, qui annoncent une suite de déterminations inspirées par la liberté, ou par la passion que la musique fait du beau et de l'agréable. Elle exprime l'émotion qui accompagne l'état passionné, et l'émotion, qui accompagne l'état libre. Voilà comment s'y prend la musique; elle n'a pas de signe pour exprimer telle détermination plutôt que telle autre, mais elle exprime l'émotion qui suit la détermination; peut-être même n'exprime-t-elle pas cette émotion; mais elle nous y jette, et son but est atteint.

# TRENTE-NEUVIÈME LEÇON.

Deux espèces d'ordre et de beauté : l'ordre et le beau individuel, l'ordre et le beau social. — Désordre et laideur correspondants. — Jugements que détermine en nous le spectacle de la passion. — Cas où son développement est spontané; — où il est tourné en habitude; — où elle est contraire à l'ordre; — où elle n'y est pas contraire. — Effets produits sur nous par le repos dans la nature et dans les objets de l'art, selon le point de vue sous lequel on le considère. — Vicissitudes historiques qu'a subies le goût relativement au beau et à l'agréable.

Nous avons déterminé le principe distinctif qui rend un objet beau, et le principe distinctif qui rend un objet agréable. Ajoutons quelques mots sur ce qui rend un objet laid, sur le caractère propre du laid.

Si le beau n'est autre chose que l'ordre, le laid qui correspond au beau n'est autre chose que le désordre. Le jugement de désordre doit équivaloir au jugement de laid, comme le jugement d'ordre équivaut au jugement de beau.

Mais à quelles conditions y a-t-il désordre pour la nature active, spirituelle et vivante, pour la nature humaine, pour la force? Voilà la question.

Il nous semble d'abord qu'il faut distinguer deux espèces d'ordre et de beau.

Quand on prend la force isolément, l'ordre et le beau pour la force, c'est le développement énergique et libre.

Quand on met la force en rapport avec d'autres forces, alors, si la force est raisonnable et qu'elle soit en rapport avec d'autres forces également raisonnables, il apparaît une espèce nouvelle d'ordre et de beau.

Dans leurs rapports entre eux, les hommes peuvent réciproquement se servir; ils peuvent accomplir mutuellement la justice. Or, dans la justice il y a de l'ordre, et sur la scène où les hommes sont, non pas pris isolément, mais mis en rapport, la justice nous fait l'effet du beau. Il y a de l'ordre dans la justice, comme dans le développement énergique et libre.

Il faut donc distinguer deux espèces d'ordre et de beau, l'ordre et le beau individuel, l'ordre et le beau social.

Quoi qu'il en soit de ces expressions un peu métaphysiques, et qu'il serait nécessaire d'expliquer par des exemples, toujours est-il que la nature humaine fait l'effet du beau, prise isolément, lorsqu'elle se développe énergiquement et librement; mise en rapport avec d'autres natures qui lui ressemblent, lorsqu'elle accomplit la justice.

Cela posé, le désordre et le laid correspondent à l'ordre et au beau.

La nature humaine doit donc faire l'effet du laid, prise isolément, lorsqu'elle ne se maîtrise pas, ou que se maîtrisant, elle n'agit pas énergiquement, mais se développe lâchement et passionnément; mise en rapport avec d'autres natures qui lui ressemblent, lorsqu'elle nuit à ces natures, au lieu de les servir, et accomplit l'injustice.

Il faut donc distinguer aussi deux espèces de désordre et de laid, le désordre et le laid individuel ou personnel, le désordre et le laid social.

Le désordre et le laid social consiste dans l'injustice, et les hommes seuls peuvent devenir injustes. A l'aspect des hommes seuls, on peut donc trouver désordre et laid social. Qu'on nous représente des arbres, des animaux, nous ne pourrons trouver à leur aspect ni désordre ni laid social. Ces arbres, ces animaux ne sont effectivement susceptibles ni de justice, ni d'injustice.

Le désordre et le laid personnel, c'est le développement lâche et passionné. Personnellement pour la nature active, spirituelle et vivante, pour la nature humaine, pour la force, il y a désordre, dans le cas où l'énergie et la liberté manquent à son développement.

Delà peut-être, concluera-t-on que le laid n'étant autre chose que le désordre, l'homme, par exemple, est laid toutes les fois qu'il se manifeste à nous dans l'état de passion; car alors il se développe involontairement; il ne se maîtrise pas; il n'est pas libre; il est dans le désordre. Néanmoins cette conclusion serait peu exacte.

Il faut distinguer ce que l'homme peut et ce qu'il ne peut pas.

20.

L'homme peut résister à l'effet de la passion; il ne peut pas empêcher la passion de naître.

Voyons-nous une chose qui nous plaît, nous ne pouvons pas faire que le phénomène de la sensation agréable et celui de l'amour qui suit le phénomène de la sensation agréable, ne se produisent pas. La passion naît fatalement et inévitablement.

Mais ce qui dépend de nous, c'est d'empêcher que la passion ne s'empare de nous et ne nous pousse à des actes passionnés. Si la passion ne dépend pas de nous, l'action dépend de nous toujours. Nous sommes maîtres de l'action, et quand l'action n'est pas libre, c'est notre faute. En un mot nous pouvons toujours agir librement, quoique nous ne puissions jamais empêcher la passion de naître.

Ainsi vois-je un être dans un état passionné; cet être ne se trouve pas pour cela dans un état de désordre. Si la passion est agréable, nous sommes agréablement affectés; si la passion est désagréable, nous sommes affectés désagréablement. Nous ne disons pas du reste de l'être qu'il est selon l'ordre ou contre l'ordre; nous ne disons pas de l'être qu'il est beau ou laid. L'art nous représente-t-il dans un être des passions purement et simplement sans action, l'art ne sort pas des limites de l'agréable ou du désagréable, et nous, nous ne sortons pas des limites du sentiment de l'agréable ou du désagréable.

L'art nous représente-t-il, outre des passions, des actions passionnées; ne se contente-t-il pas de nous offrir un être dans l'état passionné, mais nous l'offre-t-il agissant en vertu de cet état; dès lors il peut y avoir ordre ou désordre, il peut y avoir beauté ou laideur.

Toutes les fois donc qu'on veut produire l'effet de l'agréable, il faut saisir l'être dans un état de passion spontanée. Il faut qu'il y ait de la spontanéité dans la passion dont on anime sa création ou l'individu qu'on met en spectacle, si l'on veut que cet individu produise l'effet de l'agréable.

Dès qu'on saisit l'être, non plus dans un état de passion spontanée, mais dans un état de passion tournée en habitude, la passion qui l'agite habituellement est devenue le mobile de sa conduite; et cette passion n'est plus alors aux yeux de la raison que du désordre. Le jugement du laid se mêle au sentiment de l'agréable, à moins cependant que la passion dont il s'agit, ne soit l'auxiliaire de la loi morale.

Ainsi l'on peut mettre en spectacle un homme avec des habitudes de passions bienveillantes, et ces passions seront belles, d'abord parce qu'elles sont les auxiliaires de la loi morale ; puis parce qu'elles sont des habitudes, et que les habitudes se formant d'après le consentement de la liberté, il y a dans les habitudes auxiliaires de la loi morale, dans la formation de ces habitudes, dans le consentement qu'y donne la liberté, de la moralité, de l'ordre, conséquemment du beau. L'effet que nous éprouverons sera donc agréable et beau. Il y aura en nous l'effet de l'agréable et l'effet du beau.

Si l'on nous présente des habitudes passionnées contraires à l'ordre, des habitudes de passions malveillantes, l'effet contraire se produit. Il y a un jugement de désordre qui contrarie l'effet agréable des passions représentées ; en d'autres termes, la sympathie, reproduisant les mouvements passionnés, nous cause un effet agréable ; mais comme les passions ne sont pas spontanées et sont habituelles, et que l'habitude compromet la liberté qui les laisse se former, alors il y a jugement de laid, de désordre ; l'effet agréable dès lors est corrompu par le jugement du laid. L'objet nous fait l'effet d'un objet laid et d'un objet agréable.

Ainsi, vainement une passion est-elle contraire à l'ordre, quand elle est spontanée, l'être passionné ne nous apparaît pas comme laid, parce qu'il ne dépend pas de notre volonté d'empêcher une passion de naître. A l'aspect d'un homme en colère, quoique la colère soit contraire à l'ordre, il ne se mêle à l'effet désagréable que j'éprouve à son aspect, aucun jugement d'ordre. Quand j'aperçois dans l'homme de la haine, des passions contraires à l'ordre social ou personnel, je ne porte pas un jugement de désordre ; l'objet ne m'apparaît pas comme laid. La passion est spontanée.

Si j'observe des habitudes de haine, de ruse et d'hypocrisie, de débauche, comme ce ne sont pas des passions spontanées, mais des habitudes passionnées à la formation desquelles la liberté a dû consentir ; il n'y a pas là seulement du désagrément, il y a du laid ; il y a mélange du sentiment du désagréable et du sentiment du laid ; et de tous les objets de la nature ou de l'art, c'est celui-là qui nous répugne le plus, qui produit sur nous à la fois l'effet du désagréable et du laid.

Maintenant résumons-nous. L'ordre dans l'individu, pris isolément, c'est tout simplement le développement libre et énergique; en sorte que dans l'individu pris isolément, le beau est constitué par le caractère d'énergie et de liberté, qu'a le développement; d'où il suit que quand le développement manque d'énergie, quand il y a lâcheté dans l'individu, il y a désordre, et l'effet du laid est produit. Quand il y a dans le développement non liberté, quand la force de l'individu est à la disposition des passions, il y a aussi désordre, et l'effet du laid est aussi produit. Quand la passion se trouve spontanément à côté du développement libre, la passion ne détruit pas la liberté du développement, ne la compromet pas; et il n'y a pas jugement du laid. Quand la passion n'est pas spontanée, mais habituelle, alors les habitudes passionnées sont contraires à la destinée de l'individu, ou d'accord avec cette destinée; dans le premier cas, il y a jugement du laid; dans le second, il n'y a pas ce jugement. Les mêmes règles s'appliquent au jugement du beau et du laid dans un être mis en rapport avec des êtres semblables à lui. Quand il y a justice, il y a jugement du beau; quand il y a injustice, il y a jugement du laid.

Après ces remarques sur le laid constitué par le désordre, nous allons passer à un autre point. Nous allons parler de l'effet esthétique produit sur nous par le repos dans les objets de la nature et de l'art.

Le repos peut être considéré sous plusieurs faces, et selon qu'on le considère sous l'une ou l'autre de ces faces différentes, on s'explique les effets que sa vue nous cause.

Le repos d'abord est un besoin que la nature satisfait; dans ce cas, l'état de repos nous fait le même effet que l'état passionné.

Quand l'enfant, las de courir, se repose, cet état de l'enfant produit sur nous la même impression que quand l'enfant est agité par les passions qu'il peut éprouver. Quand cet enfant se présente à nous, joyeux, bondissant, il nous apparaît agité spontanément par la passion. Quand cet enfant fatigué se repose, il cède à un besoin; l'état de repos nous fait le même effet que l'état de passsion; c'est un effet purement agréable.

Voilà une première face du repos; il y en a d'autres encore.

Le repos est quelquefois le calme, l'image du calme des passions; c'est quand l'être qui se repose veille intellectuellement; il y a en effet du repos, où l'être qui se repose veille intellectuellement dans le calme physique qui s'est emparé de lui.

Alors l'effet produit est l'effet du calme des passions qui permet à l'intelligence, à la force, un développement libre et paisible. Ce mélange du repos du corps et de l'activité soutenue de l'intelligence, nous fait l'effet de l'ordre et du beau. Ce qui peut se fatiguer en nous, alors se repose; l'infatigable, ce qui n'a pas besoin de dormir, ce qui veille toujours en nous, la force ne se repose pas. Il y a là l'ordre le plus profond.

Ainsi l'effet produit par la vue d'un être qui, se reposant physiquement, veille intellectuellement, c'est l'effet du beau au dernier degré.

Mais quelquefois le repos atteint la force elle-même. C'est de l'inertie, c'est de la paresse, de la lâcheté dans le principe actif; non pas seulement un repos du corps, un calme des passions, mais un repos de l'être tout entier qui se relâche, qui renonce à l'activité et s'abandonne à l'inertie.

Dans cet état de repos, l'objet produit l'effet du laid; la force qui se manifeste à nous, se livre à la lâcheté; son repos est de la lâcheté; dès lors il y a désordre, il y a laideur.

Telles sont les trois faces principales du repos, et dans les trois cas, le même mot de repos exprime trois idées différentes.

Du reste, il y a peu d'états qui agissent autant sur nous par l'association des idées, que l'état de repos. Il y a beaucoup de caractères auxquels s'associent, à la vue d'un être en repos, beaucoup d'idées.

Ajoutons quelques mots sur les variations du goût relativement au beau et à l'agréable dans les différentes époques de l'histoire, non pas que nous prétendions dire quel est le goût dominant de chaque époque; mais nous voulons montrer la règle ou la loi d'après laquelle varie le goût dans chaque époque; relativement au beau et à l'agréable.

Le beau étant l'ordre, et chaque époque ayant de l'ordre une idée différente, chaque époque doit affectionner particulièrement l'ordre ou l'élément de l'ordre dont elle a l'idée.

En effet, l'ordre c'est le développement énergique et libre de l'activité humaine ; et ce développement s'opère par l'intelligence ou par le corps.

Il y a donc eu des temps où l'on estimait plus le développement énergique et libre qui s'opère par le corps, que le développement énergique et libre qui s'opère par l'intelligence. — On considérait moins alors la force intellectuelle que la force physique; on faisait surtout cas des formes; on appréciait, on sentait surtout l'élément de l'ordre qui se manifeste dans les formes vigoureuses du corps.

Il y a eu d'autres temps où l'on a préféré le développement de l'intelligence au développement du corps. De nos jours on affectionne plus la force intellectuelle que la force physique. Entre l'homme très bien fait qui n'indique pas sur son visage beaucoup d'intelligence, et l'homme très mal construit qui porte sur son front le signe d'une intelligence élevée, nous n'hésitons pas ; et le plus beau pour nous, c'est celui qui manifeste le plus d'intelligence.

Il y a encore d'autres temps où l'on a attaché plus de prix à la liberté qu'au développement intellectuel ou physique. Dans ces temps, l'objet de prédilection n'est plus la force physique ou la force intellectuelle; c'est la vertu, c'est la moralité. Le beau moral passe avant le beau intellectuel et le beau physique.

Ainsi, dans les différentes époques de l'histoire, tel ou tel élément de l'ordre peut tour à tour dominer ; tantôt c'est l'élément moral, tantôt l'élément intellectuel, tantôt l'élément physique. L'élément moral, l'élément intellectuel, et l'élément physique composent l'ordre ou le beau complet. De l'ordre ou du beau complet, on peut, dans une époque, détacher tel ou tel élément et l'envisager exclusivement, par prédilection, aux dépens de tous les autres.

De la sorte s'expliquent, sans détruire l'absolu du beau, les variations du goût relativement au beau.

Il en est de même de l'agréable.

Ce qui constitue l'agréable, avons-nous dit, c'est la passion, et les différentes variétés de l'agréable correspondent aux différentes passions qui se manifestent en nous.

Ainsi les hommes, dans un siècle, sont plus agréablement affectés par certaines passions que par toutes les autres, et l'agréable que constituent ces passions particulières, est spécialement goûté. Dans un siècle voluptueux, tout ce qui rappelle la volupté plaît beaucoup plus que tout ce qui rappelle d'autres passions; et dans des temps d'enthousiasme, dans les temps des croisades, par exemple, tout ce qui rappelle l'enthousiasme est mieux senti que ce qui rappelle la volupté. Dans ces siècles on affectionne particulièrement telles ou telles formes de la passion.

## QUARANTIÈME LEÇON.

Du sentiment du sublime. — S'il est le superlatif du beau. — Retour sur le caractère esthétique des objets. — Que la force comme sensible est agréable ou désagréable; — comme libre et intelligente, belle ou laide. — Obstacles que son développement peut rencontrer. — Idée fondamentale du sublime : la lutte. — Caractères accessoires du sublime : courage, persévérance, personnalité, etc. — Faits à l'appui. — Comparaison de *Télémaque* et des *Pensées* de Pascal, du groupe de *Laocoon* et de l'*Apollon du Belvédère*, d'un chêne et d'un peuplier. — Emotion pénible que détermine le sublime. — Que le beau se rapporte à l'ordre absolu et divin, le sublime à l'ordre terrestre et à la condition humaine.

Nous allons examiner aujourd'hui le sentiment sublime, variété du sentiment du beau.

D'après plusieurs écoles de littérature, et notamment d'après l'école française, le sublime est seulement le superlatif du beau ; de sorte qu'un objet passablement beau reste beau simplement, et qu'un objet très beau devient sublime.

Le beau, nous n'en doutons pas, a des degrés. Mais que le sublime soit seulement le superlatif du beau, nous en doutons. Le mot sublime désigne ordinairement un objet qui porte un autre caractère que le caractère du beau.

Nous tâcherons donc de distinguer dans tel ou tel objet un autre caractère que le caractère du beau. Puis, nous verrons si l'objet qui porte cet autre caractère, n'est pas celui que le mot sublime désigne ordinairement; dans le cas où l'objet qui porte cet autre caractère serait véritablement celui que le mot sublime désigne ordinairement, il est clair que la définition de Marmontel manque de justesse ; les qualités qui constituent le sublime ne sont pas, au degré supérieur, les qualités qui constituent le beau.

Puisque nous arrivons à l'examen d'un nouveau caractère esthétique des objets, il faut rappeler d'abord en quoi consiste leur aractère esthétique fondamental. Car c'est ce caractère qui, diversifié de différentes façons, engendre tous les caractères esthétiques possibles.

Les objets agissent esthétiquement sur nous par leur élément invisible. Il n'y a dans les objets que la force qui peut nous émouvoir esthétiquement, et la force dans les objets se trouve toujours sinon réellement, du moins en idée, semblable à la force qui nous anime, c'est-à-dire douée de trois attributs principaux, la sensibilité, l'intelligence et la liberté.

Or la force, qui se trouve toujours dans les objets, sinon réellement, du moins en idée, sensible, intelligente et libre, quand nous la supposons uniquement sensible, ne peut être qu'heureuse ou malheureuse; quand nous la supposons intelligente et libre, elle peut être selon l'ordre ou contre l'ordre.

Quand nous supposons la force uniquement sensible, si elle nous apparaît heureuse ou malheureuse, elle ne peut être qu'agréable ou désagréable.

Quand nous la supposons intelligente et libre, si elle nous apparaît selon l'ordre ou contre l'ordre, elle peut être belle ou laide. L'objet intelligent et libre nous semble capable, comme intelligent, de concevoir l'ordre ou sa destinée, capable, comme libre, d'accomplir sa destinée ou de se conformer à l'ordre; et nous le jugeons d'après cette loi. Lorsqu'il nous semble capable de concevoir l'ordre et de s'y conformer, il répond de sa conduite, des actes qu'il fait selon l'ordre ou contre l'ordre qu'il conçoit; nous le jugeons dans l'ordre ou hors de l'ordre; le jugeons-nous dans l'ordre, il est beau; le jugeons-nous hors de l'ordre, ou dans le désordre, il est laid.

Ainsi, comme intelligente et libre, non pas comme sensible, la force est belle ou laide; comme sensible, non pas comme intelligente et libre, la force n'est qu'agréable ou désagréable.

Jusqu'à présent nous n'avons pas franchi les limites de l'agréable et du beau.

Arrivons enfin au sublime.

La destinée de la force résulte de sa nature, et la fin d'un principe actif, c'est l'action, c'est le développement.

Ainsi le développement c'est la destinée de la force.

Or, la force que nous supposons intelligente et libre, en d'autres termes capable de concevoir sa destinée et de l'accomplir, la force conçoit, comme intelligente, que le développement c'est sa destinée, et comme libre, elle accomplit sa destinée, elle se développe.

L'accomplissement de sa destinée étant l'ordre pour la force, le spectacle du développement est pour elle le spectacle de l'ordre.

Mais le développement de la force tantôt s'accomplit facilement, tantôt s'accomplit difficilement. La force qui conçoit intellectuellement que se développer est sa destinée, que se développer est dans l'ordre, et qui veut librement accomplir sa destinée, se conformer à l'ordre, la force peut, en se développant, ne pas rencontrer d'obstacle, et son développement alors s'accomplit facilement. D'autres fois la force peut, en se développant, rencontrer des obstacles, et son développement ne s'opère pas alors sans effort et sans peine; son développement s'accomplit difficilement; il ne s'accomplit que par la lutte.

Dans les deux cas, la force est dans l'ordre, car elle se développe; seulement dans l'un, le développement s'opère avec facilité, dans l'autre, il s'opère avec effort.

Or cette différence est celle du beau et du sublime.

Ce n'est point l'idée d'ordre qui distingue le beau et le sublime; un objet sublime est dans l'ordre comme un objet beau; tous deux se développent avec intelligence et liberté. Mais ce qui les distingue, c'est que tous deux étant également dans l'ordre, tous deux se développant avec intelligence et liberté, l'un rencontre des obstacles qui l'arrêtent et qu'il est obligé de combattre, tandis que l'autre opère son développement sans peine et sans effort.

Ce qui distingue le sublime et le beau de l'agréable, c'est que dans l'agréable il n'y a pas d'idée d'ordre. Il n'y a pas non plus idée de désordre; mais il y a absence d'idée d'ordre. Ainsi une femme dont tous les mouvements sont spontanés, ne nous donne pas l'idée d'une force libre qui comprend son but et y marche; elle donne l'idée d'une force aveugle, capricieuse, obéissant à tous les mouvements variables de la passion. Il n'y a pas, à cette vue, conception du beau; il y a seulement reproduction de l'état dont l'enfant nous présente le type le plus expressif. L'idée du désordre ne naît pas à la vue de l'enfant; l'idée de l'ordre non plus. Il y a simplement un état passionné que nous répétons sympathiquement, et dont la répétition sympathique nous fait plaisir. Ce n'est que devant le spectacle de l'homme qui se développe avec intelligence et liberté, qui poursuit avec sa liberté le but qu'il connaît avec son intelligence, que peut paraître l'ordre ou le désordre, et par suite le beau ou le sublime.

L'idée fondamentale du sublime, c'est la lutte; c'est l'idée de la force libre et intelligente luttant contre les obstacles qui gênent son développement; l'idée fondamentale du beau, c'est l'idée de la force libre et intelligente qui arrive à son but facilement et sans effort.

Or, il suffit de constater au dedans de soi tous les caractères du développement pénible, de celui qui s'opère par la lutte, et de les comparer avec ceux du développement qui s'opère sans effort, pour découvrir tous les caractères accessoires du sublime et du beau.

Ces caractères sont fort opposés.

Évidemment la force, lorsqu'elle lutte pour arriver à son but, est obligée d'être courageuse, patiente, persévérante, de s'arrêter devant les obstacles, de suspendre son développement pour surmonter ces obstacles ; elle a des moments d'élan et des temps d'arrêt. Son développement éprouve des intermittences; il n'a rien de l'uniformité qui accompagne le développement facile.

Le courage, la patience, la persévérance, l'intermittence du développement ne sont pas les seuls caractères de la force qui se développe en luttant; elle est en outre plus personnelle que la force qui se développe facilement.

La force qui se développe en luttant est obligée de s'emparer plus fortement d'elle-même pour surmonter les obstacles; elle est forcée de se concentrer, de se ressaisir. Quand aucun obstacle ne se rencontre, la force oublie qu'elle se possède. Elle se développe sans effort et sans concentration. Il y a dans le développement de la force s'opérant avec facilité, un oubli de soi-même tout à fait contraire au sentiment de la personnalité qui domine en nous, quand nous nous développons péniblement. Alors nous sommes contraints à prendre possession de nous-mêmes. Quand nous nous développons sans difficulté, nous nous oublions. Il y a plus de personnalité dans l'homme qui lutte. La personnalité apparaît bien moins dans le développement facile que le développement lui-même.

En voulons-nous des exemples ?

Nous n'avons qu'à contempler successivement deux hommes, dont l'un arrive facilement à ses fins, et dont l'autre n'atteint que péniblement son but.

Ce qui nous frappe dans le premier, c'est moins lui que ce qu'il fait; ce qui nous frappe dans le second, c'est moins ce qu'il fait que lui-même.

Ainsi contemplez Fénelon écrivant *Télémaque* : ce qui nous frappe le plus de l'auteur ou de son ouvrage, c'est son ouvrage. L'auteur paraît peu : le *Télémaque* semble couler de son imagination et de son intelligence, sans que son intelligence et son imagination y soient pour rien. En le lisant on se passe, pour ainsi dire, du nom de l'auteur.

Voyez au contraire Pascal, dans ses *Pensées*; voyez-le lutter pour saisir la vérité; lutter pour renfermer ses idées dans des expressions claires et précises; on oublie l'ouvrage pour ne songer qu'à l'énergie de l'auteur, à sa personnalité.

Parcourez les ouvrages de tous les génies faciles, c'est l'ouvrage que vous admirez plus que l'auteur.

Parcourez les œuvres des génies dont le développement est laborieux, vous admirerez plutôt l'auteur.

Et cependant c'est la même idée d'ordre qui dans les deux cas excite l'admiration; seulement, quand il y a lutte, l'ordre est dans l'auteur; quand il y a développement facile, l'ordre est dans l'ouvrage.

Dans les deux cas, il y a liberté et intelligence dans la force; mais ce qui fait surtout paraître la liberté et l'intelligence, ce sont les obstacles qu'il faut qu'elles surmontent. Lorsqu'il n'y a pas d'obstacles, elles paraissent moins; elles se trouvent dans le développement lui-même, et c'est là que nous les admirons. Nous ne reportons pas notre admiration jusqu'à la personne; l'œuvre nous paraît si facile que la personne qui la produit s'efface derrière elle.

Ainsi, de même que l'idée du sublime entraîne avec l'idée de la lutte, celle du courage, de la patience, de la persévérance, elle entraîne également l'idée de la personnalité, et, avec cette idée, toutes celles qui s'y rattachent, celles du mérite, de la vertu, du sacrifice, du dévouement.

Quand une force en se développant rencontre des obstacles, elle ne peut les surmonter qu'avec peine et fatigue; il faut qu'elle connaisse la douleur, la peine pour arriver à son développement.

Elle sacrifie donc son bonheur à l'ordre, et dans ce sacrifice il y a dévouement, il y a mérite, il y a vertu. La vertu n'est pas là où le bien ne coûte rien à faire. Un homme qui fait le bien, comme un arbre porte des fruits, est un homme heureusement né; il n'est pas un homme vertueux. Nous éprouvons à son aspect le sentiment du beau, nous admirons; mais ce que nous admirons, c'est moins la force elle-même que ses facultés, les dons de son heureuse nature et leur développement; ce que nous admirons, c'est moins l'auteur que son œuvre; dans le sublime, au contraire, nous admirons moins l'œuvre que l'auteur.

Si nous considérons l'une à côté de l'autre les deux statues du Laocoon et de l'Apollon du Belvédère, cette différence du beau et du sublime est frappante.

Assurément, dans les efforts pénibles empreints sur tous les membres de la statue du Laocoon, il y a quelque chose de désordonné; l'ordre n'est pas dans les membres roidis de cette statue, dans l'effroi de leur développement. Aussi n'est-ce point là ce que nous admirons. Nous voyons l'âme de Laocoon lutter, et la lutte n'est pas belle, la lutte n'est pas dans l'ordre. Nous ne pouvons donc pas admirer sur la figure de Laocoon l'expression des douleurs de cette lutte; notre admiration porte sur le caractère moral de l'âme qui lutte et combat avec énergie; elle remonte au principe, à la cause elle-même.

Dans la statue de l'Apollon du Belvédère, ce qui est beau, ce que nous admirons, c'est l'effet du principe, c'est le développement que nous apercevons; ce sont les traits réguliers, c'est l'élégance, la grâce, la pureté de cette statue; c'est ce qu'il y a d'animé, de tranquille et de fier à la fois dans la figure de l'Apollon. Nous songeons moins au principe du développement en sa présence; nous songeons surtout au développement lui-même.

Cherchez dans la nature des exemples du beau et du sublime.

Voyez un arbre, par exemple, un peuplier, celui de tous les arbres qui donne le plus l'idée de la facilité du développement.

Évidemment, en admirant le peuplier, nous pensons moins à la force qui l'anime, qu'en contemplant un chêne, lorsque ce chêne est battu par les vents. A l'aspect du chêne battu par la tempête, l'esprit personnifie la force qui l'anime et se le représente comme une personne combattant les obstacles qui s'opposent à son développement. Nous sommes devant lui tout occupés de la force que nous voyons lutter en lui. Devant le peuplier nous n'admirons de la force que son développement, ses effets faciles et heureux. Tout ce qui est facile éloigne de l'esprit l'idée de la personnalité; tout ce qui est difficile s'en rapproche.

Ainsi la contemplation d'une personne qui lutte courageusement contre les obstacles qui s'opposent à son développement fait naître en nous le sentiment du sublime, et ce sentiment est par conséquent complexe; il se compose tout à la fois de sympathie morale pour la personne qui est dans l'ordre, et de sympathie sensible pour la personne qui souffre.

Quand la personne se développe facilement et sans obstacle, il y a pareillement deux effets en nous; une sympathie morale pour la force qui se développe, puis une sympathie sensible pour le bonheur de cette force qui se développe avec facilité. Mais dans le sentiment du beau que produit en nous la vue de cette personne, la sympathie morale est agréable; la sympathie sensible l'est également. Le sentiment du beau est donc entièrement agréable; celui du sublime, au contraire, est mélangé de plaisir et de peine; c'est un plaisir sévère. D'un côté, l'on est satisfait, et l'on est désagréablement affecté d'un autre côté. La sympathie sensible y est contraire à la sympathie morale. Notre force trouve du plaisir à sympathiser avec la force extérieure, à se mettre à l'unisson avec elle; mais en même temps, comme cette force lutte et souffre, nous répétons en nous ses mouvements, nous souffrons aussi, nous luttons; et de là le sentiment de peine qui vient altérer le plaisir de la sympathie.

Au reste, dans le sentiment du sublime comme dans tous les autres sentiments esthétiques, il faut tenir compte des dispositions dans lesquelles se trouve la personne qui contemple l'objet.

Il arrive souvent qu'un objet purement agréable nous paraît beau, parce que nous y mettons le beau qui n'y est pas, et cela, parce que nous avons l'esprit ainsi tourné dans ce moment. Un objet purement désagréable nous paraît sublime, parce que nous sommes en train dans ce moment de trouver partout du sublime. Il suffit d'avoir l'esprit préoccupé de l'idée des misères de la condition humaine, des peines, des efforts que la vertu coûte à l'homme, de la lutte qu'il soutient ici-bas pour transporter cette idée sur tous les êtres de ce monde, pour les voir tous lutter péniblement et prêter ainsi du sublime à des choses qui sont peu sublimes par elles-mêmes. Réciproquement, quand l'idée contraire s'est emparée de notre esprit, nous trouvons du beau dans des objets qui, si nous étions autrement disposés, produiraient peut-être sur nous l'impression du sublime.

Telle est la source des variétés et des contradictions assez grandes qui se font remarquer dans les jugements que les hommes portent sur les objets esthétiques.

En élevant ce que nous avons dit sur le beau et le sublime à sa plus grande généralité, nous trouvons que le beau rappelle et exprime plus ou moins l'ordre absolu, tandis que le sublime exprime plus ou moins l'ordre terrestre.

Il y a pour nous, comme nous l'avons dit bien des fois, deux sortes d'ordres.

En comparant une force qui se développe facilement avec une force qui se développe péniblement et n'arrive à son but que par la lutte, nous trouvons que l'une est dans une condition meilleure que l'autre. La force doit se développer : c'est là sa loi naturelle. La force qui doit se développer, doit donc se développer sans effort et sans lutte. Il nous semble que le monde ainsi fait serait mieux fait ; il nous semble qu'aucun obstacle ne doit arrêter le développement de la force.

Telle est l'idée de l'ordre absolu ; mais cet ordre n'est pas réalisé ici-bas, et en même temps que nous le concevons, l'expérience nous oblige de reconnaître que toutes les forces du monde ne se développent qu'avec peine et effort, et que leur développement est imparfait et gêné : de là naît en nous l'idée de l'ordre terrestre.

Dans le premier comme dans le second cas, c'est toujours bien du développement qu'il s'agit ; mais, dans le premier, c'est du développement facile et sans obstacle ; dans le second, c'est du développement pénible et imparfait.

Or, le sublime qui nous rappelle la force se développant par la lutte, nous rappelle la condition humaine. Le beau qui nous présente le développement facile de la force, nous rappelle moins l'existence humaine que l'existence divine. Le beau est divin; le sublime est humain.

Il suit de là que le sublime nous doit apparaître beaucoup plus que le beau. Le beau n'est pas de ce monde; nous le voyons rarement; et quand nous en apercevons l'image, il ne nous rappelle pas les caractères de notre vie. Le sublime est au contraire l'image de notre condition; et par cela même, le sentiment du sublime est plus commun que le sentiment du beau. Nous sommes tous profondément affectés par les objets sublimes, et à la vue d'un arbre sur la montagne, battu par les vents, nous ne pouvons pas rester insensibles; ce spectacle nous rappelle l'homme, les douleurs de sa condition, une foule d'idées tristes. Les idées de notre vie actuelle nous sont plus familières que les idées d'une vie plus parfaite, et le beau est en conséquence moins senti que le sublime. Un objet purement beau ne cause pas des sensations très vives à la plupart des hommes. Il y a quelques âmes seulement qui sentent délicieusement le beau, tandis que tout le monde sent le sublime.

FIN DU COURS D'ESTHÉTIQUE.

# APPENDICE.

# APPENDICE.

### I.

## LE SENTIMENT DU BEAU

#### EST DIFFÉRENT DU SENTIMENT DU SUBLIME; CES DEUX SENTIMENTS SONT IMMÉDIATS.

*(Août 1816.)*

La question du beau et du sublime a donné naissance à un si grand nombre de théories absurdes et contradictoires, qu'on la range aujourd'hui parmi nous, au nombre des recherches frivoles et inutiles, et qu'on traite d'esprits faux et subtils ceux qui s'y arrêtent. Mais ce jugement est-il aussi bien fondé qu'il est rigoureux? Faut-il rejeter si légèrement une question qui a occupé tous les plus beaux génies depuis Platon jusqu'à Kant? Faut-il appeler inutile et frivole, l'étude des plaisirs que nous éprouvons au spectacle de la nature, et au spectacle plus intéressant encore de l'homme moral et de l'homme intellectuel; plaisirs si purs, si délicieux, que la poésie et les beaux-arts cherchent à renouveler en nous et qu'ils doivent connaître, s'ils veulent nous les faire ressentir? Et quand bien même une savante analyse de ces plaisirs et de leurs causes ne pourrait guider le poëte et l'artiste; quand bien même les recherches du philosophe ne pourraient que suivre et jamais prévenir l'instinct d'un heureux génie; encore faudrait-il les permettre à la curiosité de l'homme, impatient de s'étudier sous toutes les faces, et de se connaître sous tous les rapports.

Si la question du beau et du sublime est encore si peu avancée parmi nous, faut-il s'en prendre aux difficultés qu'elle offre, ou à la manière dont on l'a étudiée? Que des hommes à qui la vraie méthode philosophique était inconnue, après avoir commencé cette recherche par où on devait la finir, après avoir négligé l'observation des faits, seule voie des découvertes, soient parvenus à confondre les sentiments et les notions, et à couvrir la question d'une obscurité qu'elle ne présentait pas dans sa simplicité première, faut-il en conclure que des efforts mieux dirigés n'obtiendront pas de plus heureux résultats? Non sans doute; et j'en ai pour preuve les progrès que les philosophes allemands et anglais ont faits dans cette étude. Burke, Kant, Stewart, etc., ont singulièrement avancé la question et facilité les recherches qu'elle peut présenter encore. Ces progrès sont dus à la méthode qu'ils ont employée, méthode sévère et circonspecte, qui observe au lieu de deviner, qui constate les faits avant d'imaginer les théories, et qui, loin de vouloir tout expliquer, sait s'arrêter quand elle a touché les bornes de la science humaine. Cette méthode appliquée tour à tour aux sentiments du beau et du sublime, et aux objets beaux et sublimes eux-mêmes, conduit à des résultats certains, parce qu'ils ne sont que des faits constatés. C'est là la véritable méthode, dont je renouvellerai ici l'application, et qui me servira à résoudre deux questions, qui ne seraient pas des questions, si nos théories sur le beau n'avaient confondu et dénaturé les faits.

J'établirai d'abord que les deux sentiments du beau et du sublime sont différents, vérité que l'admirable ouvrage de Burke n'a pu encore naturaliser parmi nous. J'établirai que ces deux sentiments sont immédiats, autre vérité si incontestable qu'il suffirait de la poser comme un fait d'expérience, si une foule de théories tant anciennes que modernes, tant françaises qu'étrangères, ne tendaient à la démentir. Et pour simplifier encore ces deux questions, je ne parlerai que du beau et du sublime dans la nature, laissant là le beau et le sublime intellectuels et moraux, qui offriraient des notions plus compliquées.

Je serai obligé d'opposer à chaque pas les faits aux systèmes, d'invoquer sans cesse l'expérience, d'avoir recours à des preuves si simples, qu'elles pourront paraître triviales; je serai sec, froid, diffus peut-être; car pour obscurcir, confondre, détruire, il ne faut qu'un mot : il en faut mille pour éclaircir, démêler et rétablir.

## PREMIÈRE PARTIE.

Dès le commencement, je me trouve embarrassé pour me faire entendre : si l'on était d'accord sur la signification des mots *beau* et *sublime*, qu'on sût à quel genre d'objets on attribue le premier, à quel genre le second, je pourrais me servir de ces expressions, le *beau*, le *sublime*, pour désigner en général les objets auxquels nous donnons ces épithètes. Mais comme on n'a pas séparé les objets beaux des objets sublimes ; comme certains écrivains ont entièrement confondu ces deux mots dans l'emploi qu'ils en ont fait ; je ne pourrais dire que le sentiment du sublime me semble différent du sentiment du beau, sans m'exposer à n'être pas entendu ; il faut donc commencer par des exemples, et faute de signes certains pour désigner les objets, prendre des objets pour déterminer les signes.

Voici donc des exemples : De longues chaînes de montagnes dont les sommets vont se perdre dans les nues, sont sublimes ; une colline couverte de gazon et parsemée d'arbres, est belle. La mer calme ou majestueuse ou soulevée par la tempête, est sublime ; un petit lac ombragé de saules, est beau. Un torrent impétueux, ou la chute de ces masses d'eau qui tombent toujours avec une égale rapidité et une égale abondance, sont sublimes ; un ruisseau limpide qui serpente dans un vallon, est beau. Une prairie émaillée de fleurs, est belle ; les vastes solitudes du désert, sont sublimes. Les sombres forêts, le bruit de la foudre, la voix des orages, le sifflement des vents, l'aspect d'un stérile rocher ou d'un affreux précipice, sont sublimes ; des lits de gazon, des fleurs, d'humbles buissons, le chant des oiseaux, l'haleine des zéphyrs, sont beaux. L'aigle qui plane dans les airs, est sublime ; une colombe perchée sur une branche, est belle. Le lion dans les fers, le cheval libre qui franchit la plaine, sont sublimes ; le chevreuil léger, l'agneau paisible, sont beaux.

En voilà sans doute assez pour indiquer ce que j'entends par *beau* et par *sublime* ; quand je parlerai du *beau* ou du *sublime*, qu'on se représente un des objets auxquels j'ai donné cette épithète, ou tout autre qui fasse naître un sentiment analogue, et l'on m'entendra. Il s'agit d'établir qu'il y a une différence essentielle entre le sentiment que nous éprouvons à la vue des objets sublimes et celui qui naît en nous à la vue des objets beaux. Or, je puis établir cette différence de deux manières : indirectement, en montrant qu'elle existe entre les effets et les causes de ces deux sentiments ; directement, en invoquant le témoignage du sens intime qui atteste cette différence. Je vais produire des faits; ce sera à l'observation de chacun à les confirmer ou à les démentir.

Et en nous arrêtant aux signes les plus sensibles, je pourrais convaincre le plus vulgaire observateur de la différence des deux sentiments. On sait assez, et c'est une vérité triviale, que le visage humain est le miroir de l'âme. L'homme paisible n'a pas la physionomie de l'homme furieux, ni l'homme plein d'une grande joie celle de l'homme abattu par la douleur. Les sentiments différents se peignent sur notre figure en traits différents. Qu'on me dise donc pourquoi le visage de l'homme n'est pas le même quand il éprouve le sentiment du beau, et quand il éprouve celui du sublime? Lorsque le voyageur s'arrête à la vue des hautes cimes des Alpes, ou s'assied en silence au bord de la vaste mer, ou bien lorsqu'il repose ses regards sur un bosquet ombragé ou sur les eaux pures d'une fontaine, ses yeux, sa bouche, tous ses traits, n'expriment-ils pas des sentiments différents? L'aspect tranquille de la nuit et la vue riante d'un beau jour ne donnent-ils pas des caractères différents à notre physionomie? C'est un fait incontestable; aussi Kant dit-il : « Un homme chez qui le sentiment du sublime agit fortement, a l'air sérieux, quelquefois étonné et fixe; tandis que la vive sensation du beau s'annonce par l'éclat brillant de nos yeux, par le sourire et quelquefois par une joie bruyante. » Il faut me pardonner, si je m'arrête à des faits si connus; le plus souvent les fausses théories se trouvent contredites par l'observation la plus commune; et c'est alors au simple bon sens qu'il appartient d'en faire justice.

La différence des deux sentiments du beau et du sublime se manifeste encore dans les dispositions où ils nous mettent à l'égard de l'objet beau et de l'objet sublime; M. Burke a fort bien remarqué que nous aimons le beau. En effet, si le mot d'amour n'est point très exact, c'est au moins celui qui exprime le mieux ce sentiment bienveillant et affectueux que l'objet beau nous inspire. Je ne puis mieux rendre ce que je sens pour une belle fleur, un bel oiseau, un bel arbre, qu'en me servant de l'expression : je l'aime. Plus on s'observera soi-même, plus, je pense, on trouvera de justesse dans cette remarque. L'objet sublime, au contraire, ne nous met dans aucune disposition semblable; nous ne l'aimons ni ne le haïssons : il nous attache par je ne sais quelle puissance indéfinissable qui n'a rien de commun avec cette affection bienveillante qui nous porte vers l'objet beau. Et même, quand le sentiment du sublime agit avec une certaine force, la disposition où nous nous sentons envers l'objet ressemble presque à la crainte ; mais à une crainte qui n'a rien de désagréable, et qui est exempte de cette inquiétude et de ces retours sur nous-mêmes qui constituent la véritable crainte. Ici les mots manquent pour exprimer ces sentiments indéfinissables ; une observation faite encore par M. Burke rendra plus sensible ce que je veux dire : nous voudrions rapprocher de nous l'objet beau, et pour ainsi dire, nous mettre avec lui dans un rapport plus immédiat ; au lieu que nous n'oserions presque nous rapprocher de l'objet sublime ; il semble nous inspirer je ne sais quelle terreur religieuse, qui est assez bien rendue par le *vereor* des latins. Ainsi cette disposition où le sentiment du sublime nous met relativement à l'objet, tient tout ensemble du respect et de la crainte ; c'est un fait bien constaté, quoique difficile à décrire, et qui a été reconnu par la plupart de ceux qui ont écrit sur cette matière. Moses Mendelshonn, Kant, Blair, M. Ancillon en parlent. M. Barthèz, qui confond le sublime avec le beau, l'a néanmoins observé ; enfin, M. Burke regarde le sentiment même du sublime comme un mode de la crainte et de la douleur.

Il me semble que M. Burke est allé trop loin ; et je crois qu'il faut bien se garder de confondre cette espèce de terreur que nous donne le sublime, avec le sentiment du sublime ; de même qu'il faut distinguer l'amour qui naît en nous pour l'objet beau, du sentiment propre du beau, deux choses que M. Burke a encore confondues. Quand un objet beau frappe ma vue, je ressens immédiatement un certain plaisir qui est le sentiment propre du beau ; ensuite je me trouve disposé à aimer l'objet qui me l'a donné. De même à l'aspect d'un objet sublime, j'éprouve d'abord le sentiment propre du sublime ; puis je me sens une certaine disposition semblable à la crainte. Les sentiments du beau et du sublime ne peuvent se rapporter à l'amour et à la crainte ; ce sont des sentiments de leur espèce qui ne sauraient être résolus dans d'autres ; l'amour et une sorte de crainte en dérivent, mais ne sont pas eux ; ce sont des effets de ces sentiments dont je fais mention ici, parce qu'ils prouvent la différence de leurs causes. Car cette différence ne peut être rendue sensible dans le discours, qu'en accumulant et décrivant certaines circonstances qui entourent les deux sentiments, et qui en dérivent; les sentiments eux-mêmes résistent à toute définition, parce qu'ils sont simples.

Outre la disposition particulière où nous mettent, à l'égard de leurs objets, les deux sentiments du beau et du sublime, nous nous sentons encore, au moment où nous les éprouvons, dans certaines dispositions générales qu'il serait infiniment curieux d'étudier. Je ne ferai qu'indiquer ici cette belle recherche, dont les résultats prouvent évidemment la différence des deux sentiments.

Il me semble que le sentiment du sublime réveille en nous tout ce qu'il y a de grand, de noble, de sérieux dans notre nature; il nous élève au-dessus de nous-mêmes, et nous dispose au mépris de ce qui est vil, aux généreux sacrifices et aux vertus sévères. Le sentiment du beau excite, au contraire, toutes les affections bienveillantes de notre cœur; il nous dispose à l'amour, à l'amitié, aux sentiments aimables, aux passions douces. Le premier amène avec lui les idées graves, tristes, religieuses; le second, les idées agréables, vives et gaies. Le sentiment du sublime nous fait rentrer en nous-mêmes; il nous jette dans la méditation et la rêverie. Le sentiment du beau nous distrait de nous-mêmes et nous porte à l'action et à la vie extérieure; il tend à se répandre au dehors; il est abondant en paroles, tandis que le sentiment du sublime est recueilli, silencieux et muet; aussi peut-on dire avec quelque vérité, que celui-ci est solitaire et l'autre social. J'ajouterais volontiers, si l'on voulait me passer l'expression, que le plaisir du beau est plus sensuel, et le plaisir du sublime plus pur; je ne sais même si le mot de plaisir convient bien à ce sentiment sévère que nous éprouvons à la vue du sublime; sentiment qui nous attache fortement, il est vrai, et plus fortement que celui du beau, mais qui du reste n'a rien de commun avec lui.

Ainsi, nous ne trouvons rien de semblable dans les diverses affections qui naissent en nous à l'occasion des deux sentiments du beau et du sublime. Si de la considération des effets qu'ils produisent, nous passons aux causes mêmes des deux sentiments, nous nous convaincrons de plus en plus de la différence essentielle qui est entre eux.

La connaissance des qualités qui constituent le beau et le sublime dans les objets, suppose une longue suite d'observations que nous n'avons pu faire; d'autre part, cette recherche ne se rattachant qu'indirectement à l'objet de cette dissertation, nous nous contenterons de rapporter ici les résultats obtenus par les philosophes qui s'en sont occupés.

Burke s'exprime ainsi en terminant ses recherches : « Les objets sublimes sont grands dans leurs dimensions ; les objets beaux sont comparativement petits ; la beauté est unie et polie, le sublime rude et négligé ; la beauté fuit la ligne droite, mais s'en éloigne par des déviations insensibles, le sublime en plusieurs cas s'attache à la ligne droite ou s'en écarte par des saillies fortes et prononcées ; l'obscurité est ennemie du beau, le sublime se couvre d'ombres et de ténèbres ; enfin, la légèreté et la délicatesse s'unissent à la beauté, tandis que le sublime demande la solidité et les masses. »

Il faut, selon Kant, que le sublime soit toujours grand ; le beau peut aussi s'étendre à de très petites choses. Le sublime doit être simple ; le beau souffre la parure et les ornements. Les limites sont inséparables du beau ; le sublime peut être illimité et le plaisir qu'il procure est accru par l'absence même des limites.

Blair et M. Ancillon répètent à peu près les mêmes observations.

On pourrait, sans doute, trouver encore un très grand nombre d'oppositions entre les caractères des objets sublimes et des objets beaux, et par conséquent multiplier nos raisons de croire à la différence des sentiments qu'ils nous font éprouver ; mais, en vérité, j'ai peur de fatiguer par des détails arides et peut-être inutiles sur les causes et les effets des deux sentiments, quand je pourrais arriver aux sentiments eux-mêmes, et trancher la question d'un mot.

Qu'on ne pense pas, en effet, qu'il soit besoin de prendre ces chemins détournés pour arriver à la certitude de la distinction que je veux établir. Il est une voie plus courte et plus sûre qui nous y mène : c'est la conscience. Elle aborde directement les deux sentiments, et son infaillible témoignage m'apprend qu'ils sont de différente nature.

C'est ici un fait d'expérience ; je ne puis que l'attester et en appeler à l'observation propre de chacun. On sait ce que j'appelle beau et ce que j'appelle sublime ; j'ai cité un assez grand nombre d'exemples ; qu'on se mette en présence de ces deux classes d'objets, et qu'on me dise si l'on éprouve le même sentiment? Pour moi je ne trouve pas le moindre rapport entre ce qui se passe en moi dans ces deux cas. Les deux impressions me plaisent, mais je les trouve entièrement dissemblables : j'affirme donc qu'elles le sont.

Si l'on trouvait cette manière de résoudre une question plus expéditive que solide, et qu'on me demandât de prouver mon assertion, je répondrais : Il ne s'agit pas ici de preuves, il s'agit de faits; les faits s'observent et ne se prouvent pas. Quand vous affirmez que la sensation du *doux* est différente de la sensation de l'*amer*, si je vous demandais de le prouver, ne me répondriez-vous pas : Faites l'expérience? Je suis placé dans les mêmes circonstances. Le sentiment du beau est différent du sentiment du sublime ; c'est un fait à constater et point du tout un théorème à démontrer.

Pour prouver une différence entre deux choses, il faut les définir l'une et l'autre, c'est-à-dire les décomposer chacune en leurs éléments divers, et montrer que ces éléments sont différents. Mais si on insiste, et qu'on demande pourquoi un élément est différent d'un autre, toute démonstration devient impossible. Si l'on doute des éléments, on est arrivé aux abîmes du scepticisme ; car on ne définit pas un élément, il est simple. Or, j'établis ici une différence entre deux éléments, c'est-à-dire entre deux sentiments simples ; par cela qu'ils sont simples, je ne peux les définir ; et si je ne peux les définir, je ne peux prouver qu'ils sont différents.

Du moment donc où ma conscience m'a dit qu'à la vue des objets beaux et des objets sublimes, j'éprouvais des sentiments différents, cette différence devient pour moi un fait indubitable; si je ne crois pas à son témoignage, il faut que je renonce à toute certitude, puisque toute certitude repose en dernière analyse sur une évidence de sentiment.

Si cette distinction est solidement établie ; si elle est un fait affirmé par l'expérience, il suit que le philosophe doit la constater. Or, comment peut-on constater la différence de deux sentiments? En donnant aux deux objets qui nous les font éprouver des épithètes différentes. C'est en effet d'après les sensations causées par les objets, que nous avons donné à ces objets diverses épithètes. C'est ainsi que nous avons distingué les sons, les couleurs, les formes, etc. Toujours nous avons conclu de sensations différentes en nous à des qualités différentes dans les objets, et de sensations semblables à des qualités semblables; les divers adjectifs ne sont utiles qu'en ce qu'ils rendent et constatent ces différences. Toutes les fois donc que deux objets me font éprouver des sensations différentes, je dois leur donner des épithètes différentes : si je leur donne la même, j'obscurcis ce qui est clair, et je confonds dans la langue ce qui est distinct dans la nature.

C'est pourtant là ce qu'ont fait les écrivains français qui ont traité du beau et du sublime; ils ont donné indifféremment le nom de *beaux* aux objets beaux et sublimes, et le nom de *sublimes* à des objets qui ne sont que beaux. Aussi sont-ils parvenus à confondre et les mots et les choses.

Nous n'imiterons pas un procédé aussi peu philosophique; et, parce que nous reconnaissons une différence essentielle entre les sentiments du beau et du sublime, nous réservons chacun de ces mots pour désigner la classe d'objets à laquelle nous rapportons chacun de ces sentiments.

Si l'on persistait à vouloir que l'épithète *sublime* exprimât une nuance du beau, nous chercherions un autre mot pour exprimer une autre chose. Mais de quelle autorité voudrait-on lui assigner cette signification? Je soutiens que l'usage ne la consacre pas. Prend-on souvent le mot *sublime* pour synonyme de *très beau?* dit-on d'une très belle fleur, d'un très beau verger, *cela est sublime?* A quels objets applique-t-on ordinairement cette épithète? Les Alpes, la mer, l'orage, toutes les grandes scènes de la nature, tout ce qui est vaste, obscur, terrible dans le monde physique, voilà les objets auxquels on donne ce nom. Et ceci prouve encore que tous les hommes sont affectés différemment à la vue de ces différents spectacles. Les plus grossiers même ne confondent pas dans l'expression ce qu'ils sentent distinct dans la nature, ou s'ils le confondent, c'est faute de mots. Ce n'est pas le peuple qui a corrompu la langue sous ce rapport, ce sont les philosophes qui l'ont dénaturée en la pliant de force à leurs théories.

Le vice commun des ouvrages écrits en France sur le beau, c'est que les principes n'y résultent jamais de l'observation des faits. On a toujours trouvé plus commode d'imaginer une théorie que de s'engager dans de pénibles expériences ; aussi ne semble-t-on pas même avoir soupçonné que le sentiment intérieur pût être une étude à faire dans l'étude générale du beau et du sublime. Si l'on était parti de ce sentiment intérieur, on aurait vu qu'il n'est pas le même à la vue des objets sublimes et à la vue des objets beaux; que, par conséquent, les objets sublimes sont différents des objets beaux; que l'étude de ces deux classes d'objets est distincte, et qu'il ne faut pas chercher à résoudre les qualités des uns dans les qualités des autres. Comment, au contraire, a-t-on procédé? On ne s'est point occupé du sentiment; on est allé de suite aux objets qu'on n'a pas mieux examinés : car, avec un peu de réflexion, on aurait dû voir qu'il est impossible de réduire dans un même ordre de qualités, les qualités du beau et celles du sublime. On a donc confondu tous les objets beaux et sublimes dans une même catégorie; on leur a donné à tous l'épithète de *beaux*. Puis, cherchant à déterminer le caractère distinctif de cette beauté, on a été conduit, par la difficulté même de trouver quelque chose de commun entre des objets si différents, à des caractères vagues, abstraits, qui supposeraient, pour être saisis, un long travail intellectuel. Et encore bien peu sont parvenus à un caractère assez général pour qu'il pût universellement s'appliquer; les autres ont assigné des caractères qui ne conviennent qu'au beau proprement dit, ou bien qui ne conviennent qu'au sublime, selon que leur attention s'est plus particulièrement arrêtée sur les objets beaux ou sur les objets sublimes. Ainsi l'on a dit que les qualités du beau étaient la *proportion*, l'*unité*, la *variété*, caractères qui pourraient peut-être convenir au beau, mais point aux objets sublimes; ou bien la *force*, la *richesse*, l'*intelligence*, qualités dont les unes appartiendraient plutôt au sublime qu'au beau, et les autres plutôt au beau qu'au sublime. On a dit enfin qu'un objet était beau, quand il réveillait en nous des idées de rapports, caractère si général qu'il convient à tous les objets et n'en désigne aucun.

Cependant la plupart ont entrevu que le sentiment du sublime est plus vif que celui du beau, et qu'en général les objets sublimes surpassent en grandeur les objets beaux. Ils en ont conclu que le sentiment du sublime était le superlatif de celui du beau et que les objets sublimes étaient les objets beaux agrandis. De là la doctrine du superlatif, qui met au moins une nuance entre le sublime et le beau.

Je pourrais, si l'espace me le permettait, justifier, par une critique détaillée des systèmes de Diderot, du père André, de Crouzas et de Marmontel, la critique générale que je viens de faire. Je me bornerai à indiquer les principales erreurs où est tombé ce dernier, dans son article sur le beau.

Il a rangé dans la même classe d'objets et qualifié du même nom de *beaux, les hautes montagnes chargées de glace, les vents déchaînés, la mer soulevée*, etc., et *une rose, un papillon, une belle femme*, etc. Ces objets nous affectent différemment; si les uns sont beaux, les autres ne le sont pas.

Il a dit que le beau *frappe, effraye, étonne, ravit,* etc. Ces effets ne conviennent ni à une *rose*, ni à un *papillon;* vous avez donc rangé dans la même classe des objets qui nous affectent différemment.

Il répète sans cesse que le beau produit en nous *l'admiration* et *l'étonnement*. L'admiration n'est point l'effet propre du beau; beaucoup de choses belles ne nous l'inspirent pas, et nous admirons souvent des objets qui ne sont pas beaux. *L'étonnement* naît de la nouveauté, et non de la beauté d'un objet. Si un objet beau nous étonne à la première vue, il ne nous étonne pas la seconde fois que nous le voyons, et il nous plaît encore.

D'où il suit que Marmontel a complétement méconnu la différence qui existe entre le sentiment du beau et celui du sublime. De là la confusion des objets sublimes et des objets beaux; confusion qui l'a forcé de donner à ces objets mêlés, des effets qui, convenant aux uns et ne convenant pas aux autres, trahissent le vice du système. Nous pourrions voir le même inconvénient se reproduire par la même cause dans les caractères qu'il donne au beau; mais cet examen appartient à la seconde partie.

Marmontel ne semble pas même avoir mis une nuance entre le sublime et le beau : ceux qui ont prétendu que le sublime est un superlatif du beau, ont au moins eu ce mérite. Comme cette doctrine a été soutenue même après la publication de l'ouvrage de M. Burke, il sera bon de faire ici quelques remarques.

J'ignore si ceux qui prétendent que le sentiment du sublime est un superlatif du sentiment du beau, doivent cette connaissance à l'expérience; mais, pour moi, il m'est évident qu'il y a entre ces deux sentiments différence de nature et non de degrés : et encore une fois, je ne dispute pas sur les mots, mais sur les faits; que le mot *sublime* soit synonyme du *très beau*, qu'une rose soit sublime relativement à une tulipe qui n'est que belle, je le veux bien; mais qu'entre l'impression ressentie à la vue des Alpes et le sentiment que j'éprouve à la vue d'une rose, il n'y ait qu'une différence de degrés, c'est à quoi je ne consentirai jamais. Les deux plaisirs sont pour moi de nature différente, et je suis forcé de les appeler différemment.

Mais, dira-t-on, comment distinguez-vous la différence de nature entre deux plaisirs, de la différence de degrés? — Je le sens. Qu'on me donne de l'eau un peu sucrée, je dis : Cette eau est douce; qu'on la sucre beaucoup, elle me semble très douce. Voilà assurément deux plaisirs différents de degrés. Mettez dans cette eau quelques gouttes d'absinthe; je pourrai trouver encore du plaisir à la boire, mais je saurai fort bien distinguer ce plaisir de l'autre, et je dirai qu'il est de nature différente. Si quelqu'un voulait me prouver qu'il est seulement un superlatif du premier, je me rirais de lui. De même, je vois un verger, je le trouve beau; embellissez-le, je le trouverai très beau; mais transportez-moi dans une antique et sombre forêt, je ressentirai aussi du plaisir, mais la sensation sera de nature différente. Qu'on veuille me prouver qu'elle n'est qu'une nuance de l'autre, je me moquerai de la démonstration. Je distingue donc fort bien entre différence de nature et différence de degrés; et je m'entends, quand j'affirme qu'il y a entre deux sentiments la première différence, et non pas la seconde.

La grande raison des défenseurs de cette doctrine, c'est que les objets sublimes ne sont que les objets beaux agrandis. A les entendre, il ne s'agit que d'élargir les proportions d'un objet beau, pour avoir un objet sublime. Mais d'abord, cette maxime de concevoir le sublime est tout à fait contraire à un grand nombre de faits. L'obscurité est-elle un superlatif de la lumière? l'uniformité, de la variété? la rudesse, de l'élégance? Ensuite, en ne considérant même que les cas les plus favorables, dira-t-on que les Alpes sont un superlatif d'une colline, la mer d'un ruisseau, une forêt d'un verger? Sait-on qu'un superlatif est le positif modifié et non changé? Vous me direz : ajoutez des arbres à un verger, vous aurez une forêt; de l'eau à un ruisseau, vous aurez la mer. Oui, mais une forêt n'est plus un verger, ni la mer un ruisseau; vous changez l'objet, vous ne le modifiez pas, et vos raisons aboutissent à un abus de mots.

Encore une fois, le sentiment du sublime est pour moi tout à fait distinct dans sa nature du sentiment du beau. Je ne puis dire en quoi ils diffèrent, parce que je ne saurais définir des sentiments simples ; mais je suis sûr de ce fait comme je suis sûr que le blanc n'est pas le noir. Il n'y a pas contre cette expérience la moindre objection à faire ; il faut l'admettre ou la rejeter. Et si on la rejette, ce sera ou parce qu'on nie le témoignage du sens intime, et alors toute dispute est finie, ou parce qu'on sent autrement que moi, et alors chacun garde son opinion.

Mais j'ose croire que personne, s'il veut se donner la peine de constater le fait, ne contestera la vérité de cette distinction. Elle a été établie par Burke, Kant, Ancillon, Blair ; elle est aujourd'hui reconnue par les philosophes anglais et allemands. Si elle semble encore nouvelle en France, c'est qu'en France la méthode d'observation a été trop rarement employée en métaphysique.

## SECONDE PARTIE.

J'ai constaté dans la première partie la différence des deux sentiments du beau et du sublime. J'aborde une autre question, et je vais chercher à établir que ces sentiments sont immédiats, c'est-à-dire qu'ils ne sont point donnés par un principe réfléchi.

Et par là je ne prétends point que l'impression faite sur nous par le beau et par le sublime ne puisse résulter d'un principe intellectuel ; je ne m'occupe pas de savoir si cette impression est nécessairement une sensation. Que le beau et le sublime affectent notre intelligence ou touchent notre sensibilité, peu m'importe : mais je soutiens qu'ils agissent sur nous immédiatement, c'est-à-dire qu'en présence des objets beaux et sublimes, antérieurement à tout calcul et à toute considération raisonnable, nous sommes affectés d'un sentiment simple, irréductible, nécessaire.

Ici je me trouverai encore en contradiction avec une foule de théories. Ma manière de les réfuter sera toujours la même : j'opposerai les faits aux assertions, l'expérience aux systèmes. La méthode que je suis est toute métaphysique. Qu'on me pardonne, si elle est moins brillante que solide.

Je ne sache pas que la simplicité du sentiment du sublime ait été contestée ; les écrivains qui ont distingué les deux sentiments l'ont reconnue ; ceux qui les ont confondus n'ont point dû l'attaquer. Je me bornerai donc à réfuter ici les théories qui résolvent ou tendent à résoudre, dans un principe réfléchi, le sentiment du beau.

Cette doctrine sort évidemment de quelques-unes de ces théories; elle n'est pas moins contenue dans les autres pour y être plus difficilement aperçue.

Parmi les théories qui la renferment explicitement, on doit ranger celle dont lord Shaftesbury est l'auteur. Cet écrivain résout la beauté dans l'utilité; tout objet est beau selon lui, qui est ordonné de manière à produire l'effet qu'on se propose. On ne peut avouer plus clairement la doctrine du principe réfléchi. Si, pour sentir la beauté d'un objet, il faut connaître sa destination et s'assurer qu'il est parfaitement propre à la remplir, le sentiment n'est point immédiat.

Tous ceux qui placent le beau dans l'utile, ou dans la convenance d'un objet à atteindre un but, sont dans la doctrine de lord Shaftesbury. Gallien est de ce nombre. Selon lui, les formes données au corps humain sont belles, en ce qu'elles sont les plus parfaites possibles, relativement aux offices qu'elles doivent remplir.

Marmontel a plus d'un titre pour trouver ici une place; nous ne pouvons dans sa doctrine éprouver du plaisir à la vue d'un bel objet, qu'après avoir tiré de la considération de cet objet les conclusions suivantes : 1° la puissance de l'auteur qui l'a créé; 2° l'abondance des moyens qu'il a eus à sa disposition pour le former; 3° l'intelligence qui a présidé à cette formation. Cette dernière condition résout le beau dans l'utile; les deux autres ne supposent pas moins un principe réfléchi.

Dans ces systèmes, la doctrine du principe réfléchi se montre à découvert. En voici d'autres où elle est moins apparente; ils donnent au beau, pour qualités essentielles, l'ordre, la proportion, la symétrie, etc.

Aristote prétend que la beauté réunit les idées d'ordre et de grandeur. Un objet, selon lui, mérite le nom de beau, quand l'ordre qui est dans sa composition et dans son étendue convenable nous en font sentir les parties et bien embrasser l'ensemble.

Il y a beauté dans un objet, selon saint Augustin, quand la similitude, l'égalité, la convenance des parties, réduit le tout à une espèce d'unité qui contente la raison.

M. de Crouzas fait consister la beauté dans l'unité, la variété, la régularité, l'ordre et la proportion.

Enfin, dans la théorie du père André, l'ordre, la proportion et la symétrie constituent le beau essentiel et absolu.

Je ne m'occupe pas des qualités sur lesquelles ces écrivains ne s'accordent point; je m'arrête seulement à celles qui leur sont communes, et je trouve que tous regardent comme caractères constitutifs de la beauté l'*ordre* ou la *proportion* : car la convenance des parties dans saint Augustin n'est autre chose que la proportion.

Or, voyons maintenant si la perception de l'ordre et de la proportion peut être immédiate. Qu'est-ce que l'ordre? Qu'est-ce que la proportion? L'ordre consiste dans l'arrangement des parties, et la proportion dans le rapport des parties entre elles ou avec le tout. Mais la perception des rapports et de l'arrangement entre les parties suppose deux conditions : perception de chaque partie, comparaison de ces parties entre elles. Ainsi je ne goûterais du plaisir à la vue d'un bel objet, qu'après avoir examiné chacune des parties qui le composent; qu'après les avoir comparées entre elles et avec l'ensemble; qu'après enfin avoir tiré de cette comparaison un jugement de la beauté de l'objet. Ainsi se trouverait résolu, dans une longue et difficile opération, le vif et délicieux plaisir du beau. Tous les systèmes qui placent l'ordre et la proportion au nombre des caractères de la beauté attribuent donc à un principe réfléchi le sentiment du beau.

Mais, dira-t-on, l'ordre et la proportion peuvent nous donner le sentiment du beau sans comparaisons et sans jugements; ces deux qualités agissent mécaniquement sur nous. Nous ne les discernons pas dans l'objet : il nous plaît par cela seul qu'elles y sont. Cette réponse n'est point admissible. Si elle l'était, l'ordre et la proportion seraient des choses absolues : ce qui est faux. Je m'explique : s'il y a un certain arrangement de parties et un certain rapport entre ces parties qui nous plaisent, il faut que cet arrangement et ce rapport se trouvent dans tous les objets où nous reconnaissons la beauté. Mais qui ne voit que cette supposition est démentie par l'expérience? L'arrangement des parties dans les objets beaux, et le rapport de ces parties entre elles, varient à l'infini. L'ordre et la proportion qui règnent entre les parties d'une rose, par exemple, ont-ils le moindre rapport avec l'ordre et la proportion qui règnent entre les parties d'une belle statue? Il n'y a pas deux objets beaux où l'ordre et la proportion soient les mêmes. C'est un fait incontestable et qui dément cette prétendue action mécanique de l'ordre et de la proportion sur nos organes.

Si l'on voulait restreindre la proposition générale et dire qu'il y a dans chaque espèce d'objets un certain ordre et une certaine proportion dans lesquels se trouve la beauté propre de cette espèce, et qui agissent mécaniquement sur nous, l'explication serait encore plus insoutenable. L'expérience la démentirait encore; nous savons, en effet, que la difformité naît dans un objet de l'absence totale de l'ordre et de la proportion communs à son espèce; mais nous savons aussi que la beauté n'est point en lui le résultat nécessaire de leur existence. Elle serait démentie par le bon sens; si la beauté dans chaque espèce résulte d'un certain ordre et d'une certaine proportion, comment ces qualités peuvent-elles agir mécaniquement sur nous? Ne faudrait-il pas alors que nous fussions tour à tour constitués de différentes manières, selon les différentes espèces d'objets qui nous seraient offertes? Or il est évident que si nous sommes faits de manière à trouver du plaisir dans l'ordre et la proportion propres à une rose, nous ne sommes pas faits de manière à en trouver dans l'ordre et la proportion propres à un homme.

L'ordre et la proportion ne peuvent donc être perçus que par un principe réfléchi. Je dis plus, et je soutiens que ces deux qualités, dans les objets, ne sont autre chose que l'utile ou la convenance des parties à une fin. Jamais en effet l'ordre et la proportion ne peuvent être conçues que relativement à un but. Que les parties d'un tout, susceptibles de cinq combinaisons, soient rangées sous l'une ou sous l'autre de ces combinaisons, qu'importe? il n'y a pas plus d'ordre dans l'une que dans l'autre. De même, qu'une partie soit à une autre comme 3 est à 4 ou comme 7 est à 12, rien de plus indifférent; il n'y a pas plus proportion dans un cas que dans l'autre. Pourquoi donc telle combinaison fait-elle *ordre*, tandis que telle autre ne le fait pas? Pourquoi y a-t-il *proportion* dans tel rapport et point dans tel autre? A ces questions il n'y a que deux réponses possibles : nous sommes tellement faits que nous trouvons l'ordre et la proportion dans telle combinaison et tel rapport; ou bien : telle combinaison et tel rapport sont les plus propres à remplir la fin de l'objet. Nous avons démontré l'absurdité de la première explication; il faut donc admettre la seconde. Tous les systèmes qui mettent l'ordre et la proportion au nombre des qualités du beau, placent donc la beauté dans un rapport de convenance à une fin; dans tous ces systèmes, la perception de la beauté suppose donc non seulement connaissance des parties, comparaison des parties entre elles, mais encore connaissance de la fin pour laquelle a été créé l'objet et comparaison des parties avec cette fin. L'ordre et la proportion ne peuvent être connus qu'après toutes ces opérations intellectuelles. Ainsi Aristote, saint Augustin, Crouzas, le P. André, font résulter le sentiment du beau d'un principe réfléchi, autant que peuvent le faire Gallien, Shaftesbury et Marmontel; en dernière analyse ils soutiennent la même doctrine.

Je pourrais maintenant réfuter ces systèmes comme l'a fait Burke, en montrant qu'il y a des objets beaux dans lesquels on ne voit pas la convenance des parties à la fin, et réciproquement qu'il y a des objets où la convenance des parties à la fin est parfaite, et où cependant la beauté ne se trouve pas. Je démontrerais ainsi que ces systèmes ne sont point généralement applicables, et dès lors ils seraient détruits. Mais à quoi bon refaire ici ce que l'écrivain anglais a si bien fait? Je suivrai une autre marche plus directe et non moins sûre. Je poserai les faits, pour réfuter des systèmes qui ne les expliquent pas. Cette manière plus à l'abri de toute subtilité, aura cet autre avantage de ne pas ruiner seulement la théorie de la convenance, mais encore tout système qui ferait résulter le sentiment du beau d'un principe réfléchi quelconque. Voici les faits que l'expérience me donne.

Dès que je suis en présence d'un objet beau, ma conscience m'atteste que je ressens immédiatement du plaisir. Je prie donc qu'on s'examine dans la même circonstance, et qu'on cherche dans sa propre expérience si mon observation est exacte ou ne l'est pas. Le fait est tel pour moi, et je pense qu'il ne varie pas chez les autres hommes

S'il se faisait en moi quelque opération intellectuelle, quelque comparaison, quelque jugement, j'en aurais conscience; si ma pensée se portait sur la fin de l'objet, ou sur son auteur, ou sur tel autre sujet, antérieurement au plaisir que j'éprouve, je le sentirais. Or, je ne sens absolument rien de semblable ; je ne fais aucune réflexion pour trouver l'objet beau ; il n'y a rien en moi d'antérieur au sentiment du plaisir.

L'expérience m'apprend encore que le plaisir est le plus vif à la première vue de l'objet ; ce qui me prouve qu'il ne procède point d'un principe réfléchi, ni d'aucune considération de l'entendement. Car, s'il en était ainsi, à mesure que je réfléchirais davantage, que je saisirais mieux la convenance des parties entre elles et leur disposition heureuse pour la fin à laquelle elles sont destinées, à mesure que l'examen m'apprendrait mieux toute la force, toute la richesse, toute l'intelligence que cet objet suppose dans son auteur, le sentiment deviendrait plus vif, le plaisir plus complet ; ce qui n'arrive point.

Je sais que je puis me livrer à ces sortes de considérations ; mais alors voici ce que j'observe : 1° Jamais ces considérations ne se présentent à moi, qu'après la production du sentiment agréable ; 2° ce n'est point sans un certain effort que j'abandonne le plaisir simple et facile du beau, pour diriger ma pensée vers l'utilité de l'objet, ou pour m'élever à la puissance de son auteur, ou pour saisir d'autres rapports semblables ; 3° le sentiment que j'éprouve quand ma pensée se porte sur l'auteur d'un bel objet, est ordinairement l'admiration ou la reconnaissance, sentiments fort distincts du plaisir primitif que j'ai d'abord éprouvé ; 4° je sais qu'il y a un plaisir attaché à la perception de l'ordre et de la proportion. A la vue d'un objet composé, mon esprit se mettant à agir sur lui, à examiner les parties qui le composent, les rapports qui les unissent entre elles, ou les font concourir à un but commun, l'ordre qui les dispose à l'atteindre, j'éprouve une certaine satisfaction ; elle est en ce contentement d'esprit qui naît en nous, quand nous avons saisi des rapports, embrassé un tout, compris une fin ; contentement que des objets qui ne sont point beaux peuvent nous faire éprouver. Outre ce plaisir qui a sa source dans la difficulté vaincue, l'ordre et la proportion, en tant que ces deux qualités rendent l'objet plus propre à l'accomplissement d'une fin, font naître en nous l'approbation que nous ne manquons jamais d'accorder aux choses utiles. Mais cette approbation et la satisfaction dont j'ai parlé, distinctes du sentiment du beau par le moment où elles naissent en nous, en restent encore différentes par leur propre nature. Je puis les définir et en rendre raison : le plaisir du beau est indéfinissable.

Ainsi, non seulement l'expérience m'assure que le sentiment du beau est immédiat, mais encore elle me le fait distinguer des autres sentiments, dans lesquels on voudrait le résoudre. Si ces faits que je viens de décrire sont exacts, la doctrine du principe réfléchi est entièrement détruite; car toute théorie qui se trouve en contradiction avec les faits qu'elle veut constater ou expliquer est inévitablement fausse.

Et quand même l'expérience ne démentirait pas cette doctrine, serait-il vraisemblable qu'un plaisir si vif pût se trouver à la suite d'une longue série d'opérations intellectuelles? Ne sait-on pas qu'il y a mille perceptions de rapports qui ne causent aucun plaisir? Ignore-t-on que l'effet des opérations intellectuelles est de produire l'assentiment de l'esprit, tout au plus une sèche satisfaction, et jamais l'amour ni aucun sentiment vif? Je ne saurais même me persuader que les défenseurs du principe réfléchi fassent usage de toutes ces considérations et de tous ces raisonnements, quand ils se trouvent en présence d'un bel objet; ils ont senti l'inévitable puissance de la beauté avant qu'ils aient eu le temps de penser à leurs froids calculs. Et quand bien même il n'en serait point ainsi chez eux, pourraient-ils de bonne foi s'imaginer que les enfants s'élèvent à ces graves considérations; qu'ils réfléchissent, comparent, et se tourmentent pour ressentir ce vif plaisir qu'ils manifestent à la vue de la beauté?

Un écrivain célèbre, Diderot, a composé sur le beau un traité dont nous allons parler, parce qu'il nous fournira l'occasion de pousser, dans le dernier retranchement qui leur soit offert, les défenseurs du principe réfléchi.

Diderot est évidemment dans cette doctrine. La beauté d'un objet, selon lui, dépend du nombre des idées de rapports qu'il peut réveiller en nous; et par ces expressions, il n'entend pas seulement les rapports qui peuvent être perçus entre les parties de l'objet, mais encore tous ceux que l'objet lui-même peut avoir avec d'autres objets.

On voit d'abord que le genre de réfutation employé par Burke échoue contre ce système; certes, il est aussi généralement applicable que possible, et l'on trouverait difficilement un objet beau qui ne pût éveiller en nous quelque idée de rapports.

Il n'en est point ainsi de la seconde manière de réfuter que nous avons choisie. Les faits démentent tout système qui résout le sentiment du beau dans un principe réfléchi.

Mais Diderot s'est mis à l'abri de cette réponse : selon lui, l'habitude peut nous faire croire que nous sentons immédiatement quand nous ne faisons que saisir facilement des rapports. Ainsi voilà le sentiment immédiat réduit dans un principe supérieur.

A cela il n'y a rien à répondre directement. On ne saurait absolument prouver que les choses ne se passent point ainsi. Cependant quelques remarques suffiront, je pense, pour faire rejeter cette explication à tout esprit impartial.

1° Je conviens sans peine que, dans beaucoup de circonstances, l'habitude de faire certaines opérations, de saisir certains rapports, rend ces opérations et la perception de ces rapports si promptes et si faciles, qu'elles deviennent presque insensibles, et que les jugements qui en résultent semblent être naturels et, pour ainsi dire, instinctifs. Je pense néanmoins que la nature de ces jugements reste toujours entièrement distincte pour nous, de la nature des jugements par sentiment immédiat, et que, si l'on y fait attention, on reconnaîtra cette différence.

2° Ensuite, nous sommes toujours maîtres de ralentir assez les opérations intellectuelles rendues faciles par l'habitude, pour retrouver la source des jugements qui en dérivent; en sorte que nous pouvons toujours rendre raison de ces jugements. Au contraire, quelque attention que vous apportiez à vous examiner dans le sentiment du beau, vous ne pouvez distinguer aucune opération, ni aucune perception de rapports dans lesquelles vous puissiez le résoudre. Je pense qu'on ne saurait révoquer en doute la vérité de cette distinction.

3° Si le plaisir que nous éprouvons à la vue du beau résultait d'une perception de rapports rendue familière par l'habitude, pourquoi, après le sentiment éprouvé, mon attention se porterait-elle vers l'objet et y saisirait-elle certains rapports de convenance, d'ordre, etc.? Pourquoi ne les saisirait-elle qu'avec une certaine difficulté? Pourquoi croirait-elle avoir fait une découverte quand elle les a saisis? Si le sentiment s'est produit en vertu de la facilité que j'ai à saisir ces rapports, je ne vois pas à quoi bon les chercher ensuite; comment je ne les trouve qu'avec peine ; et pourquoi, s'ils me sont si familiers, ils me semblent nouveaux ?

4° Cette manière d'expliquer le sentiment du beau rend-elle bien compte du plaisir qu'il nous cause? Quand des rapports sont nouveaux pour moi, quand j'ai éprouvé quelque peine à les saisir, si la découverte m'en est agréable, ne sait-on point que le plaisir cesse dès qu'ils sont devenus familiers? La première fois que j'ai appris que les trois angles d'un triangle sont égaux à deux droits, j'ai ressenti du plaisir ; mais à présent ce rapport m'est parfaitement indifférent.

5° Si le système de Diderot était vrai, ne s'en suivrait-il pas qu'un objet beau, nouveau pour nous, présentant des rapports avec lesquels nous ne sommes pas familiarisés, ne devrait point nous donner un plaisir immédiat? Or ce fait n'est-il pas démenti par l'expérience?

6° Ne suivrait-il pas du même système que les hommes les plus habitués aux notions abstraites, les têtes métaphysiques, plus accoutumées à saisir des rapports, les personnes enfin qui ont fait des objets beaux une étude plus approfondie, seraient plus sensibles à la beauté que les autres hommes? Ne suivrait-il pas que le naturaliste, qui voit dans une rose plus de rapports que nous, et qui les connaît mieux ; que l'anatomiste, qui aperçoit dans le corps humain mille choses inconnues au vulgaire, sentiraient plus vivement la beauté de ces objets? J'ai bien peur que l'expérience n'atteste le contraire, et que le sentiment de la beauté ne s'émousse à mesure qu'on en fait un objet de spéculation.

7° Ajoutons encore un mot : si le sentiment du beau résultait d'une perception de rapports devenue familière, comme nous ne nous rappelons pas d'avoir jamais été touchés par le beau autrement que d'une manière immédiate, il faudrait supposer que nous nous sommes familiarisés dans l'enfance avec ces opérations intellectuelles et ces notions abstraites. Je le demande, cette supposition ne serait-elle pas bien invraisemblable, quand même nous ne saurions pas combien immédiatement, à la première vue d'un objet beau, les enfants font éclater le plaisir qu'ils en ressentent ?

Concluons de tout ceci, qu'il est difficile de résoudre avec vraisemblance le sentiment de la beauté dans une perception de rapports rendue immédiate par l'habitude; il me semble évident que nous n'avons cherché à découvrir dans les objets beaux certaines circonstances communes, telles que l'ordre, la proportion, etc., qu'après avoir ressenti du plaisir à leur aspect; que c'est le sentiment qui a conduit à ces généralités et non ces généralités au sentiment. Combien de gens sentent parfaitement le beau, sans connaître l'ordre, la proportion, etc., et qui seraient tentés, je pense, de se moquer de vous, si vous alliez leur demander d'après quels calculs ils jugent de la beauté d'un objet ! Nous pensons comme Burke; quand le créateur, dit-il, voulut dans sa sagesse qu'un objet touchât nos âmes, il ne confia pas l'exécution de ses desseins à l'action lente et précaire de notre raison ; il doua cet objet de pouvoirs et de propriétés qui préviennent l'entendement et la volonté, qui saisissant les sens et l'imagination, captivent l'âme, avant que l'esprit ait pu donner son consentement et son approbation.

J'ai opposé l'expérience aux systèmes qui résolvent le sentiment du beau dans un principe réfléchi; j'ai donc établi en même temps que le sentiment du beau est immédiat. Je n'ai point parlé du sentiment du sublime, parce que je ne connais personne qui ait voulu le réduire dans un principe réfléchi. Il est immédiat comme le sentiment du beau ; c'est encore un fait d'expérience. Quand un fait n'a point été contesté, il ne reste au philosophe qu'à le constater. C'est pourquoi je ne m'arrêterai pas plus longtemps au sentiment du sublime, et je finirai en présentant quelques-unes des causes qui ont fait rapporter le sentiment du beau à un principe réfléchi.

D'abord on a presque toujours considéré le beau dans les arts d'imitation, tels que la peinture, la sculpture, etc. Or, la beauté d'un tableau, d'une statue, est mieux sentie par les artistes que par les autres hommes; d'où l'on a conclu que pour sentir le beau il fallait un certain nombre de connaissances. Mais on devait distinguer deux plaisirs produits par le beau d'imitation : d'abord le plaisir donné par la beauté propre de l'objet et qui tombe également sous l'œil du vulgaire et sous celui de l'artiste; puis le plaisir de l'imitation que l'artiste sent mieux que le vulgaire.

Par cela qu'on a principalement considéré le beau dans les arts, on a été conduit aux systèmes de la proportion, de la symétrie, etc. On sait que les peintres, les sculpteurs, les architectes, ont certaines règles de proportion qui servent à les diriger dans la composition. D'où l'on a conclu qu'un objet n'était beau que parce qu'il était conforme à ces règles. Mais la beauté est tellement indépendante de ces proportions, que les chefs-d'œuvre de l'art ne les ont point, et que les grands artistes ne s'y conforment jamais.

La nature ayant souvent placé l'utile à côté du beau, on a généralisé cette observation particulière. De là les systèmes qui placent le beau dans la convenance de l'objet à une fin.

Je pense en dernier lieu que beaucoup de ceux qui ont écrit sur le beau, ont mal connu les bornes où doit se renfermer la vraie philosophie. Ils ont pensé que le but de la philosophie était d'expliquer tous les faits, et ils ont voulu rendre aussi compte du plaisir du beau, c'est-à-dire le résoudre dans un principe supérieur. Mais si le but de la philosophie est d'expliquer les faits explicables, son but n'est pas d'expliquer ceux qui ne le sont point. Il faut qu'elle reconnaisse des faits simples qui résistent à toute décomposition et auxquels toutes ses explications viennent finalement aboutir.

## II.

## BEAU, AGRÉABLE, SUBLIME.

Quand le moi se développe, il se développe parce que telle est sa nature. Faites qu'une force libre, intelligente et puissante existe, il sera nécessaire qu'elle produise des actes de puissance, d'intelligence et de liberté; s'il en était autrement, elle ne vivrait pas; car la vie d'un être n'est autre chose que le développement de sa nature. Vivre pour une force, c'est agir; vivre pour une liberté, c'est agir librement; vivre pour une intelligence, c'est connaître.

Notre moi vit par cela qu'il est; et par cela qu'il vit, il exerce sa puissance d'une manière libre et intelligente. Nous n'exerçons donc pas notre puissance, notre liberté et notre intelligence, parce que nous avons du penchant à le faire, mais par nécessité. Il ne nous est pas loisible de vivre ou de ne vivre pas, d'être de telle ou de telle nature; notre nature ne dépend pas de nous; elle vit parce qu'elle est : ces trois faits sont antérieurs et supérieurs à ce que nous pouvons, parce qu'ils sont les conditions de notre existence et par conséquent de notre puissance.

Ceux donc qui prétendent que nous n'agissons, que nous ne connaissons, que nous ne sommes libres que par amour pour le pouvoir, la connaissance, et la liberté, disent une chose ridicule. Il n'y a pas lieu à désirer ce qui se fait continuellement en nous, sans nous et malgré nous.

Et cependant la curiosité, l'ambition et l'amour de l'indépendance sont trois passions très réelles en nous; mais ce n'est point là leur origine.

Si notre nature pouvait se développer sans obstacle et d'une manière illimitée, elle serait aussi puissante, aussi intelligente, aussi libre qu'il est en elle de l'être; il n'y aurait pas lieu pour elle d'aspirer à une plus grande puissance, à une plus vaste connaissance, à une plus parfaite liberté. Elle jouirait de son développement, elle l'aimerait, elle ne désirerait rien.

Si ces trois passions sont en nous, c'est que notre force n'a pas le champ libre : c'est qu'elle est environnée de bornes qui la limitent. D'où viennent ces obstacles ? Ils naissent tous de notre union à une nature opposée à la nôtre, à une nature inerte, matérielle, tandis que la nôtre est active et immatérielle. Si notre pouvoir a des bornes, c'est la matière qu'il faut en accuser. Nos organes sont des instruments à la fois inévitables et limités, ils sont obligés d'exercer avec d'autres instruments matériels tout aussi inertes, tout aussi impuissants, qui rencontrent partout de l'inertie à surmonter, et c'est parce qu'en ce monde les forces n'agissent que par la matière, qu'elles se rencontrent, se choquent et se limitent les unes les autres ; pures, elles se développeraient sans fin et ne se gêneraient pas ; point de lutte, point de combats entr'elles, point de bornes, point d'ambition possible.

Ainsi toutes les entraves, toutes les causes qui limitent la force, proviennent d'une nature contraire à la nôtre et à laquelle nous sommes attachés ; cette nature, c'est l'inertie, la matière, la mort. Que sommes-nous? Force, esprit, vie. Qu'est la nature opposée ? Mort, matière, inertie. Ainsi il y a en nous une lutte perpétuelle entre ce que nous sommes et ce que nous ne sommes pas.

De là vient que dans les objets qui ne sont pas nous, et qui tous sont, comme nous, l'alliance de deux natures opposées, la vie et la mort, quand nous voyons notre nature triompher, nous sommes satisfaits. Quand au contraire l'inertie a le dessus, loin d'être satisfaits, nous souffrons ; l'objet nous répugne. Là où nous voyons la vie vaincue par la mort, l'intelligence par ce qui est inintelligent, nous sommes désagréablement affectés, et nous haïssons ce qui nous affecte ainsi. Mais là où la matière ne se montre en quelque sorte que pour être dominée, maniée par la vie, il y a pour nous du plaisir, et nous aimons ce qui nous plaît.

Appliquez cette loi à tous les objets qui vous plaisent ou vous déplaisent, sans vous causer ni bien ni mal, vous en reconnaissez la justesse ; elle vous rendra compte de tous vos penchants et de toutes vos répugnances. Les corps inertes nous déplaisent, non qu'ils ne renferment de la force, mais parce qu'elle y est étouffée par la matière. Les plantes nous agréent comparativement, parce que la vie s'y manifeste davantage ; et en passant aux animaux et à l'espèce humaine, le plaisir devient plus vif, à mesure que le triomphe de l'activité devient plus apparent.

Pourquoi les arbres qui s'élancent avec vigueur vers le ciel, les plantes élégantes et légères qui se détachent avec facilité et grâce de la terre, me plaisent-elles, et pourquoi les plantes rampantes, grosses et lourdes m'inspirent-elles de la répugnance? Pourquoi les animaux qui se traînent sur la terre ou qui se meuvent pesamment, me déplaisent-ils, tandis que les espèces légères ou fortes, comme les oiseaux, les quadrupèdes agiles ou vigoureux m'agréent? Pourquoi la même différence se fait-elle remarquer entre les impressions que nous causent les hommes massifs, endormis, paresseux, et les hommes légers, actifs, forts, intelligents? On trouve dans notre principe la raison de ces phénomènes opposés.

Mais il y a une différence entre le plaisir que me causent quelques-uns de ces objets, et celui que me causent quelques autres. La cause est toujours la même, seulement elle se modifie, et avec elle l'impression. Quand les forces extérieures ne surpassent pas les effets de notre propre force, alors l'impression est purement agréable. Ainsi l'oiseau léger qui fend rapidement les airs, est agréable, et notre plaisir est pur. Mais voyez l'aigle qui dans un moment atteint les nues de son vol impétueux, emportant avec lui sa faible proie, sa force vous surpasse; au sentiment de plaisir que vous éprouvez se mêle un certain sentiment de crainte ou d'infériorité; là commence le sublime. Regardez le cheval fougueux en liberté, le lion avec sa terrible crinière; quoique à l'abri de tout danger, un mouvement de concentration vient se mêler à la dilatation; c'est le sentiment du sublime. Il en est de même à la vue des grands effets de la nature.

Comment donc le sublime se distingue-t-il de l'agréable? Il ne s'en distingue pas par son principe, mais, si je puis le dire, par la quantité de développement de son principe; dans tous deux, c'est la vie qui nous plaît. Dans l'agréable, le plaisir est moins grand, mais il est pur; dans le sublime il est plus vif, mais il est mêlé d'autres éléments. On peut en distinguer trois principaux : 1° un commencement de crainte; 2° un sentiment d'infériorité qui humilie; 3° une espérance qu'un jour délivré de nos chaînes naturelles, notre nature, libre enfin de se déployer avec toute la puissance que nous sentons en elle, égalera, surpassera dans ses développements, tout ce que nous voyons. C'est ce dernier sentiment, pour la plupart très confus, qui domine dans le mélange. De là vient que le sentiment du sublime est religieux, qu'il élève, détache de la terre et des petites passions, qu'il excite à la mélancolie qui a le même principe.

Tel est le sublime, tel est l'agréable; mais qu'est-ce que le beau? Ce qui me plaît immédiatement, ce qui réjouit ma sensibilité, c'est le déploiement de la vie ou de la force; mais ce n'est point là le beau. Le beau est une chose de raison et non pas de sensibilité.

La vie m'agrée; mais cette vie peut se manifester avec harmonie et unité, ou en désordre et sans harmonie. Lorsque sous la manifestation de la vie, la raison conçoit l'harmonie ou l'unité, c'est alors que commence à nous apparaître le beau, et avec lui le sentiment spécial qu'il excite. Le beau est conçu par l'intelligence sous la variété que la vue nous découvre, sous cette variété qui peut nous plaire ou nous déplaire, selon qu'elle manifeste le triomphe de la force ou de l'inertie, sous cette variété, qui lorsqu'elle nous plaît, peut nous causer le plaisir pur de l'agréable ou le plaisir mêlé du sublime. De là vient que le plaisir de l'agréable et du sublime nous frappe immédiatement, tandis que celui du beau attend la conception qui tarde plus ou moins à se déclarer. Pour saisir le sublime et l'agréable, il suffit de voir. Pour saisir le beau, il faut embrasser les rapports des parties visibles et y découvrir l'harmonie, signe de l'unité cachée. C'est pourquoi le goût qui saisit le beau est susceptible d'éducation, de perfectionnement, de dépravation et de justesse, etc; c'est en effet une affaire d'intelligence. Le goût qui saisit le sublime et l'agréable n'en est point susceptible. Tous les hommes voient ce qui est visible à peu près également; tous ne comprennent pas également ce qui est intelligible. C'est aussi pourquoi nos jugements sur le beau varient peu, ceux sur l'agréable et le sublime varient beaucoup. L'harmonie ou l'ordre sont des idées absolues. Il est absolument vrai qu'il y a de l'ordre ou qu'il n'y en a pas dans tel objet complexe, et tous les peuples du monde ayant de l'ordre la même idée, tous doivent juger de même sur l'existence ou la non existence de l'ordre dans un cas donné. De plus l'ordre plaît de sa nature à toute sensibilité, sauf ces différences de degrés. La vie plaît aussi de sa nature à toute sensibilité, mais les

signes de la vie frappent plus ou moins, selon les coutumes, l
religion, l'éducation, la civilisation. Les nations sauvages aimeront les signes de vie analogues à leur manière de vivre et ne sentiront point les délicatesses d'expression que sentiront vivement les nations civilisées.

Le beau peut être ou n'être pas sous l'agréable ou le sublime. Il se passe d'eux et reste beau, comme ils se passent de lui et restent ce qu'ils sont. Un développement désordonné de la force reste sublime; seulement il n'y a pas de beauté. Il ne faut pas opposer le beau ni à l'agréable ni au sublime. Le sublime et l'agréable s'opposent; le beau est dans un autre ordre de choses et d'idées.

Le beau, c'est l'harmonie, l'ordre, la symétrie, tout ce qui signifie l'unité. Il peut se rencontrer sous l'agréable et le sublime, il peut être où ils ne sont pas. Témoin ces beautés régulières et nobles qui nous laissent froids, et que cependant nous jugeons belles; témoin la plupart des productions de l'architecture. La force dans un édifice n'apparaît que par réflexion : l'unité frappe d'abord; c'est du beau pur. Il faut le génie d'un grand artiste pour donner de la vie à un monument. Nous en avons des exemples : outre l'unité, quelques chefs-d'œuvre en ce genre expriment des idées de vie, l'élévation, la tristesse, la grâce.

Distinguons donc le beau, l'agréable et le sublime. L'agréable et le sublime sont le triomphe de la vie à deux degrés différents; le beau, c'est l'unité. Le plaisir du beau est distinct des deux autres; celui du sublime est mêlé de sentiments opposés qui n'admet pas celui de l'agréable; en soi le sublime est un superlatif de l'agréable, mais le sentiment du sublime n'est point le superlatif de celui du beau; le beau exprime une autre idée; le plaisir qu'il nous cause est toujours un plaisir, mais il est pur comme celui de l'agréable; il est plus calme, plus intellectuel; l'amour qui en dérive participe à la sérénité de la sensation, c'est de l'admiration; l'amour de l'agréable et du sublime est plus passionné, plus sensible, s'il est possible; celui du sublime est mêlé d'un commencement de crainte.

Au fond, c'est la nature humaine qui s'aime et se retrouve dans le beau, le sublime et l'agréable; c'est son unité qu'elle aime dans le beau, et sa vie variée et magique qu'elle aime dans l'agréable et le sublime, avec cette différence qu'elle aime dans l'agréable sa vie telle qu'elle est actuellement, et dans le sublime, sa vie telle qu'il est dans sa destinée qu'elle devienne.

Le comble du plaisir naît de l'union du beau avec le sublime ou l'agréable; alors l'homme se retrouve tout entier. Avec l'agréable, c'est un plaisir pur; avec le sublime, c'est un plaisir mêlé, mais non moins délicieux. La nature des âmes détermine des préférences, les unes étant plus attirées par l'agréable, les autres par le sublime, toutes également par le beau.

La matière ne joue dans ces trois espèces d'objets qu'un rôle secondaire, elle est la condition du beau, du sublime et de l'agréable, elle n'est ni l'un ni l'autre. Si elle n'était pas, ces trois choses ne nous apparaîtraient pas; c'est elle qui les exprime; elle les exprime par divers moyens, la couleur, la forme, le son, etc., mais c'est la chose exprimée qui fait que l'expression est agréable ou sublime, et c'est l'idée d'unité qui fait que nous jugeons de l'harmonie, et que l'harmonie nous plaît.

Ainsi la forme, la couleur, le son et l'harmonie de ces éléments n'ont de sens pour nous, que grâce aux idées préalables puisées en nous; le sens n'est donc point dans la matière. De plus, le sens seul est pour nous agréable, sublime et beau; la matière n'entre donc pas plus dans le beau, le sublime et l'agréable que les lettres qui composent un livre, dans le sens du livre et dans le plaisir que nous cause ce sens.

Tout est donc invisible dans le sublime, le beau et l'agréable.

La matière est un hiéroglyphe qui n'a de valeur que pour ce qu'il exprime, et qui n'exprime que pour celui qui comprend la langue, avec cette différence que nous entendons tous naturellement cette langue que parle la matière. L'univers est un ensemble de symboles que nous comprenons sans avoir appris à les comprendre.

Mais cette intelligence naturelle est soumise à la loi commune de toutes les connaissances; elle est d'abord confuse; elle est susceptible d'être éclaircie par l'étude. Nous avons naturellement la clef de ces symboles, mais nous ne sommes pas soustraits pour cela au travail de les déchiffrer; nous éprouvons naturellement du plaisir à la vue d'un objet expressif, nous comprenons la langue; mais le plaisir redouble, à mesure que nous saisissons plus distinctement les différents signes et leur rapport avec la chose signifiée. Cela est vrai des signes de vie, cela l'est encore bien plus de l'harmonie qui exige des comparaisons pour être saisie.

Il y a donc des goûts plus ou moins savants et des goûts plus ou moins exercés ; les plus savants sont ceux qui ont déchiffré le plus grand nombre de symboles, les plus exercés sont ceux qui, par l'habitude de les saisir, ont acquis une plus grande facilité à les distinguer et à les comprendre.

De là viennent les différences de goût entre les nations plus ou moins civilisées ou d'une intelligence plus ou moins prompte, entre l'enfant et l'homme fait, entre l'homme grossier et l'homme bien élevé, entre l'homme borné et l'homme naturellement intelligent, entre l'homme qui a spécialement étudié une classe de symboles, comme le peintre, le musicien et le poëte, et l'homme qui ne s'est livré à aucune étude spéciale.

Et selon que les nations ou les individus ont plus de penchant à regarder ou à comprendre, il y a des nations et des individus plus frappés de l'agréable et du sublime que du beau, ou meilleurs appréciateurs du beau que de l'agréable ou du sublime.

Et enfin selon des différences analogues et qu'il est facile de présumer, il y a des goûts plus exercés au sublime, d'autres à l'agréable.

Ainsi s'explique la différence de perspicacité ou de science que l'on remarque entre les goûts des peuples et des hommes.

Quant à l'intensité du plaisir, elle se mesure autrement : elle dépend de la susceptibilité des sensibilités qui varient considérablement de peuple à peuple, d'homme à homme, de sexe à sexe, d'âge en âge, etc.

Elle dépend aussi de mille circonstances accessoires, comme la disposition actuelle, la santé ou la maladie, l'habitude, la nouveauté, la mode, le tempérament, etc. Tous ces détails sont au-dessous de la science.

III.

# DE L'IMITATION.

### 1. L'IMITATION N'EST PAS LE BEAU.

Ce qu'il y a de plus évident au monde, c'est que l'imitation ne constitue pas la beauté. En effet, la nature est pleine de choses qui sont belles, et que nous reconnaissons pour belles sans difficulté ; ces choses ne sont certainement pas des imitations, elles nous agréent donc à un autre titre, et c'est pour une autre raison que nous les appelons belles.

L'imitation ne peut se rencontrer que dans les ouvrages de l'art ; c'est le propre des productions de l'art qui reproduisent les choses naturelles.

Or, dans ces reproductions, on distingue fort bien deux éléments : la beauté ou la laideur de l'original qui se retrouve dans la copie, ce qui nous agrée ou nous répugne dans la copie comme dans l'original ; plus, le fait de l'imitation qui apparaît dans la copie et qui n'est point dans l'original.

Il résulte de là que l'imitation ne constitue pas plus la beauté dans l'art que dans la nature.

Non seulement la beauté est distincte de l'imitation dans l'art, mais elle n'y est point du tout proportionnée au mérite de l'imitation, et dans une foule de cas, elle s'y trouve sans l'imitation, comme l'imitation, dans une foule d'autres cas, s'y rencontre sans elle.

Mettons en présence une belle tête idéale et un portrait extrêmement fidèle d'une personne de votre connaissance ; dans le portrait, l'imitation est au comble, et vous pouvez complétement la saisir et l'apprécier, puisque vous connaissez l'original ; dans la tête idéale, au contraire, il n'y a qu'une imitation vague des traits généraux de la figure humaine, imitation qui vous occupe peu et que vous ne songez même pas à apprécier. Cependant la plus grande beauté est dans la tête idéale, elle s'allie donc avec la moindre imitation. Tout de même, devant le portrait ressemblant d'une personne ordinaire ou assez belle, vous voyez clairement qu'en diminuant la fidélité de l'imitation, on pourrait augmenter la beauté de la figure.

Dans le portrait fidèle d'une personne laide ou dans l'image exacte d'un objet indifférent, la perfection de l'imitation s'allie avec l'absence de la beauté, même avec la présence de la laideur.

Enfin, il y a des arts dont les productions sont très belles et cependant n'imitent point la nature, ou du moins, ne vous donnent aucune perception de cette imitation, ce qui revient au même ; ainsi, un palais, l'église du Panthéon ou de Saint-Pierre n'imitent rien ; une danse, une symphonie n'imitent rien.

L'imitation, qui n'existe point dans la nature, est donc bien distincte et tout à fait indépendante de la beauté dans l'art.

Il ne s'ensuit pas que l'imitation ne plaise point ; s'il est évident qu'elle n'est point la beauté, il ne l'est pas moins qu'elle a la propriété de nous agréer.

Nous pouvons, dans bien des cas, distinguer en nous, en présence de l'image d'un bel objet, le plaisir que la beauté de l'objet nous cause et celui qui naît de l'imitation ; nous le pouvons parce que la perception de l'imitation s'opère autrement que celle du beau. Pour percevoir l'imitation, il faut que notre mémoire nous rappelle l'objet imité et qu'une comparaison se fasse dans notre esprit entre la copie et l'original ; au lieu que la beauté se perçoit directement et sans retour sur la réalité. Tandis que notre esprit perçoit l'imitation, il ne saurait s'occuper de la beauté ; il peut donc sentir s'il trouve du plaisir à constater la fidélité de l'imitation ; s'il en trouve, le plaisir ne vient pas de la beauté qui dans ce moment n'attire pas l'attention. Les personnes qui ont l'habitude de s'observer démêlent fort bien les deux opérations et les deux plaisirs qui demeurent confondus avec les autres.

Il y a des cas où la beauté fait oublier l'imitation qui, faute d'être remarquée, ne produit aucun effet ; il y en a d'autres où l'imitation est si vague qu'elle ne saisit pas l'esprit et ne l'arrête point ; mais dans le plus grand nombre de cas, lorsqu'il y a imitation et beauté tout ensemble, l'imitation a produit son effet comme la beauté, soit que nous le remarquions, soit que nous ne le remarquions pas ; ces deux effets s'ajoutent et se mêlent dans le sentiment complexe que nous éprouvons ; et c'est, sans contredit, à cette cause qu'il faut attribuer ce fait si connu, que la peinture d'un bel objet fait souvent plus de plaisir que l'objet même.

S'il y a des cas où la beauté fait oublier l'imitation, il y en a d'autres où l'imitation fait à son tour oublier la beauté ; cela arrive lorsque la beauté de l'objet imité est très faible, et le mérite de l'imitation frappant, comme dans beaucoup de tableaux de l'école hollandaise ; ici la perception et le plaisir de l'imitation deviennent très distincts et très saillants. On ne voit qu'une chose, on n'est préoccupé que d'une chose, et cette chose est la vérité avec laquelle la nature est rendue.

Mais la propriété qu'a l'imitation de nous agréer devient plus évidente encore lorsque l'imitation est tout à fait séparée de la beauté, ou même alliée à la laideur dans une œuvre de l'art. L'image d'un objet indifférent dans la réalité comme une vitre cassée, une affiche collée contre un mur, nous plaît ; celle d'un objet laid et même repoussant n'inspire pas la même aversion que l'objet lui-même ; souvent même nous éprouvons un assez vif plaisir à le contempler. Ces deux faits mettent hors de doute et font ressortir avec une pleine évidence la puissance esthétique de l'imitation. Si l'imitation n'était point par elle-même un principe agréable, ils seraient tout à fait inexplicables. La puissance de l'imitation est le charme principal des scènes populaires de l'école hollandaise.

L'imitation plaît donc par elle-même ; reste à savoir à quel titre et selon quelles lois ; reste de plus à lui faire sa part dans les actes où on lui prête un rôle beaucoup plus important que celui qu'elle y joue réellement.

## 2. A QUEL TITRE ET SELON QUELLES LOIS L'IMITATION NOUS PLAIT-ELLE ?

Partout où il y a imitation, il y a ressemblance entre l'objet qui est imité, et l'objet qui imite. Cette ressemblance est plus ou moins exacte, plus ou moins complète ; mais toujours elle existe à quelque degré, autrement il n'y aurait pas imitation. Cette ressemblance serait-elle ce qui nous plaît dans l'imitation? En d'autres termes, le plaisir de l'imitation se résoudrait-il dans le plaisir de découvrir un rapport de ressemblance entre deux objets?

Si cette supposition était juste, partout où nous découvririons un rapport de ressemblance entre deux objets, nous éprouverions le plaisir de l'imitation : or c'est ce qui n'arrive pas. La nature est pleine de choses qui se ressemblent. Tous les animaux de même espèce se ressemblent; toutes les plantes de même espèce se ressemblent également. Il nous faut de l'attention pour distinguer un peuplier d'un autre, un chat d'un chat, une poule d'une autre poule. A la simple vue, un grain de blé ressemble parfaitement à un autre grain de blé, un épi de froment à un autre; une rose ressemble plus à une autre rose, que la rose la mieux peinte à la rose naturelle. Jamais, entre l'image peinte d'un objet et un objet lui-même, l'œil ne trouve une ressemblance aussi parfaite qu'entre l'aile droite et l'aile gauche d'un oiseau, les deux yeux ou les deux jambes d'un animal, la figure d'une personne et son image réfléchie dans son miroir. Si la ressemblance seule entre la copie et l'original excitait le plaisir de l'imitation, la nature nous le ferait éprouver à chaque instant; et cependant, bien que nous trouvions du plaisir à saisir les ressemblances naturelles, quand l'habitude ne nous les a pas rendues trop familières, il y a bien de la différence entre le plaisir à peine saisi et le plaisir vif que nous cause l'imitation dans l'art. Non seulement celui-ci est plus grand, mais nous le regardons comme d'une toute autre espèce. L'idée même ne nous vient pas de les comparer.

Il faut donc que nous sentions, et qu'il y ait réellement dans l'imitation, autre chose que la ressemblance entre l'objet imité et l'objet qui imite; cela est nécessaire, et les mots même le prouvent. En effet, tout le monde sent qu'imitation dit plus que ressemblance; autrement, ce dernier mot aurait suffi, ou tout au moins; nous les appliquerions indifféremment; ce qui n'arrive pas.

Ce qui distingue l'imitation de la simple ressemblance, c'est que dans ce dernier cas, l'un des objets n'a pas été fait pour reproduire l'autre; tandis que dans l'imitation, l'objet qui imite a été fait pour reproduire l'objet imité. C'est la perception de ce dessein dans l'artiste qui nous fait appeler son œuvre une imitation.

Les mots établissent la réalité de cette différence.

Le mot *ressemblance* n'indique que le simple fait de ressemblance; le mot *imitation* exprime tout à la fois et le fait lui-même, et l'intention de le produire dans la cause.

Les faits mettent cette différence dans le plus grand jour.

Entre un épi de froment et un autre, on ne peut pas dire qu'il y ait imitation : pourquoi? C'est que ce sont deux espèces semblables produites par la même cause, agissant dans les mêmes circonstances et par la même loi fatale. Cette cause, comme fatale, n'a pas eu la volonté de produire la ressemblance; elle ne pouvait pas ne pas la produire; elle a agi la seconde fois comme elle avait agi la première, et comme elle était la même dans les deux cas, les effets devaient être semblables. Le second n'est pas plus l'imitation du premier, que le premier celle du second. Ils ne sont l'un et l'autre que la répétition du même effet, et s'ils se ressemblent, c'est parce que les effets d'une même cause fatale doivent se ressembler. Il en est de même de toutes les ressemblances naturelles, qui ne sont toutes que des effets nécessaires des lois de la nature, et par exemple de la ressemblance entre un objet et son image réfléchie dans un miroir. Mais entre un épi de blé et son image peinte sur la toile, il y a imitation, parce que l'image a été produite pour imiter l'objet. La ressemblance est ici l'effet d'un dessein, et c'est la perception de ce dessein qui lui donne le caractère d'imitation.

Qu'un homme agité par une violente passion ait la figure, la démarche, les gestes, les inflexions de voix d'un autre homme en proie à la même passion, il n'y a là qu'une ressemblance toute naturelle, parce que les causes et les circonstances étant les mêmes et agissant fatalement, les effets doivent être semblables. Mais qu'un homme que nous savons parfaitement calme, reproduise tous ces signes extérieurs de la passion, il imite, parce qu'ici, c'est avec dessein et pour ressembler à un homme vraiment passionné, qu'il donne à sa figure, à sa voix, à ses gestes toute cette expression. La ressemblance est ici de l'imitation, parce qu'elle est volontaire.

Il ne suffit pas qu'un homme marche comme un autre homme,

ou que deux pages d'écriture se ressemblent, pour que nous jugions qu'il y a imitation. Il faut que nous soyons sûrs que l'un de ces hommes contrefait l'autre : car, autrement, il n'y aurait pas plus imitation dans une ressemblance d'allure, que dans celle que nous remarquons entre la manière dont une personne marche aujourd'hui et la manière dont elle marchait hier. Il faut pareillement dans l'autre cas, qu'on nous informe si ces deux pages d'écriture ne sont pas de la même main; car si elles étaient de la même main, la ressemblance ne serait qu'un effet de l'exercice uniforme de la même cause fatale, l'habitude; et non seulement, si elles ne sont pas de la même main, mais si étant de deux mains différentes, la ressemblance ne serait pas accidentelle; car deux personnes peuvent fort bien écrire de la même manière, sans que l'une cherche à imiter l'autre.

Tous ces exemples, qu'il serait inutile de multiplier, établissent avec évidence que le dessein de produire la ressemblance est l'élément constitutif de l'imitation.

C'est aussi la perception de ce dessein, et non pas la ressemblance elle-même, qui produit le plaisir spécial de l'imitation. La ressemblance dans l'imitation produit le plaisir de la ressemblance, plaisir faible, comme on peut l'observer dans le spectacle des ressemblances naturelles, lorsqu'il est isolé du plaisir de l'imitation. Mais c'est le dessein d'imiter, conçu dans l'artiste, qui produit le plaisir vif de l'imitation. La perception de ce dessein nous révèle un fait; c'est que l'artiste n'a point produit naturellement la ressemblance. Il ne l'a produite que parce qu'il l'a voulu, et qu'il a été assez intelligent, assez adroit, assez habile pour la produire. Il ne l'a produite, en un mot, que par art; l'intelligence, l'habileté, l'adresse à produire sont en effet les qualités qu'on désigne toutes à la fois par ce seul mot. Or, cette habileté, cette adresse, cette intelligence excitent notre sympathie; elles nous plaisent parce qu'elles sont notre gloire; elles nous plaisent, quand nous les voyons se déployer, surmonter les obstacles et produire des effets où respire leur puissance. C'est le plaisir de l'*art*. Nous l'éprouvons déjà à quelque degré quand nous voyons une terre bien labourée et bien préparée pour recevoir la semence. Cette surface noire est assurément moins belle à l'œil que le pré vert et inculte qui est à côté; mais elle indique le travail et l'habileté du laboureur, et c'est ce travail, cette habileté qui nous font plaisir. C'est aussi l'habileté de l'homme qui nous plaît dans l'imitation ; seulement l'habileté de l'artiste, étant plus grande et plus rare que celle du laboureur, parce que l'œuvre est plus difficile et moins commune, la sympathie est plus fortement excitée et l'émotion agréable est plus vive.

Quand nous sommes plus ou moins dans le secret des procédés par lesquels l'artiste a produit l'imitation, notre plaisir est plus vif, parce que d'une part nous comprenons mieux et par conséquent mesurons mieux, et par conséquent sympathisons plus complétement avec l'habileté de l'artiste, et que de l'autre nous sommes fiers d'être initiés dans les secrets de cette habileté.

Le dessein dans la production de la ressemblance, tel est donc l'élément dominant et constitutif du fait d'imitation ; la sympathie pour l'art, tel est en même temps l'élément dominant et constitutif du plaisir de l'imitation. Or, il en résulte une conséquence importante que nous devons noter avant d'aller plus loin.

L'art étant ce qui nous plaît dans l'imitation et non pas la ressemblance, le plaisir de l'imitation ne se produirait pas si l'art se dérobait à notre intelligence, en d'autres termes, si nous prenions pour un effet naturel la ressemblance entre l'imitation et l'objet imité. Il faut donc, pour que l'imitation produise sur nous son effet, que nous soyons toujours informés de quelque manière, que la ressemblance a été cherchée et produite à dessein. Qu'on nous présente deux pages d'écriture parfaitement semblables, tant que nous croirons que ces deux pages ont été écrites de la même main, la ressemblance ne nous donnera pas du tout le plaisir de l'imitation. Nous ne l'éprouverons que lorsque nous aurons appris de quelque manière, que l'une de ces écritures est imitée de l'autre. C'est ce qui arrive au paysan qu'on mène pour la première fois au théâtre, s'il est assez peu intelligent pour ne pas s'apercevoir que tout se qui se passe sur la scène est un jeu. Prenant toutes les personnes qu'il voit pour véritablement placées dans les situations inventées par le poëte, et pour véritablement animées des passions qu'elles expriment, il n'aperçoit rien là du tout de merveilleux, et ne goûte nullement le plaisir de l'imitation. La seule émotion qu'il éprouve est celle qu'une scène réelle de notre nature lui causerait. D'où l'on voit que le but de l'art n'est point, comme on le dit, de faire illusion;

car s'il faisait illusion, il ne produirait pas le plaisir de l'art, mais simplement celui de la nature, et ce plaisir se réduirait à rien, dans tous les cas où l'objet imité est indifférent, et se changerait en dégoût, toutes les fois que ce même objet est repoussant.

La prétention des arts qui imitent la nature est de lui ressembler, mais non point de faire croire aux spectateurs qu'ils ont sous les yeux la nature elle-même. Aussi ne prennent-ils aucun soin pour les jeter dans cette erreur; le piédestal de marbre blanc de la statue, la toile plate et le cadre du tableau, le chevalet qui le soutient et les lieux mêmes où nous voyons ces imitations, tout nous rappelle, au contraire, que nous avons sous les yeux une œuvre de l'art. Si les artistes du Diorama nous dérobent tous ces avertissements ordinaires, ce n'est point pour nous tromper, mais simplement pour nous montrer jusqu'à quel point, avec un peu de toile et de couleur, ils peuvent imiter la réalité; où serait leur gloire et notre plaisir si nous ne faisions pas cette comparaison, et comment la ferions-nous, si nous étions trompés? Il n'y a rien de merveilleux dans le spectacle d'un clair de lune et d'une vieille église; le merveilleux, c'est qu'on imite le spectacle avec cette vérité; il faut donc que nous soyons informés que c'est une imitation, et l'on ne songe point à nous le cacher; la maison dans laquelle nous entrons, l'argent que nous donnons à la porte, les banquettes rembourrées sur lesquelles nous sommes assis, tout nous avertit assez que nous ne sommes point en Suisse, en face de la Jungfrau, ni sur une colline dans le voisinage d'Édimbourg. C'est par des signes semblables que nous sommes sans cesse avertis au théâtre que nous ne voyons pas la nature elle-même; sans quoi, nous tomberions dans l'illusion du paysan et ne goûterions pas le plaisir de l'art. C'est ce qui rend fausse l'objection contre les tragédies et les comédies en vers, qui serait très juste, si le but de l'un était l'illusion; auquel cas il serait absurde de ne pas faire les statues en cire, puisqu'on arrive avec la cire à une imitation bien plus parfaite qu'avec le marbre.

Loin que l'illusion soit ce qui fasse le prix de l'imitation, il est donc démontré qu'elle détruirait le plaisir que l'imitation nous donne, et c'est ce qui arrive dans toutes les imitations qui ne portent pas en elles-mêmes de quoi la prévenir. Telle est ainsi l'imitation d'une écriture, exemple que nous avons déjà cité ; si nous ne sommes pas avertis que l'une des pages est l'imitation de l'autre, l'illusion détruit le plaisir de l'imitation. A ne pas les regarder de trop près, des fleurs artificielles, bien faites, produisent le même effet ; tant qu'elles nous trompent, nous n'y voyons que de belles fleurs ; le plaisir de l'art ne commence que du moment où l'illusion est détruite.

FIN.

# TABLE DES MATIÈRES.

|  | Pages. |
|---|---|
| Préface de l'éditeur. | 1 |

**PREMIÈRE LEÇON.** — Faces diverses sous lesquelles les choses nous apparaissent : la réalité, la bonté, la beauté. — Décomposition de la question du beau. — Quels sont les phénomènes que produit en nous la vue des objets beaux? — Quels sont les caractères de ces objets? — Autres questions secondaires. . . . . . . . . . . . . . . . . . . . . 1

**DEUXIÈME LEÇON.** — Question fondamentale de la science. — Méthode française ou extérieure ; son insuffisance. — Autre méthode consistant à analyser l'effet que produit sur nous un objet beau ; qu'elle est plus directe que la précédente.— Que tous les objets beaux font plaisir.—Causes connues de plaisirs : 1° ce qui favorise notre développement, égoïsme ; 2° le triomphe de la force sur la matière, la sympathie. — Rapports et différences de ces deux espèces de plaisir. — Si elles peuvent être ramenées à un même principe. . . . . . . . . . . . . . . . . . 9

**TROISIÈME LEÇON.** — Retour sur la leçon précédente.— Justification de la méthode que nous suivons.— De l'égoïsme et de la sympathie considérés comme sources de plaisir.— Si les plaisirs du beau peuvent être ramenés à ceux de l'égoïsme ou si le beau est l'utile.— Réfutation. . . 17

**QUATRIÈME LEÇON.** — Différence de l'utile et du beau.— Si le beau est le contraire de l'utile.— Phénomènes intérieurs qui accompagnent le sentiment du beau. — Phénomènes opposés qui accompagnent le sentiment de l'utile. — Caractère essentiel du beau : ne répondre à aucun besoin déterminé.—Nouveaux faits à l'appui.— Si le beau ne correspondrait pas à des besoins qui ne pourraient être satisfaits dans la condition présente. —Rapport entre les plaisirs du beau et ceux de la sympathie. . . . . 24

**CINQUIÈME LEÇON.**— Résumé de la leçon précédente.—Série des phénomènes qui précèdent, accompagnent ou suivent la possession du beau et de l'utile. — Conséquences pratiques : 1° user sobrement des plaisirs du beau : 2° varier les objets.— Autres conséquences.— Intentions de la nature à l'égard du beau et de l'utile. . . . . . . . . . . . . 30

SIXIÈME LEÇON. — Rapport entre les plaisirs du beau et ceux de la sympathie. — Que le beau pourrait n'être autre chose que l'analogie de nature. — Autres sources de plaisirs. — De la nouveauté, de l'habitude, causes contradictoires et cependant réelles de la jouissance.— Que la nouveauté n'est pas le beau. . . . . . . . . . . . . . . . . . 37

SEPTIÈME LEÇON. — Des effets de la nouveauté; que ces effets sont tantôt désagréables, tantôt agréables, selon la nature agréable ou désagréable de l'objet nouveau. — Cas où l'objet est indifférent. — Effets opposés de l'habitude.— Ce que c'est que la nouveauté.— Explication des effets de la nouveauté et de l'habitude. . . . . . . . . . . . . . . 44

HUITIÈME LEÇON. — Nouveaux phénomènes de la nouveauté et de l'habitude. — Qu'ils s'expliquent, les uns par le besoin de repos, les autres par le besoin d'activité. — Alternative où la nature humaine se trouve placée dans la condition présente, lutter et souffrir, ou ne pas se développer. — Ce qui fait qu'on adopte un parti plutôt que l'autre. — Faits à l'appui. — Conclusion des recherches sur la nouveauté et l'habitude. 50

NEUVIÈME LEÇON. — Résumé des leçons précédentes. — Du système de l'ordre et de la proportion. — Définition de l'ordre. — Définition de la proportion.— Hypothèses sur le principe de l'un et l'autre.— Que le principe de l'ordre est la convenance des parties d'un objet à la fin de cet objet. — Influence de l'habitude sur l'appréciation de l'ordre.— Différentes espèces d'ordre et de proportion. . . . . . . . . . . . . . 58

DIXIÈME LEÇON.—Retour sur la leçon précédente. — Que la convenance des parties et de la fin des objets ne constitue pas le beau. — S'il suffit d'élever les formes d'un être à l'idéal pour les rendre belles.—Distinction de deux ordres, l'un absolu, l'autre terrestre.— En quoi consiste la beauté d'un être. . . . . . . . . . . . . . . . . . . . . 63

ONZIÈME LEÇON. — Trois manières d'apprécier l'ordre : 1° la coutume; — 2° la convenance des moyens à la fin. — Différence entre les jugements du vulgaire et ceux des hommes éclairés. — Ce que c'est qu'éclairer le peuple. — 3° La beauté. — Que la beauté est un principe d'ordre et de proportion différent de la coutume et de la convenance. — Retour sur la distinction de l'ordre absolu et de l'ordre terrestre.—Nouvelles hypothèses sur la nature du beau. . . . . . . . . . . . . . 71

DOUZIÈME LEÇON. — Résumé de la leçon précédente. — Retour sur la distinction de l'ordre absolu et de l'ordre terrestre. — Questions réservées. — Du principe de l'unité et de la variété. — Nouvelles objections contre la méthode qui consiste à rechercher la nature du beau par la comparaison des objets beaux. — Que la variété sans l'unité nous choque et nous fatigue. — En quoi consiste l'unité : ses différentes espèces. — Que l'unité sans la variété devient monotone. — Fondement du système de l'unité et de la variété. . . . . . . . . . . . . . . . . . . 78

TREIZIÈME LEÇON. — Du besoin d'unité pour l'esprit. — Comment l'expliquer? — Opinions diverses à ce sujet. — Véritable explication. — Différentes espèces d'unité; qu'elles se cumulent et en se cumulant se fortifient. — A quoi tient le besoin de variétés. — Que la variété et l'unité sont des conditions pour qu'un objet nous plaise : mais qu'elles ne constituent pas le beau. . . . . . . . . . . . . . . . . . . 89

QUATORZIÈME LEÇON. — Ce que c'est que l'unité dans la variété, et la variété dans l'unité. — Comment l'esprit saisit l'une et l'autre? — Lois de l'esprit dans la découverte de l'unité. — Première loi. — Seconde loi. — Troisième loi. — Quatrième loi. — Pourquoi l'unité et la variété plaisent? — Formes diverses du plaisir qu'elles causent. — Qu'elles sont la condition et non le principe du beau. . . . . . . . . . . . . . . 99

QUINZIÈME LEÇON. — Que tous les objets présentent de l'unité et de la variété. — Nouvelles preuves du besoin d'unité pour l'esprit. — De l'usage plus ou moins fréquent des différentes unités dans les arts. — Pourquoi les pièces d'intrigue demandent moins de talent que les pièces de caractère. — Idéal du drame. . . . . . . . . . . . . . . . . . 109

SEIZIÈME LEÇON. — De quelques autres principes dans lesquels on a résolu le beau. — Opinions de Reid et de Dugald Stewart. — Questions qu'elles soulèvent : 1° L'excellence de nature constitue-t-elle le beau? — 2° Le beau est-il un? — 3° Son principe est-il l'association des idées? — 4° N'y a-t-il de beau que le beau moral? — Que le principe de l'excellence de nature rentre dans celui de l'ordre et de la proportion. . . . 116

DIX-SEPTIÈME LEÇON. — De l'association des idées. — En quoi elle consiste. — Différentes manières dont les idées s'associent. — Associations à priori. — Associations à posteriori. — Différentes classes d'associations à posteriori : associations communes à tous les hommes; associations propres à une époque, à un pays, à une profession; associations individuelles. — De l'art de peindre les mœurs. — Différence du comique et du tragique. 121

DIX-HUITIÈME LEÇON. — Du symbole. — Caractère propre du symbole. — Tout ce que nous percevons est-il symbolique? — Deux degrés dans la détermination du symbole : 1° Concevoir l'invisible sous le visible; 2° déterminer la nature de l'invisible. — Applications aux mythologies et aux littératures. — Différentes espèces de symboles. — Résumé. . . . . 131

TABLE DES MATIÈRES.

Pages.

DIX-NEUVIÈME LEÇON. — Des symboles par association et des symboles naturels. — Éléments dont se composent les corps : 1° la matière ; 2° la force. — Que les qualités des corps ne sont que des effets ou des symboles de la force. — Utilité de cette manifestation de la force par la matière. — Questions auxquelles les faits précédents donnent lieu. . . . . . . . . 139

VINGTIÈME LEÇON. — Que les choses ne sont autre chose que des expressions de la force. — Ce qui constitue leur face esthétique. — Questions que soulève le fait de l'expression. — Nouvelle position du problème de la beauté. — Que la sympathie est le principe des phénomènes de l'expression. . . . . . . . . . . . . . . . . . . . . . . . . . . 146

VINGT-UNIÈME LEÇON. — A quel point de la recherche du beau nous sommes parvenus. — Points constatés à l'égard de l'expression. — Que la force ne nous émeut pas dépouillée des symboles naturels qui la manifestent. — Faits qui le démontrent. — Différence des figures allégoriques et des figures vraies, de l'analyse et de la peinture, de la poésie, de la philosophie et de l'éloquence. — Pourquoi les symboles naturels de la force sont la condition du sentiment esthétique. — Erreur de l'artiste qui cherche la vérité et non la réalité. . . . . . . . . . . . 151

VINGT-DEUXIÈME LEÇON. — Régularisation des recherches sur l'expression. — Point de départ du cours. — Résumé de la marche suivie et des découvertes obtenues. — Propositions à établir concernant l'expression : 1° toutes les choses matérielles expriment ; 2° elles expriment la nature immatérielle ou la force. — Preuve à priori. — Preuve à posteriori. — Que toute apparence sensible élémentaire éveille en nous une idée morale. — Différentes classes d'apparences élémentaires. — Alphabet des arts. — Pourquoi il y a des symboles inintelligibles. . . . . . . . . 160

VINGT-TROISIÈME LEÇON. — Si l'expression, caractère commun de toutes les apparences matérielles, est une source d'émotions? — Diverses classes d'émotions. — Que la forme sensible des objets, indépendamment de leur action actuelle ou possible sur nous, est le principe de l'émotion désintéressée. — Double élément de la forme sensible : la qualité matérielle et l'expression. — Rôle du premier élément. — Exposition et réfutation du système de Burke. — Que l'émotion esthétique prend sa source dans le pouvoir symbolique des choses. — Effets différents produits par l'expression. . . . . . . . . . . . . . . . . . . . . . . . . . . 169

VINGT-QUATRIÈME LEÇON. — Si l'expression, source commune des émotions désintéressées, est la même chose que le beau? — Des différents sens du mot de beauté. — Beau d'expression. — Beau d'imitation. — Beau idéal. — Beau de l'invisible. — Nouveau point de vue sous lequel la beauté peut être envisagée. — Beau physique. — Beau sensible. —

# TABLE DES MATIÈRES.

Pages.

Beau intellectuel. — Beau moral. — Distinctions à faire dans l'appréciation de la beauté des objets. — Définition de la beauté proprement dite. — Comment la beauté se divise depuis l'homme jusqu'au minéral. . . . . . . . . . . . . . . . . . . . . . . . . . . . . . . 177

**VINGT-CINQUIÈME LEÇON.** — Résumé de la leçon précédente. — Nécessité d'étudier les différentes espèces de beauté. — De la beauté de l'invisible. — Question préalable : si l'invisible dépouillé de toute forme plairait? — Faits qui semblent prouver que par lui-même l'invisible possède la vertu de nous émouvoir esthétiquement. — Cas où nous le saisissons à part de ses formes : observation intérieure, description par le moyen du langage. — Impossibilité de déterminer les effets de l'invisible pur. — Que dans l'état actuel il n'y a que l'invisible exprimé qui nous émeuve. — Conséquences pratiques. . . . . . . . . . . . . . . 185

**VINGT-SIXIÈME LEÇON.** — Résumé de la leçon précédente. — De l'école de l'idéal et de l'école de la réalité. — Point de départ de l'école de l'idéal. — Son procédé : effacer les formes. — Application à la peinture, à la statuaire, à la musique, à la littérature, à l'art théâtral. — Caractère de la poésie de Racine. — Point de départ et procédé de l'école de la réalité : respect de la forme. — École intermédiaire. . . . . . . . 193

**VINGT-SEPTIÈME LEÇON.** — Retour sur la leçon précédente. — Parallèle de l'école de l'idéal et de l'école de la réalité. . . . . . . . . . 202

**VINGT-HUITIÈME LEÇON.** — Résumé des leçons précédentes. — Retour sur les deux écoles de l'imitation et de l'idéal. — Comment on remplace les signes naturels de l'invisible par d'autres formes. — A quelles conditions la peinture de l'invisible peut nous toucher esthétiquement. — Pourquoi on applaudit les tragédies de Racine. . . . . . . . . . 207

**VINGT-NEUVIÈME LEÇON.** — Conditions que doit remplir tout objet de l'art pour toucher. — De la vérité de l'invisible et de la vérité de l'expression. — Double procédé que l'imitation peut suivre : 1° tout reproduire fidèlement; 2° ne reproduire qu'en traits essentiels. — Nouvelle manière d'entendre la doctrine de l'idéal. — Avantages et inconvénients de ces deux procédés. — Si l'idéal consiste dans la noblesse des formes. — De la poésie de Racine. . . . . . . . . . . . . . . . . . . . . . . 216

**TRENTIÈME LEÇON.** — Résumé. — Distinction des signes naturels et des signes conventionnels comme le langage. — Distinction correspondante de la littérature et des autres arts. — Pourquoi la représentation de l'invisible sous ses formes naturelles est la seule qui nous touche. — Différence de l'art dramatique et de la littérature proprement dite. — Définition de l'art et de ses règles. — Est-il permis d'altérer les signes naturels? — Question de l'idéal. . . . . . . . . . . . . . . . . . . 224

TRENTE-UNIÈME LEÇON. — En quoi consiste le beau. — Différence du beau de l'invisible et des autres genres de beauté ; il est le seul auquel corresponde de la laideur. — Que l'attrait sympathique qui accompagne l'expression, l'imitation et l'idéal dans les objets naturels ou artificiels, ne s'adresse qu'à l'invisible. — Différences du plaisir que produit l'invisible, et de celui qui découle de ces autres sources. . . . . . . . . . 237

TRENTE-DEUXIÈME LEÇON. — Sens divers du mot de beauté. — Son acception générale ; — son acception particulière. — Différence du beau envisagé comme ce qui peut plaire, sans aucune vue d'intérêt, et du beau envisagé comme propriété de l'invisible : 1° le beau de l'invisible seul a pour contraire la laideur ; 2° peut devenir sublime ou joli ; 3° est une qualité permanente des objets. — Son caractère : il est propre à exciter la sympathie. — Ses variétés. . . . . . . . . . . . . . 241

TRENTE-TROISIÈME LEÇON. — Nuances diverses de la beauté et de la laideur. — Méthode à suivre pour les déterminer. — Observations préliminaires. — Diffusion de l'activité et de l'inertie dans l'univers. — Conditions où peut se trouver la nature active. — Caractères qui la rendent agréable chez l'homme, — chez les autres êtres. — Degrés correspondant de la sympathie et de l'antipathie. . . . . . . . . . . . . . 246

TRENTE-QUATRIÈME LEÇON. — Des variétés du sentiment esthétique. — États divers dans lesquels l'âme peut se trouver. — Faits qu'ils déterminent : 1° dans la sphère de la sensibilité ; 2° dans celle de la raison. — Comment nous imitons sympathiquement les états représentés par les objets matériels. — Parallèle de l'émotion sympathique et de l'émotion personnelle. — A quoi tiennent les variétés du sentiment esthétique. — Rapports et différences du beau, du joli et du sublime. . . . . . 256

TRENTE-CINQUIÈME LEÇON. — Principe général de la philosophie du beau. — Toute expression d'un état de l'âme produit en nous une émotion sympathique. — Comment on peut expliquer les exceptions apparentes que souffre cette règle. — Éléments que renferme tout état de l'âme : 1° un fait principal ; 2° une modification de la sensibilité ; 3° un jugement de l'intelligence. — Différences de l'état sympathique et de l'état personnel. — Sources des plaisirs de la sympathie ; qu'ils proviennent : 1° de la curiosité satisfaite ; 2° du développement de notre activité ; 3° du passage d'un état à un autre. . . . . . . . . . . 263

TRENTE-SIXIÈME LEÇON. — Retour sur les variétés du sentiment esthétique. — Faces diverses du développement des choses : côté physique, d'où le beau physique ; côté intellectuel, d'où le beau intellectuel ; côté moral, d'où le beau moral. — En quoi consiste le beau. — En quoi consiste l'agréable. — En quoi consiste le sublime. — Du sentiment du merveilleux ; qu'il se rapproche du sentiment du sublime et s'éloigne du sentiment du beau. . . . . . . . . . . . . . . . . 274

TRENTE-SEPTIÈME LEÇON. — Trois manières différentes dont les objets peuvent nous affecter. — Double degré, soit de la connaissance, soit du jugement, soit du sentiment : 1. Connaître, juger et sentir l'effet produit sur nous par l'objet ; 2. Connaître, juger et sentir l'objet même. — Comment nous passons du premier degré au second. — Détermination du point de vue esthétique. — Par où il diffère du point de vue subjectif et du point de vue moral. — Confusion de l'élément rationnel et de l'élément sensible dans les jugements du vulgaire sur la beauté. . . . . 285

TRENTE-HUITIÈME LEÇON. — Résumé de la leçon précédente. — Caractère que revêt le développement de la force libre : unité. — Caractère que revêt le développement de la force passionnée : variabilité. — Faits à l'appui. — Différence du *Télémaque* et de l'*Allemagne* de madame de Staël. — Opposition de la conduite d'un enfant et de celle d'un homme mûr. — De l'élégance et de la proportion des formes. — Des arts ; qu'il faut y distinguer l'expression de l'auteur et l'expression des objets qu'il imite. — Ode. — Art dramatique. — Sculpture et peinture. — Musique. 294

TRENTE-NEUVIÈME LEÇON. — Deux espèces d'ordre et de beauté : l'ordre et le beau individuel, l'ordre et le beau social. — Désordre et laideur correspondants. — Jugements que détermine en nous le spectacle de la passion. — Cas où son développement est spontané ; — où il est tourné en habitude ; — où elle est contraire à l'ordre ; — où elle n'y est pas contraire. — Effets produits sur nous par le repos dans la nature et dans les objets de l'art, selon le point de vue sous lequel on le considère. — Vicissitudes historiques qu'a subies le goût relativement au beau et à l'agréable. . . . . . . . . . . . . . . . . 306

QUARANTIÈME LEÇON. — Du sentiment du sublime. — S'il est le superlatif du beau. — Retour sur le caractère esthétique des objets. — Que la force comme sensible est agréable ou désagréable ; — comme libre et intelligente, belle ou laide. — Obstacles que son développement peut rencontrer. — Idée fondamentale du sublime : la lutte. — Caractères accessoires du sublime : courage, persévérance, personnalité, etc. — Faits à l'appui. — Comparaison de *Télémaque* et des *Pensées* de Pascal, du groupe de *Laocoon* et de l'*Apollon du Belvédère*, d'un chêne et d'un peuplier. — Émotion pénible que détermine le sublime. — Que le beau se rapporte à l'ordre absolu et divin, le sublime à l'ordre terrestre et à la condition humaine. . . . . . . . . . . . . . . . . 314

## APPENDICE.

Pages.

I. Le sentiment du beau est différent du sentiment du sublime; ces deux sentiments sont immédiats. . . . . . . . . . . . . . . . . . 325
II. Beau, agréable, sublime. . . . . . . . . . . . . . . 348
III. De l'imitation.
    1. L'imitation n'est pas le beau. . . . . . . . . . . 355
    2. A quel titre et selon quelles lois l'imitation nous plaît-elle? . . . 357

FIN DE LA TABLE. —

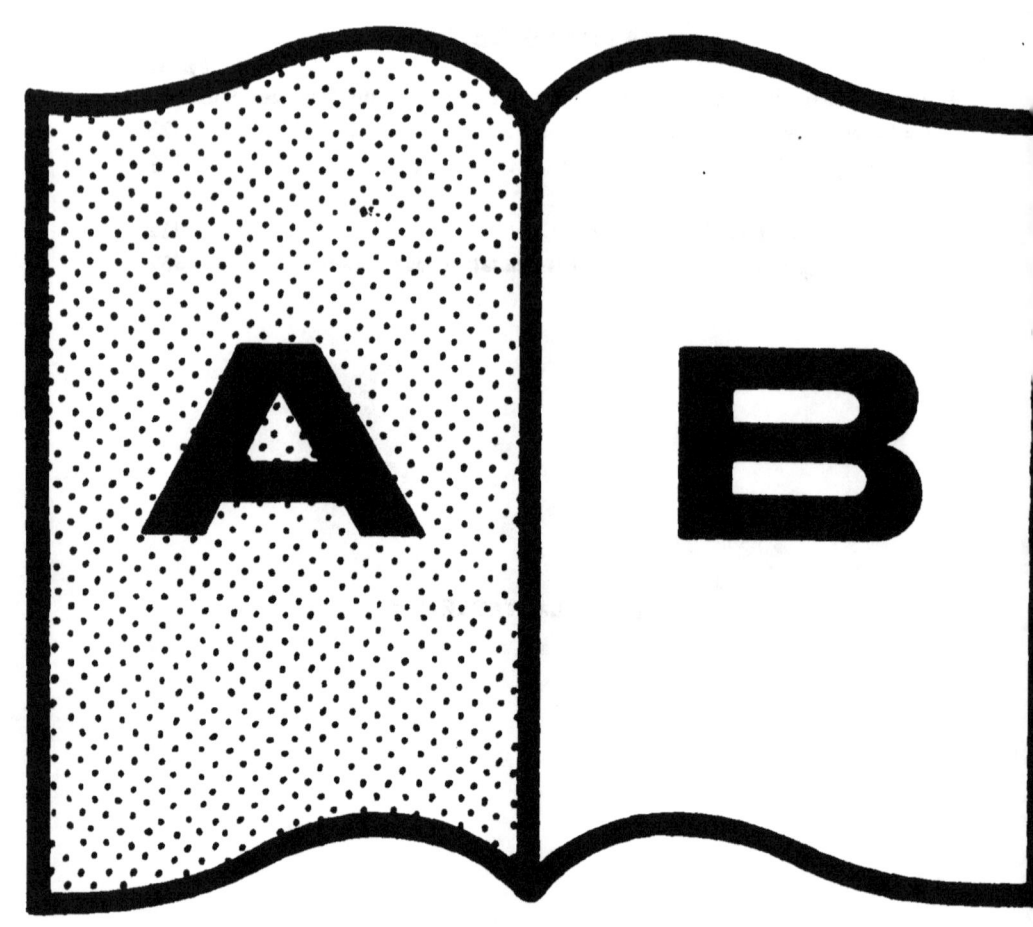

Contraste insuffisant

**NF Z** 43-120-14

www.ingramcontent.com/pod-product-compliance
Lightning Source LLC
Chambersburg PA
CBHW050425170426
43201CB00008B/546